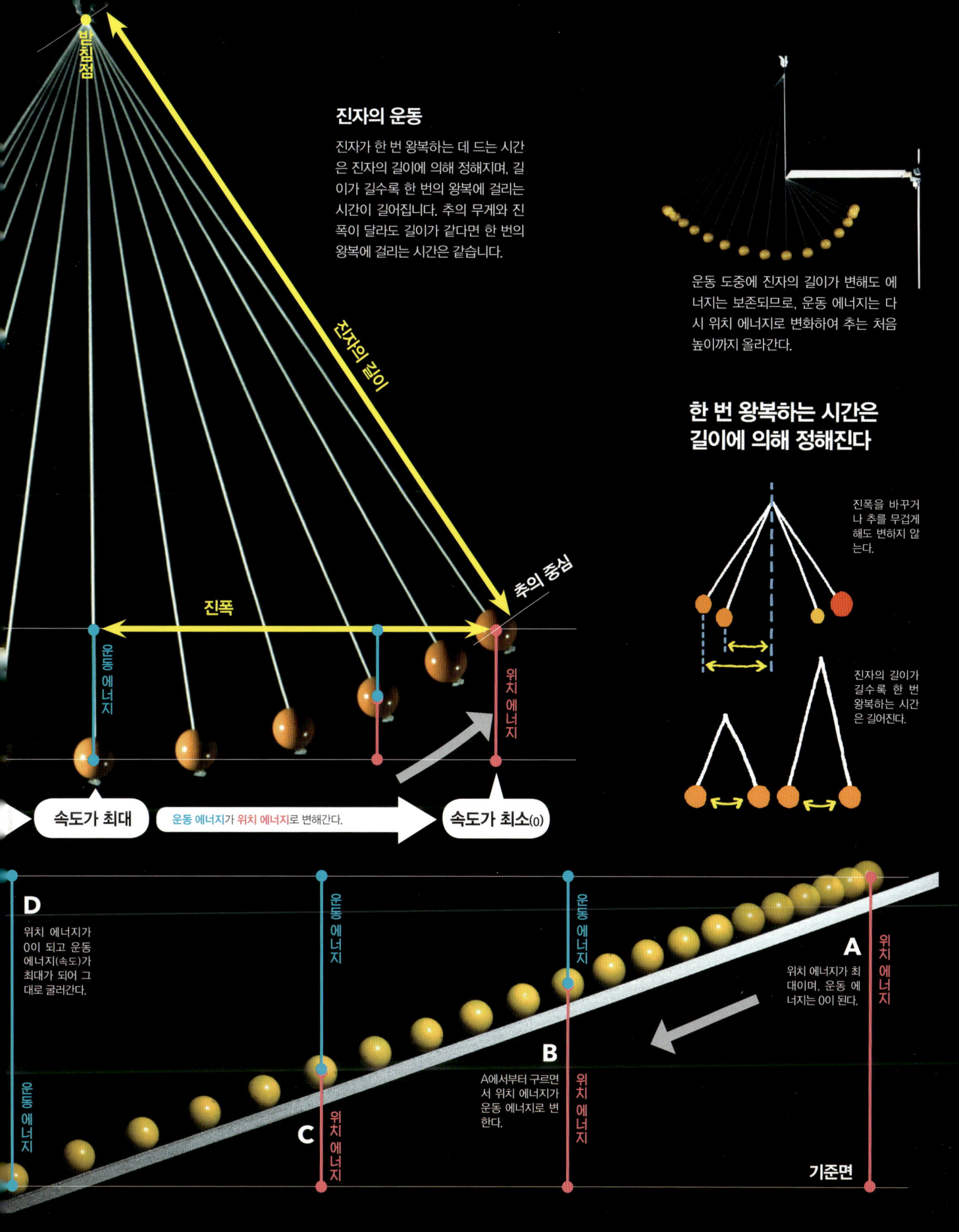

높은 산에서는 과자봉지가 왜 부풀까?

'압력'은 쉽게 말해 '누르는 힘'인데, 지상의 공기에도 압력이 있습니다. 압력은 어디서 오는 힘인지, 압력에 관해 알아봅시다.

컵 안의 물이 쏟아지지 않는다?

물을 담은 컵에 종이를 놓고 거꾸로 뒤집었을 때 아래에서 작용하는 기압이 종이를 받쳐서 물이 쏟아지지 않는다.

표고 0m
1013hPa(헥토파스칼)

기압은 공기가 물체를 미는 압력

지구를 에워싸는 공기의 층을 '대기'라고 하며, 대기가 물체를 미는 압력을 '기압(혹은 대기압)'이라고 합니다. 해안과 평지 등 표고(바다의 한 면이나 어떤 지점을 정해 수직으로 잰 지대의 높이)가 낮은 곳은 상공에 공기가 많으므로 기압이 높아지며, 산 위처럼 표고가 높을수록 기압은 낮아집니다. 표고 0m(해면의 높이)의 평균 기압을 1기압이라고 하며, 1013hPa의 압력이 있습니다.

기압은 모든 방향에서 작용한다

기체의 압력은 위로부터만 오는 것이 아니라 전 방향에서 작용한다. 한 점에서 작용하는 힘은 어느 방향에서나 같은 크기이다.

평지에서 팔고 있는 과자 봉지를 높은 산에 가져간다

눌려서 납작해졌다

4

에너지

힘과 운동

수압과 부력

물속에서 압력은

수압 실험
깊을수록 수압이 높아지므로 더 아래 구멍에서 나오는 물이 더 멀리까지 간다.

수압은 용기의 모양과 상관이 없다

수압은 깊이와 관계가 있습니다. 용기의 형태와 크기는 관계가 없습니다. 액체의 일부분에 가해진 힘은 이어져 있는 물 전체에 동등하게 전달됩니다(파스칼의 원리). 그러므로 용기의 형태가 어떠하든 하나의 용기 안에서 수면 높이는 같습니다.

깊이	수압	수압 + 대기압 (대기압 1기압)
0m		
1m	0.1기압	1.1기압
10m	1기압	2기압
100m	10기압	11기압

깊은 곳일수록 수압이 높다

수압은 깊은 곳일수록 높아집니다. 수심 1m의 바닷속 수압은 대략 0.1기압, 수심 10m는 1기압, 100m는 10기압입니다. 여기에 1기압분의 대기압이 가해지기 때문에 수심 100m의 바닷속에서는 약 11기압의 압력이 가해집니다.

어떻게 작용할까?

수영장에서 잠수하면 귀가 아픈 경우가 있습니다. 이것은 고막에 물의 압력이 가해졌기 때문입니다. 물 안에서는 어떤 힘이 작용할까요?

물속에 고무막을 붙인 통을 담그면 수압 때문에 고무가 눌린다. 깊이가 같다면 어느 방향으로 막을 향하게 해도 같은 수압이 작용한다.

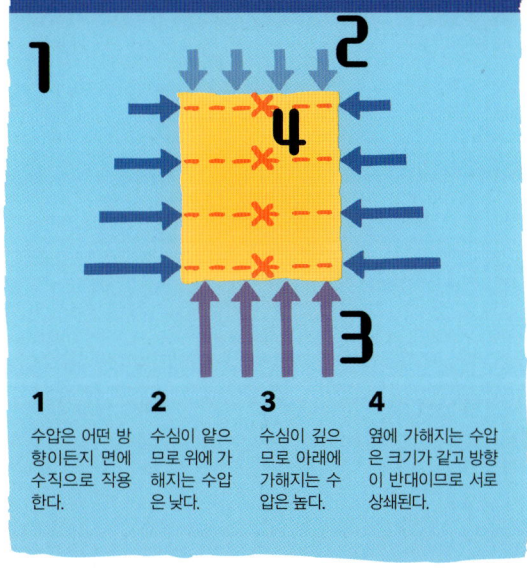

1 수압은 어떤 방향이든지 면에 수직으로 작용한다.

2 수심이 얕으므로 위에 가해지는 수압은 낮다.

3 수심이 깊으므로 아래에 가해지는 수압은 높다.

4 옆에 가해지는 수압은 크기가 같고 방향이 반대이므로 서로 상쇄된다.

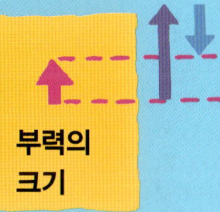

부력의 크기

5 위아래의 수압 차이는 언제나 위로 향하는 힘이 되며, 이 힘이 '부력'이다.

수압은 모든 방향에 대하여 작용한다

공기 중에 기압이 작용하는 것과 마찬가지로, 물속에서는 물의 무게에 따른 압력이 작용합니다. 이를 '수압'이라고 합니다. 수압도 기압과 마찬가지로 모든 방향에서 작용합니다. 한군데에 작용하는 수압은 어느 방향에서도 같은 크기입니다.

수중의 물체에는 부력이 생긴다

수중에 있는 물체에는 항상 '부력' 즉, 뜨려는 힘이 생깁니다. 부력은 잠겨 있는 부분의 부피가 크면 클수록 그것이 밀어낸 물의 무게와 동등해집니다(아르키메데스의 원리). 물체의 무게와 잠겨 있는 깊이와는 관계가 없습니다(물체 전체가 물속에 있는 경우).

수압기 (유압기)

파스칼의 원리를 이용하면 작은 힘을 큰 힘으로 바꿀 수 있습니다. 자동차의 유압 브레이크는 이 구조로 페달의 힘을 크게 하여 차 바퀴의 회전을 멈추게 합니다.

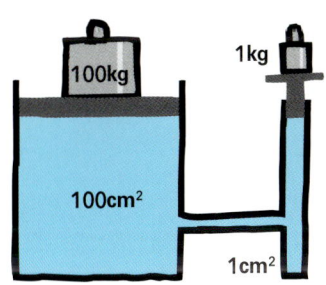

가는 관에 1kg의 추를 올려놓는 것만으로 굵은 관의 100kg 무게를 지탱할 수 있다.

$100kg : 100cm^2 = 1kg : 1cm^2$

과학에 공헌한 인물

아리스토텔레스
- ✸ BC384 – BC322 ✪ 고대 그리스 ☺ 철학자

논리를 도구 삼아 다양한 학문을 분류하여 인류의 지식체계 근본을 만든 학자. 천문학, 물리학, 기상학, 생물학 등 과학 분야에 관한 수많은 저서를 남겼다.

아르키메데스
- ✸ BC287 – BC212 ✪ 고대 그리스 ☺ 수학자·물리학자·천문학자

원이나 구의 면적을 구하는 방법, 지렛대 원리를 이용한 도구의 발명, 부력을 발견한 아르키메데스 원리 등으로 유명하다.

코페르니쿠스(니콜라우스 코페르니쿠스)
- ✸ AD1473 – AD1543 ✪ 폴란드 ☺ 천문학자

당시 천문학의 정설로 인정받던 천동설(지구를 중심으로 천체가 움직인다는 설)을 뒤엎고, 지동설(태양을 중심으로 지구가 움직인다는 설)을 주장했다. 그 이후 사고방식이나 견해가 이전과는 달리 크게 변화하는 일을 비유적으로 '코페르니쿠스적 전환'이라고 말한다.

갈릴레이(갈릴레오 갈릴레이)
- ✸ AD1564 – AD164 ✪ 이탈리아 ☺ 물리학자·천문학자

진자 및 낙하에 관한 법칙을 발견했다. 천체관측을 통해 목성의 위성, 태양의 흑점 등을 발견하였으며, 코페르니쿠스의 지동설을 지지했다.

케플러(요하네스 케플러)
- ✸ AD1571 – AD1630 ✪ 독일 ☺ 천문학자

행성이 태양을 공전할 때의 3가지 법칙인 케플러의 법칙을 발견했다. 이 법칙에 의해 지동설이 확립되기에 이르렀다.

파스칼(블레즈 파스칼)
- ✸ AD1623 – AD1662 ✪ 프랑스 ☺ 철학자·수학자

파스칼의 정리로 유명하다. 사물의 질서에 관한 치열한 관찰과 논리적 사고를 통해 다양한 발견을 하였다.

뉴턴(아이작 뉴턴)
- ✸ AD1642 – AD1727 ✪ 영국 ☺ 천문학자·수학자

만유인력의 법칙뿐 아니라 빛의 스펙트럼을 관찰한 결과를 바탕으로 빛에 대한 이론 등 현대 천문학 및 역학 등에서 근본이 되는 여러 발견을 하였다.

볼타(알렉산드로 볼타)
- ✸ AD1745 – AD1827 ✪ 이탈리아 ☺ 물리학자

전지를 처음으로 개발했으며 전기를 이용한 통신방식을 고안했다. 전압을 측정하는 단위인 '볼트'는 그의 업적을 기려 그의 이름을 따서 지어진 것이다.

옴(게오르크 시몬 옴)
- ✸ AD1789 – AD1854 ✪ 독일 ☺ 물리학자

전압, 전류, 전기저항 사이의 관계를 정의한 옴의 법칙을 발견했다.

패러데이(마이클 패러데이)
- ✸ AD1791 – AD1867 ✪ 영국 ☺ 화학자·물리학자

초등학교만 졸업하였으나 수많은 책을 통해 스스로 깨우쳐서 과학자가 되었다. 전기 유도의 법칙 등 전기화학 분야에서 다양한 발견 및 발명을 하였다. 유명한 저서 〈양초 한 자루에 담긴 화학 이야기〉를 남겼다.

다윈(찰스 다윈)
- ✸ AD1809 – AD1882 ✪ 영국 ☺ 자연과학자

생물의 진화를 연구하여 진화생물학의 기초를 다졌다. 〈종의 기원〉이라는 책을 통해 생물이 자연환경에 적응하면서 변화하고 그 종류가 나뉘게 된다고 저술했다.

멘델(그레고어 요한 멘델)
- ✸ AD1822 – AD1884 ✪ 오스트리아 ☺ 가톨릭 사제·생물학자

수도원에서 과학을 독학하였다. 완두콩의 교배 실험을 거듭하여 유전에 관한 법칙인 '멘델의 법칙'을 발견했다.

파스퇴르(루이 파스퇴르)
- ✸ AD1822 – AD1895 ✪ 프랑스 ☺ 생물학자·세균학자

미생물을 연구하여 '세균학의 아버지'라고 불린다. 광견병 백신을 만들어 백신을 이용한 예방접종을 시작했다.

노벨(알프레드 노벨)
- ✸ AD1833 – AD1896 ✪ 스웨덴 ☺ 화학자·발명가

다이너마이트를 발명한 것으로 널리 알려져 있으며, 다이너마이트 사업을 통해 쌓은 부로 '노벨상'을 창설했다.

에디슨(토머스 앨바 에디슨)
- ✸ AD1847 – AD1931 ✪ 미국 ☺ 발명가

축음기, 백열전구, 영화 등 인류의 생활을 크게 바꾼 다양한 발명을 하였으며, 발전 및 송전 등 전력시스템을 사업화하였다.

퀴리(마리 퀴리)
- ✸ AD1867 – AD1934 ✪ 폴란드 ☺ 물리학자

프랑스 학자 베크렐의 방사선 발견으로부터 영향을 받아, 남편인 피에르 퀴리와 함께 방사성물질의 분리실험을 계속하여 라듐 등을 발견했다.

아인슈타인(알베르트 아인슈타인)
- ✸ AD1879 – AD1955 ✪ 독일 ☺ 이론물리학자

상대성이론, 빛의 입자 및 광전효과 등을 발표하여 '현대물리학의 아버지'라 불린다. 이후 현대과학 발전에 커다란 공헌을 하였다.

✸ 출생연도 ✪ 출신국 ☺ 전문 분야

과학사

BC4000년경	메소포타미아 지역에서 동을 사용
BC2800년경	이집트에서 활발하게 피라미드를 건설
BC1100년경	그리스 등에서 철기를 활발하게 사용
BC600년경	피타고라스에 의해 그리스 수학이 확립됨
BC250년경	아르키메데스 원리 발견
AD50년	헤론이 증기기관을 고안
AD120년	천동설(지구중심설)이 확립됨
AD1450년	구텐베르크가 서양에서의 금속활자 인쇄술을 발명
AD1543년	코페르니쿠스가 지동설(태양중심설)을 주창
AD1583년	갈릴레이가 진자의 등시성을 발견
AD1590년	얀센 부자(父子; 네덜란드)가 현미경을 발명
AD1608년	한스 리퍼세이(네덜란드)가 망원경을 발명
AD1608년	갈릴레이 등이 목성의 위성 및 태양의 흑점을 발견
AD1609년	케플러의 법칙을 발견(행성의 운동 원리를 해명)
AD1616년	갈릴레이가 지동설을 옹호한 죄로 종교재판을 받음
AD1643년	에반젤리스타 토리첼리(이탈리아)가 대기압과 진공을 증명
AD1666년	뉴턴이 만유인력의 법칙을 발견

AD1765년	제임스 와트(영국)가 증기기관을 개량
AD1766년	헨리 캐번디시(영국)가 수소를 발견
AD1772년	대니얼 레드퍼드(스코틀랜드)가 질소를 발견 (AD 1777년 칼 빌헬름 셸레(스웨덴)도 공기가 두 종류의 기체로 구성되어 있음을 발견)
AD1774년	조지프 프리스틀리(영국) 등이 산소를 발견
AD1800년	볼타가 전지를 발명
AD1821년	조지 스티븐슨(영국)이 철도시스템을 창시
AD1826년	옴이 옴의 법칙을 발견
AD1831년	패러데이가 전자유도를 발견
AD1851년	레옹 푸코(프랑스)가 진자실험을 통해 지구가 자전하고 있음을 증명
AD1857년	에두아르 레옹 스콧 드 마르탱빌(프랑스)이 축음기(소리를 기록만 가능)를 발명
AD1866년	노벨이 다이너마이트를 발명
AD1869년	드미트리 멘델레예프(러시아)가 원소 주기율표를 작성
AD1876년	알렉산더 그레이엄 벨(미국)이 전화를 발명 (실제 전화의 최초발명자는 이탈리아 출신 안토니오 메우치로 1854년에 발명. 2002년 미국 의회 결의에 따라 안토네오 메우치가 전화기의 최초 발명가로 공식적으로 인정됨)
AD1879년	에디슨이 백열전등을 발명
AD1895년	빌헬름 콘라트 뢴트겐(독일)이 X선을 발견
AD1897년	조지프 존 톰슨(영국)이 전자를 발견
AD1898년	퀴리 부부가 라듐을 발견
AD1903년	라이트 형제(미국)가 동력 비행기로 최초 비행에 성공
AD1904년	존 앰브로즈 플레밍(영국)이 진공관을 발명
AD1905년	아인슈타인이 특수상대성이론을 발표
AD1929년	에드윈 파월 허블(미국)이 우주팽창의 법칙을 발표
AD1934년	유카와 히데키가 중간자 이론을 발표
AD1941년	프로그램 제어방식의 컴퓨터 등장
AD1945년	원자폭탄 완성
AD1948년	조지 가모프(미국)가 우주 빅뱅 이론을 주장
AD1953년	제임스 듀이 왓슨(미국), 프랜시스 크릭(영국) 등이 DNA 이중나선구조를 발견
AD1957년	최초의 인공위성 스푸트니크1호(소련) 궤도 진입 성공
AD1961년	보스토크 1호(소련)가 최초의 유인 우주 비행에 성공
AD1969년	아폴로 11호(미국)로 인류 최초로 달 표면에 착륙
AD1973년	스탠리 코헨(미국), 허버트 보이어(미국)이 유전자 재조합에 성공
AD1986년	요하네스 게오르크 베드노르츠(독일), 카를 알렉산더 뮐러(스위스)가 고온 초전도체 발견
AD1990년	허블우주망원경 발사
AD1993년	나카무라 슈지가 청색 발광다이오드를 개발
AD1996년	영국에서 복제양(돌리) 탄생
AD2012년	힉스 입자를 발견

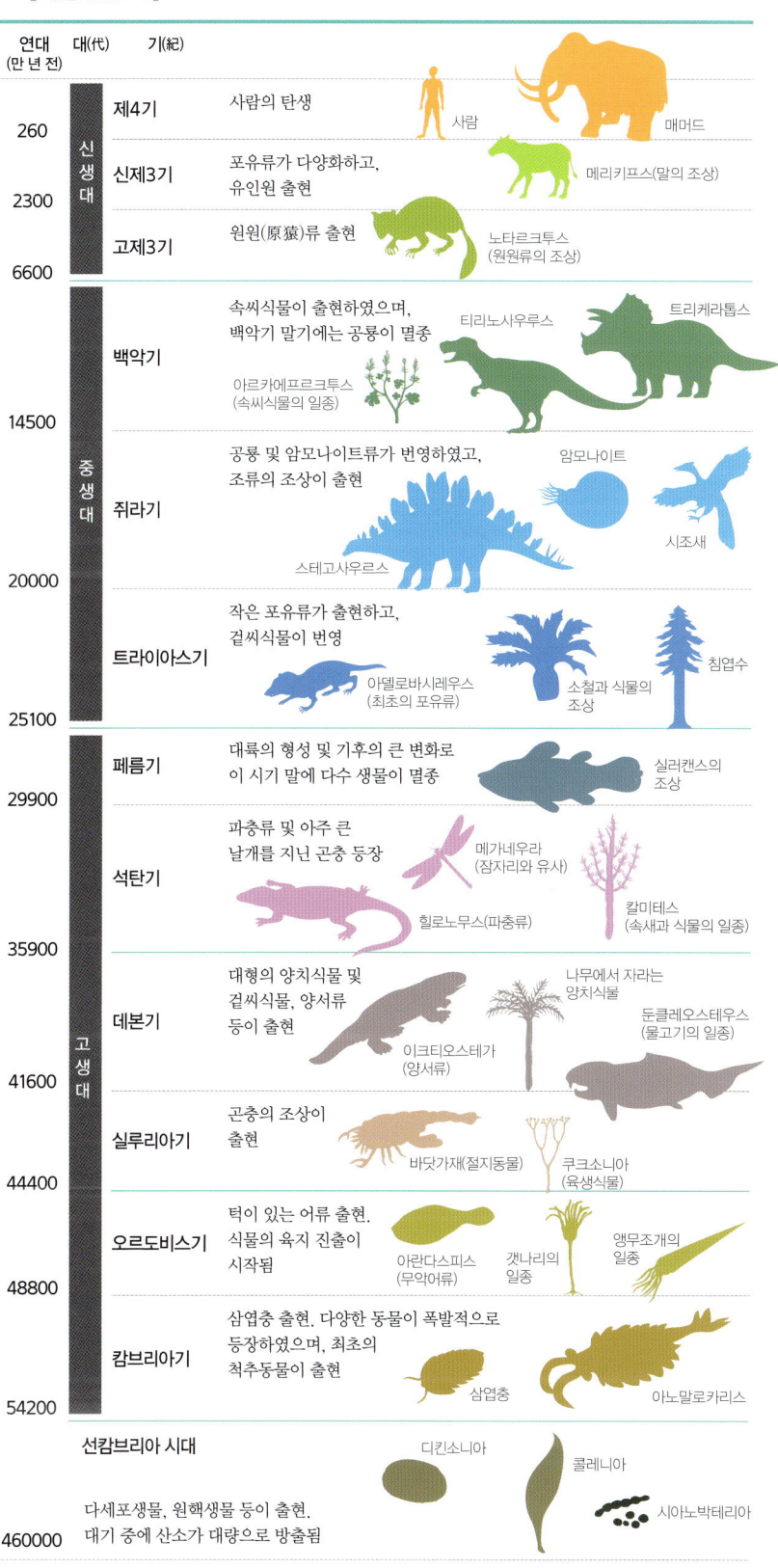

* 그림은 그 시대를 대표하는 생물

단위

자주 사용되는 단위

길이 및 거리를 측정하는 단위

기호	이름	환산
m	미터	1m = 0.001km = 100cm = 1000mm
ly (light year)	광년	1광년 = 9,460,730,472,580,800m = 63,241AU
AU (astronomical unit)	천문단위	1AU = 149,597,870,700m

면적 단위

기호	이름	환산
m^2	제곱미터	$1m^2 = 10,000cm^2 = 1,000,000mm^2$
ha	헥타르	$1ha = 10,000m^2$

질량 단위

기호	이름	환산
kg	킬로그램	1kg = 1,000g = 1,000,000mg
t	톤	1t = 1,000kg = 1,000,000g

부피 단위

기호	이름	환산
m^3	세제곱미터	$1m^3 = 1,000,000cm^3 = 1,000,000,000mm^3$
L	리터	$1L = 1,000mL = 0.001m^3 = 1,000cc$
cc	세제곱센티미터	$1cc = 1cm^3 = 0.001L$

시간 단위

기호	이름	환산
s	초	1s = 약 0.00166min = 약 0.00027h
min	분	1min = 60s = 약 0.00166h
h	시간	1h = 3,600s = 60min = 약 0.04166d
d	일	1d = 86,400s = 1,440min = 24h
mon	달	1mon = 약 30d = 약 720h = 약 43,200min = 약 2,592,000s
y	년	1년은 평균 약 365.2422일. 365일로 1년을 정하고, 윤년에 366일로 조정한다. 1y = 365d = 8,760h = 525,600min = 31,536,000s
C	세기	1C = 100y 21C는 2001년 1월 1일~2100년 12월 31일

전기의 단위

기호	이름	환산
A	암페어	전류. 1A = 1,000mA
V	볼트	전압. 1V = 1,000mV
Ω	옴	전기저항
W	와트	전력. 1kW = 1,000W

소리의 단위

기호	이름	설명
Hz	헤르츠	진동수(음파가 1초 동안 진동하는 횟수. 주파수)를 나타내는 단위로, 소리의 높이를 나타낸다.
dB	데시벨	소리의 크기. 기준이 되는 수치 대비 나타낸다.

힘이나 운동 단위

기호	이름	설명
N	뉴턴	질량 약 100g의 물체에 작용하는 중력
J	줄	1N의 힘으로 물체를 1m 이동하였을 때 한 일이나 이에 필요한 에너지가 1J
W	와트	일률의 단위. 1초 동안 1J의 일을 할 때의 일률이 1W
Pa	파스칼	압력의 단위. $1m^2$의 면적에 1N의 힘을 수직으로 가했을 때의 압력이 1Pa. $1Pa = 1N/m^2$

* 질량과 무게   질량은 그 물체를 구성하는 원자를 전부 모았을 때의 양으로 어느 곳에서 측정해도 같은 수치를 가진다. 질량의 기본 단위는 kg(g은 kg의 1/1000)이다.
무게는 특정 질량의 물체에 가해지는 중력의 정도로, 지구에서 측정한 무게와 달에서의 무게가 달라지듯, 중력에 따라서 달라진다. 단위는 힘의 단위와 마찬가지로 N. 지구상에서 질량 약 100g의 물체에 가해지는 중력은 1N(→p.338~339)이다.

온도 단위

기호	이름	설명
°C	도(섭씨)	섭씨 온도(Celsius). 0°C = 32°F = 273.15K
°F	도(화씨)	화씨 온도(Fahrenheit). 0°F = −17.78°C
K	켈빈	열역학 온도. 0K = −273.15°C 273.15K = 0°C 373.15K = 100°C

기상 단위

기호	이름	설명
mm	밀리(강수량)	내린 비가 어디로도 흘러내리지 않고, 그 자리에 모인 빗물의 양
기압		1기압 = 1,013hPa
hPa	헥토파스칼	1hPa = 100Pa = 약 0.000987기압

각도 단위

기호	이름	설명
°	도	1° = 60′(분) = 3,600″(초) 1° = 약 0.017rad
rad	라디안	원의 중심각과 그에 대응하는 호의 길이가 비례하는 것에 기반한 단위 180° = π(약 3.14)rad 1rad = 약 57.3°

방사선량의 단위

Bq	베크렐	1초간 방사성 물질의 원자핵이 변화하는 횟수
Gy	그레이	물질 1kg이 1J의 방사선 에너지를 흡수하는 양
Sv	시버트	방사선이 인체에 미치는 영향을 평가하는 단위

유도 단위

일곱 개 기본 단위를 조합해 만들어진 단위. 면적 단위인 m^2와 밀도를 나타내는 g/cm^3 등이 있다.

예) 속도 단위 km/s 초속 ××킬로미터
    거리(km) ÷ 시간(s) = 속도(km/s)

기본 단위

단위의 기본이 되는 양을 국제적으로 결정한 것

길이	m	미터	길이 단위로서, 빛이 진공 상태에서 1초 동안 1/299,792,458 나아가는 거리
질량	kg	킬로그램	질량 단위로, 백금 90%와 이리듐 10%의 합금으로 만들어진 국제 킬로그램 원기의 질량
시간	s	초	시간 단위로, 세슘 133원자에 특정 주파수의 전파를 쬐어 세슘 원자의 상태가 변할 때, 이 특정 전파의 진동수가 9,192,631,770이 되기까지의 시간
힘	N	뉴턴	힘의 단위로 1N은 질량 약100g(102g)의 물체에 작용하는 중력(질량 1kg의 물체를 매초, 초속 1m씩 빨라지도록 끌어당기는(또는 미는) 힘
전류	A	암페어	전류의 단위로 진공상태에서 무한히 길고 무시할 수 있을 만큼 작은 원형 단면적을 가진 2개의 평행한 직선 도체를 1m 간격으로 유지할 때, 도체 길이 1m당 $2×10^{-7}$N의 힘을 생기게 하는 일정한 전류
열역학 온도	K	켈빈	온도 단위로 수증기(기체), 물(액체), 얼음(고체)가 같이 공존할 수 있는 상태(물의 삼중점)의 열역학 온도의 1/273.16
광도	ch	칸델라	광도(밝기)의 단위. 진동수 540×1012Hz인 단색광을 방출하는 광원의 복사도가 어떤 주어진 방향으로 매 스테라디안(입체각의 단위) 당 1/683W 일 때 해당 방향에 대한 광도
물질량	mol	몰	물질의 양을 측정하는 단위. 0.012kg의 탄소-12 속에 있는 원자 개수와 동일한 요소입자*를 포함한 총량

*요소입자: 원자, 분자, 이온, 전자 등의 입자

2진법과 16진법

10진법은 0~9까지의 숫자를 사용하여 수를 나타내고, 9를 넘어서면 자릿수를 올려서 10이 된다. 2진법은 0과 1만으로 숫자를 표시, 1을 넘으면 자릿수가 올라가 10이 된다. 디지털 신호는 전기가 흐르지 않으면 0, 전기가 흐르면 1이라고 표시, 현재 상태를 0과 1에 대응시킴으로써 2진법으로 정보를 전달한다. 16진법은 0~9까지는 숫자와 A~F까지의 알파벳으로 16개의 기호를 사용하여 숫자를 표시한다. 16진법은 2진법보다 훨씬 적은 자릿수로 표시할 수 있으며, 2진법과의 변환도 간단하기 때문에 컴퓨터 프로그램 등에 자주 활용된다.

2진법	10진법	16진법
0	0	0
1	1	1
10	2	2
11	3	3
100	4	4
110	5	5
111	7	7
1000	8	8
1001	9	9
1010	10	A
1011	11	B
1100	12	C
1101	13	D
1110	14	E
1111	15	F

2진법을 10진법으로 변환

예를 들어 2진법의 "1001"의 경우, 가장 앞 자릿수인 1은 23 (= 2 x 2 x 2), 두 번째 자릿수인 0은 22 (= 2 x 2) 등으로 계산하면 된다. 각각을 계산하여 더하면 10진법으로 변환한 숫자를 알 수 있다.

따라서 1001은,

$1 × 2^3 = 8, 0 × 2^2 = 0, 0 × 2^1 = 0, 1 × 2^0 = 1 (2^0 = 1)$

즉 8 + 0 + 0 + 1 = 9이므로, 2진법의 숫자 1001은 10진법이 숫자 9에 해당한다.

10진법을 2진법으로 변환

다음과 같이 2로 나누고 남은 수를 산출하여 순서대로 세우면 2진법으로 변환할 수 있다.

9 ÷ 2 = 4 ⋯ 1
4 ÷ 2 = 2 ⋯ 0
2 ÷ 2 = 1 ⋯ 0
1 ÷ 2 = 0 ⋯ 1

따라서 10진법의 숫자 9를 2진법으로 변환하면 1001이 된다.

사진 · 화상 제공

p118, 210, 211
www.shutterstock.com

p123
NASA, ESA, J. Hester and A. Loll (Arizona State University)

p124
NASA, ESA, and J. -P. Kneib (Laboratorie d'Astrophysique de Marseille)
NASA, ESA, Hubble Heritage Team (STScI/AURA)
NASA, ESA, and The Hubble Heritage Team (STScI/AURA)
NASA, ESA, the Hubble Heritage Team (STScI/AURA), and A. Aloisi (STScI/ESA)

p125
ESO/L.Calçada
R. Gendler, Copyright (c) 2008
X-ray: NASA/CXC/SAO; Optical: NASA/STScI
NASA, ESA, R. Sankrit and W. Blair (Johns Hopkins University)

p126
NASA/JPL-Caltech
X-ray: NASA/CXC/UCLA/Z. Li et al; Radio: NRAO/VLA

p128
SOHO (ESA & NASA)
National Astronomical Observatory of Japan/JAXA
SOHO (ESA & NASA)

p129
National Astronomical Observatory of Japan/JAXA
SOHO (ESA & NASA)
NASA/TRACE

p135
NASA, ESA, and The Hubble Heritage Team (STScI/AURA)
NASA, ESA, S. Beckwith (STScI), and The Hubble Heritage Team (STScI/AURA)

p139
Bill Schoening, Vanessa Harvey/REU program/NOAO/AURA/NSF
NASA, ESA, the Hubble Heritage (STScI/AURA)-ESA/Hubble Collaboration, and A. Evans (University of Virginia, Charlottesville/NRAO/Stony Brook University)

p141
ESO/L.Calçada

NASA,ESA, M. Robberto (Space Telescope Science Institute/ESA) and the Hubble Space Telescope Orion Treasury Project Team
NASA, ESA and AURA/Caltech

p154
NASA
NASA/JPL/USGS

p156
the Earth Science and Remote Sensing Unit, NASA Johnson Space Center
©2006 by Fred Espenak.www.MrEclipse.com
©National Astronomical Observatory of Japan

p159
L. Esposito (University of Colorado, Boulder), and NASA

p163
Japan Coast Guard Homepage (http://www1.kaiho.mlit.go.jp/GIJUTSUKOKUSAI/kaiikiDB/kaiyo18-2.htm)

p165
USGS
Jacques Descloitres, MODIS Rapid Response Team, NASA/GSFC
Jacques Descloitres, MODIS Land Rapid Response Team, NASA/GSFC

p180
NASA/GSFC/METI/Japan Space Systems,and U.S./Japan ASTER Science Team

p182
the USGS National Center for EROS,NASA

p183
NASA/GSFC/MITI/ERSDAC/JAROS, and U.S./Japan ASTER Science Team

p171, 186, 187
(p171) 유문암, 안산암, 현무암, 화강암, 섬록암, 반려암
(p186) 역암, 석회암, 응회암, 사암, 각암, 이암
(p187) 가리비…Geological Survey of Japan, AIST, Integrated Geological Literature Search (https://gbank.gsj.jp/geolis/), CC BY 2.1 JP (http://creativecommons.org/licenses/by/2.1/jp/)

p187
삼엽충 (GSJ F07592), 암모나이트 (GSJ F05812), 푸줄리나 (GSJ F03226), 비카리아 (GSJ F03747), 바지락 (GSJ F03627), 산호 (GSJ F05795), 매머드 (GSJ F03189), 데스모스틸루스 (GSJ F15156-1), 나우만코끼리 (GSJ F12937); Geological Survey of Japan, AIST, Geological Museum (http://www.gsj.jp/Muse)

p204
NASA

p229
Visible Earth,NASA

p338, 339
Visible Earth,NASA

그 외
CORVET Photo Agency Co., Ltd., Aflo Co., Ltd., amanaimages inc., Koichi Tsujinaka, Kins office

---

비주얼 과학사전

편저 Hitoshi Ichimura, Gakken Plus, Kins office(Hitoshi Ichimura, Yuko Naito)
감수 Masanobu Higuchi · Tadaaki Imaizumi · Susumu Yamaga · Michiyoshi Sanuki · Junichi Watanabe
번역 김건, 허재원, 허재훈
펴낸이 정규도
펴낸곳 (주)다락원

초판 1쇄 발행 2019년 8월 1일
초판 2쇄 발행 2022년 5월 9일

책임편집 허윤영
디자인 구수정
전산편집 하다

다락원 경기도 파주시 문발로 211
내용문의 (02) 736-2031 내선 520
구입문의 (02) 736-2031 내선 250~252 Fax (02) 732-2037
출판 등록 1977년 9월 16일 제406-2008-000007호

Bijyuaru Rikajiten ⓒ Gakken Plus 2015
First published in Japan 2015 by Gakken Plus., Ltd., Tokyo. Korean translation rights arranged with Gakken Plus Co., Ltd. through Imprima Korea Agency.

저자 및 출판사의 허락 없이 이 책의 일부 또는 전부를 무단 복제·전재·발췌할 수 없습니다. 구입 후 철회는 회사 내규에 부합하는 경우에 가능하므로 구입문의처에 문의하시기 바랍니다. 분실·파손 등에 따른 소비자 피해에 대해서는 공정거래위원회에서 고시한 소비자 분쟁 해결 기준에 따라 보상 가능합니다. 잘못된 책은 바꿔 드립니다.

값 38,000원
ISBN 978-89-277-0113-2 73400

http://www.darakwon.co.kr

비주얼 과학 사전

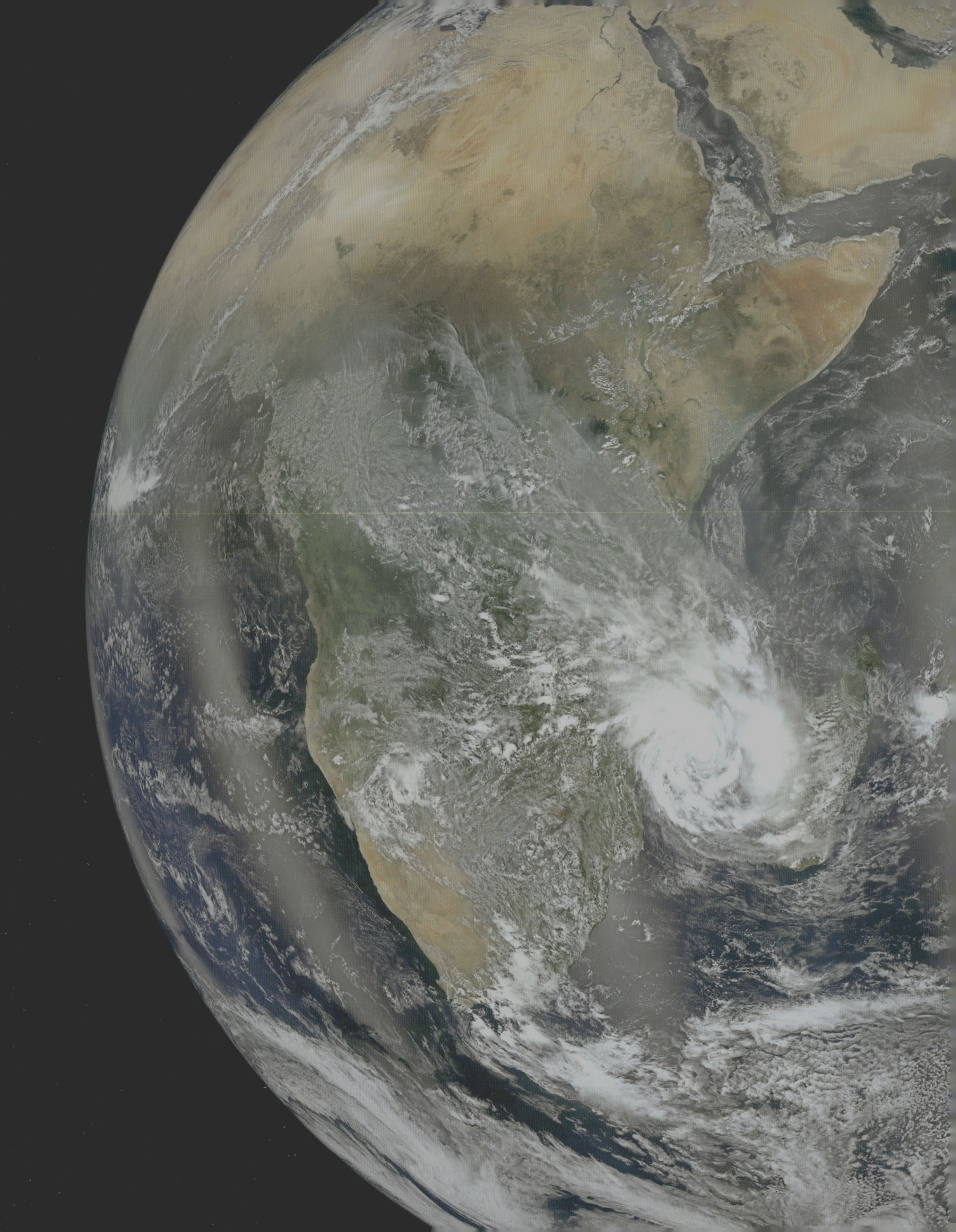

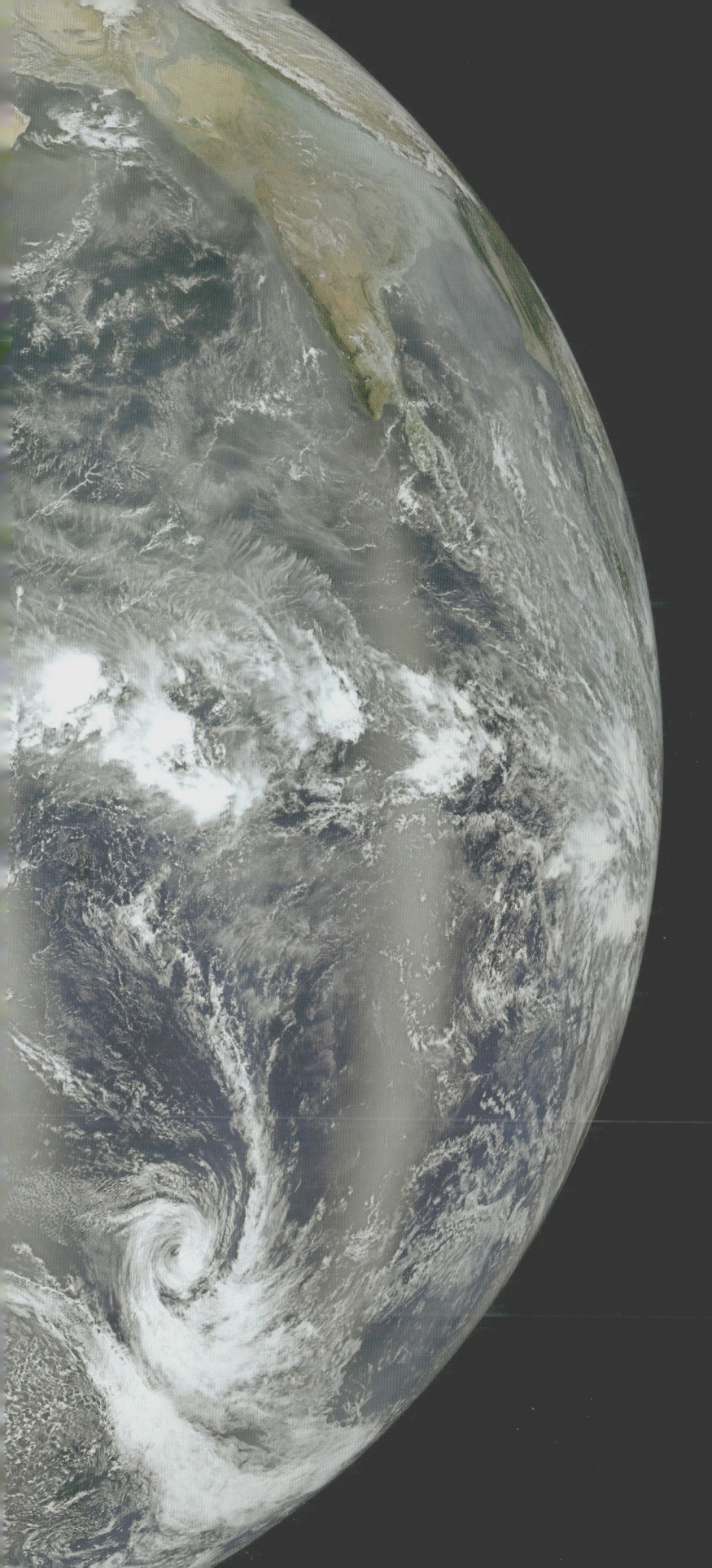

들어가며

고개를 들어 하늘을 한번 바라보세요. 빛나는 태양 옆으로 구름이 흘러갑니다. 다음엔 허리를 숙여 발밑도 한번 들여다보세요. 흙바닥을 줄지어 이동하는 개미, 보도블록 사이로 수줍게 고개를 내민 풀꽃이 눈에 들어옵니다.

이렇게 우리 주변은 신기한 것으로 가득합니다. 이 사전에는 이처럼 신기하고 아름다운 자연 현상과 여러 생물, 무생물의 신비를 풀어 줄 힌트가 가득 들어 있습니다. 초중등 과정에서 배우는 과학 지식을 생동감 넘치는 사진과 정교한 그림 자료를 활용해 알기 쉽게 설명하기 때문에, 즐기면서 과학 공부를 할 수 있습니다. 주변 자연의 신비를 즐기면서 궁금한 부분을 찾아보고 탐구하는 것이야말로 가장 바람직한 과학 공부법입니다.

이제, 눈에 보이는 신비한 것을 그냥 지나치지 말고 잘 관찰해 보세요. 그리고 과학과 관련해서 궁금한 것은 이 책에서 자세한 내용을 찾아보세요.

궁금증이 하나하나 풀리면서 눈앞의 세상이 이전과 다르게 보일 것입니다.

제공: NASA/NOAA

1 생명 009

분류와 진화 | 생물의 분류와 진화 010
먹이사슬과 생태계 | 자연에서 생물 간의 관계 012

동물의 세계 1 무척추동물 014

곤충의 몸과 성장 | 곤충의 몸은 어떻게 되어 있을까? 016
곤충의 눈 | 곤충의 눈에는 세상이 어떻게 보일까? 018
곤충의 입 모양과 먹이 | 곤충의 입 모양은 왜 다양할까? 020
곤충의 날개와 다리 | 곤충은 어떻게 하늘을 날까? 022
곤충의 언어 | 곤충은 동료에게 어떤 이야기를 할까? 024
곤충의 성장(완전 변태) | 나비나 장수풍뎅이는 어떻게 성장할까? 026
곤충의 성장(불완전 변태) | 매미나 잠자리는 어떻게 성장할까? 028
곤충 이외의 벌레들 | 거미는 곤충과 무엇이 다를까? 030
새우나 게의 친척 | 새우나 게는 어떤 생물일까? 032
소라·조개·오징어·문어 | 달팽이, 오징어, 문어는 친척일까? 034
다양한 무척추동물 | 다양한 무척추동물 036

동물의 세계 2 척추동물 038

어류의 몸과 생활 | 송사리는 어떻게 태어날까? 040
양서류의 몸과 생활 | 올챙이는 어떻게 개구리로 자랄까? 044
파충류의 몸과 생활 | 거북이나 악어는 어떤 동물일까? 048
조류의 몸과 생활 | 새는 어떻게 하늘을 날까? 050
새들의 신비한 생활 052
포유류의 몸과 생활 | 어떤 동물이 포유류일까? 054
칼럼 세계 각지의 포유류 | 세계 각지의 다양한 포유류 056

식물의 세계 058

식물의 성장과 계절 | 화초는 어떤 계절에 자랄까? 060
꽃 분류하기 | 어떤 꽃이 필까? 062
뿌리와 줄기의 구조와 하는 일
뿌리와 줄기는 어떻게 되어 있을까? 064
잎의 구조와 광합성 | 광합성은 왜 중요할까? 066
씨앗의 구조와 발아·성장 | 씨에서 어떻게 싹이 날까? 068
꽃의 구조와 수분 | 왜 꽃을 피울까? 070
꽃가루를 운반하는 방법 | 꽃가루는 누가 운반할까? 072
꽃과 열매의 구조 | 꽃에서 열매가 어떻게 맺힐까? 074
씨앗의 모양과 씨앗을 퍼트리는 방법
식물은 왜 열매를 맺을까? 076
씨앗 외의 번식법 | 감자에 싹이 났다! 078
나무(활엽수) | 활엽수에는 어떤 종류가 있을까? 080
나무(침엽수) | 침엽수에는 어떤 종류가 있을까? 082
양치식물 | 양치식물은 어떤 꽃을 피울까? 084
선태식물·해조 | 선태식물이나 해조도 포자로 번식할까? 086
균류 | 버섯은 어떻게 자랄까? 088
숲이 되는 과정 | 숲은 어떤 곳일까? 090
칼럼 세계의 숲 | 세계의 숲을 찾아가다 092

사람의 몸 094

사람과 침팬지 | 사람과 침팬지가 정말 닮았나? 096
몸의 골격과 구조 | 뼈도 살아 있다 098
온몸의 근육 | 근육은 어떻게 이루어져 있을까? 100
심장과 혈액 | 혈액은 어떻게 온몸을 돌까? 102
폐와 호흡 | 들이마신 공기는 어디로 갈까? 104
소화와 영양 | 먹은 것은 어디로 갈까? 106
소화기관과 흡수 | 소화기관은 어떤 기능을 할까? 108
신장과 방광 | 몸에 필요 없는 것들을 어떻게 배출할까? 110
감각기관 | 어떻게 보고 듣고 느낄까? 112
뇌와 신경 | 뇌와 신경은 어떻게 작동할까? 114
생식과 출산 | 아기는 어떻게 태어날까? 116
칼럼 유전자와 DNA | 아이는 왜 부모를 닮을까? 118

2 지구 119

우주와 천체 120
우주의 확장 | 우주는 얼마나 넓을까? 122
은하를 구성하는 천체 | 우주에는 어떤 천체가 있을까? 124
은하계 | 우리도 은하계에 살고 있다 126
태양 | 태양에서는 어떤 일이 벌어질까? 128
태양계 | 태양계는 어떻게 이루어져 있을까? 130
은하수 | 지구에서 우주를 관찰해 보자 132
봄철 별자리 | 봄의 밤하늘을 올려다보자 134
여름철 별자리 | 여름에는 어떤 별이 보일까? 136
가을철 별자리 | 가을의 밤하늘에서는 어디를 봐야 할까? 138
겨울철 별자리 | 대표적인 겨울 별자리 140

천체의 움직임 142
지구의 공전과 계절 | 왜 여름과 겨울은 서로 번갈아서 올까? 144
지구의 공전과 별의 움직임
계절마다 보이는 별자리는 왜 다를까? 146
지구의 자전과 태양의 움직임
해는 왜 동쪽에서 떠서 서쪽으로 질까? 148
지구의 자전과 별의 움직임 | 별은 밤에 어떻게 움직일까? 150
달의 변화 | 달의 모양은 왜 바뀔까? 152
달의 공전과 월식 | 월식은 왜 일어날까? 154
일식 | 일식은 왜 일어날까? 156
행성의 움직임과 보는 방법
금성과 화성은 언제, 어디에서 볼 수 있을까? 158

활동하는 지구 160
살아 있는 지구 | 판이란 무엇일까? 162
지구 내부와 판의 이동 | 지구의 내부는 어떻게 되어 있을까? 164
화산의 생성과 종류 | 화산은 어떻게 분화할까? 166
마그마의 성질과 화산의 모양
분화로 어떤 지형이 만들어질까? 168
화성암 | 마그마로부터 어떤 암석이 만들어질까? 170
지구의 판과 지진 | 지진은 어디에서 일어날까? 172
지진의 종류와 대륙판 | 지진은 왜 일어날까? 174
지진의 전달 방법과 크기 | 지진은 어떻게 퍼질까? 176
흐르는 물의 역할 | 강의 흐름은 땅을 어떻게 바꿀까? 178
강이 만드는 지형 | 선상지와 하적호는 왜 생길까? 180
하구와 해안에 만들어지는 지형
흙모래는 해안에 어떤 지형을 만들까? 182
흙의 퇴적과 지층 | 지층의 줄무늬는 왜 생길까? 184
퇴적암과 화석 | 지층 속에는 무엇이 있을까? 186
땅의 융기와 침강
땅의 융기와 침강을 통해 어떤 지형이 생길까? 188
빙하가 만드는 지형 | 빙하는 어떤 지형을 만들까? 190

기상과 날씨 192
지구의 기후 | 장소에 따라서 기후는 어떻게 다를까? 194
공기 중의 물 | 공기 중에 물이 숨어 있다고? 196
구름의 종류 | 구름의 이름이 궁금해! 198
구름의 생성 과정·비와 눈 | 구름 속에서는 어떤 일이 일어날까? 200
물의 대순환 | 구름이 뿌린 비는 어디로 갈까? 202
태풍과 저기압·고기압 | 태풍의 중심부는 어떻게 되어 있을까? 204
날씨의 변화 | 날씨는 어떻게 변할까? 206
장마·여름 날씨 | 장마철에는 왜 비가 계속 내릴까? 208
겨울과 봄·가을 날씨
겨울이 되면 왜 서해안 쪽에 눈이 많이 올까? 210
용오름과 천둥 | 용오름은 왜 일어날까? 212
태양과 무지개 | 무지개는 어디에 있을까? 214
칼럼 **지구 온난화** | 지구 온난화가 대체 뭐지? 216

3 물질 217

물과 공기 218

원자와 분자 | 물질은 무엇으로 이루어졌을까? 220
물질의 무게와 부피 | 물질의 무게와 부피의 관계는? 222
공기와 물의 성질 | 공기와 물은 무엇일까? 224
물질의 온도와 부피 | 물질을 데우면 부피는 어떻게 바뀔까? 226
열의 전달 방식 | 공기와 물은 열을 어떻게 전달할까? 228
물의 형태와 부피 변화 | 얼음과 물과 수증기는 같은 것일까? 230
물을 끓이거나 식히면
물의 상태와 온도는 어떤 관계가 있을까? 232
원소의 기원 | 원소는 어떻게 생겨났을까? 234
칼럼 원소의 종류와 주기율표 | 원소의 종류와 주기율표 236

수용액의 성질 238

수용액과 그 성질 | 수용액이란 무엇일까? 240
수용액의 농도와 무게
물질이 녹으면 부피와 무게는 어떻게 될까? 242
수용액의 온도와 녹는 양
물의 온도와 물질이 녹는 양과의 관계는? 244
산성·염기성·중성
보라색 양배추 액으로 수용액을 조사해 보자 246
산성·염기성과 지시약의 색 | 산성과 염기성 248
중화 실험 | 산성과 염기성을 섞으면 어떻게 될까? 250
중화반응과 소금
중화반응이 일어날 때 어떤 현상이 나타날까? 252
수용액과 이온화 | 소금이나 설탕에 전기가 통할까? 254
수용액과 금속의 반응 | 수용액에 금속을 넣어 보자 256
물의 전기분해와 연료전지 | 물을 전기분해 하면 어떻게 될까? 258

물질이 타는 방식과 기체 260

산화 | '탄다'는 것은 무엇일까? 262
물질이 타기 위한 조건 | 물질이 계속 타기 위해서는? 264
촛불과 연소 | 양초는 어떻게 탈까? 266
산소의 성질과 연소 | 산소는 어떤 기체일까? 268
이산화탄소의 성질 | 이산화탄소는 어떤 기체일까? 270
나무의 연소 | 불꽃 없이도 탈 수 있다 272
금속의 연소 | 금속도 탈까? 274
산화와 환원 | 녹슨 것이 원래대로 돌아올 수 있을까? 276
여러 가지 기체와 무게 | 우리 주변에는 어떤 기체가 있을까? 278
칼럼 금속의 연소와 불꽃공의 색 | 불꽃공 색깔의 비밀 280

4 | 에너지 281

빛과 소리 282

- **빛의 직진** | 빛은 어떻게 나아갈까? 284
- **빛의 색깔과 파장** | 빛은 과연 어떤 색일까? 286
- **빛의 반사와 거울** | 거울에 물체가 비치는 것은 어떤 원리일까? 288
- **볼록렌즈로 생기는 상** | 왜 돋보기로 보면 물체가 크게 보일까? 290
- **렌즈로 보는 도구의 구조** | 카메라와 망원경의 구조 292
- **소리와 진동** | 소리는 어떤 때 나는 걸까? 294
- **소리의 속도** | 불꽃놀이할 때, 왜 소리는 나중에 들릴까? 296
- **큰 소리·작은 소리**
  큰 소리와 작은 소리, 어떤 차이가 있을까? 298
- **높은음·낮은음** | 높은음과 낮은음은 어떻게 다를까? 300
- **동물에게 들리는 소리** | 사람에게 들리지 않는 소리가 있다 302

전기와 자석 304

- **정전기** | 머리카락은 왜 뻗칠까? 306
- **전기의 성질과 전류** | 전기는 어떻게 흐를까? 308
- **전류와 전압의 측정법** | 전기를 어떻게 측정할까? 310
- **건전지의 직렬과 병렬**
  건전지를 직렬과 병렬 중 어떻게 연결해야 불이 더 밝을까? 312
- **꼬마전구의 직렬과 병렬**
  꼬마전구의 직렬과 병렬, 어느 쪽이 더 밝을까? 314
- **자석의 성질** | 자석에는 뭐가 붙을까? 316
- **자석의 극과 자력선** | 자석의 힘은 어떻게 작용할까? 318
- **전류와 자력선**
  왜 나침반은 텔레비전 옆에 두면 이상해질까? 320
- **전자석** | 전자석이 뭐지? 322
- **모터의 원리** | 모터는 어떻게 돌까? 324
- **발전의 원리** | 모터로 전기를 만들 수 있을까? 326
- **발전소** | 집에서 쓰는 전기는 어디에서 올까? 328
- **광전지와 LED** | 빛과 전기는 어떤 관계일까? 330
- **칼럼 모습을 바꾸는 에너지** | 에너지란 무엇일까? 332

힘과 운동 334

- **힘의 성질과 용수철** | 힘이란 뭘까? 336
- **무게와 질량** | 달에서는 무게가 어떻게 될까? 338
- **저울** | 저울은 어떤 상황에서 균형이 잡힐까? 340
- **지레** | 작은 힘으로 무거운 물건을 들어 올리려면? 342
- **바퀴 축** | 페달은 왜 돌릴까? 344
- **도르래** | 몇 g의 힘으로 당겨야 균형이 맞을까? 346
- **운동과 낙하**
  무거운 물건과 가벼운 물건 중 어느 것이 먼저 떨어질까? 348
- **낙하와 진자** | 물체가 떨어질 때 어떤 일이 일어나고 있는 걸까? 350
- **기압** | 높은 산에서는 과자봉지가 왜 부풀까? 352
- **수압과 부력** | 물속에서 압력은 어떻게 작용할까? 354

자료편 356

1 생명

생물의 분류와 진화

지구에는 사람이 발견하여 이름을 붙인 생물만 해도
무려 200만 종이 있지만,
실제로는 그 10배가 훨씬 넘는
많은 생물이 살고 있습니다.
최초의 생물은 언제 지구에 나타났을까요?
그리고 지구에는 어떻게 지금처럼
다양한 생물이 살게 되었을까요?

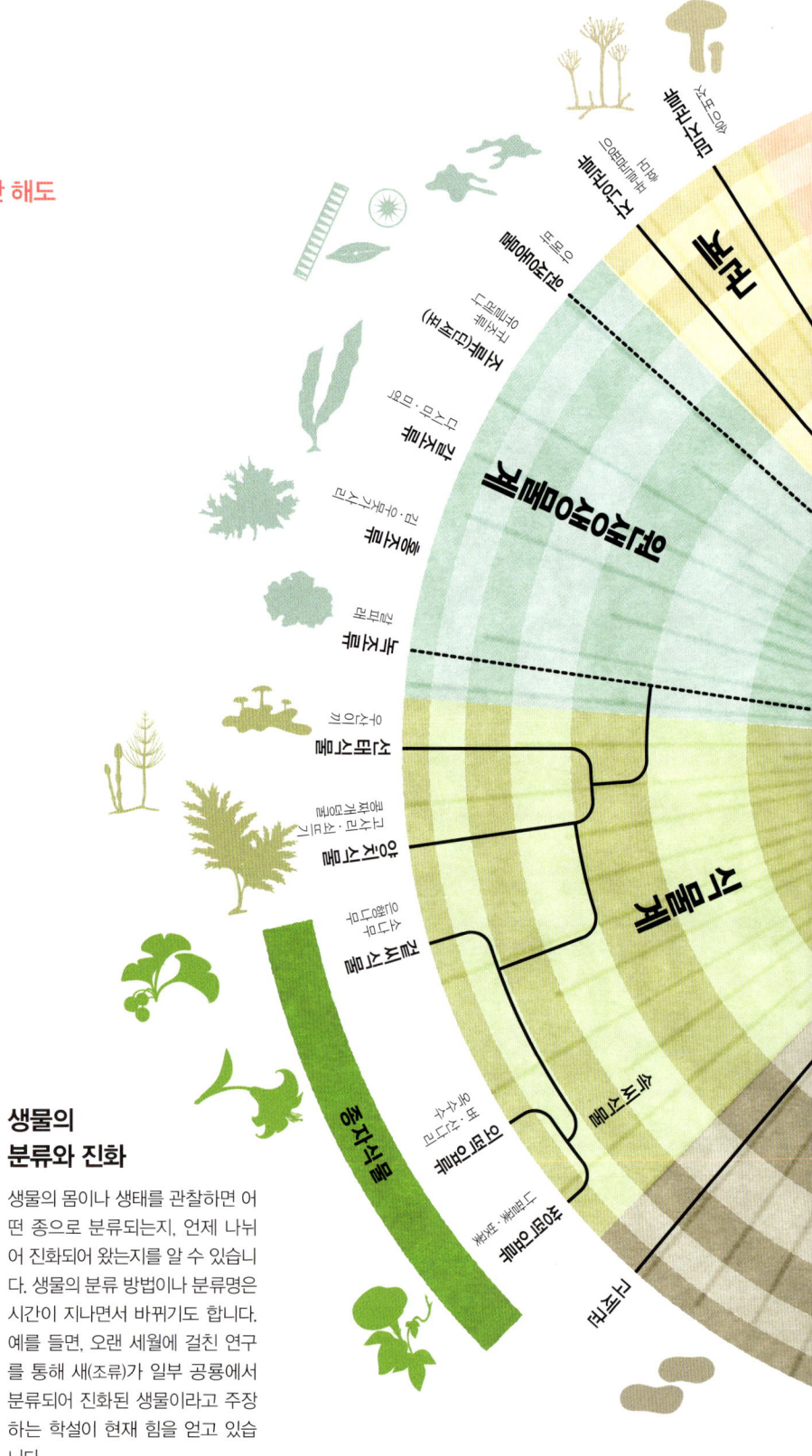

조상이 같은 동물과 식물!

지구가 탄생한 것은 지금부터 약 46억 년 전입니다. 생물이 지구에 살게 된 것은 그 후로 8억 년 후인데, 최초의 생물은 뜨거운 물이 뿜어져 나오는 바닷속에서 살았습니다.

생물의 첫 번째 특징은 새끼를 낳는 등의 생식 활동으로 동족을 늘리는 것입니다. 코스모스, 풍뎅이, 이구아나, 판다, 사람 등 모든 생물이 생식 활동으로 동족을 늘려나가고 있습니다. 현재 지구에 있는 몇백만 종류의 생물들은 38억 년 전에 탄생한 한 생물의 생식 활동을 통해 갈라져 나온 것이죠.

이처럼 생물이 자신의 동료를 늘리며 여러 세대를 거쳐 다양한 종류로 나누어지면서 변화해 온 것을 '진화'라고 합니다. 지금까지 지구에는 공룡처럼 번성했다가 멸종된 생물이 많습니다. 따라서 현재 지구상에 존재하는 다양한 생물들은 38억 년을 살아남은 강인한 생명체입니다.

생물의 분류와 진화

생물의 몸이나 생태를 관찰하면 어떤 종으로 분류되는지, 언제 나뉘어 진화되어 왔는지를 알 수 있습니다. 생물의 분류 방법이나 분류명은 시간이 지나면서 바뀌기도 합니다. 예를 들면, 오랜 세월에 걸친 연구를 통해 새(조류)가 일부 공룡에서 분류되어 진화된 생물이라고 주장하는 학설이 현재 힘을 얻고 있습니다.

※생물의 분류와 진화에 관한 새로운 연구, 발표는 계속되고 있습니다. 여기 소개된 표도 현재 발표된 연구의 한 예일 뿐입니다.

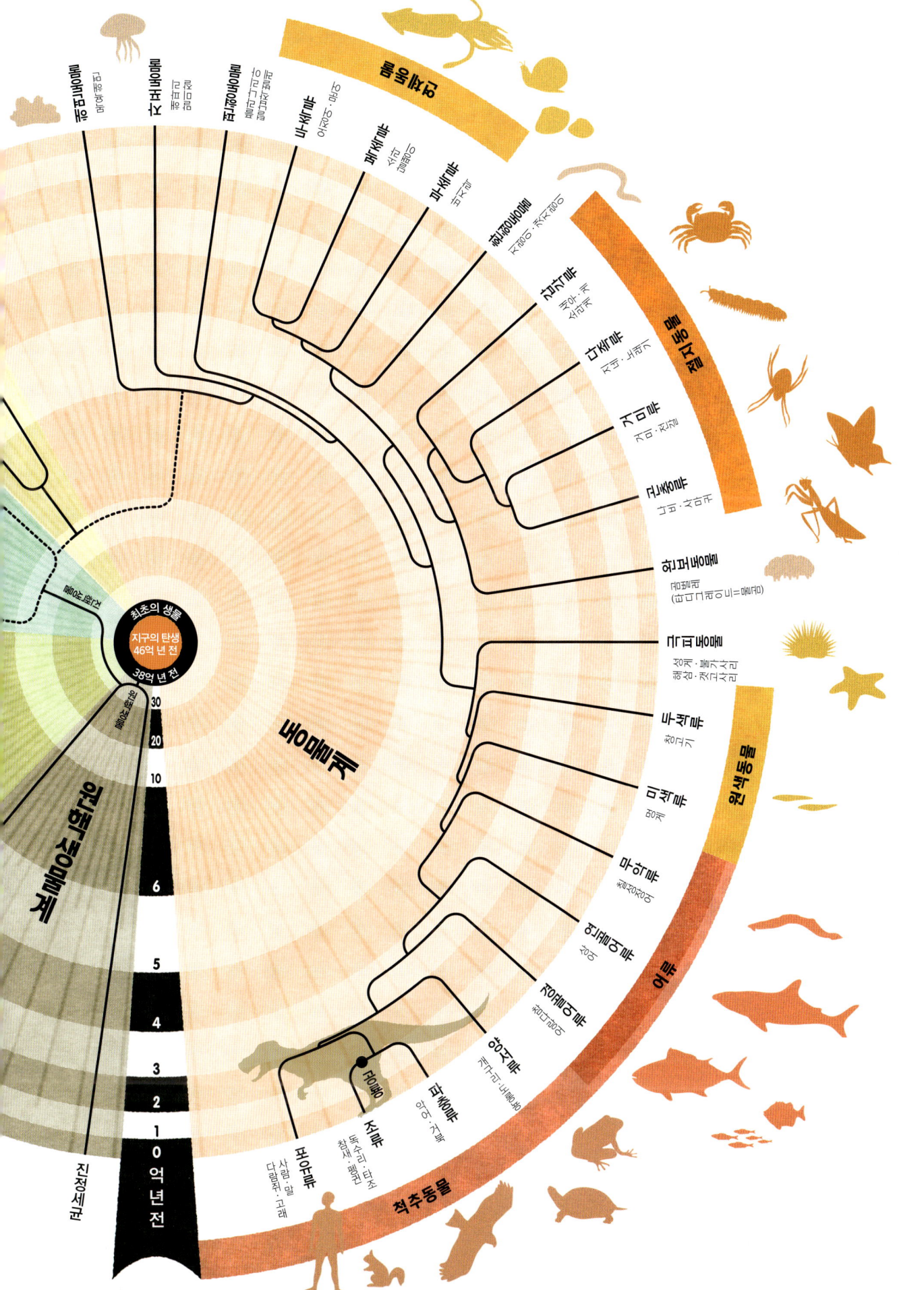

1 생명

생태계와 먹이사슬

자연에서 생물 간의 관계

생물이 살아가기 위해서는 영양분이 필요합니다.
생물은 영양분을 어떻게 얻을까요?
바로 다른 생물을 먹어서 얻습니다.
생물은 이렇게 자연에서 서로 먹고 먹히는
관계를 맺고 있습니다.

먹이사슬의 예
- 독수리, 사자 등
- 개미핥기, 제비, 개구리 등
- 사슴, 토끼, 꿀벌 등
- 수목, 화초 등의 식물
- 지렁이, 쥐며느리, 균류, 박테리아 등
- 땅

사는 것은 먹는 것

식물은 햇빛과 물, 이산화탄소를 이용해 광합성(→p.066)을 하여 성장합니다.
식물이 성장하면서 만든 꿀을 곤충이 먹고, 씨를 다람쥐가 먹고, 잎을 사슴이 먹습니다. 또 곤충을 개구리가 먹고, 다람쥐를 여우가 먹고, 사슴을 늑대가 먹습니다. 그리고 늑대 같은 육식 동물이 죽으면 그 몸을 독수리가 먹고, 흙 속의 벌레가 먹고, 몸에서 곰팡이나 버섯이 번식하고, 마지막에는 흙으로 돌아가게 됩니다. 그리고 흙에서 또 식물이 자라납니다.
이렇게 먹고 먹히는 관계를 '먹이사슬'이라고 합니다. 먹이사슬은 숲, 초원, 사막, 산호초, 심해 등 지구상의 모든 자연에서 찾아볼 수 있습니다.

동남아시아의 열대우림에 사는 난초사마귀는 난초꽃처럼 생긴 몸으로 적의 눈을 속이고, 꽃 가까이 오는 벌레를 앞발로 빠르게 잡아먹습니다.

동물의 세계 1
― 무척추동물 ―

사진의 꽃은 난초꽃의 일종입니다.
숨어 있는 곤충이 보이나요?
왼쪽 아래에 꽃과 몸 색깔이 같은 사마귀가
꼬리를 세우고 숨어 있습니다.
사마귀의 다리도 난초 꽃잎처럼 보이죠.
이번 장에서는 지구에서 가장 다양하게 번성한
동물 그룹인 곤충을 중심으로 무척추동물의
몸 구조와 생활에 관해서 소개하겠습니다.

곤충의 몸은 어떻게

현재까지 기록된 지구상에 사는 곤충은 80만 종이지만, 실제로는 약 300만 종이 살고 있습니다.
우리 주변에 사는 곤충의 몸 구조를 비교해 봅시다.

머리에 있는 눈, 더듬이, 입

머리에는 작은 눈(낱눈)이 모여 만들어진 겹눈이 한 쌍(2개) 있습니다. 그 외에 1~3개의 홑눈을 가진 곤충도 있습니다. 그리고 마디가 있는 한 쌍의 더듬이가 있습니다. 입은 종류에 따라 형태가 다양합니다. (→p.20).

가슴에 있는 6개의 다리

가슴은 3개의 마디(앞가슴, 가운데가슴, 뒷가슴)로 나뉘어 있고, 각 마디에 다리가 한 쌍(2개)씩 붙어 있습니다.
가운데가슴과 뒷가슴에는 4장 또는 2장의 날개가 붙어 있고, 가슴 안에는 그 날개를 움직이는 튼튼한 근육이 있습니다(→p.22).

잠자리목 왕잠자리과
▼몸길이 70mm
한국, 중국, 일본, 대만에서 서식. 물 위를 빠르게 날아다니며 물가의 풀에 알을 낳는다.

왕잠자리

배로 숨쉬기

곤충은 폐가 없습니다. 대신 비어 있는 구멍으로 공기를 빨아들인 후 몸속을 도는 '기문'이라고 하는 기관에서 공기를 돌게 하여 숨을 쉽니다.

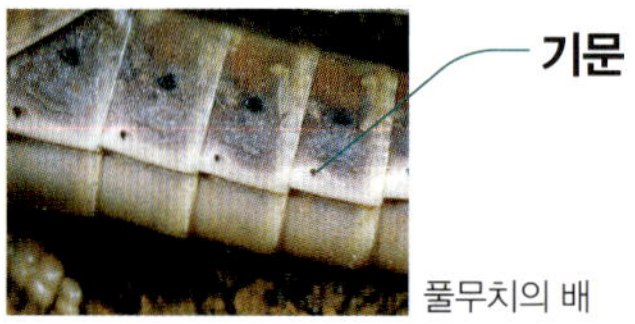

기문
풀무치의 배

곤충의 몸을 이루는 세 부분

왕잠자리의 '머리'에는 큰 눈(겹눈)이 한 쌍 있습니다. 잠자리는 머리를 회전하여 주변을 돌아볼 수 있습니다. 머리 다음에 있는 '가슴' 윗부분에는 날개가 있습니다. 가슴 다음에는 '배'가 길게 나와 있습니다.

곤충은 몸의 구조가 머리, 가슴, 배 세 부분으로 나뉜 것이 특징입니다. 무당벌레는 작고 동그래서 머리와 가슴, 배의 경계가 쉽게 구분되지 않지만, 뒤집어보면 세 부분으로 나뉜 것을 알 수 있습니다.

곤충은 지구에서 가장 번성한 생물

곤충은 몸에 마디가 있는 절지동물 그룹에 속하고, 그중에서도 특히 번성한 생물입니다. 지구상에 사는 동물의 종류 중 4분의 3이 곤충이지요. 그래서 우리는 주변 어디에서나 곤충을 쉽게 볼 수 있습니다. 이 페이지에 소개된 왕잠자리, 칠성무당벌레, 꿀벌, 배추흰나비, 참매미, 장수풍뎅이는 생김새는 다르지만 모두 곤충입니다.

되어 있을까?

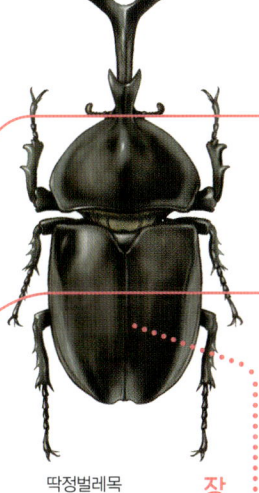

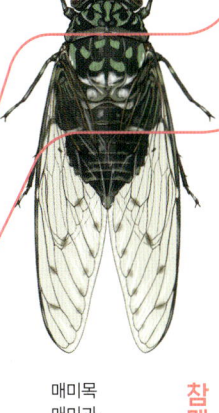

딱정벌레목 풍뎅이과
▼ 몸길이 30~85mm
활엽수 숲에서 나무의 수액을 먹고 산다. 수컷은 길고 멋진 뿔을 가지고 있다.

장수풍뎅이

매미목 매미과
▼ 몸길이 35mm
여름에 활동한다. 수컷은 "맴맴맴" 소리를 내며 운다. 애벌레일 때는 6년간 땅속에서 산다.

참매미

나비목 흰나비과
▼ 몸길이 20mm
쉽게 볼 수 있는 나비로, 애벌레일 때는 양배추 같은 십자화과 채소*를 먹는다.

*십자화과 채소: 4개 꽃잎이 십자 모양을 한 채소. 한 종류의 채소를 다양한 방식으로 교배하여 생김

배추흰나비

벌목 꿀벌과
▼ 몸길이 10~13mm
여왕벌을 중심으로 모여 살고, 벌집으로 꽃의 꿀을 모아 온다.

꿀벌

딱정벌레목 무당벌레과
▼ 몸길이 약 8mm
아시아와 유럽에 걸쳐 넓은 지역에서 살고 있다. 진딧물을 먹고 사는 익충(사람에게 직간접적으로 이로움을 주는 곤충)이다.

칠성무당벌레

곤충의 몸 안에도 뼈가 있을까?

결론부터 말하면, 곤충의 몸에는 뼈가 없습니다. 대신, 곤충의 몸은 단단한 껍질로 둘러싸여 있습니다. 몸은 마디로 나뉘어 있고, 마디를 구부려서 몸을 움직일 수 있습니다. 옆의 사진은 개구리와 장수풍뎅이의 엑스선 사진입니다. 개구리는 몸속에 뼈가 있습니다. 장수풍뎅이는 머리, 가슴, 배, 6개의 다리까지 껍질에 둘러싸여 있지만, 몸속에는 뼈가 없습니다.

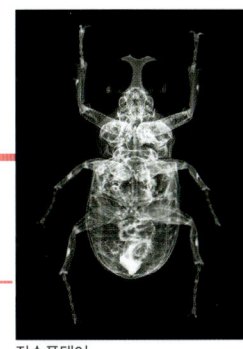
장수풍뎅이

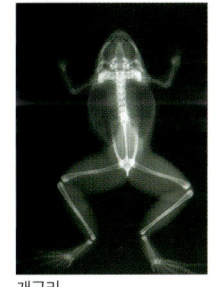
개구리

곤충의 눈에는 세상이 어떻게 보일까?

잠자리의 큰 눈을 가까이에서 본 적이 있나요? 곤충은 작은 눈(낱눈)들이 모여 만들어진 '겹눈'이라는 눈을 가지고 있습니다.

확대한 겹눈(왕잠자리)

겹눈의 구조

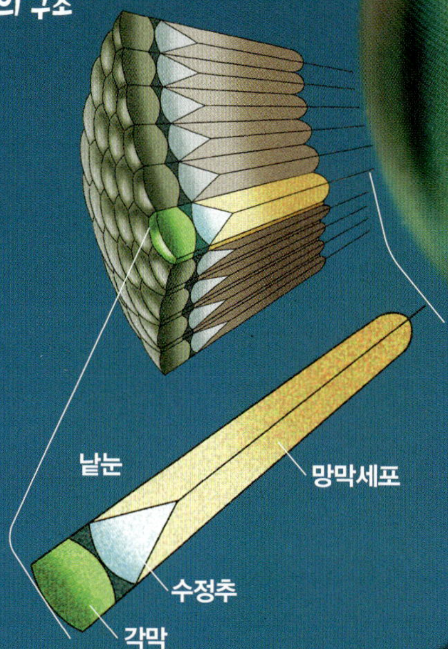

낱눈 / 망막세포 / 수정체 / 각막

겹눈

빠르게 움직임을 포착하는 겹눈

잠자리는 50000개나 되는 낱눈이 모여서 만들어진 한 쌍(2개)의 겹눈을 가지고 있습니다.

그런데 사람의 시력을 1.0이라고 하면 파리나 벌의 시력은 0.01~0.02로 시력이 낮습니다. 곤충의 눈에는 사물의 모습이 확실히 보이지 않고, 여러 개의 낱눈으로 본 모습이 모자이크처럼 보입니다.

그래도 파리와 벌은 적을 잘 따돌리고 먹이도 잘 찾습니다. 둥글게 솟아오른 겹눈으로 앞과 뒤, 왼쪽과 오른쪽, 위와 아래의 모든 방향을 동시에 볼 수 있기 때문입니다. 또 곤충의 겹눈은 짧은 순간의 움직임도 놓치지 않고 포착할 수 있습니다. 사람 눈은 움직이는 모습을 보지만, 파리의 눈에는 모자이크 조각의 화면이 한 장씩 바뀌는 것으로 보입니다.

곤충의 '눈'

곤충의 눈 모양이나 위치는 어떤 먹이를 어떻게 먹는지, 어떤 적으로부터 어떻게 몸을 지키는지와 관계가 있습니다.

왕사마귀
사마귀목 사마귀과 ▶ 사마귀의 겹눈은 역삼각형 모양의 얼굴에서 양끝으로 솟아올라 있기 때문에 넓은 시야로 먹이를 찾아내기 좋다.

사슴벌레
딱정벌레목 사슴벌레과 ▶ 사슴벌레의 겹눈은 얼굴의 양 측면에 떨어져 있는 눈구멍에 들어 있다. 낱눈의 경계가 보이지 않기 때문에 홑눈을 가진 것처럼 보인다.

호랑나비
나비목 호랑나비과 ▶ 호랑나비의 겹눈은 넓은 범위가 보이는 위치에 있고, 꽃의 색을 구별할 수 있어서 꽃의 꿀을 잘 찾을 수 있다.

홑눈　　　　　겹눈

밝기의 변화를 빠르게 포착!

밀잠자리는 2개의 큰 겹눈 사이에 3개의 작은 홑눈을 가지고 있습니다. 3개의 홑눈은 사물의 형태를 볼 수 없지만 밝은지 어두운지를 겹눈보다 빠르게 봅니다. 홑눈으로 밝은 하늘과 어두운 땅을 보고, 자신이 바로 있는지 거꾸로 있는지를 아는 것입니다.

밀잠자리
잠자리목 잠자리과 ▼ 한국, 중국, 일본 등지에 서식. 수컷의 배는 밝은 회색이고 암컷의 배는 노란색이다.

호랑나비는 사람 눈에 보이지 않는 색도 볼 수 있다

사람의 눈은 빛의 삼원색인 빨간색, 초록색, 파란색을 느낄 수 있어 그 색을 조합해 다양한 색을 볼 수 있습니다(→p.286). 하지만 곤충은 사람이 볼 수 없는 색까지 구분할 수 있습니다. 예를 들어, 호랑나비는 빛의 삼원색인 빨간색, 초록색, 파란색 외에도 자외선을 비롯한 3종류의 빛을 더 느낄 수 있어 훨씬 많은 색을 볼 수 있습니다.

아래 사진의 꽃은 사람 눈에는 노란색으로만 보입니다. 그러나 호랑나비의 눈에는 노란색뿐 아니라 자외선을 흡수한 부분도 보입니다. 자외선이 흡수된 부분은 꿀이 어디 있는지를 호랑나비에게 보여 주고 있습니다. 이렇듯 호랑나비는 사람이 볼 수 없는 색까지 볼 수 있습니다.

© Tatsundo Fukuhara

겨자의 꽃
겨자는 유채에 가까운 종류의 채소이다. 꽃의 중심이나 줄기는 자외선을 흡수하기 때문에 호랑나비의 눈에는 중심 부분이 어둡게 보인다.

쇠파리
파리목 쇠파리과 ▼ 쇠파리는 머리의 대부분이 겹눈인데, 겹눈이 빛에 반사되면 예쁜 무지개색이 보인다. 성충(다 자란 곤충)은 가축의 피를 빨아먹는다.

참나무하늘소
딱정벌레목 하늘소과 ▼ 긴 더듬이의 뿌리 아래쪽에 큰 겹눈이 있다. 참나무하늘소는 밤에 활동하기 때문에 겹눈이 발달했다.

반딧불이
딱정벌레목 반딧불이과 ▼ 반딧불이의 낱눈은 2500개 정도로 잠자리보다 적지만 낱눈 한 개의 크기가 크다. 반딧불이의 눈은 동료가 내는 불빛을 특히 잘 본다.

곤충의 입 모양은 왜 다양할까?

곤충은 먹이를 먹기 좋은 입 모양을 하고 있습니다.
곤충의 입은 꿀이나 수액 등의 액체를 빨아 마시기 위한 입과
잎이나 다른 곤충의 몸 등 고체 형태의 먹이를 깨물어
먹기 위한 입, 두 가지 모양으로 크게 나눌 수 있습니다.

빨아먹는다

둥글고 가는 관으로 빨아먹는다

나비나 모기의 입은 두 개의 빨대를 합친 것 같은 모습을 하고 있는데, 빨대 구멍 같은 입구를 좁히거나 넓히면서 꿀을 빨아 마십니다.

배추흰나비

솔로 핥아먹는다

성충에게는 솔처럼 생긴 오렌지색 입이 있습니다. 그 입을 나무에 대고 솔에 스며든 수액을 핥아먹습니다. 애벌레일 때는 깨물 수 있는 입이 있어서 흙 속의 썩은 나무 같은 것을 깨물어 먹습니다.

장수풍뎅이

뾰족한 관으로 꽂은 후 빨아먹는다

매미는 빨대 같은 모양의 입을 배에 붙이고 있습니다. 매미의 입은 이중으로 되어 있어, 빨대 같은 입으로 나무껍질을 뚫은 후 머리에 있는 코처럼 생긴 입속 근육을 움직여서 수액을 빨아 마십니다.

유지매미

노랑초파리

녹여서 핥아먹는다

파리의 입은 '주둥이'와 '순판부'로 나뉘어 있습니다. 주둥이 끝에 있는 순판부로 맛을 보고 마음에 들면 소화액을 내뿜어 먹이를 녹인 다음 핥아먹습니다.

액체를 빨아 마시는 입

곤충은 입으로 숨을 쉬지 않기 때문에 공기와 함께 액체를 빨아 마실 수 없습니다. 그래서 액체를 빨아먹는 곤충의 입은 먹이의 종류나 먹이가 사는 장소에 맞춰 빨아먹기 좋은 형태를 하고 있습니다. 입의 형태는 크게 두 종류로 나뉩니다. 빨대 같은 모양으로 생겨서 꽃이나 식물에 꽂고 꿀이나 수액을 빨아먹는 형태와 솔처럼 생겨서 수액이나 체액을 핥아먹는 형태가 있습니다.

문다

육식을 하는 날카로운 이빨
잠자리의 큰 턱에는 날카로운 이빨이 나 있어서 공중에서 잡은 곤충을 그 자리에서 깨물어 먹을 수 있습니다.

왕잠자리

나무껍질을 벗기는 강력한 힘
식물의 줄기나 나무껍질까지도 뜯어내는 큰 턱과 턱을 움직이는 근육이 발달했습니다.

참나무하늘소

방아깨비

풀을 뜯어 먹는 대표적인 입
벼과의 가늘고 단단한 잎을 먹기 쉽게 좌우에 있는 턱은 크고 깨무는 힘이 강합니다.

먹이를 깨무는 입
깨무는 입을 가지고 있는 곤충으로는 메뚜기, 하늘소, 잠자리, 사마귀 등이 있습니다. 빨아먹는 입에는 여러 모습이 있지만, 깨무는 입은 날카로운 이빨이 난 큰 턱과 작은 턱이 각각 한 쌍씩 있는 것이 일반적인 모습입니다. 사람의 턱은 위아래로 나뉘어 음식을 깨물지만 곤충의 턱은 좌우로 나뉘어 먹이를 가위로 자르듯이 깨뭅니다.

입의 다양한 쓰임새

먹이를 먹기 위해 입을 쓰는 것 외에도 다양한 목적으로 입을 쓰는 곤충이 있습니다. 또 성충으로 자라면 먹이를 먹을 필요가 없기 때문에 입이 없어지는 곤충도 있습니다.

먹이나 알 운반
개미는 큰 턱을 가지고 있다. 그 턱으로 먹이를 운반하고, 알이나 애벌레를 돌보고, 쓰레기를 버리는 등 사람의 손과 같은 다양한 일을 한다.

왕개미

알 낳을 구멍 만들기
바구미는 긴 주둥이를 가지고 있다. 도토리밤바구미는 긴 주둥이로 도토리 열매에 구멍을 뚫은 후에 알을 낳는다.

도토리밤바구미

입이 없는 성충
누에나방은 고치에서 명주실을 얻기 위해 사람이 기르는 나방이다. 애벌레일 때는 입으로 뽕잎을 먹으면서 자라지만, 성충으로 자라면 입이 없어져 먹지 않고 알만 낳은 후에 죽는다.

누에나방

곤충은 어떻게 하늘을 날까?

지구에서 처음으로 하늘을 난 생물은 곤충이었습니다.
곤충은 그 후 여러 종류로 나뉘어 지금까지 번성하고 있습니다.
곤충의 날개와 다리에 어떤 비밀이 있는지 알아봅시다.

동시에 움직이는 날개, 각각 움직이는 날개

대부분의 곤충은 성충으로 자라면 날개로 하늘을 날 수 있습니다. 날개는 가슴 부분의 등 쪽에 4장 붙어 있습니다. 그러나 파리, 등에, 모기는 날개가 2장만 있습니다.

곤충의 날개는 일반적으로 겹쳐져 등 쪽에 접혀 있지만, 잠자리나 하루살이는 날개를 세워서 등에 모아둡니다. 또한 장수풍뎅이처럼 앞날개가 단단한 곤충도 있습니다.

동시에 팔랑이는 앞날개와 뒷날개

몸을 두둥실 띄우는 단단한 앞날개

흰띠제비나비

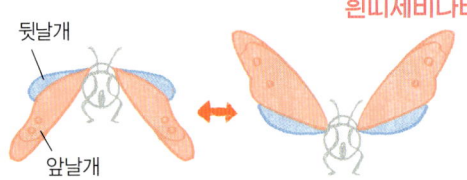

나비는 꿀이 있는 장소나 알을 낳을 장소를 찾아 날아다닌다. 앞날개와 뒷날개가 1장의 날개처럼 동시에 움직인다. 천천히 날갯짓을 할 때마다 몸이 위아래로 흔들리며 팔랑팔랑 날아간다.

톱사슴벌레

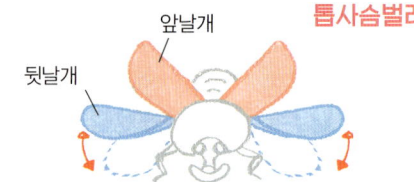

앞날개를 펼쳐 몸을 띄우기 쉽게 하고 뒷날개로만 날갯짓한다. 평소에는 단단한 앞날개가 얇은 뒷날개와 부드러운 몸을 보호한다.

다양한 다리의 모습

곤충의 다리는 종류에 따라서 모습이 다양합니다. 다리로 걷기만 하는 것이 아니라, 뛰어오르는 것이 특기인 다리도 있고, 움켜잡기 위한 다리와 적을 공격하기 위한 다리 등 다양한 목적을 위한 다리가 있습니다.

점프한다

풀무치
앞다리와 중간다리는 주로 걷는 데 사용하지만, 긴 뒷다리는 강한 근육이 있어서 높게 멀리 뛸 수 있다.

붙잡는다

배추흰나비
5개의 마디로 나뉜 가는 다리가 6개 있다. 다리 끝에 나 있는 작은 발톱을 꽃이나 잎에 걸어 몸을 지탱한다.

튼튼히 연결된
앞날개와 뒷날개

곤충의 날갯짓

곤충의 가슴 윗부분과 날개는 같이 붙어 있고, 가슴 속에는 세로로 연결된 굵은 근육이 있습니다. 그 근육이 수축되면 가슴 윗부분에 있는 날개가 내려가고, 수축된 근육이 풀어지면 날개가 위로 올라갑니다. 곤충은 이런 근육의 움직임을 아주 빠르게 반복하지요. 예를 들어, 파리매는 1초에 1000번의 날갯짓을 합니다.

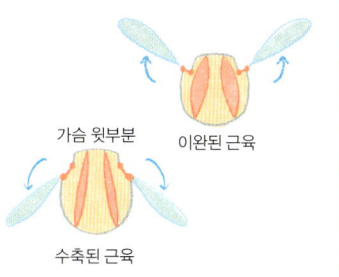

가슴 윗부분 / 이완된 근육 / 수축된 근육

자유롭게 움직이는 4장의 날개

가볍고 빠른
2장의 날개

어리호박벌

벌은 뒷날개의 앞부분에 있는 20개의 작은 갈고리를 앞날개의 뒷부분에 연결하여 날갯짓을 한다. 앞날개와 뒷날개가 1장의 날개처럼 동시에 움직인다. 이러한 방식으로 벌은 헬리콥터처럼 정지비행*을 할 수 있다.

*정지비행: 공중의 한 지점을 정지하듯이 나는 것

장수잠자리

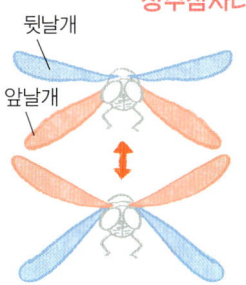

자기의 세력 범위를 오가면서 곤충 등의 먹이를 공중에서 사냥한다. 빠르게 날 뿐 아니라 4장의 날개를 각각 움직여서 공중에서 빠르게 방향 전환을 할 수 있다. 정지비행도 할 수 있다.

꼬마꽃등에

파리, 등에는 진화 과정에서 앞날개 2장으로만 날게 되었다. 뒷날개는 '평형곤'이라는 작은 기관으로 변해서 날 때 균형을 잡는 역할을 한다. 뒷날개가 사라지고 몸이 가벼워져서 자유롭고 민첩하게 공중을 날아다닐 수 있다.

검정가슴벌붙이파리의 평형곤
© Toru Kawabe

사냥한다

왕사마귀

먹이를 사냥하여 잡을 때만 크고 낫처럼 날카로운 앞다리를 사용한다. 걸을 때는 앞다리를 사용하지 않는다.

헤엄친다

물방개

연못이나 늪 같은 곳에서 산다. 납작한 빗 같은 모양의 털이 나 있는 뒷다리로 물을 차며 헤엄친다.

판다

땅강아지

생애 대부분을 땅속에서 산다. 굵고 날카로운 발톱이 있는 앞다리로 땅을 파서 땅굴을 판다.

곤충은 동료에게 어떤 이야기를 할까?

꿀벌 벌목 꿀벌과 ▼ 항상 무리를 이루어 산다. 무리는 알만 낳는 한 마리의 여왕벌(암컷), 알과 애벌레를 돌보며 둥지를 만들고 꿀을 모으는 등의 일을 하는 다수의 일벌(암컷), 차기 여왕벌과 교미하기 위해 태어나는 수벌(수컷)로 구성된다.

개미나 벌은 무리 지어 살면서 일을 분담하기도 하고 동료들과 협력하여 문제를 해결하기도 합니다. 이들이 어떤 방법으로 의사소통을 하면서 분업과 협력을 하는지 알아봅시다.

춤으로 꿀이 어디 있는지 알려 주는 꿀벌

꿀을 발견하면 꿀벌은 꿀을 마셔서 배 속에 있는 주머니에 꿀을 넣고 벌집으로 돌아옵니다. 그리고 춤을 춰서 꿀을 가져온 방향과 거리를 동료들에게 알려 줍니다. 8자 모양을 그리다가 위의 원과 아래 원이 겹치는 곳에서 격렬하게 꼬리를 흔드는 방식이죠.
춤을 출 때 나아가는 방향은 태양으로부터 어느 각도에 꿀이 있는지를 알려 주는 표시입니다. 꿀이 있는 거리가 멀수록 꼬리를 더 오래 흔듭니다.

꿀이 있는 방향을 전달한다
1 춤의 방향

태양에서 40도 방향에 꿀이 있는 경우, 꿀벌은 둥지의 수직선 방향에서 40도로 몸의 방향을 틀어서 춤을 춰 동료들에게 꿀이 있는 방향을 알려 준다.

꿀벌의 눈은 날씨에 관계없이 태양빛의 방향을 알 수 있다.

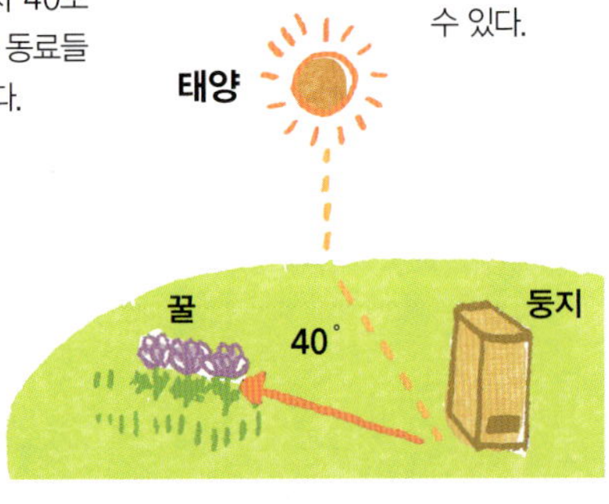

둥지에서 꿀이 있는 거리를 전달한다
2 춤추는 데 걸린 시간

꿀이 있는 장소가 멀면 멀수록 꼬리를 흔들며 춤추는 시간이 길어진다.

가위개미

벌목 개미과 ▼ 중남미에서 서식. 중간 몸집의 개미는 둥글게 자른 나뭇잎을 둥지로 운반한다. 작은 몸집의 개미는 이 나뭇잎에 균류(버섯의 일종)를 길러 몸을 보호하는 항생제 성분을 얻는다. 이러한 작업을 위해 개미들이 의사소통을 할 때 페로몬이 중요한 역할을 한다.

동료에게 정보를 전달하는 페로몬

곤충 대부분은 더듬이로 냄새를 구별합니다. 벌이나 개미, 흰개미 등은 사람이 구별할 수 없는 냄새를 몸에서 내보냅니다. 냄새를 맡은 동료는 냄새에서 정보를 읽고 정해진 행동을 합니다. 이러한 냄새의 성분을 '페로몬'이라고 합니다.

페로몬에는 여러 종류가 있는데, 동료를 부르는 페로몬, 먹이의 위치를 알려 주는 길잡이 페로몬, 교미를 위해서 암컷이 수컷을 부르는 성페로몬, 동료에게 위험을 알리는 경보 페로몬, 동료에게 함께 둥지를 만들자고 부르는 건설 페로몬 등이 있습니다.

최단 거리를 알려 주는 길잡이 페로몬

먹이를 발견한 개미는 길잡이 페로몬을 내보내면서 둥지로 돌아간다.

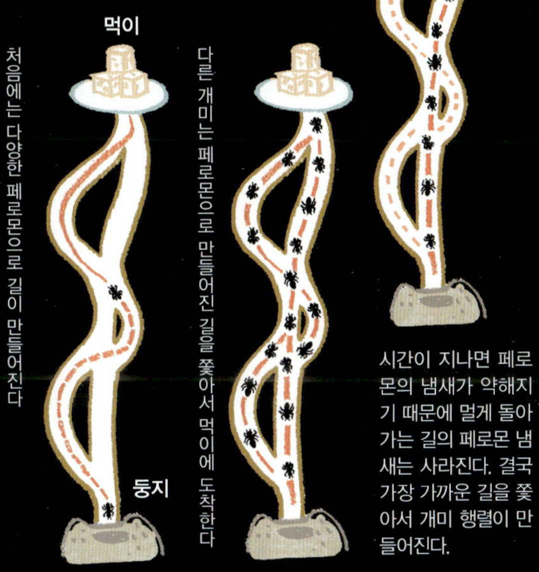

먹이

처음에는 다양한 페로몬으로 길이 만들어진다

다른 개미는 페로몬으로 만들어진 길을 쫓아서 먹이에 도착한다

시간이 지나면 페로몬의 냄새가 약해지기 때문에 멀게 돌아가는 길의 페로몬 냄새는 사라진다. 결국 가장 가까운 길을 쫓아서 개미 행렬이 만들어진다

둥지

페로몬을 이용한 사냥

암컷 모기는 페로몬으로 수컷을 불러 교미(동물의 암컷과 수컷의 짝짓기)한다. 볼라스거미는 암컷 모기의 페로몬과 비슷한 냄새의 물질을 거미줄로 만든 구슬에 바르고 수컷 모기를 유인하여 잡아먹는다.

여섯뿔가시거미가 나방을 잡은 모습

© Kouji Arai

나비나 장수풍뎅이는 어떻게 성장할까?

나비나 개미, 장수풍뎅이 등은 성충으로 자라기 전에 번데기가 되는 과정을 거칩니다.
이런 성장 방법을 '완전 변태'라고 합니다.

산란 / 알

성충은 애벌레의 먹이가 되는 나뭇잎에 알을 한 개씩 낳습니다. 알은 직경 1mm 정도로, 부화 시기가 가까워지면 검은색으로 변합니다.

호랑나비의 일생

완전 변태: 산란 → 알 → 부화 → 애벌레 → 용화* → 번데기 → 우화* → 성충

성충

번데기의 머리와 가슴 부분이 갈라지면서 성충이 나옵니다. 성충은 나뭇가지에 거꾸로 매달려서 날개가 펴지기를 기다렸다가 날개가 다 펴지면 날아갑니다.

우화

*용화: 애벌레가 번데기로 됨
*우화: 번데기가 날개를 가진 성충이 됨

애벌레 (1령*)
부화

부화한 애벌레는 알껍데기를 먹은 후 잎사귀를 먹기 시작합니다.

*1령: 처음 알에서 나온 누에가 첫 번째 잠을 잘 때까지의 기간. '령'은 누에의 나이를 세는 단위

애벌레 (3령)

두 번 탈피한 애벌레는 새똥과 비슷한 모습으로 위장해서 적의 눈을 속이려고 합니다.

애벌레 (5령)

네 번째 탈피로 잎사귀와 비슷한 색의 애벌레로 변신합니다. 가슴에는 눈동자처럼 생긴 무늬가 있습니다.

나비의 성장

나비는 종류에 따라 그 애벌레가 먹는 잎사귀가 정해져 있습니다. 배추흰나비의 애벌레는 양배추와 같은 십자화과 식물을 먹고 호랑나비의 애벌레는 귤나무 등 향이 강한 식물의 잎을 먹기 때문에, 각 성충은 애벌레가 먹는 잎사귀 위에 알을 낳습니다.

알에서 부화한 애벌레는 몇 번이고 겉껍질을 벗으면서 성장합니다. 애벌레로 더 성장할 수 없으면 번데기가 되어 성충의 몸을 만듭니다. 때가 되면 애벌레 때와는 전혀 다른 모습의 성충이 번데기의 등을 가르고 나옵니다.

용화

5령의 애벌레가 되면 번데기가 되기에 적합한 곳으로 가서 몸을 실로 고정하고 번데기가 되기 위한 준비를 합니다.

번데기

번데기 안에서 몸의 여러 부분이 녹아 성충의 몸으로 다시 만들어집니다. 일반적으로는 번데기에서 일주일이 지나면 우화하지만, 늦여름에 태어난 애벌레는 번데기 상태로 겨울을 보냅니다.

왕개미
벌목 개미과
크기: 일개미 7~13mm, 여왕개미 17mm

알 / 애벌레

여왕개미가 혼인비행(교미)을 끝내면 여왕개미의 등에 있던 날개가 자연스럽게 떨어지고 여왕개미는 땅속에 들어가서 알을 낳는다.

알은 25일 정도 지나면 부화하고 속이 투명하게 보이는 애벌레가 된다. 먼저 태어나서 성충으로 성장한 일개미가 애벌레를 돌본다.

성충(우화) / 번데기

20일 정도 지나면 번데기에서 성충이 된 일개미(암컷)가 나와서 여왕개미나 알 등을 돌본다. 일개미가 많아지면 날개가 달린 수개미가 태어나 다음 여왕개미가 될 암컷 개미와 혼인비행을 한다. 혼인비행을 끝낸 암컷개미는 여왕개미가 되어 다음 세대의 개미를 낳는다.

애벌레는 10일 정도 지나면 실을 토해서 하얀색 고치를 만들고, 그 안에서 탈피하여 번데기가 된다.

장수풍뎅이
딱정벌레목 풍뎅이과
크기: 38~53mm

알 / 애벌레

암컷이 낙엽 밑으로 들어가 지면의 움푹 파인 곳에 3~4mm의 알을 낳는다. 알은 2주 정도 지나면 부화한다.

애벌레는 8~11개월간 낙엽이나 나무 부스러기를 먹으며 겨울을 보낸다. 그동안 두 번 탈피하고, 100mm 정도 크기의 3령 애벌레가 된다.

성충(우화) / 번데기

번데기 껍질을 벗고 우화한다. 성충은 솔처럼 생긴 입으로 나무 수액을 핥아 먹는다. 성충으로 40~50일을 살며, 나무 수액이 있는 곳 등에 모여 교미할 상대를 찾는다.

봄이 되면 흙을 다져 방을 만들고 그 안에서 움직이지 않는다. 세 번째 탈피를 하면 성충과 닮은 번데기가 되고, 다시 19~25일 정도 지나면 우화한다.

매미나 잠자리는 어떻게 성장할까?

매미, 잠자리, 메뚜기 등은 번데기가 되지 않고 애벌레에서 성충이 됩니다.
이런 성장 방법을 '불완전 변태'라고 합니다.

산란

알

성충은 애벌레의 먹이가 되는 나무 속에 알을 한 개씩 낳습니다. 알은 지름 1mm 정도로, 부화 시기가 가까워지면 검은색으로 변합니다.

유지매미의 일생

알 → 부화 → 애벌레 → 우화 → 성충 → 산란
불완전 변태

성충

애벌레의 빈 껍질을 잡고, 날개가 펴지기를 기다렸다가 날아갑니다. 성충으로 2주 정도 삽니다.

28

부화

알인 상태로 겨울을 나고, 다음 해 5월경에 부화합니다. 1mm 정도의 애벌레가 나무를 타고 내려가서 땅속으로 들어갑니다.

애벌레 (4령)

애벌레는 땅속의 나무 뿌리에서 양분을 빨아먹습니다. 5년 동안 네 번의 탈피를 반복합니다.

매미의 성장

암컷 매미는 나무 안에 알을 낳습니다. 부화한 애벌레는 땅속에 들어가 나무뿌리에서 양분을 빨아먹고 성장합니다. 유지매미나 참매미의 애벌레는 6~7년간 땅속에서 지냅니다. 그리고 애벌레는 번데기가 되지 않고 땅 위로 나와 애벌레의 껍질을 벗고 우화하여 성충이 됩니다. 매미의 성충은 자손 번식을 위해서 2주 정도의 짧은 삶을 살다가 죽습니다.

애벌레 (5령)

땅속에서 번데기가 되지 않은 5령의 애벌레는 여름밤에 튼튼한 앞발로 흙을 파서 땅 위로 올라옵니다.

우화

땅 위로 나오면 다시 가까운 나무를 타고 올라가서 나뭇잎의 뒷면 등에 거꾸로 매달립니다. 이윽고 애벌레의 등껍질이 갈라지고 성충이 나옵니다.

풀무치
메뚜기목 메뚜기과
크기: 수컷 약 35mm, 암컷 약 50mm

산란 / 알

교미를 끝낸 암컷은 배로 땅에 구멍을 파서 거품으로 둘러싼 알주머니를 낳습니다. 알주머니 안에는 50~100개의 알이 들어 있습니다.

애벌레

알은 땅속에서 얇은 껍질을 뒤집어쓴 '전약충*' 상태로 부화합니다. 부화한 전약충은 곧 얇은 껍질을 벗고 1령 애벌레가 되어 땅 위로 나옵니다. 벼과 식물을 먹고 성장하며, 네 번의 탈피를 거쳐 최종 애벌레가 됩니다.

*전약충: 불완전 변태를 하는 곤충의 애벌레를 '약충'이라고도 한다.

성충(우화)

최종 애벌레는 풀의 뒷면 등을 잡고, 최종 탈피를 하여 우화해 성충이 됩니다. 성충도 공터나 강변에 자란 벼과 식물의 잎을 먹습니다.

물장군
노린재목 물장군과
크기: 20mm

알

연못이나 물웅덩이 등에서 살며, 5~6월경에 교미한 암컷이 수컷의 등에 알을 한 개씩 낳아, 총 10~60개의 알을 붙입니다.

애벌레

알은 12일 정도가 지나면 부화하고, 애벌레는 6~7주 동안 네 번의 탈피를 하며 성장합니다. 애벌레에게는 날개가 없기 때문에 날 수 없습니다.

성충(우화)

8월경이 되면 다섯 번째 탈피를 하고, 날개 달린 성충이 되어 날아갑니다. 다른 벌레를 입에 달린 바늘로 찔러서 체액을 빨아먹고, 가을이 되면 논두렁길의 마른 풀 등에 들어가서 겨울을 보냅니다. 수명은 2~3년입니다.

거미는 곤충과 무엇이 다를까?

거미나 지네는 곤충과 같은 절지동물이지만, 곤충과는 다른 그룹에 속해 있습니다.
거미와 지네는 곤충과 어떻게 다른지 알아봅시다.

호랑거미
거미목 왕거미과 ▼
크기: 암컷 20~25mm, 수컷 5~6mm.
한국, 일본, 중국, 대만에서 서식

암컷은 방사형의 거미줄 중심에서 머리가 땅으로 향하도록 거꾸로 매달려 가만히 먹이를 기다린다. 먹이가 거미줄에 걸리면 배 아래에 있는 방적돌기에서 실을 뽑아 먹이를 둘둘 감싸서 움직이지 못하게 한 후 잡아먹는다.

거미류

전 세계에 알려진 거미는 30000종이나 됩니다. 바닷속을 제외한 모든 곳에서 서식하고, 살아 있는 동물을 잡아먹습니다. 거미는 배 밑면에서 거미줄을 뽑아 적으로부터 도망갈 때나 그물을 만들어 먹이를 사냥할 때, 동지나 알을 보호할 때 등 여러 용도로 거미줄을 사용합니다.

그물을 쳐서 먹이를 잡는 거미 외에도 먹이를 빠르게 추적해서 잡는 거미, 그리고 땅속에 숨어 있다가 그 위를 걸어오는 먹이를 습격하여 잡는 거미 등 다양한 거미가 있습니다.

대부분의 거미는 수컷보다 암컷의 몸집이 크며, 암컷이 알을 낳고 새끼를 기릅니다.

거미의 몸

거미는 탈피하면서 성장하지만, 곤충처럼 변태하여 모습이 크게 달라지지는 않습니다.

긴호랑거미

- **큰턱**: 먹이를 찌르고 독을 주입한다.
- **머리와 가슴**은 붙어 있고 날개는 없다.
- **배**에 다리가 없다. 배 밑면에 호흡하는 기관이 있다.
- **머리가슴 / 배**
- **더듬이 다리**: 곤충의 더듬이처럼 사용한다.
- **홑눈**: 네 쌍(8개) 있다. 겹눈은 없다.
- **다리**: 네 쌍(8개) 있다.
- **방적돌기**: 일반적으로 세 쌍(6개) 있는데 여기서 거미줄이 나온다.

거미의 사냥 방법

그물을 치는 사냥꾼

무당거미
거미목 무당거미과 ▼ 크기: 암컷 35 mm, 수컷 7~8mm. 가을이 되면 성숙한 암컷의 배에 붉은색의 큰 무늬가 생긴다. 거미 중에서 가장 크고 복잡한 거미줄 그물을 만들어서 사냥한다.

왕거미
거미목 호랑거미과 ▼ 크기: 암컷 30 mm, 수컷 20mm. 원형 그물을 만들어 사냥하는 대표적인 거미. 저녁에 그물을 치고 다음 날 아침에 거두며, 낮에는 은신처에 숨어 있다.

추적하는 사냥꾼

꽃게거미
거미목 게거미과 ▼ 크기: 암컷 5~6 mm, 수컷 3~4mm. 꽃 뒤에 숨어 있다가 먹이를 사냥한다.

땅속에 숨은 사냥꾼

문닫이거미
거미목 문닫이거미과 ▼ 크기: 암컷 12~20mm, 수컷 10~15mm. 지면에서 곧게 밑으로 판 굴에 들어가 숨어서 먹이를 기다리며 사냥한다.

땅에 사는 절지동물

전갈 (거미강 전갈목)

드워프우드 전갈

전갈은 거미의 가까운 친척으로, 거미보다도 더 먼 옛날 등장한 절지동물입니다. 앞에는 협각이 있고, 뒤에 있는 꼬리침에는 종류에 따라 다양한 독이 있습니다. 암컷은 수컷으로부터 정자 주머니를 받아 수정하고 몸속에서 알을 부화시켜 애벌레를 기릅니다.

지네 (지네류)

왕지네

한 개의 몸통 마디에 다리가 한 쌍(2개)씩 있습니다. 몸통의 마디 수는 종류에 따라 다릅니다. 탈피하면서 몸통의 마디 수가 늘어나는 종류도 있고 변하지 않는 종류도 있습니다. 땅속에서 곤충이나 거미 등을 잡아먹습니다. 독을 가지고 있는 종류에 물리면 통증이 심할 수도 있습니다. 알에서 태어나 애벌레에서 성충으로 변태합니다.

노래기 (노래기강)

열대 노래기

숲이나 공원, 주택지 등의 땅속에 살면서 썩은 잎 등을 먹고 흙을 만드는 역할을 합니다. 알에서 태어나 애벌레에서 성충으로 변태하면서 몸통의 마디를 늘려나가는 것이 특징입니다. 일반적으로 한 개의 몸통 마디에 두 쌍(4개)의 다리가 있습니다.

벼룩과 진드기

벼룩은 다리가 6개인 곤충이고, 진드기는 다리가 8개로 거미에 가까운 종류입니다.

고양이 벼룩

벼룩 (곤충류 벼룩목)
완전 변태를 하고, 포유류 등의 동물 피를 빨아먹는다. 날개와 겹눈이 없고 홑눈이 2개 있다. 크기는 1~9mm로 다양한데, 암컷이 수컷보다 몸집이 크다.

벨벳 진드기

진드기 (거미류 진드기목)
불완전 변태를 하고, 다양한 진드기 종류가 땅속이나 동물 또는 식물의 표면 등 여러 곳에서 산다. 평균 크기는 0.4~0.7mm이다. 사람의 피를 빨아먹는 해로운 진드기도 있지만, 대부분의 진드기는 사람에게 해를 끼치지 않는다.

새우나 게는 어떤 생물일까?

새우나 게 등은 절지동물 중 갑각류에 속하는 동물입니다. 갑각류 동물의 몸과 사는 방식에 대해 알아봅시다.

물에서 사는 생물로는 새우나 게 등이 속하는 갑각류가 있습니다. 그 외에도 갑각류에는 따개비나 물벼룩, 그리고 땅에서 사는 쥐며느리 등의 많은 그룹이 있습니다. 현재 지구에 사는 갑각류는 50000종류 정도라고 합니다.

갑각류의 몸은 머리, 가슴, 배의 세 부분으로 되어 있고, 표면은 단단한 껍질로 둘러싸여 있습니다. 바다에서 사는 갑각류는 아가미로 호흡하고, 땅에서 사는 갑각류는 기관으로 호흡합니다.

새우

새우의 머리와 가슴은 융합되어 갑각(딱딱한 껍데기)이 덮고 있으며, 배에는 7개의 마디가 있어서 구부릴 수 있습니다. 걷기 위한 다리가 다섯 쌍(10개) 있는 것 외에, 더듬이나 집게발이 발달했습니다. 가재의 집게발은 특별히 커서 공격하거나 위협할 때 사용합니다.

새우의 몸

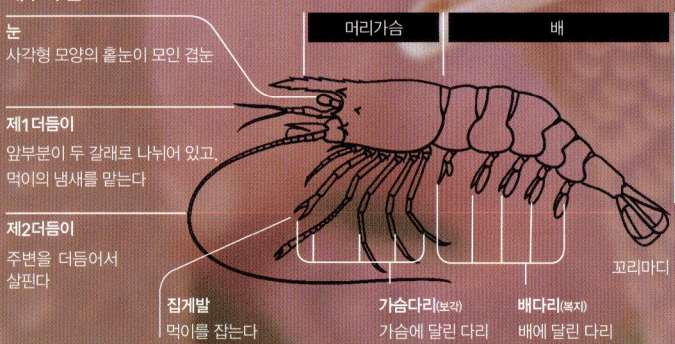

눈
사각형 모양의 홑눈이 모인 겹눈

제1더듬이
앞부분이 두 갈래로 나뉘어 있고, 먹이의 냄새를 맡는다

제2더듬이
주변을 더듬어서 살핀다

집게발
먹이를 잡는다

가슴다리(보각)
가슴에 달린 다리

배다리(복지)
배에 달린 다리

꼬리마디

미국가재도 새우의 친척

미국가재
십각목 가재과 ▼ 몸길이 10cm. 알에서 2주 정도 지나면 어미와 같은 모습의 새끼가 태어난다. 여름 동안 탈피를 반복하고 가을에는 많이 먹어서 겨울을 지낼 몸을 준비한다. 큰 집게발이 특징이다.

발스 가시배새우

십각목 보리새우과 ▼ 일본 이즈반도 남쪽 심해 30~120m의 경사면에 살며, 모래말미잘과에 공생하는 새우. 몸길이는 10cm가 넘는다.

소라게의 친척

털다리참집게
십각목 집게과 ▼ 갑각 길이 15mm. 동해, 서해, 제주도 해안선의 돌 밑에서 서식

새우와 게의 중간 그룹으로, 한 쌍(2개)의 집게발과 네 쌍(8개)의 보각(걸을 때 쓰는 발)을 가지고 있습니다. 부드러운 배를 보호하기 위해 고둥류의 빈껍데기에 들어가서 삽니다. 남쪽 열대지역의 섬에 사는 야자집게와 북쪽 냉대지역의 바다에 사는 무당게도 소라게의 친척입니다.

소라게의 몸

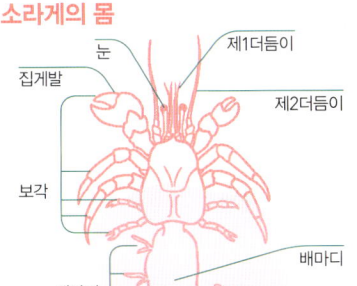

눈, 제1더듬이, 집게발, 제2더듬이, 보각, 배마디, 배다리, 꼬리마디

게의 친척

물게
십각목 물게과 ▼ 갑각 길이 약 50mm, 갑각 너비 약 61mm. 태평양이나 인도양 연안에서 서식. 5~12월경 밀물이 가장 높을 때 해안으로 나와서 바다에 알을 낳는다. 알은 부화하여 조에아(새우나 게 같은 십각목의 유생)가 된다.

게의 친척은 세계에 5000여 종 가까이 있습니다. 진화 과정에서 배의 길이가 짧아졌습니다. 암컷이 알을 배에 품었다가 부화시킵니다. 세계에서 가장 큰 게는 키다리게로, 양다리를 펼치면 전체 너비가 3m나 됩니다.

▼게의 조에아 유생

조에아 유생
바다에 사는 새우나 게 친척의 알에서는 어미와는 모습이 다른 유생이 태어난다. 플랑크톤으로 바다를 떠다니며, 몇 번이고 다른 모습의 유생으로 변태한다.

게의 몸

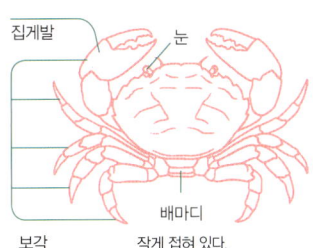

집게발, 눈, 보각, 배마디, 작게 접혀 있다.

게의 아가미

아가미는 물속에서 산소를 흡수하여 호흡하기 위한 기관으로, 게의 갑각을 열면 풀고사리의 잎처럼 생긴 아가미가 배열되어 있다. 아가미에는 기생충이 있을 수 있으므로 먹지 말아야 한다.

갑각류의 친척들

큰빨강따개비

만각, 단단한 껍질

완흉목 따개비과 ▼ 전체 길이 5~50mm. 화산처럼 생긴 몸을 바위에 붙이고 살면서 수염처럼 생긴 발로 플랑크톤을 잡아먹는다.

거북손

완흉목 거북손과 ▼ 전체 길이 약 50mm. 해안에 있는 바위틈에 붙어 살면서 만조가 되어 바위틈에 파도가 밀려오면 각판을 열고 수염 같은 발로 플랑크톤을 걸러서 먹는다.

공벌레

다리 14개

등각목 쥐며느리과 ▼ 몸길이 약 15mm. 돌 밑이나 나무에서 살며, 곰팡이나 동식물의 사체를 먹는다. 딱딱한 등딱지가 있고, 잡으면 공처럼 몸을 만다.

쥐며느리

촉각, 다리 14개

등각목 쥐며느리과 ▼ 몸길이 약 10mm. 돌 밑 같은 어둡고 습한 곳에 살며, 썩은 나무나 낙엽을 먹는다. 부드러운 등딱지가 있고, 잡아도 공처럼 몸을 말지 않는다. 공벌레보다 빠르게 이동한다.

갯강구

촉각, 꼬리발

등각목 갯강구과 ▼ 몸길이 약 40mm. 해안의 바위틈 등에서 무리를 지어 산다. 움직임이 빠르고, 바다에는 들어가지 않는다. 긴 촉각과 꼬리발을 가지고 있다.

달팽이, 오징어, 문어는 친척일까?

달팽이는 고동의 친척입니다.
고동은 바다에서 번성한
연체동물 그룹입니다.
쌍각류 조개나 오징어, 문어 등도
연체동물에 속합니다.

달팽이는 땅에서 사는 고동

연체동물의 몸은 눈과 더듬이가 있는 머리, 외투막에 둘러싸인 내장, 늘어났다 줄어들며 움직이는 다리의 세 부분으로 구분합니다. 조개의 단단한 껍데기는 외투막에서 나온 칼슘으로 만들어집니다.
대부분의 연체동물은 물속의 산소를 아가미로 흡수하여 호흡합니다. 달팽이는 땅에서 살기 때문에, 아가미 대신 외투막 위에 그물처럼 퍼진 혈관 구조의 폐로 산소를 흡수합니다.

충무띠달팽이

달팽이과 ▼ 껍데기 높이 20~24mm, 껍데기 길이 30~40mm. 한국 남부 지방 숲속 낙엽 밑 등에서 서식.

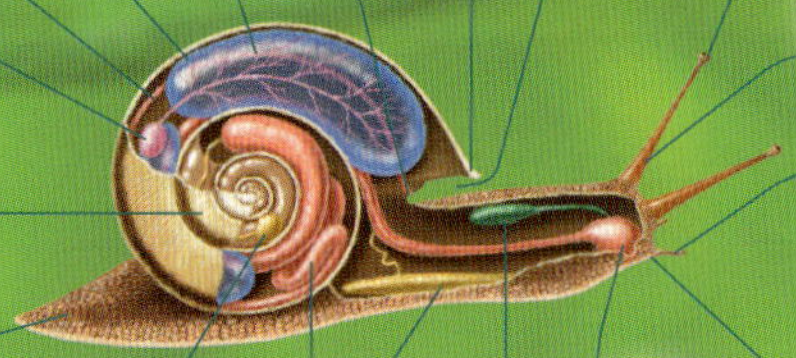

달팽이의 몸 구조

직장 / 호흡공 공기가 들어가는 입구 / 폐 / 항문 / 껍데기 입구 / 외투막 / 눈 빛의 방향만 알 수 있다 / 심장 / 눈자루 / 간 / 더듬이 먹이를 찾는다 / 다리 기어 다니기 쉽게 점액이 나온다 / 양성관 수컷과 암컷의 역할을 다 할 수 있는 기관 / 장 / 생식구멍 교미관이 들어 있다 / 침샘 / 생식공 / 입 잎의 표면을 깎아 먹는다

고둥의 친척

지구상에 약 8만5천 종류가 살고 있는 고둥은 연체동물 중에서도 가장 종류가 많습니다. 맛있는 소라와 전복, 껍데기가 없는 민달팽이도 고둥의 친척입니다.

소라

소라과 ▼ 껍데기 높이 100mm. 한국의 남부 연안이나 일본 남부 연안의 수심 20~30m 바다에서 서식. 주로 다시마나 미역 등의 갈조류를 먹고 산다.

민달팽이

민달팽이과 ▼ 몸길이 60mm. 진화 과정에서 달팽이 껍데기가 작게 퇴화하여 없어졌지만, 민달팽이도 땅에 사는 고둥의 친척이다.

방어가 단단한 쌍각류 조개

백합
백합과 ▼ 껍데기 길이 100mm. 민물의 영향을 받는 수심 20m까지의 모래에서 산다. 껍데기 무늬가 다양하다.

쌍각류 조개는 머리가 없기 때문에 더듬이나 눈이 없습니다. 적이 오면 조개관자라 불리는 근육(폐각근)으로 껍데기를 단단히 닫아 부드러운 몸을 지킵니다. 껍데기에서 나오는 것은 이동하기 위한 다리, 물을 들이켜고 내뱉기 위한 입수공과 출수공뿐입니다.

쌍각류 조개의 몸 (백합)

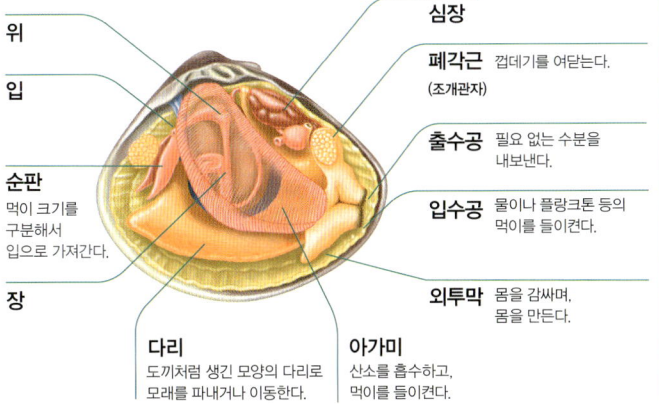

- **위**
- **입**
- **순판** 먹이 크기를 구분해서 입으로 가져간다.
- **장**
- **다리** 도끼처럼 생긴 모양의 다리로 모래를 파내거나 이동한다.
- **심장**
- **폐각근** 껍데기를 여닫는다. (조개관자)
- **출수공** 필요 없는 수분을 내보낸다.
- **입수공** 물이나 플랑크톤 등의 먹이를 들이켠다.
- **외투막** 몸을 감싸며, 몸을 만든다.
- **아가미** 산소를 흡수하고, 먹이를 들이켠다.

맛조개
맛조개과 ▼ 껍데기 길이 110mm. 만의 조간대*에 위치한 모래나 진흙 안 깊숙한 곳에 숨어 있다. 맛조개가 숨어 있는 갯벌구멍에 소금을 뿌리면 출수공과 입수공이 갯벌구멍에서 튀어나온다.

*조간대: 밀물 때 해안선과 썰물 때 해안선의 사이 부분. 많은 바다생물이 서식하는 곳

머리 위에 몸이 있는 연체동물: 오징어·문어

흰꼴뚜기
꼴뚜기과 ▼ 몸길이 450mm. 열대와 온대 지역의 산호초 등에서 서식. 지느러미가 몸 전체에 붙어 있고 지느러미의 가운데 부분이 넓다. 초여름이 되면 물가로 와서 해초 등에 알을 낳는다.

오징어와 문어는 몸통, 머리, 다리의 세 부분으로 되어 있습니다. 몸통이 머리 위에 있고 머리 아래로 빨판이 있는 다리가 나와 있기 때문에 '두족류'라고 불립니다. 호흡은 아가미로 합니다. 아가미심장과 먹물주머니 등 독특한 기관이 있습니다.

두족류의 몸 (살오징어)

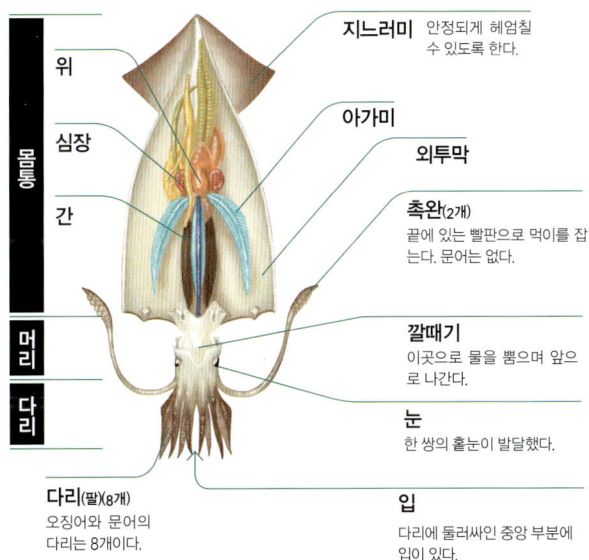

- **몸통**: 위, 심장, 간
- **머리**
- **다리**
- **지느러미** 안정되게 헤엄칠 수 있도록 한다.
- **아가미**
- **외투막**
- **촉완**(2개) 끝에 있는 빨판으로 먹이를 잡는다. 문어는 없다.
- **깔때기** 이곳으로 물을 뿜으며 앞으로 나간다.
- **눈** 한 쌍의 홑눈이 발달했다.
- **입** 다리에 둘러싸인 중앙 부분에 입이 있다.
- **다리**(팔)(8개) 오징어와 문어의 다리는 8개이다.

문어
문어과 ▼ 전체 길이 600mm. 온대기후와 열대기후 조간대의 바위틈에서 산다. 밤에 게나 새우, 조개 등을 잡아먹는다. 주변 환경과 비슷하게 몸의 색이나 형태를 바꾸기 때문에 발견하기 어렵다.

다양한 무척추동물

숲 / 강 / 연못 등 / 하구

완보동물

전체 길이 1mm 이하의 작은 동물로, 머리와 4마디로 이루어진 몸과 8개의 다리가 달려 있습니다. 담수, 해수, 따뜻한 흙 등에서 삽니다. 편형동물과 절지동물의 중간 특성을 가진 동물입니다.

곰벌레 종류
몸길이 1mm 이하

곰벌레

외형이나 걷는 모습은 곰과 닮았고, 몸속이 투명하게 보인다. 주변이 건조하면 몸을 둥글게 말아서 가사 상태(호흡 등의 기능이 거의 멎은 듯이 약화되어 죽은 것처럼 보이는 상태)가 되었다가 습해지면 가사 상태에서 깨어난다.

절지동물

단단한 껍질이 몸을 몇 개의 마디로 나눠서 감싸고 있는 동물입니다. 새우나 게 등의 갑각류 외에도 곤충, 거미, 지네 등 많은 생물이 여기에 포함됩니다.

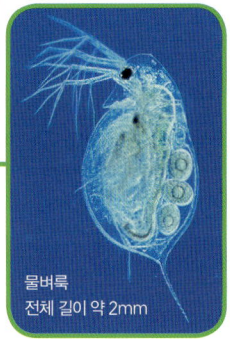

물벼룩
전체 길이 약 2mm

물벼룩

전 세계의 얕은 연못이나 호수 등에 서식하는 동물성 플랑크톤으로, 새우나 게 등과 같은 갑각류. 긴 더듬이로 헤엄쳐서 이동한다.

플랑크톤

연못이나 강, 바다 등에서 거의 헤엄치지 않고 떠 있기만 하는 작은 생물입니다. 엽록체를 가지고 광합성을 하여 필요한 양분을 만드는 것은 식물성 플랑크톤, 다른 플랑크톤 등을 먹고 필요한 양분을 섭취하는 것은 동물성 플랑크톤이라고 합니다.

규조
전체 길이
0.02~0.5mm

짚신벌레
전체 길이 약 0.2mm

규조

단세포 식물성 플랑크톤으로, 세포는 2장의 단단한 껍질에 둘러싸여 있다. 일반적으로 분열해서 번식한다.

짚신벌레

논이나 웅덩이, 연못에 사는 단세포 동물성 플랑크톤이다. 작아서 현미경이 없으면 볼 수 없다. 몸 주위의 가는 털을 움직여서 헤엄친다. 분열하여 번식한다.

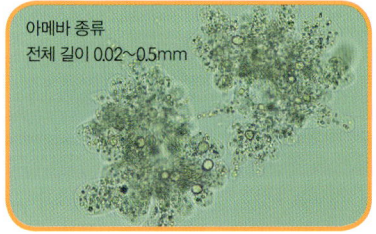

아메바 종류
전체 길이 0.02~0.5mm

아메바

담수나 해수, 흙 속 등에서 사는 단세포 생물을 부르는 이름으로, 다리처럼 움직일 수 있는 부분을 늘려서 이동하고 먹이를 잡는다. 분열하여 번식한다.

편형동물

마디가 없이 부드럽고 납작한 몸을 하고 있습니다. 자웅 동체(한 개체 몸에 암수 기능이 다 있는 것)로 뼈나 아가미나 폐, 혈관 등이 없습니다. 흡충, 촌충이 포함됩니다.

플라나리아
몸길이 20~35mm

플라나리아

깨끗한 강에서 서식. 몸은 마디 없이 부드럽고 납작하다. 몸의 중앙에 위치한 입으로 작은 수생곤충을 잡아먹는다.

편충
몸길이 약 10mm

편충

전 세계 바다에서 살며, 바닷속에 있는 바위 아래에서 쉽게 볼 수 있다. 몸이 부드럽고 종이처럼 얇다. 잎사귀 같이 생긴 편충이나 둥글게 생긴 편충, 가늘고 길게 생긴 편충이 있다.

지구에서 처음으로 생물이 출현한 곳은 바닷속이었습니다.
물속에는 지금도 우리가 본 적 없는 신기한 생물이 살고 있습니다.

환형동물

몸의 마디가 많은데, 그 마디들이 길고 가늘게 연결된 생물입니다. 머리 부분에는 더듬이와 눈 등이 있고, 내부에는 뇌와 같은 신경 덩어리가 있습니다. 근육이나 혈관 등도 발달했습니다.

지렁이
전체 길이 100~200mm

지렁이
몸이 늘어났다 줄어드는 방법으로 이동한다. 손발과 눈은 없다. 낙엽 등을 먹고, 배설하여 흙을 만든다. 길이가 7m를 넘는 지렁이에 대한 기록도 남아 있다.

갯지렁이
전체 길이 50~120mm

갯지렁이
해안 근처 진흙 속에 살며, 몸의 마디는 70~130개이다. 2개의 큰 입을 사용해 작은 생물이나 해초를 먹는다.

자포동물

해파리나 산호를 포함하는 동물입니다. 주로 바다에서 살고, 독이 있는 작은 바늘을 가지고 있습니다. 위에서 보면 기본적으로 둥근 모양입니다.

디어스 호온 코럴

산호
대부분은 따뜻하고 얕은 바다에서 산다. 석회질의 단단한 골격을 가지고, 나뭇가지나 테이블 같은 형태를 만든다. 표면에 작은 더듬이가 숨겨져 있고 촉수로 먹이를 잡는다.

무럼해파리
전체 길이 약 200mm

해파리
몸이 한천질(젤리 상태로 굳는 성질을 지닌 물질)로 되어 있고, 물에 떠다니며 우산 같은 모습이다. 다양한 종류의 해파리가 있는데, 동물성 플랑크톤으로도 분류된다.

말미잘 전체 길이 30~50mm

말미잘
주로 얕은 바다에서 사는데, 바위 등에 통 모양의 몸을 붙이고 촉수를 뻗어 먹이를 잡는다. 지름이 5~700mm까지 다양한 크기의 말미잘이 있다.

바다

극피동물

먼 옛날부터 바다에서 살아온 동물입니다. 5개의 다리를 가진 불가사리나 성게의 껍데기를 보면 알 수 있듯이, 전체 모습이나 몸의 형태가 방사형(중앙의 점에서 사방으로 바큇살처럼 뻗어 나가는 모양)으로, 천천히 움직입니다.

보라성게
전체 길이 약 50mm

바다나리

성게
바닷속 바위나 모래에서 서식. 밤송이처럼 가시 돋친 껍데기를 가진 것이 많다. 가느다란 관처럼 생긴 발(관족)로 천천히 움직이고, 몸 아래 있는 입으로 해조 등을 먹는다.

바다나리
주로 깊은 바닷속에서 산다. 식물처럼 생겼지만, 원시적인 극피동물이다. 팔의 뻗어 나온 아랫부분에 입과 항문이 열려 있고, 팔이 5배수씩 늘어난다. 팔에서 나오는 점액질로 플랑크톤을 잡아먹는다.

불가사리
전체 길이 약 120mm

해삼
전체 길이 약 300mm

불가사리
전 세계 대부분의 바다에서 서식. 팔이 5개인 별 모양의 불가사리가 많지만, 팔의 개수가 더 많은 종류도 있다. 관족을 사용하여 천천히 이동하고, 몸 아래쪽에 있는 입에서 위를 꺼낸 후 먹이를 녹여서 먹는다.

해삼
바닷속 모래나 진흙에서 산다. 가늘고 긴 몸통 끝에 입이 있고, 관족으로 이동하면서 모래나 진흙을 빨아들이고 그 속에 썩은 것 등을 먹는다. '바다의 청소부'라고도 불린다.

생명

1

동물의
세계 2

벨로시랩터 화석. 벨로시랩터는 몸 전체 길이가 1.8m 정도였던 작고 민첩한 육식공룡이었습니다. S자로 휘어진 긴 목이 특징이었던 이 공룡의 화석은 몽골이나 중국 등지에 있는 약 8580만 년~6550만 년 전 지층에서 발견되고 있습니다.

ㅡ척추동물ㅡ

지금부터 6550만 년 전, 거대한 운석이 지구와 충돌했습니다.
이 때문에 급격한 기후 변화가 일어났고,
공룡이 멸종되었다고 합니다.
그러나 지층에 묻혀 화석이 된 여러 공룡의 골격은
오늘날 여러 학자나 화석을 찾아다니는 사람들에게 발굴되어
공룡에 관한 중요한 정보를 제공해 주고 있습니다.
이번 장에서는 물고기부터 인간이 속한 포유류까지,
척추동물의 몸 구조와 사는 방식을 살펴보겠습니다.

송사리는 어떻게 태어날까?

송사리는 담수(강이나 호수 등의 민물)에 사는 대표적인 물고기입니다. 몸속이 비쳐 보이고 사육도 어렵지 않아서, 알에서부터 다 자란 물고기가 되기까지를 빠짐없이 관찰할 수 있습니다.

알에서부터 치어(어린 물고기)가 되기까지 (송사리의 탄생)

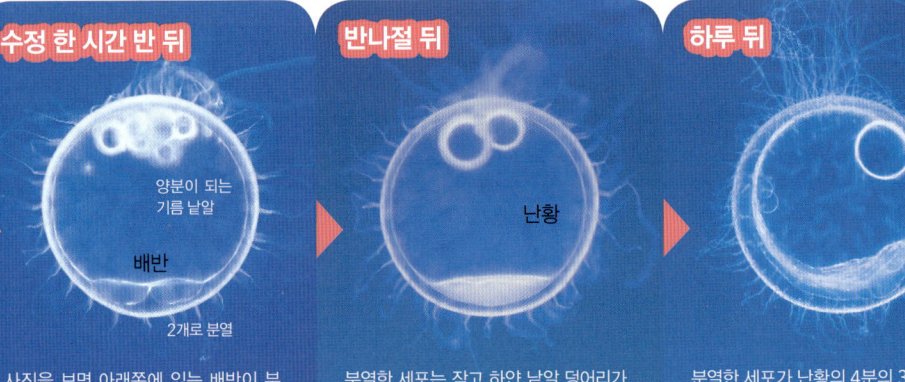

알
지름 1.2mm 정도. 알의 표면에 나 있는 털이 다른 알들과 연결되어 수초에 매달립니다. 교미하여 수정에 성공하면 알은 곧 난할을 시작합니다.

수정 한 시간 반 뒤
사진을 보면 아래쪽에 있는 배반이 부풀어 올라 2개의 세포로 분열합니다. 그 후 4, 8, 16의 배수로 분열합니다.
(양분이 되는 기름 낱알 / 배반 / 2개로 분열)

반나절 뒤
분열한 세포는 작고 하얀 낱알 덩어리가 되어 난황을 덮기 시작합니다.
(난황)

하루 뒤
분열한 세포가 난황의 4분의 3 정도를 덮은 뒤 다시 모여서 송사리의 몸이 될 부분을 만들기 시작합니다.

발생 과정 (난할)

암컷의 알에 수컷의 정자가 들어가면 수정이 되는데, 그 후에 수정란이 계속 분열되는 것을 '난할'이라고 부릅니다. 수정되면 한 개의 수정란은 바로 난할을 시작하면서 장과 신경, 뼈, 눈, 귀, 다리 등이 될 부분이 만들어지고 부모와 같은 모습으로 성장합니다. 이러한 과정을 '발생'이라고 합니다.

송사리 난황*이 많다. 알의 윗부분만 분열을 시작한다.

*난황: 동물의 알에 들어 있는 배아의 성장을 위한 영양물질

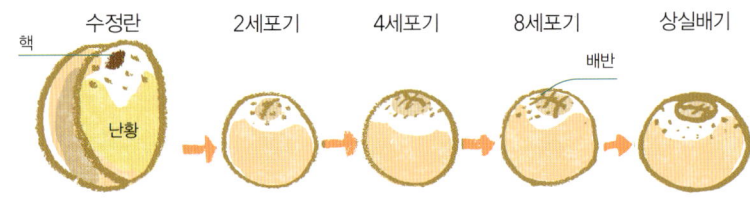

핵 / 수정란 / 난황 → 2세포기 → 4세포기 → 8세포기(배반) → 상실배기

송사리
동갈치목 송사리과 ▼ 몸길이 4cm. 한국과 일본 등의 연못이나 강이 흐르는 곳에서 서식. 수면 가까이에서 무리 지어 헤엄치며, 장구벌레, 물벼룩 등을 먹는다. 4~10월의 산란기에 암컷은 몇 번이고 산란을 하는데, 한 번의 산란에 10개 정도의 알을 낳는다.

한 개의 알에서 몸이 만들어진다
암컷 송사리의 배에서 알이 나오고 있습니다. 수컷의 정자를 받아들인 수정란입니다. 그 후 알은 배에서 떨어져 나가 수초에 붙고, 10일 정도가 지나면 알에서 작은 새끼 송사리가 나옵니다. 수정란은 한 개의 세포입니다. 대다수 생물의 새끼는 단 한 개의 세포가 분열을 반복하면서 탄생합니다.

부화한 지 4일 뒤의 치어
부화하여 알에서 나오면 곧바로 헤엄치기 시작하고, 점점 난황이 작아집니다. 물속에서 흙이나 유기물이 썩어서 생기는 찌꺼기 등 먹이를 스스로 찾아 먹습니다.

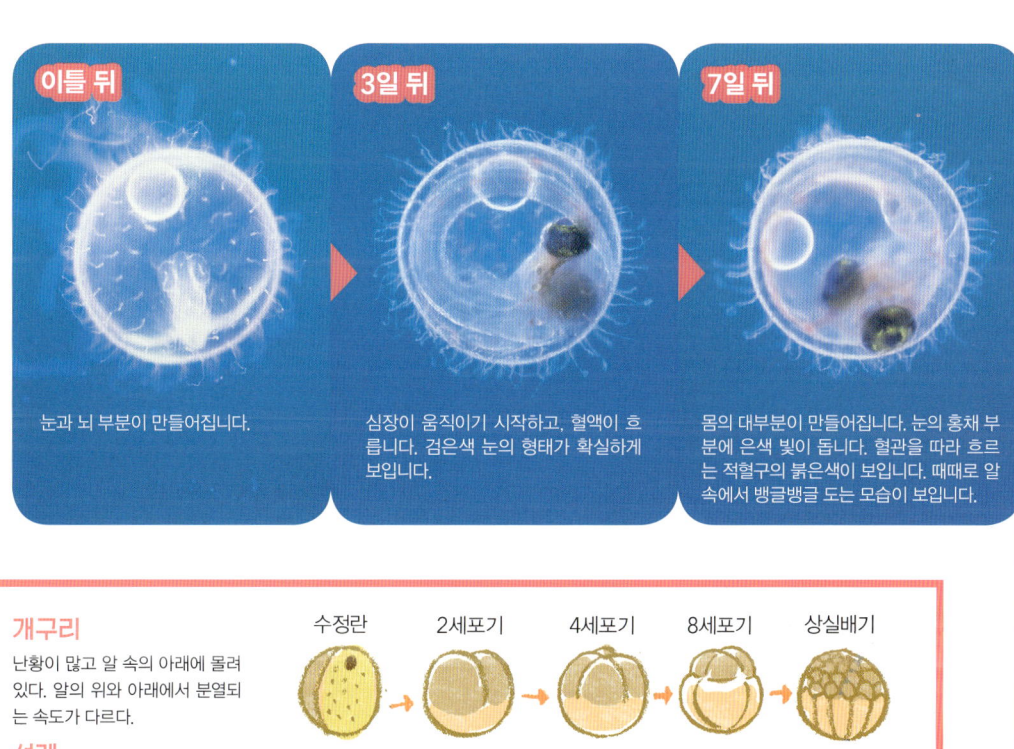

이틀 뒤
눈과 뇌 부분이 만들어집니다.

3일 뒤
심장이 움직이기 시작하고, 혈액이 흐릅니다. 검은색 눈의 형태가 확실하게 보입니다.

7일 뒤
몸의 대부분이 만들어집니다. 눈의 홍채 부분에 은색 빛이 돕니다. 혈관을 따라 흐르는 적혈구의 붉은색이 보입니다. 때때로 알 속에서 뱅글뱅글 도는 모습이 보입니다.

10일 뒤 부화
튼튼한 알의 막을 입 주변에서 나오는 특수한 물질로 녹이고 치어가 나옵니다. 배 아래에는 난황과 기름 낱알이 붙어 있어서 스스로 먹이를 찾아 먹을 때까지 양분이 됩니다.

개구리
난황이 많고 알 속의 아래에 몰려 있다. 알의 위와 아래에서 분열되는 속도가 다르다.

성게
난황이 적고 알 속에 고르게 있다. 알은 2개씩 계속 나뉜다.

수정란 → 2세포기 → 4세포기 → 8세포기 → 상실배기

1 생명 / 척추동물 / 어류의 몸과 생활

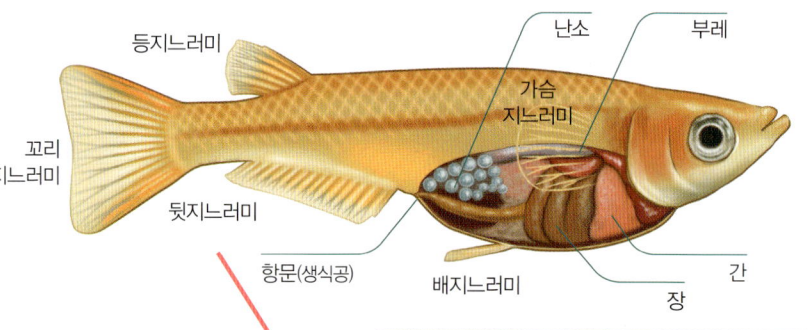

어류의 특징	
서식지	수중
몸의 특징	지느러미로 헤엄치기
몸의 표면	비늘
호흡	아가미
심장	1심방 1심실
체온	변온(온도가 변함)
수정 방법	체외 수정
번식	난생(껍질이 없음)
산란 장소	수중
한 번에 낳는 알	10~3억 개
육아	하지 않음

암컷
수컷보다 몸집이 크고, 정소 대신 난소가 있어서 알을 만들 수 있다.

송사리

등지느러미 지느러미살의 사이가 붙어 있다

배 부풀어 있다

뒷지느러미 수컷보다 폭이 좁고 삼각형에 가깝다

등지느러미 지느러미살의 사이가 떨어져 있어서 들쭉날쭉하다

뒷지느러미 폭이 넓고 평행사변형에 가깝다

수컷
수컷에게는 난소 대신에 정소가 있어서 정자를 만들 수 있다.

송사리의 수컷과 암컷

모든 동물은 수정하고 난할을 시작하는 것으로 새로운 생명을 탄생시킵니다. 수컷과 암컷은 알을 낳고 수정할 수 있도록 각각의 역할에 맞는 몸 구조로 되어 있습니다.

송사리의 산란과 수정

수컷과 암컷이 성장하여 번식기가 되면 수컷은 암컷 주변을 돌면서 구애를 합니다. 암컷이 구애를 받아들이면 수컷은 뒷지느러미와 등지느러미로 암컷을 껴안고 서로의 생식공(총배설강)을 가까이 붙입니다. 수컷이 암컷보다 아래로 내려가서 가슴지느러미와 꼬리지느러미를 격렬히 움직이며 정자를 뿌리면 암컷의 몸에서 알이 나와 수정이 이루어집니다.

다양한 모습의 물고기

어류는 척추동물 중에서 가장 빨리 지구상에 등장한 생물입니다. 몸은 비늘로 덮여 있고 물속에서 살며, 아가미로 호흡하고 지느러미를 사용해 헤엄칩니다. 바다와 강, 호수 등 다양한 곳에서 사는데, 그 종류만 해도 3만 종이나 됩니다.

연어
연어목 연어과 ▼ 전체 길이 70cm. 한국을 포함해 북태평양에서 산다. 강의 상류에서 태어나서 바다로 내려가 성장하고 수년 후 태어났던 강으로 돌아와 산란한다.

미꾸라지
잉어목 기름종개과 ▼ 전체 길이 10~20cm. 민물고기로, 논이나 늪 등에서 서식. 몸이 가늘고 길며, 입은 작아서 아래를 향하고 있다. 5개의 수염이 있는 것이 특징이다.

망둑어
농어목 망둑어과 ▼ 전체 길이 8cm. 열대 및 아열대기후의 하구나 암초 주변에서 산다. 갯벌이나 나무뿌리 위를 가슴지느러미로 기어오르고, 꼬리지느러미로 껑충 뛰어서 도망간다.

리피해룡
실고기목 실고기과 ▼ 전체 길이 20~40cm. 아열대 해안 근처에서 서식. 바다에 떠다니는 해초처럼 천천히 헤엄치며 적과 먹이의 눈을 속인다.

고래상어
수염상어목 고래상어과 ▼ 전체 길이 1000~2000cm. 세계에서 가장 큰 물고기. 입을 크게 벌리고 먹이인 플랑크톤을 물과 함께 들이마신다. 큰 몸집과는 다르게 온순해서 사람과 나란히 수영도 한다.

색댕기곰치
뱀장어목 곰치과 ▼ 전체 길이 120cm. 산호초나 돌 틈에서 머리를 내밀어 작은 물고기를 잡아먹는다. 성장하면서 푸른색 몸의 수컷에서 노란색 몸의 암컷으로 바뀐다.

개복치
복어목 개복치과 ▼ 몸길이 400cm. 배지느러미와 꼬리지느러미가 없고, 등지느러미와 뒷지느러미가 위아래로 길고 납작해서 모습이 독특하다. 온대나 열대기후의 바다 수면 근처를 느긋하게 헤엄치며 홀로 산다.

참다랑어
농어목 고등어과 ▼ 몸길이 300cm. 무리를 지으며, 시속 70~90km의 빠른 속도로 헤엄친다. 멸치와 꽁치 등을 주식으로 먹는다.

올챙이는 어떻게

두꺼비의 올챙이
최대 30mm. 2~7월에 농지나 산길의 물웅덩이 등에서 볼 수 있다. 1~2개월이 지나면 두꺼비가 된다. 젤라틴 성분에 둘러싸여 있는 알은 1500~8000개씩 5m 이상으로 길게 늘어서 있다.

올챙이란?

개구리나 도롱뇽 등의 양서류는 알에서 유생으로 부화한 후에 한 번의 변태로 성체가 됩니다. 개구리나 도롱뇽 등 양서류의 새끼를 '올챙이'라고 합니다.

청개구리의 유생
전체 길이 50mm. 몸에 비해 꼬리가 크다. 4~9월경 논이나 습지 등에서 살며, 한두 달 지나면 개구리로 성장한다. 작은 알 뭉치에는 250~800개의 알이 들어 있다.

붉은배영원의 유생
전체 길이 55mm. 4~7월에 논이나 연못 등에서 살며, 3개월이 지나면 성체가 된다. 봄에서 여름까지의 기간 중 언제든지 산란할 수 있고, 한 번에 40개 정도의 알을 수초에 낳는다.

우파루파의 정체

멕시코도롱뇽은 아가미가 있는 새끼의 모습을 유지하며 성체가 됩니다. 하지만 이러한 모습은 멕시코도롱뇽이 사는 바다의 낮은 온도와 먹이 부족으로 인해 변태에 필요한 호르몬의 분비가 결핍되었기 때문입니다. 그러한 멕시코도롱뇽 중 알비노(색소 결핍으로 몸이 흰빛이 된 개체)가 '우파루파'라는 이름으로 불립니다.

도쿄도롱뇽의 유생
전체 길이 35mm. 12~5월에 언덕 위에 있는 논 또는 연못 등에서 살며, 4개월 정도가 지나면 성체가 된다. 20~100개의 알이 바나나 모양의 젤라틴 주머니 속에 들어 있다.

일본왕도롱뇽의 유생
알에서 7주가 지나면 전체 길이 약 27mm의 새끼가 나온다. 4년 정도 지나면 전체 길이가 최대 250mm까지 성장한다. 8~9월에 400~500개의 길게 연결된 알을 낳는데, 그 알은 수컷이 돌본다.

개구리로 자랄까?

최초로 땅에서 살게 된 척추동물은 개구리와 도롱뇽 같은 양서류(땅 위 또는 물속에서 사는 어류와 파충류의 중간 동물)입니다. 양서류의 몸에는 바다에서 땅으로 진출한 진화의 흔적이 남아 있습니다.

땅에서 살 수 있는 몸으로 변신

왼쪽 페이지의 사진은 양서류의 올챙이이고, 오른쪽 페이지의 사진은 올챙이가 변태하여 두꺼비가 된 모습입니다. 양서류는 대부분 물속에 알을 낳습니다. 부화한 올챙이는 물속에서 아가미로 호흡하고 지느러미로 헤엄칩니다. 성체가 된 후에는 공기 중의 산소를 폐와 피부로 호흡하고 4개의 다리로 땅 위를 걸어 다닙니다. 올챙이가 두꺼비로 성장하는 이러한 모습은 고대의 바다에서 살던 어류가 수천만 년에 걸쳐 땅으로 진출하며 양서류로 진화한 역사를 재현하는 것처럼 보입니다.

두꺼비
개구리목 두꺼비과 ▼ 몸길이 43~162mm. 막 변태한 두꺼비의 전체 길이는 6~8mm로 작다. 제주도를 제외한 한국과 아시아 전역에서 살며, 뜰이나 농지 등에서 쉽게 볼 수 있다.

청개구리
개구리목 청개구리과 ▼ 몸길이 30~40mm. 한국, 몽골, 일본 등지에서 발견할 수 있는데, 풀이나 나무 위에서 사는데, 막 변태를 끝낸 개구리의 전체 길이는 14~17mm이다. 주변 상태에 따라 녹색에서 갈색으로 몸의 보호색을 바꾼다.

붉은배영원
도롱뇽목 영원과 ▼ 전체 길이 70~140mm. 일본의 논이나 연못 등의 물가에서 서식. 막 변태를 끝낸 성체의 전체 길이는 35mm 정도인데, 성체가 된 후에는 땅에서 몇 년간 산다.

도쿄도롱뇽
도롱뇽목 도롱뇽과 ▼ 전체 길이 80~130mm. 일본 관동 지방의 숲에서 살며, 야행성으로 곤충이나 지렁이를 잡아먹는다. 막 변태를 끝낸 성체의 전체 길이는 35mm 정도인데, 변태한 후에도 한동안 아가미가 붙어 있다.

일본왕도롱뇽
도롱뇽목 장수도롱뇽과 ▼ 전체 길이 500~800mm. 전체 길이가 1440mm까지 성장한 개체가 발견되어 세계 최대 크기를 기록하기도 했다. 일본 기후현과 규슈 일대 계곡의 상류에서만 서식한다. 평생 물속에서 살며, 야행성으로 가재나 개구리 등을 먹는다.

최초로 땅에 진출한 동물은?

지금부터 약 4억 년 전 진흙이 쌓인 얕은 해안에서 두꺼운 지느러미 안에 뼈가 있는 물고기가 땅으로 올라오려 했습니다. 약 3억6500만 년 전의 지층에서 발견된 아칸토스테가의 앞발에는 지느러미에서 변화한 8개의 발가락이 있었고, 몸속의 부레는 폐로 진화되어 있었습니다. 그리고 이 생물로부터 4개의 다리로 이동하는 양서류가 진화되었습니다.

아칸토스테가

올챙이에서 개구리로 자라기까지

참개구리의 성장

1 산란과 수정
수컷이 자신보다 큰 암컷을 끌어안습니다. 암컷이 산란하면 동시에 수컷이 정자를 내보내며 뒷발로 저어서 알에 뿌립니다.

2 난할
알의 지름은 2mm 정도로, 젤라틴 성질의 막으로 둘러 싸여 있습니다.

3 알 속에서 성장
4일 정도가 지나면 꼬리가 생겨서 올챙이와 비슷한 모습이 됩니다.

4 올챙이의 탄생
5일이 지나면 알을 둘러싼 젤라틴 막을 녹이고 전체 길이 10mm 정도의 올챙이가 나옵니다. 입은 있지만 눈은 아직 없습니다.

5 눈이 생긴다
7일이 지나면 눈이 생깁니다. 물속에서 호흡하기 위한 아가미가 보입니다.

6 뒷다리가 생긴다
몸집이 충분히 커지면 몸통과 꼬리 사이에 뒷다리가 생깁니다. 뒷다리가 빠르게 자라나고, 자주 수면에 떠서 호흡합니다.

7 앞다리가 생기며 꼬리가 짧아진다
앞다리가 한쪽씩 생깁니다. 아가미가 사라지고 폐가 만들어지는 등 올챙이의 몸에서 개구리의 몸으로 변합니다. 꼬리는 3~4일에 걸쳐 몸에 흡수되어 사라집니다.

8 개구리가 된다
2개월 후 몸길이가 20~30mm 정도인 개구리가 됩니다. 공기 중에서 폐와 피부로 호흡하고 물속에서는 호흡할 수 없습니다.

참개구리
개구리목 개구리과 ▼ 몸길이 60~90mm. 동아시아 지역의 논이나 연못에서 살고 있다.

개구리의 겨울나기

겨울이 되기 전에 벌레 등을 많이 먹어서 몸에 필요한 양분을 충분히 쌓아 둡니다. 겨울이 가까워지면 꼬리부터 땅속으로 파고들어가 봄의 번식기가 올 때까지 겨울잠을 잡니다. 참개구리는 이렇게 겨울을 보내며 3~4년을 삽니다.

개구리의 몸

황소개구리(암컷)

- **눈**: 머리 위로 튀어나온 눈
- **귀**: 고막이 보인다.
- **몸통**: 목이 없이 머리와 몸이 붙어 있다. 내장을 감싸서 보호하는 뼈는 없다.
- **코**: 폐로 호흡하기 위한 구멍으로, 냄새는 잘 맡지 못한다.
- **입**: 입안에 접혀 있는 혀를 먹이를 향해서 길게 뻗어서 먹이를 잡은 후 크게 벌린 입으로 먹이를 끌어와 먹는다.
- **앞다리**: 발가락이 4개로, 물갈퀴가 없다. 나무 위에서 사는 종류는 발가락 끝에 빨판이 있다.
- **뒷다리**: 굵고 길다. 멀리까지 뛸 수 있다. 5개의 발가락 사이에 물갈퀴가 있다. 나무 위에서 사는 종류는 발가락 끝에 빨판이 있다.
- **쓸개**, **간**, **지방체**, **장**
- **심장**, **폐**, **위**, **난소**
- **방광**, **난관**

소화기관의 바깥 부분에 작은 주머니처럼 생긴 폐가 만들어진다. 양서류의 성체는 폐와 피부로 호흡한다.

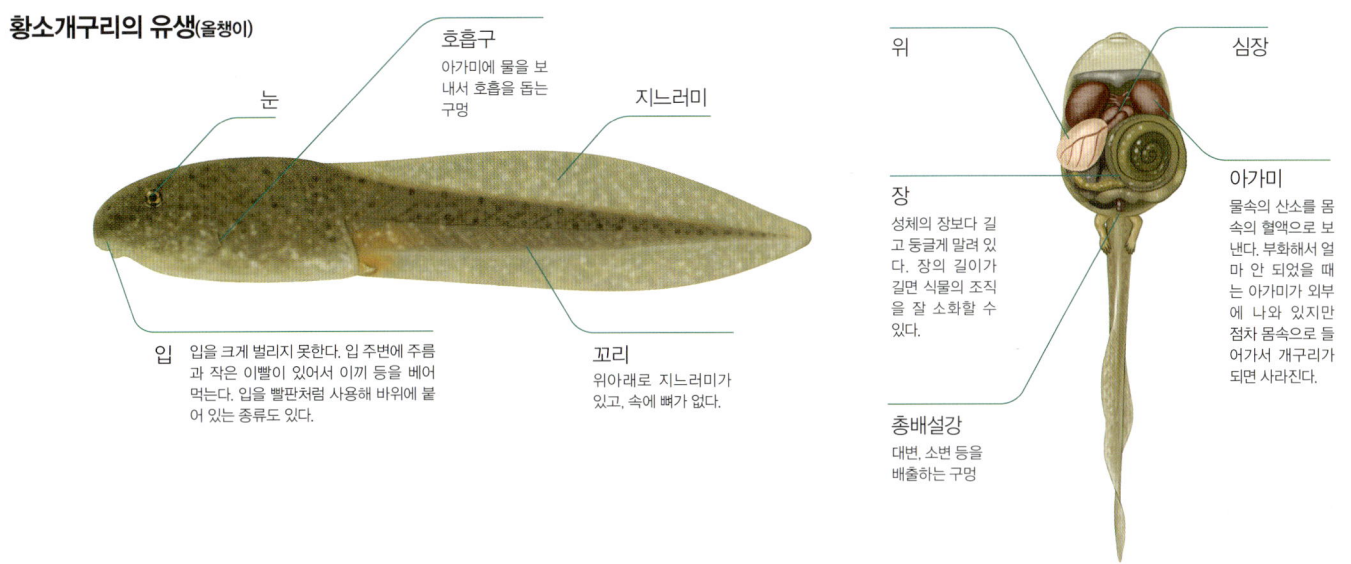

황소개구리의 유생(올챙이)

- **눈**
- **호흡구**: 아가미에 물을 보내서 호흡을 돕는 구멍
- **지느러미**
- **입**: 입을 크게 벌리지 못한다. 입 주변에 주름과 작은 이빨이 있어서 이끼 등을 베어 먹는다. 입을 빨판처럼 사용해 바위에 붙어 있는 종류도 있다.
- **꼬리**: 위아래로 지느러미가 있고, 속에 뼈가 없다.
- **위**, **심장**
- **장**: 성체의 장보다 길고 동글게 말려 있다. 장의 길이가 길면 식물의 조직을 잘 소화할 수 있다.
- **아가미**: 물속의 산소를 몸속의 혈액으로 보낸다. 부화해서 얼마 안 되었을 때는 아가미가 외부에 나와 있지만 점차 몸속으로 들어가서 개구리가 되면 사라진다.
- **총배설강**: 대변, 소변 등을 배출하는 구멍

황소개구리

개구리목 개구리과 ▼ 몸길이 100~180mm. 전 세계의 연못이나 물웅덩이에서 살고 있다. 초여름에 지름 2mm 정도의 알을 1만 개 이상 낳아서 수면에 퍼트린다. 올챙이인 상태로 겨울을 보낸 후 이듬해에 120mm 정도로 성장하면 변태한다.

양서류의 특징

서식지	유생/수중 성체/수중·육상	수정 방법	체외 수정
몸의 특징	성체가 되면 4개의 다리가 생김	생식	난생(알이 젤라틴 성질의 막에 둘러싸여 있음)
몸의 표면	점막		
호흡	유생/아가미 성체/폐와 피부	산란 장소	수중
심장	2심방 1심실	한 번에 낳는 알	100~4만 개
체온	변온	육아	하지 않음

거북이나 악어는 어떤 동물일까?

바다에서 물가의 땅으로 진출한 양서류의 선조로부터 땅에서 지내는 생활에 더 잘 적응하도록 진화한 파충류가 등장했습니다. 뱀, 도마뱀, 거북이, 악어 등이 바로 파충류입니다.

파충류가 땅 위로 진출한 이유는?

파충류가 땅 위로 진출한 가장 큰 이유는 껍데기가 있는 알을 낳게 되었기 때문입니다. 양서류의 경우, 올챙이가 물속에서 살기 때문에 물이 있는 곳에서만 번식을 합니다. 하지만 껍데기가 있는 알은 물가에서 떨어진 흙 속이나 모래사장에도 낳을 수 있습니다.

나일악어
악어목 크로커다일과 ▼ 전체 길이 2~3m 최대 5.7m

악어의 육아

일반적으로 어류, 양서류, 파충류는 알을 낳고 방치하여 육아를 하지 않지만, 악어는 육아를 하는 종류가 많이 있습니다.

북아메리카 남동부에서 사는 미시시피악어는 초여름에 마른 풀이나 흙 등에 모여 둥지를 만들고, 15~80개의 알을 낳습니다. 어미는 산란 후에도 알을 지키고, 새끼 악어가 부화할 때가 되면 알껍데기를 깨 주거나 흙을 파서 새끼가 땅 위로 나오기 쉽게 도와줍니다. 그리고 다음 해 봄까지 새끼를 돌봅니다.

파충류의 특징

서식지	주로 땅 위
몸의 특징	4개의 다리로 걷고, 꼬리가 있음
몸의 표면	비늘/등딱지
호흡	폐
심장	불완전 2심방 2심실
체온	변온
수정 방법	체내 수정
생식	난생(껍데기가 있는 알)
산란 장소	땅 위
한 번에 낳는 알	4~200개
육아	하지 않음

공룡 둥지 화석에서 알껍데기가 발견된다

공룡도 파충류로서 껍데기가 있는 알을 낳았습니다. 미국의 몬태나주에서 '마이아사우라'라고 불리는 공룡의 둥지 화석이 발견되었는데, 어미와 몇 마리의 새끼뿐 아니라 알도 많이 발견되었습니다. 둥지는 악어나 물가에서 사는 새 둥지처럼 풀이나 흙을 쌓은 것으로, 지름 2m 정도의 크기입니다. 이 화석들로 볼 때 공룡도 새끼를 돌봤다고 추측할 수 있습니다.

마이아사우라
(멸종됨)
조반류 하드로사우루스과 ▼ 전체 길이 9m, 약 7920만~7060만 년 전

파충류에 속하는 동물

거북

- **형태** 단단한 등딱지로 몸을 지킵니다. 현재는 이빨이 없지만, 화석으로는 이빨을 가진 것이 발견되었습니다.
- **생활** 대부분은 연못이나 늪, 강 등의 물가에서 살고, 물갈퀴로 헤엄칩니다. 바다거북을 포함해서 모든 거북은 땅에서 산란합니다. 건조한 곳에서 사는 육지거북도 있습니다.
- **먹이** 육지거북은 풀 등의 식물을 먹습니다. 다른 거북은 물고기, 곤충, 조개, 지렁이를 먹습니다. 주로 잡식성입니다.
- **동면** 추운 지역에서는 겨울에 동면합니다.

도마뱀

- **형태** 비늘이 몸에 덮여 있고 꼬리가 길며, 움직임이 민첩합니다. 카멜레온처럼 환경에 따라서 몸의 색을 바꾸는 종류도 있습니다.
- **생활** 열대 지역을 중심으로 삽니다. 나무 위에서 사는 도마뱀은 비늘이 거칠고 다리와 꼬리가 깁니다. 모래나 흙 속에서 사는 도마뱀은 비늘이 매끈하고 다리가 짧습니다. 대부분은 온순합니다.
- **먹이** 곤충 등을 먹는 도마뱀이 많지만, 대형 도마뱀은 쥐나 새의 알 등을 먹습니다.
- **동면** 햇볕을 이용하여 체온을 조절하고, 추운 지역에서는 겨울 동안 동면합니다.

뱀

- **형태** 도마뱀의 선조에서 다리가 없어지며 진화했습니다. 가늘고 긴 몸을 비늘이 덮고 있고, 몸을 구불구불 움직이며 기어 다닙니다.
- **생활** 전 세계 대부분 지역에서 삽니다. 뱀의 종류 중 4분의 3은 알을 낳지만, 몸속에서 알을 부화시켜 새끼를 낳는 뱀도 있습니다. 독을 가진 뱀도 있지만, 대부분은 온순합니다.
- **먹이** 입을 크게 벌려서 동물이나 알을 통째로 삼켜서 먹습니다. 거북, 물고기, 곤충, 조개, 지렁이를 먹습니다. 주로 잡식성입니다.
- **동면** 햇볕을 이용하여 체온을 조절합니다. 추운 지역에서는 겨울에 동면합니다.

푸른바다거북
거북목 바다거북과 ▼ 등딱지 길이 80~100cm. 열대 지역과 온대 지역의 바다에서 서식. 모래 해변 위로 올라와서 지름이 5cm 정도인 알을 낳는다. 2개월 정도가 지나 부화한 새끼는 바다로 돌아간다.

미끈도마뱀
도마뱀목 도마뱀과 ▼ 전체 길이 9~13cm. 제주도의 숲 바닥 등 한국에서 서식. 곤충이나 지렁이 등을 먹는다.

살무사
뱀목 살무사과 ▼ 전체 길이 40~60cm. 한국, 일본, 중국 북동부에서 사는 독사로, 평지와 숲 등 다양한 지역에서 서식. 암컷은 몸속에서 알을 부화시킨 후에 새끼를 낳는다.

남생이
거북목 돌거북과 ▼ 등딱지 길이 20~30cm. 동아시아의 강과 연못 등에서 살며, 일광욕하는 모습을 쉽게 볼 수 있다. 잡식성이다.

베일드카멜레온
뱀목 카멜레온과 ▼ 전체 길이 25cm. 동아프리카의 산지에서 서식. 환경에 따라서 몸의 색을 바꾸며, 긴 혀를 뻗어서 곤충을 잡아먹는다.

인도코브라
뱀목 코브라과 ▼ 전체 길이 135~150cm. 위험을 느끼면 상반신을 세우고 목을 평평하게 펴서 상대를 위협한다. 맹독을 가지고 있다.

갈라파고스땅거북
거북목 땅거북과 ▼ 등딱지 길이 130cm. 갈라파고스 제도에서 사는 대형 육지 거북. 부채선인장의 잎 등을 먹는다. 100년 이상 산다.

바다이구아나
뱀목 이구아나과 ▼ 전체 길이 150cm. 갈라파고스 제도에서 서식. 세로로 납작한 꼬리를 사용해 바다에서 헤엄치며, 해초 등을 먹는다. 성질이 얌전하다.

버마비단뱀
뱀목 비단뱀과 ▼ 전체 길이 500~800cm. 몸통 둘레가 통나무만큼 두껍게 성장한다. 동남아에서 살며, 포유류 등의 몸집이 큰 동물도 통째로 삼켜 먹는다.

새는 어떻게 하늘을 날까?

새는 일부 공룡이 진화한 동물입니다.
날개로 날아다니며 땅에서 하늘로 생활 영역을 확장하는 것에 성공했습니다.
현재 지구상에는 약 1만 종의 새가 살고 있습니다.

흰꼬리수리
수리목 수리과 ▼ 전체 길이 90cm, 날개 길이 2m. 아시아와 유럽의 북부 등에서 서식. 주로 물고기를 먹고, 유빙(물 위에 떠내려가는 얼음 덩어리)이나 강가의 나무 등에 앉아서 쉰다.

하늘을 날기 위한 새의 몸 구조

새의 가장 큰 특징은 날개가 있다는 것입니다. 날개는 네발 동물의 앞다리가 변형된 것으로, 새는 뒷다리만으로 몸을 지탱하고 있습니다.

새의 뼈는 속이 많이 비어 있어서 가볍지만 튼튼합니다. 가슴 근육이 발달하여 오랫동안 강한 날갯짓을 할 수 있습니다. 또 전신을 감싼 깃털이 체온을 일정하게 유지(항온)하기 때문에 추위로 인해 활동하는 데 지장을 받지 않습니다. 깃털은 공룡 시대의 비늘이 변형되어 만들어진 것으로, 새의 다리에는 비늘이 남아 있습니다.

(날개(앞다리), 머리, 부리, 갈비뼈, 용골 돌기, 뒷다리, 꼬리뼈)

비둘기의 뼈
새의 갈비뼈 앞에 있는 큰 뼈를 '용골 돌기'라고 한다. 용골 돌기에는 날기 위해 필요한 큰 근육이 붙어 있다.

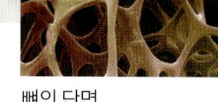

뼈의 단면
뼛속은 단단한 스펀지 같아서 튼튼하면서도 가벼운 구조로 되어 있다.

조류의 특징

서식지	주로 땅 위
몸의 특징	날개와 부리가 있음
몸의 표면	깃털
호흡	폐
심장	2심방 2심실
체온	항온
수정 방법	체내 수정
생식	난생(껍데기가 있는 알)
산란 장소	땅 위
한 번에 낳는 알	1~12개
육아	먹이를 줌

공룡도 깃털이 있었다!

'안키오르니스'는 최초의 새였던 시조새가 등장하기 전에 살았던 작은 공룡입니다. 앞다리와 뒷다리에 깃털이 나 있었지만 날지는 못했습니다. 깃털은 작은 공룡의 체온을 지키기 위해서 생겨났는데, 이후에 날개용 깃털로 변했을 것이라고 추정됩니다.

안키오르니스
▼ 약 1억6000만 년 전의 쥐라기 후기에 살았던 용반목 트로오돈과 공룡(멸종). 전체 길이 35cm

부리 형태에 주목!

먹이에 따라서 곤충의 입 형태가 다른 것과 마찬가지로, 새의 부리도 먹이에 따라서 형태가 다양합니다.

벌새
아메리카 대륙과 주변의 섬에서 삽니다. 빠른 속도로 날갯짓을 하며, 공중에 멈춰 서서 꽃의 꿀을 빨아먹습니다. 꽃의 꿀을 빨기 쉬운 형태로 부리의 길이가 진화했습니다.

진보라색검날개벌새
칼새목 벌새과 ▼ 전체 길이 15cm. 벌새 중 가장 크다. 바나나 꽃 등의 꿀을 빨아먹는다.

딱따구리
부리로 나무를 두드려 그 소리로 나무속의 벌레를 찾아낸 후에 날카로운 부리로 구멍을 내서 잡아먹습니다. 부리로 나무를 쪼아 만든 둥지에 알을 낳고 새끼를 기릅니다.

오색딱따구리
딱따구리목 딱따구릿과 ▼ 전체 길이 25cm. 나무에 깊이 30~50cm의 구멍을 파서 둥지를 만들고 알을 낳는다.

홍학
열대 지역의 연못이나 늪 주변에 무리 지어 삽니다. 인사하듯 고개를 숙여서 부리를 물속에 잠그고 혀를 빠르게 움직여 플랑크톤 등을 잡아먹습니다.

큰홍학
홍학목 홍학과 ▼ 전체 길이 130cm. 진흙을 쌓아 둥지를 만들고 알을 한 개 낳는다.

앵무새・잉꼬
열대 지역이나 남반구 온대 지역의 숲 등에 무리 지어 삽니다. 다양한 색의 깃털을 가진 종류도 있습니다. 굽은 부리와 두꺼운 혀 그리고 발톱을 사용해 식물의 열매나 꽃을 먹습니다.

마코앵무
앵무목 앵무과 ▼전체 길이 90~100cm. 꼬리가 길다. 큰 부리로 야자 열매 등을 먹는다.

날지 못하게 된 새

원래는 하늘을 날아다녔지만 생존을 위해서 나는 것을 멈춘 새도 있습니다. 타조와 펭귄은 날개 대신 다른 기관을 발달시켜서 살아남았습니다.

펭귄
남반구(적도를 경계로 지구를 둘로 나누었을 때 남쪽 부분) 해변에 살고 있습니다. 땅에서는 두 발로 아장아장 걷지만, 바다에 들어가면 날갯죽지에서 진화한 지느러미를 사용해 마치 하늘을 나는 듯이 헤엄칩니다. 날지 못하게 된 대신에 바다의 풍부한 먹이를 얻은 것입니다.

갈라파고스펭귄
펭귄목 펭귄과 ▼ 전체 길이 50cm. 열대 지방에서 사는 유일한 펭귄으로, 갈라파고스 제도 북쪽에 서식. 깊은 바닷속의 차가운 해류를 타고 오는 숭어나 정어리 등의 물고기를 잡아먹는다.

타조
남아메리카에 사는 레아, 오스트레일리아에 사는 에뮤를 포함한 종류입니다. 날개와 날갯짓을 위한 근육을 버린 대신, 다리가 발달하여 빠른 속도로 달릴 수 있고 적에게 강한 발차기 공격을 할 수 있습니다.

타조
타조목 타조과 ▼ 전체 길이: 수컷 210~275cm, 암컷 175~190cm. 현재 지구에서 사는 새 중에서 가장 크다. 아프리카 초원에서 작은 무리를 이루고 살며, 풀잎이나 열매를 먹는다. 사진은 수컷의 모습이다.

새들의 신비한 생활

고니
기러기목 오리과 ▼ 전체 길이 1.2m. 봄에서 여름까지 시베리아의 북극권에서 번식하고, 가을에서 겨울까지 한국의 호수 등에서 지내는 철새이다.

둥지를 지켜 주는 인간

제비
참새목 제비과 ▼ 전체 길이 15~18cm. 전 세계 대부분의 지역을 이동하며 산다. 봄이 되면 동남아시아에서 한국으로 이동한다.

둥지 만들기

제비는 날고 있는 곤충을 잡아먹을 만큼 빠르고 강한 새입니다. 하지만 어미 제비가 먹이를 사냥하기 위해 둥지를 비운 동안, 남아 있는 알이나 새끼가 다른 포식자에게 잡아먹힐 수 있는 위험이 있습니다.

다른 새들은 잡아먹힐 위험을 피하기 위해 절벽 또는 나무 위처럼 접근하기 어려운 장소에 둥지를 만듭니다. 그런데 제비 둥지는 집 현관이나 처마 아래에서 쉽게 발견됩니다. 왜 그럴까요? 사람들은 옛날부터 논밭의 해충을 잡아먹는 제비를 귀하게 여겼습니다. 제비는 사람들이 자기들의 둥지를 지켜 준다는 것을 알고 일부러 사람이 사는 집에 둥지를 만든 것으로 보입니다.

철새 이동

새가 계절에 따라 살기 좋은 장소로 이동하는 것을 '철새 이동'이라고 합니다.

고니는 여름 동안 시베리아의 습지로 이동하여 번식하고, 기온이 낮아지는 가을에는 한국의 서해안을 따라 남하하여 수초나 낙엽 등을 먹으며 겨울을 납니다. 제비는 봄에 한국에 와서 번식하고 새끼를 기릅니다. 여름에는 벌레를 잔뜩 먹고, 가을이 되면 벌레를 찾아서 동남아시아로 이동합니다. 가장 긴 거리를 이동하는 새는 극제비갈매기로, 북극부터 남극까지 매년 왕복 8만km나 이동합니다.

새가 어떻게 목적지를 찾아가는지에 관해서는 많은 학설이 있습니다. 태양이나 별의 위치를 보고 목적지를 찾아간다, 지구의 자기장 방향을 느끼고 찾아간다, 동료를 따라가며 보았던 해안선의 형태를 기억하고 찾아간다 등의 학설이 있습니다.

제비의 일년

4~5월
한국으로 이동하여 처마 밑 등에서 첫 번째 둥지 만들기와 산란을 한다.

6~7월
부모 제비가 교대로 새끼를 돌본다. 새끼가 성장하여 둥지를 떠나면 부모 제비는 둥지를 고치고 두 번째 산란을 한다.

7~8월
두 번째 새끼가 성장하면, 둥지를 떠나서 부모 제비와 새끼들이 강가에 모인다.

9~10월
철새 이동을 시작하며 조금씩 동남아시아로 이동한다.

새틴바우어새
참새목 바우어새과 ▼ 전체 길이 28~40cm. 오스트레일리아에서 서식. 수컷은 나뭇가지 등으로 둥지를 만들고, 둥지 주변에 푸른색 물건을 모아서 장식한다. 암컷이 나타나면 수컷은 둥지에서 점프를 반복하며 구애한다. 암컷이 수컷의 구애를 받아들이면 둥지에서 짝짓기를 한다.

화려한 구애 활동

개개비
참새목 휘파람새과 ▼ 전체 길이 18cm. 남쪽 따뜻한 곳에서 살다가 5월경에 한국으로 날아온다. 물가 갈대밭에 둥지를 만든다. 연녹색 바탕에 갈색 얼룩무늬의 알을 4~6개 낳는다. 뻐꾸기 알도 개개비의 알과 비슷하게 생겼다.

다른 새의 둥지에 알 낳기

뻐꾸기
뻐꾸기목 뻐꾸기과 ▼ 전체 길이 35cm. 남쪽 따뜻한 곳에서 살다가 5월경에 한국으로 날아온다. 수컷은 "뻐꾹 뻐꾹" 소리 내어 울면서 암컷에게 구애한다. 암컷은 짝짓기 후에 개개비나 때까치, 멧새 등의 둥지에 알을 낳아서 다른 새가 새끼를 대신 기르게 한다.

수컷의 구애 활동

휘파람새나 울새 등의 수컷이 지저귀는 아름다운 소리는 자신의 영역임을 다른 수컷에게 알리는 경고음인 동시에 짝이 될 암컷을 부르는 소리입니다.

수컷은 지저귀는 것 외에도 다양한 방법으로 구애 활동을 펼칩니다. 극락조는 춤을 추는 방법으로 바우어새는 둥지 주변을 화려하게 장식하는 방법으로, 공작은 크고 화려한 날개를 펼치는 방법으로 암컷을 불러 짝짓기를 합니다.

새의 수컷이 화려한 모습을 갖게 되거나 이상한 행동으로 구애하게 된 이유는 그러한 구애 활동을 한 수컷이 암컷과 짝짓기에 성공하여 같은 성질의 자손들이 살아남았기 때문이라 추측되고 있습니다.

탁란

뻐꾸기나 두견은 탁란을 하는 새입니다. '탁란'이란 다른 새 둥지에 알을 낳아서 둥지 주인이 자기 새끼를 기르게 하는 것을 말합니다. 예를 들면, 뻐꾸기는 개개비의 둥지에 숨어 들어가 개개비의 알을 하나 물어서 버린 후에 비슷하게 생긴 자기 알을 개개비의 둥지에 낳습니다. 개개비의 둥지에서 가장 먼저 부화한 뻐꾸기 새끼는 둥지 안의 알들을 몸으로 밀어서 둥지 밖으로 떨어트립니다. 그렇게 해서 개개비의 둥지에 홀로 남은 뻐꾸기 새끼는 어미 개개비가 물고 온 먹이를 먹고, 어미 개개비보다 몸집이 훨씬 커져서 둥지 밖으로 나온 후에도 1개월 이상 어미 개개비의 보살핌을 받습니다.

어떤 동물이 포유류일까?

공룡이 멸종된 뒤에 새와 함께 번성한 동물이 포유류입니다. 포유류에는 코끼리와 기린, 말, 원숭이 등 친숙한 동물들이 있고, 사람도 포유류에 속합니다.

젖을 먹는 새끼 아프리카코끼리
포유류의 새끼는 어미의 젖을 먹고 자란다. 젖에는 동물의 종류나 성장 단계에 가장 적합한 영양분이 들어 있다.

새끼를 낳고 젖을 먹여서 기른다

포유류는 공룡이 출현했을 때부터 이미 숲속에서 살고 있었습니다. 그때는 야행성에, 몸집이 작았지요. 공룡이 멸종하여 사라지자 포유류는 여러 종류로 나뉘어 공룡이 떠난 자리를 차지하기 시작했습니다. 현재는 바다를 포함한 전 세계에 4300종류가 살고 있습니다.

포유류는 대부분 알을 낳지 않고 부모와 닮은 모습의 새끼를 낳습니다. 그리고 새끼는 어미의 젖을 먹으며 자랍니다.

많은 포유류는 몸이 털로 덮여 있습니다. 포유류는 폐로 호흡하고, 바깥 온도와 관계없이 체온을 일정하게 유지하는 항온동물로, 척추동물 중에서 몸의 구조가 가장 발달했습니다.

포유류의 특징

서식지	주로 육상
몸의 특징	젖이 나옴(암컷)
몸의 표면	털
호흡	폐
심장	2심방 2심실
체온	항온
수정 방법	체내 수정
생식	태생
산란 장소	주로 땅 위
한 번에 낳는 수	1~13마리
육아	기름

검은꼬리누
소목 소과 ▼ 몸길이 180~240cm, 몸높이 125~145cm, 무게 150~270kg. 아프리카 사바나에서 무리 지어 생활한다.

아프리카코끼리
장비목 코끼리과 ▼ 몸길이 6~7.5m, 몸높이 3.5m, 무게 6.5t. 아프리카 사바나에서 생활한다.

검은꼬리누의 출산
포유류의 새끼는 양막(포유류의 새끼를 둘러싸고 있는 얇은 막)에 싸여서 어미의 몸 밖으로 나옵니다. 초식동물의 새끼는 태어나자마자 곧 일어나 걸어 육식동물의 위협을 피합니다.

육식동물과 초식동물의 차이

얼룩말이나 사슴 등은 풀이나 나뭇잎을 먹는 초식동물입니다. 사자나 늑대 등은 다른 동물의 고기를 먹는 육식동물입니다. 포유류에는 식물을 먹는 초식동물과 고기를 먹는 육식동물, 그리고 사람처럼 식물과 동물을 모두 먹는 잡식동물이 있습니다.

그랜트얼룩말을 쫓는 암사자

육식동물의 특징

머리 형태가 둥글고, 눈은 머리의 앞에 있습니다. 시야는 좁지만 두 눈으로 한 번에 볼 수 있는 범위가 넓어서 먹이와의 거리를 파악할 수 있습니다.

머리 형태와 눈의 위치 / 양 눈으로 동시에 보는 범위

초식동물의 특징

머리 형태가 길고 가늘며, 눈이 머리의 양 측면에 있습니다. 두 눈으로 한 번에 볼 수 있는 범위는 좁지만 시야가 넓어서 포식자를 빨리 발견할 수 있습니다.

사냥감을 물기 위해 송곳니가 크고 날카롭습니다. 어금니도 고기를 찢기 쉽게 날카롭습니다.

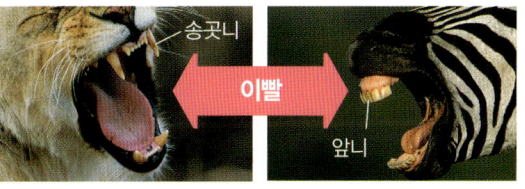

송곳니 / 이빨 / 앞니

풀이나 나무를 쉽게 자를 수 있도록 앞니가 날카롭습니다. 식물의 섬유질을 갈아서 으깨기 위해 어금니가 맷돌처럼 평평하고 크게 발달했습니다.

조용히 사냥감에게 접근하고, 유연하게 추적하기 위해서 발바닥의 살은 쿠션처럼 탄력이 있습니다.

다리

대형 초식동물은 무거운 몸무게를 지탱하면서 포식자로부터 빠르게 도망칠 수 있도록 발굽이 발달했습니다.

고기는 식물의 섬유질보다 소화하기 쉽기 때문에, 육식동물의 장은 초식동물보다 짧습니다. 육식동물의 장 길이는 몸길이의 4배 정도입니다.

장

식물은 소화가 어려운 섬유질이 많은 관계로 장 길이는 몸길이의 10~20배나 됩니다. 위를 4개나 가지고, 위로 보낸 풀을 다시 입으로 보낸 후 되새김하는 소와 같은 반추동물도 있습니다.

눈이 2개인 이유

같은 물체를 두 눈으로 보면 각각의 눈이 본 풍경의 차이를 통해서 뇌가 두 눈에서부터 본 것까지의 거리를 알 수 있습니다. 육식동물은 먹이와의 거리를 빠르게 판단하기 위해서 두 눈이 머리 앞에 나란히 있습니다.

눈 하나만으로는 거리를 알기 어렵다

한쪽 눈을 감고 왼손과 오른손에 연필을 잡은 다음 각각의 연필 끝을 붙여 보세요. 그런 뒤 두 눈으로 보면서 다시 한번 해 보세요.

1 황금사자타마린

6 여우

11 단봉낙타

13 아메리카들소

2 일본원숭이

7 바다표범

12 하마

14 아프리카코끼리

3 벵골호랑이

8 검은코뿔소

세계 각지의 다양한 포유류

다양한 포유류 종류와 그 특징을 살펴봅시다.

4 늑대

9 그랜트얼룩말

5 바다코끼리

10 말레이맥

● **영장목**
몸에 비해 뇌가 큽니다. 동그란 머리의 앞쪽에 발달해 있는 눈이 특징입니다. 엄지손가락과 다른 4개의 손가락을 움직여서 물건을 쥘 수 있습니다. 여우원숭이, 안경원숭이, 긴꼬리원숭이, 유인원(사람, 고릴라 등) 등이 여기에 속해 있습니다.

● **식육목**
대부분이 육식하고, 눈과 귀 등이 발달하여 운동능력이 뛰어납니다. 큰 엄니로 고기를 깨물고 뜯는 힘이 강합니다. 열대 지역부터 극지, 숲부터 초원까지 넓은 지역에서 살고 있습니다. (물갯과도 식육목에 포함되기도 합니다.)

● **기제목**
발끝에 큰 발굽이 홀수(1개 또는 3개)로 달려 있고, 달리는 것이 특기인 초식동물입니다. 중지(3번째 발가락) 발굽으로 몸을 지탱합니다. 풀의 질긴 섬유질을 갈아 먹기 위해 크고 긴 어금니를 가지고 있습니다.

● **우제목**
발가락이 짝수(2개 또는 4개)이고, 뿔이 있는 초식동물입니다. 주로 중지와 약지로 몸을 지탱합니다. 대부분 낮에 활동하며, 먹은 후 위에 들어간 풀이나 잎을 입으로 되돌려서 다시 씹는 되새김질을 몇 번이고 반복합니다.

● **장비목**
윗입술과 합쳐진 긴 코로 풀이나 나무를 잘라 먹거나 물을 마십니다. 머리와 귀가 매우 크고, 4개의 다리도 기둥처럼 두텁습니다. 60~80년 동안 살 수 있습니다.

15 유럽비버

17 일각고래

19 긴부리돌고래

21 주머니쥐

16 카피바라

18 혹등고래

20 향유고래

22 코알라

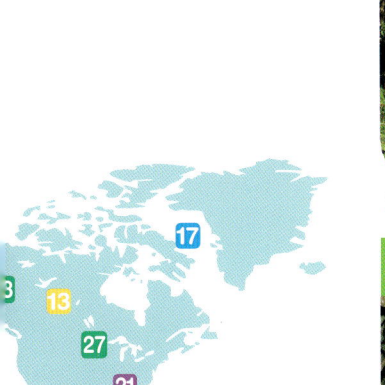
23 오랑우탄

25 자이언트 판다

27 프레리도그

29 류큐날여우박쥐

24 다람쥐원숭이

26 기린

28 캐나다호저

30 동부회색캥거루

● 설치목
쥐, 다람쥐, 호저 등 포유류 중에서 가장 많은 종류가 남극을 제외한 전 세계에서 살고 있습니다. 입 앞에 위아래로 2개씩 튀어나온 앞니가 평생 계속 자라는 것이 특징입니다. 단단한 나무 열매도 갉아 먹을 수 있습니다.

● 고래목
우제목에 가까웠지만, 수중 생활을 하게 되면서 거대한 물고기와 닮은 모습으로 진화했습니다. 일반적으로 몸 길이가 4m 이하인 고래를 '돌고래'라고 합니다. 포유류이므로 폐로 호흡하고, 새끼를 낳아서 젖을 먹입니다.

● 박쥐목
긴 손가락뼈와 뒷다리 사이에 있는 비막으로 하늘을 날고, 벌레나 열매를 먹으며 삽니다. 벌레를 먹는 박쥐 대부분은 야행성으로, 초음파를 내서 사냥감이 어디 있는지 찾아냅니다.

● 유대목
작은 새끼(캥거루 새끼의 무게는 약 1g)를 낳아서 자궁이 아닌 암컷의 배에 있는 주머니에서 새끼를 기릅니다. 오스트레일리아 대륙에는 유대목 외에 다른 포유류가 살지 않았기 때문에 큰 경쟁 없이 각자에게 적합한 장소로 퍼져서 번식할 수 있었습니다.

*지도상의 번호는 표기된 번호의 동물이 사는 대표적인 지역입니다.

1
생명

식물의 세계

사진의 꽃은 진한 분홍색 꽃잎이 눈에 띄는 얼레지입니다.
얼레지는 튤립과 마찬가지로 백합과 식물입니다.
봄이 되어 나무들의 잎이 무성해져서
그 잎들 때문에 햇빛을 제대로 받지 못하는 시기가 오기 전에
받은 햇빛으로 얼레지는 꽃을 피웁니다.
얼레지처럼 광합성으로 만들어진 식물의 양분 덕분에
지구에 사는 수많은 생물이 생명을 유지하고 있습니다.
식물이 어떻게 사는지, 식물의 꽃과 잎에는
어떤 비밀이 있는지 살펴봅시다.

얼레지는 매년 한 장의 외떡잎을 내고 7~8년을 지냅니다. 광합성을 하면서 땅속에 있는 비늘줄기(알뿌리의 일종)에 양분을 모으고, 비늘줄기에 충분한 양분이 모이면 꽃을 피웁니다.

화초의 일생

일년생 식물은 씨앗인 상태로 겨울을 보낸 후 봄에 싹이 나고 자라서 꽃이 피고 그 해가 지나기 전에 시듭니다. 싹이 튼 상태로 겨울을 버티고 다음 해에 꽃을 피우는 식물을 이년생 식물이라고 합니다. 다년생 식물은 꽃이 피기까지 수년이 걸립니다.

싹이 트는 시기나 꽃이 시드는 시기가 다른 이유는 화초가 각각에 사는 환경에서 살아남기 위해 노력한 결과입니다. 특히 겨울의 힘든 추위를 어떻게 견디는가는 화초의 일생을 결정짓는 중요한 포인트입니다.

8월	9월	10월	11월	12월	1월	2월

가을: 9월~11월
겨울: 12월~2월

꽃이 지면 씨방이 커지며 열매가 맺힌다.

열매가 갈색이 되면서 갈라지고 속에 있던 씨앗이 땅에 떨어진다. 잎, 줄기, 뿌리가 전부 시든다.

가을에 씨앗을 심는다.

7일에서 10일 후에 싹이 나오고, 두 장의 떡잎이 나온다.

잎이 무성해지면 땅에 잎을 바짝 붙여서 겨울을 버틴다.

가을에 구근을 심는다.

봄이 오기 전 아직 추울 때 땅을 뚫고 싹이 나온다.

어떤 꽃이 필까?

유채
(쌍떡잎식물, 십자화목 십자화과, 두해살이풀)
개화 시기: 3월~4월
벌레가 꽃가루를 운반한다(충매화 →p.72). 씨방이 부풀어 만들어진 열매(실과 →p.74) 속에 씨앗이 있다. 마르면 열매가 갈라지면서 씨앗이 터져 나온다.

나팔꽃
(쌍떡잎식물, 가지목 메꽃과, 한해살이풀)
개화 시기: 7월~8월
주로 꽃봉오리 안에서 수분한다(자가수분 →p.71). 씨방이 부풀어 열매가 된다. 나팔꽃 종류에 따라서 다양한 꽃 모양과 색을 가진다.

뱀딸기
(쌍떡잎식물, 장미목 장미과, 여러해살이풀)
개화 시기: 4월~6월
벌레가 꽃가루를 운반한다(충매화). 꽃받침이 부풀어 열매가 된다(위과 →p.75). 알맹이 모양으로 솟아오른 열매를 새 등이 먹고, 소화되지 않는 열매 속의 씨는 똥으로 나와서 땅 위에 퍼진다.

꽃을 피우고, 종자(씨앗)를 만들어서 번식하는 식물을 '종자식물'이라고 합니다.
양치식물과 선태식물 이외의 식물은 전부 종자식물입니다. 종자식물의 꽃을 살펴봅시다.

완두
(쌍떡잎식물, 콩목 콩과, 한해살이풀 또는 두해살이풀)
개화 시기: 가을 파종은 3월~4월, 봄 파종은 5월~6월
꽃의 색은 흰색, 붉은색, 자주색이다. 자가수분(꽃의 꽃가루가 스스로 암술머리에 붙어 열매나 씨를 맺는 것)하고, 씨방이 변해서 만들어진 꼬투리 안에는 5~6개의 종자가 나란히 들어 있다. 꼬투리가 건조되면 여물어서 터지고 완두콩이 나온다.

해바라기
(쌍떡잎식물, 국화목 국화과, 한해살이풀)
개화 시기: 7월~8월
벌레가 꽃가루를 운반한다(충매화). 안쪽 꽃에 있는 씨방이 열매가 되고 씨앗을 만든다. 해바라기 씨앗은 새나 다람쥐가 먹을 뿐 아니라 사람들이 식용유로 만들기도 한다.

산나리
(외떡잎식물, 백합목 백합과, 여러해살이풀)
개화 시기: 7월~8월
벌레가 꽃가루를 운반한다(충매화). 씨방이 부풀어 오르면 얇은 껍질에 쌓인 씨앗이 만들어져서 바람을 타고 날아간다. 4~5년간 알뿌리를 성장시킨 후에 꽃을 피운다.

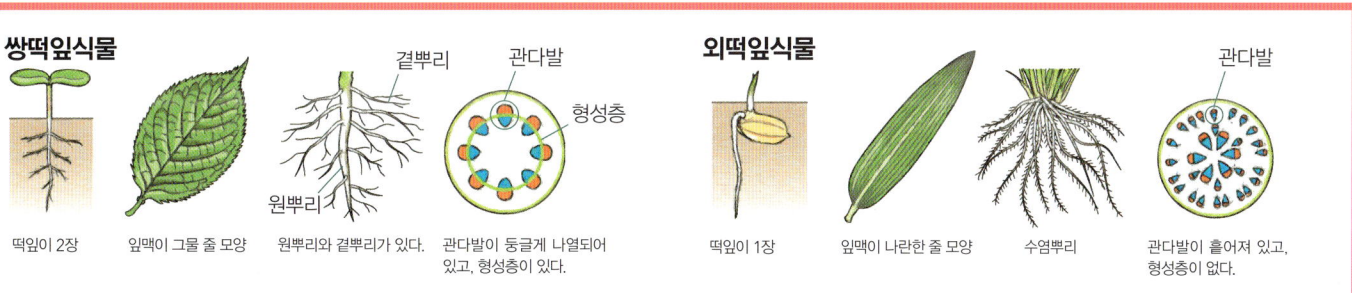

1 생명

식물
뿌리와 줄기의 구조와 하는 일

발아한 서양무
뿌리털

뿌리와 줄기는 어떻게 되어 있을까?

식물은 점점 성장하면서 커지고, 꽃을 피워서 씨를 만듭니다. 뿌리와 줄기와 잎은 식물이 성장하는 데 중요한 역할을 합니다.

뿌리가 하는 일

식물의 뿌리는 크게 두 가지 역할을 합니다. 하나는 식물이 땅에 붙어 있게 하는 것이고, 나머지 하나는 땅속으로부터 성장에 필요한 물과 물에 녹아 있는 양분을 흡수하는 것입니다. 물과 양분을 어린뿌리(종자식물의 배에 만들어진 뿌리) 주변에 나 있는 뿌리털로 빨아들이고, 물관을 통해서 몸 전체로 운반합니다.

뿌리 단면
물관과 체관이 번갈아 가며 둥글게 나열되어 있다.

체관 — 광합성으로 만든 양분을 운반한다.

물관 — 뿌리로 흡수한 물과 양분을 운반한다.

뿌리털 — 어린뿌리 주변에 나 있는 가는 털. 물과 양분을 흡수한다.

생장점 — 가장 활발하게 성장하는 부분

뿌리골무 — 뿌리 끝에 있으면서 생장점을 보호한다.

다양한 뿌리

줄기와 가지부터 나와 식물의 몸을 지탱한다 (받침뿌리)

옥수수

둥근 덩어리가 되어서 양분을 저장한다 (덩이뿌리)

고구마

다른 식물 등에 들러붙는다 (붙임뿌리)

댕댕이덩굴

널빤지처럼 되어서 식물의 몸을 지탱한다 (판뿌리)

사키시마스오우

줄기의 역할

줄기의 역할은 땅속의 뿌리에서 나와 식물을 지탱하는 것입니다. 줄기에서 잎과 꽃이 나와 식물의 몸이 만들어집니다. 줄기 속에는 물관과 체관이 있어서 뿌리에서 흡수한 물과 잎에서 만든 양분을 몸 전체로 운반합니다. 땅 위를 기어가는 줄기, 땅속으로 들어가 양분을 모으는 줄기 등, 식물의 종류에 따라서 줄기의 형태는 다양합니다.

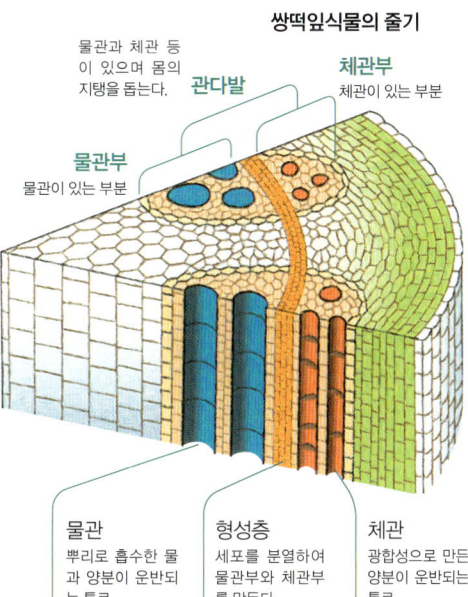

쌍떡잎식물의 줄기
- 물관과 체관 등이 있으며 몸의 지탱을 돕는다.
- **관다발**
- **체관부**: 체관이 있는 부분
- **물관부**: 물관이 있는 부분

물관: 뿌리로 흡수한 물과 양분이 운반되는 통로
형성층: 세포를 분열하여 물관부와 체관부를 만든다.
체관: 광합성으로 만든 양분이 운반되는 통로

쌍떡잎식물의 줄기 단면
· 관다발이 둥글게 나열되어 있다
· 형성층이 있다

외떡잎식물의 줄기 단면
· 관다발이 흩어져 있다
· 형성층이 없다

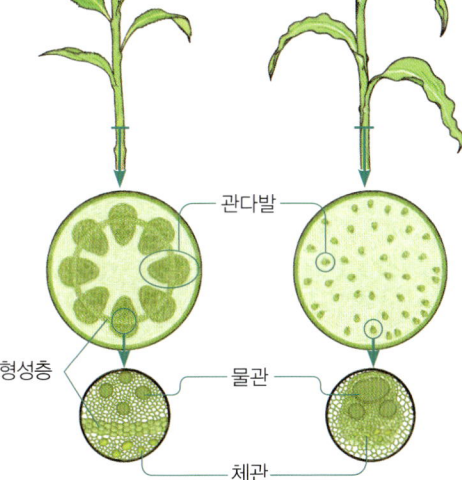

관다발 / 형성층 / 물관 / 체관

다양한 줄기

덩굴로 변한다 (덩굴손)

칡

크고 둥글게 변해서 물을 저장한다 (다육경)

선인장

둥근 덩어리가 되어서 양분을 저장한다 (덩이줄기)

감자

가시로 변한다 (줄기침)

탱자

광합성은 왜 중요할까?

전분과 같은 영양분을 만드는 식물의 활동을 '광합성'이라고 합니다.
광합성을 통해 만든 영양분을 초식동물이 먹고, 그 초식동물을 먹은 육식동물에게도 영양분이 전달됩니다.
또한 식물은 광합성을 통해 모든 동물이 숨을 쉴 수 있는 산소를 배출합니다.

잎맥(주맥)
그물 모양의 잎맥이 많다.

잎맥(측맥)

잎몸
잎사귀의 납작한 부분 전체

잎자루

쌍떡잎식물의 잎

(벚나무의 잎)

증산작용과 호흡

나뭇잎은 광합성뿐 아니라, 증산작용과 호흡도 합니다.

증산작용
몸속의 물을 수증기로 바꾼 후 잎 뒷면에 있는 기공을 통해 몸 밖으로 내보내는 작용으로, 아래와 같은 세 가지 효과가 있다.
· 몸속의 수분을 일정하게 유지한다
· 물이 증발하면서 열이 식는 것을 이용하여 몸속 온도를 조절한다
· 뿌리가 물을 잘 흡수할 수 있게 되어 물이 몸 전체에 원활하게 운반된다

호흡
기공을 통해 산소를 몸속으로 받아들이고, 전분 등을 에너지로 사용해 이산화탄소와 수증기를 몸 밖으로 내보낸다.

광합성하는 방법과 물과 양분의 흐름

식물의 세포 안에는 엽록체가 있는데, 그 안에 있는 엽록소(클로로필)로 광합성을 합니다. 광합성을 할 때에는 주로 햇빛, 뿌리로 빨아들인 물, 공기 중의 이산화탄소를 사용하여 화학작용이 이루어지고, 그 작용을 통해서 '전분'이 만들어집니다.

나뭇잎은 전분을 만드는 공장

동물은 자신에게 필요한 영양분을 스스로 만들지 못합니다. 동물은 필요한 영양분을 얻기 위해서 식물이 광합성으로 만든 영양분을 먹습니다. '광합성'이란 햇빛, 물, 이산화탄소로 생명 에너지의 근본이 되는 전분을 만드는 일입니다. 식물의 이파리 뒷면에는 엽록체를 가진 세포가 많이 있는데, 이곳에서 광합성을 합니다. 식물의 이파리가 대부분 얇고 납작한 이유는 햇빛을 가능한 한 많이 받고 광합성을 통해 영양분을 만들기 위해서입니다.

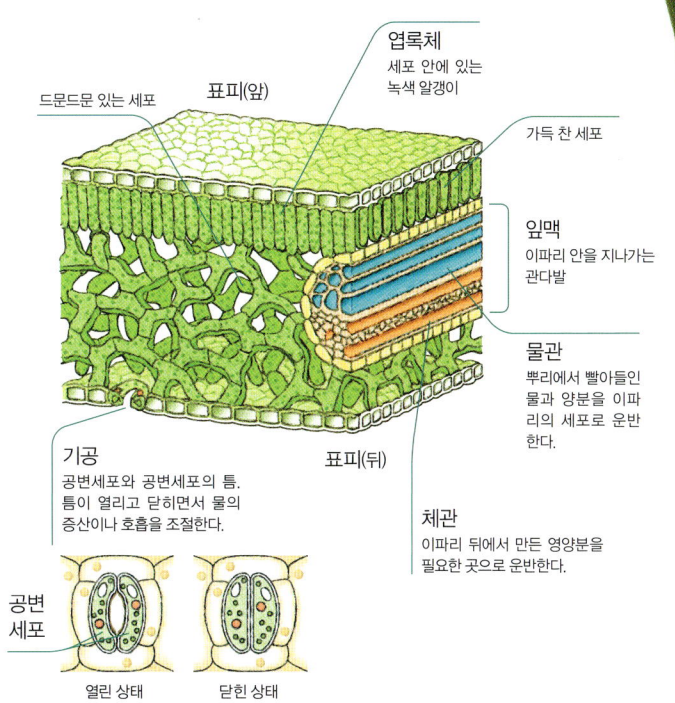

외떡잎식물의 잎

잎맥
잎맥이 나란히 나 있다.

엽록체
세포 안에 있는 녹색 알갱이

드문드문 있는 세포
표피(앞)
가득 찬 세포

잎맥
이파리 안을 지나가는 관다발

물관
뿌리에서 빨아들인 물과 양분을 이파리의 세포로 운반한다.

기공
공변세포와 공변세포의 틈. 틈이 열리고 닫히면서 물의 증산이나 호흡을 조절한다.

표피(뒤)

체관
이파리 뒤에서 만든 영양분을 필요한 곳으로 운반한다.

공변세포
열린 상태 / 닫힌 상태

광합성으로 전분이 만들어지는 것을 확인하자

1. 나뭇잎 일부에 은박지를 감고 햇빛을 받게 한다.
2. 요오드액으로 전분의 반응을 본다. 햇빛을 받은 부분은 전분이 요오드액에 반응하여 남보라색으로 변한 것을 볼 수 있다.

광합성으로 만들어진 산소를 확인하자

햇빛이 잘 들어오는 물속에서는 수초의 광합성으로 발생한 산소가 공기방울 형태로 나오는 것을 볼 수 있다.

햇빛

이산화탄소
수증기
산소
물관
체관
기공

열매
산소
이산화탄소
나뭇잎

당 ← 전분

전분으로 저장하고 당으로 변화시킨 후 물에 녹여서 몸 전체로 운반한다.

요오드액이 스며든 감자의 전분

줄기

뿌리·땅속줄기

뿌리
물과 비료
뿌리털

(백합의 잎)

씨에서 어떻게 싹이 날까?

식물의 씨앗은 종류에 따라서 형태가 각기 다르지만 어미식물처럼 성장하기 위해 필요한 공통적인 구조를 가지고 있습니다.

외떡잎식물류

외떡잎식물류의 종자는 전부 유배유종자입니다. 유배유종자는 성장하여 식물의 몸이 되는 배아와는 별개로, 발아를 위한 양분을 배젖에 저장하고 있습니다.

벼 (유배유종자)
- 겉겨
- 배젖
- 종피
- 배아

옥수수 (유배유종자)
- 종피: 씨앗이 마르는 것을 막기 위한 껍질
- 배젖: 광합성으로 영양분을 만들 때까지 발아나 성장에 사용되는 양분을 저장하는 부분
- 배아: 성장하여 잎, 줄기, 뿌리 등 식물의 몸이 되는 부분

쌍떡잎식물류

쌍떡잎식물류의 종자에는 유배유종자와 무배유종자가 있습니다. 무배유종자는 종피를 제외한 전부가 배로 되어 있고, 발아를 위한 양분은 떡잎에 저장되어 있습니다.

강낭콩 (무배유종자)
- 배아: 종피를 제외한 부분 전부
- 유아 (어린싹)
- 배축
- 유근 (어린뿌리)
- 떡잎

종피를 벗긴 상태

감나무 (유배유종자)
- 종피
- 배젖
- 배아
- 떡잎: 양분을 저장
- 배축: 성장하여 줄기가 되는 부분
- 유근

배아가 길게 늘어나서 아래를 찢고 유근이 길게 성장한다.

외떡잎식물은 떡잎이 한 장
떡잎
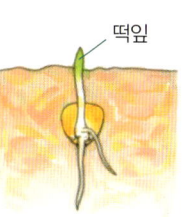
떡잎이 자라서 땅 위로 나온 후에는 색이 녹색으로 변한다.

잎
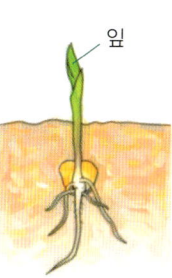
떡잎으로부터 길고 가는, 첫 번째 녹색 잎이 나온다.

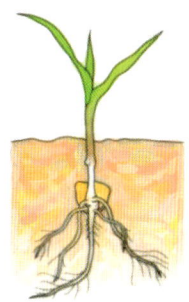
가늘고 긴 잎과 뿌리털이 성장하여 뻗어간다.

발아와 성장에 필요한 조건

발아
식물의 발아에는 물과 공기뿐만 아니라 적당한 온도도 필요합니다.

· 발아하는 데에는 흙과 햇빛은 거의 필요 없다
· 발아하는 데 햇빛이 있어야 하는 양배추 같은 식물도 있다

겉껍가 갈라지며 뿌리와 떡잎이 나온다.

뿌리털로 물과 양분을 흡수한다.

뿌리가 3~5cm 정도 자란 후에 촘촘히 많은 뿌리털이 자라나기 시작한다.

떡잎 끝이 갈라지며 잎이 순서대로 나온다.

배젖의 속이 비게 된다.
잎이 많이 자라면 줄기 끝에서 뿌리가 많이 자라나기 시작한다.

성장
식물이 성장하기 위해서는 발아를 위한 세 가지 조건뿐 아니라 햇빛과 비료도 필요합니다.

· 자연의 흙에는 비료 성분이 들어 있다
· 식물의 줄기는 햇빛이 있는 방향으로 자라는 성질이 있다

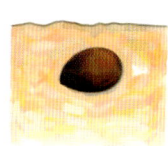
씨앗 속에서 배아가 커지며 발아되는 날을 기다린다.

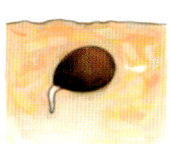
배아의 아랫부분에서 종피를 찢고 뿌리가 나온다.

종피가 찢어지고 안에서 떡잎이 보인다.
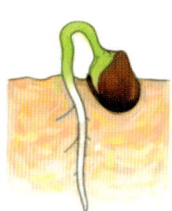
뿌리가 땅속에서 자라고, 떡잎이 머리를 든다.

두 개의 떡잎이 열리고 새로운 잎이 자라나기 시작한다.

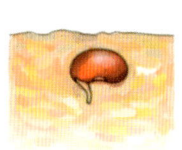
유근이 자라나 뿌리가 된다.

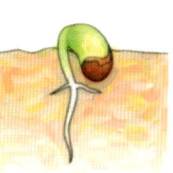
종피를 벗어버리고 떡잎이 땅 위로 나온다.

겉뿌리가 자라서 싹을 지지한다.

줄기가 자라며, 두 장의 떡잎이 일어선다.

떡잎이 역할을 다하고 시든다.
떡잎 사이에서 유아(어린 싹)가 자라서 잎이 된다.

1 생명 / 식물 / 꽃의 구조와 수분

나팔꽃 | **해바라기** | **완두** | **벼**

양성화의 꽃과 열매 | 하나의 꽃에 수술과 암술이 있는 꽃을 '양성화'라고 합니다. 그중에서도 나팔꽃이나 유채처럼 하나의 꽃에 꽃받침, 꽃잎, 수술, 암술이 모두 있는 꽃을 '갖춘꽃'이라고 합니다.

왜 꽃을 피울까?

꽃은 식물이 자손을 남기기 위해서 만든 것으로,
대체로 꽃받침, 꽃잎, 수술, 암술의 네 부분으로 이루어져 있습니다.

꽃의 구조

우리가 일반적으로 '꽃'이라 부르는 것은 꽃받침, 꽃잎, 수술, 암술 등을 가진 속씨식물의 꽃입니다. 속씨식물은 수술의 꽃가루가 암술머리에 붙어 수분하면 씨방이 부풀어 오르고 씨앗이 만들어집니다. 그리고 그 씨앗이 발아하면서 자손을 퍼트립니다. 속씨식물의 꽃은 화려한 색과 좋은 향기로 벌레나 새를 부르고, 동시에 꽃잎과 꽃받침으로 수술과 암술을 보호합니다. 이러한 방법은 속씨식물이 수분하기 위해서 진화시킨 방법입니다.

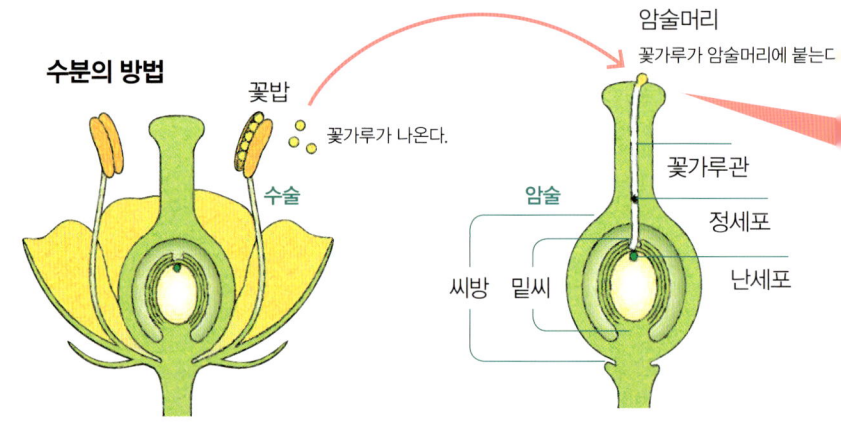

수분의 방법

수술의 꽃밥에서 만들어진 꽃가루가 암술머리에 붙으면 꽃가루에서 꽃가루관이 나옵니다. 꽃가루관을 통해 전해진 정세포는 밑씨의 속에 있는 난세포와 합쳐져서 수정된 후 씨앗이 됩니다.

단성화의 꽃과 열매

하나의 꽃에 수술이나 암술 중 어느 하나만 있는 것을 '단성화'라고 합니다. 수술만 있는 꽃이 수꽃, 암술만 있는 꽃이 암꽃입니다. 단성화에는 하나의 꽃송이에 수꽃과 암꽃이 모두가 붙어 있는 암수한몸식물, 수꽃과 암꽃이 각각 다른 꽃송이에 붙어있는 암수딴몸식물이 있습니다.

암수한몸식물

수꽃과 암꽃이 함께 붙어 있는 식물입니다. 호박, 옥수수, 여주, 수세미, 감, 밤, 소나무 등이 있습니다.

호박의 수꽃과 암꽃

수꽃(수술만 있음) **암꽃**(암술만 있음)

옥수수 / 수꽃 / 암꽃

암수딴몸식물

수꽃만 붙어 있는 나무와 암꽃만 붙어 있는 나무가 나뉜 식물입니다. 키위, 은행나무, 쥐참외, 참마 등이 있습니다.

키위의 수꽃(수꽃송이)과 암꽃(암꽃송이)

수꽃(수술만 있음) **암꽃**(수술은 형태만 있음)

상록수 / 수나무의 수꽃 / 암나무의 암꽃

다른꽃가루받이와 제꽃가루받이

다른꽃가루받이 : 수술에서 뿌린 꽃가루가 다른 나무의 암술에 수분하는 것입니다. 도라지 등은 수술이 먼저 자라서 꽃가루를 뿌리고, 그 후에 암술이 자라서 다른 나무로부터 꽃가루를 수분합니다.
→ 앵초, 사과, 붓꽃, 호박 같은 암수딴몸식물

도라지 — 수술이 시든 후 암술머리 끝이 열려서 다른 나무의 꽃가루를 받습니다.

제꽃가루받이 : 같은 나무에서 피는 수술과 암술로 수분하는 것입니다. 그중에서도 나팔꽃과 제비꽃 등은 하나의 나무에 있는 수술과 암술로 수분하기 때문에 '자화수분'이라고 합니다.
→ 나팔꽃, 제비꽃, 점나도나물, 완두 등 (다른 꽃가루받이도 한다)

나팔꽃

암술보다 작은 수술이 개화 직전에 성장하면서 수분을 한다.

꽃가루는 누가 운반할까?

식물은 곤충, 새, 바람, 물을 통해서 멀리 떨어져 있는 식물의 꽃가루와 수분하기 위해 꽃의 형태와 색, 꽃을 피우는 방법 등을 발전시켰습니다.

충매화 조매화

식물의 꽃 색깔이 빨간색이나 노란색처럼 눈에 띄거나 좋은 향기를 풍기거나 꽃 속에 꿀을 가지고 있는 이유는 곤충이나 새를 불러서 꽃가루를 운반시키기 위해서입니다. 꽃잎이 곤충의 암컷과 비슷하게 생긴 꽃도 있는데, 꽃의 모습, 색, 향기는 꽃가루를 운반하는 곤충이나 새와 밀접한 관계가 있습니다.
곤충이 꽃가루를 운반하는 꽃이 '충매화'이고, 새가 꽃가루를 운반하는 꽃이 '조매화'입니다.

꽃이 화려한 색과 형태를 가지는 이유

자운영▼콩과

자운영과 꿀벌
꽃잎의 진한 분홍색 줄무늬가 꿀벌에게 꿀의 위치를 알려 줍니다. 벌이 꽃잎 위에 앉으면 그 무게 때문에 꽃잎이 열리면서 수술과 암술이 나타나 수분합니다.

흰독말풀과 벌새
흰독말풀의 꽃은 가늘고 길어서 부리가 가늘고 긴 벌새가 아니면 꽃 속의 꿀을 마실 수 없습니다. 서로서로 이용하며 각자의 독특한 모습으로 진화했습니다.

흰독말풀▼가지과

동백꽃과 동박새
붉은 색깔은 새를 불러들입니다. 수술은 원통 모양으로 나 있어서 새 외의 다른 곤충이 꿀에 접근하는 것을 막습니다.

동백나무▼차나무과

삼나무▼측백나무과
하나의 식물에 수꽃과 암꽃이 있는 양성화이다. 수꽃은 가지 끝에 모여 달려 있으면서 밖으로 작고 가벼운 꽃가루를 대량으로 퍼트린다. 그중 아주 적은 양의 꽃가루 일부가 아래쪽에 있는 암꽃의 끝에 떨어져서 수분 된다.

암꽃

풍매화 수매화

수분을 위해 곤충이나 새가 필요하지 않는 꽃은 눈에 띄지 않아도 되기 때문에 수수해 보이는 것이 많습니다. '풍매화'는 가벼운 꽃가루를 많이 만든 후 그것을 바람에 날려서 암술머리에 보냅니다. 물가나 물속에서 사는 식물은 물에 꽃가루를 흘려보내서 다른 식물의 암술에 보냅니다. 그러한 꽃을 '수매화'라고 합니다.

수수해 보이는 꽃이 있는 이유

질경이▼질경이과
작은 꽃이 모여서 이삭이 된다. 암술이 다른 풀로부터 날아온 꽃가루와 수분을 일으킨 후에 시든다. 이후에 수술이 자라서 꽃가루를 퍼트리기 때문에 같은 풀에 있는 꽃가루가 암술과 수분하는 경우는 없다.

검정말▼자라풀과
물속에서 사는 여러해살이풀. 암수딴그루로 6~10월에 꽃을 피운다. 수꽃은 나뭇잎 옆에 있다가 시들어서 떨어지고, 암꽃은 꽃자루를 수면 위로 올려 수꽃에서 떨어져 물 위에 떠다니는 꽃가루와 수분한다.

운반자에 따라 꽃가루의 형태가 다르다

충매화의 꽃가루
꽃가루의 양이 적고, 크기가 다양하다. 가시가 있는 꽃가루(해바라기)나 끈적끈적한 실을 가진 꽃가루(황철쭉) 등이 있다.

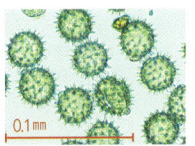
해바라기

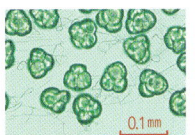
일본철쭉

풍매화의 꽃가루
꽃가루의 양이 많고, 크기가 작아서 멀리까지 날아간다. 대부분 둥근 모양으로 울퉁불퉁하지도 끈적거리지도 않다. 소나무의 꽃가루에는 풍선처럼 부푼 주머니가 있다.

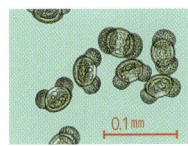
소나무

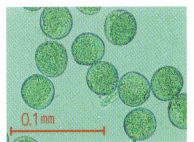
벼

꽃에서 열매가 어떻게 맺힐까?

감나무의 열매는 수분한 암술의 씨방 부분이 부풀어 오른 것입니다.
안에 있는 씨앗은 씨방 속에 있던 밑씨가 성장해 만들어진 것입니다.
꽃과 열매의 구조를 비교해 봅시다.

감나무(진과)
부푼 씨방의 중과피와 내과피 부분을 먹습니다. 씨앗의 속에 떡잎 모양의 배아가 보입니다.

오렌지(진과)
오렌지색의 외과피 아래에 흰색의 그물 모양을 한 중과피가 있습니다. 주머니 형태의 내과피 속에 있는 수분이 많은 부분을 먹습니다.

사과(위과)
씨방 아랫부분에 있는 꽃턱이 부풀어서 씨방을 감싸며, 사과 과육이 됩니다.

꽃의 다양한 부분이 열매가 된다

감나무 열매처럼 씨방이 부풀어 만들어진 열매를 본래의 열매라는 뜻으로 '진과'라고 부릅니다. 한편, 꽃받침이나 꽃잎, 꽃턱, 꽃대 등 씨방 주위 부분이 함께 성장하여 열매가 된 것을 '위과'라고 합니다.
꽃받침, 꽃잎, 꽃턱 등이 씨방과 어떤 위치에 있으면서 어떻게 성숙하는지에 따라 진과인지 위과인지가 결정됩니다.

꽃의 구조와 씨방의 위치

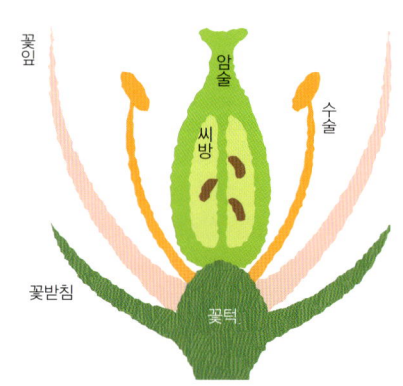

상위씨방 꽃
씨방이 꽃턱보다 위에 있고, 씨방의 아래에서부터 꽃받침, 꽃잎, 수술 등이 나오는 꽃이다.
▲ 감, 귤, 딸기, 백합, 가지 등

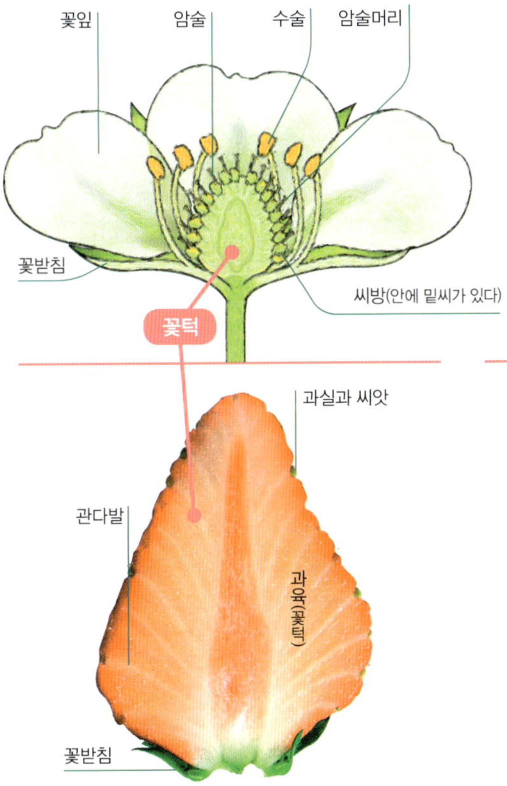

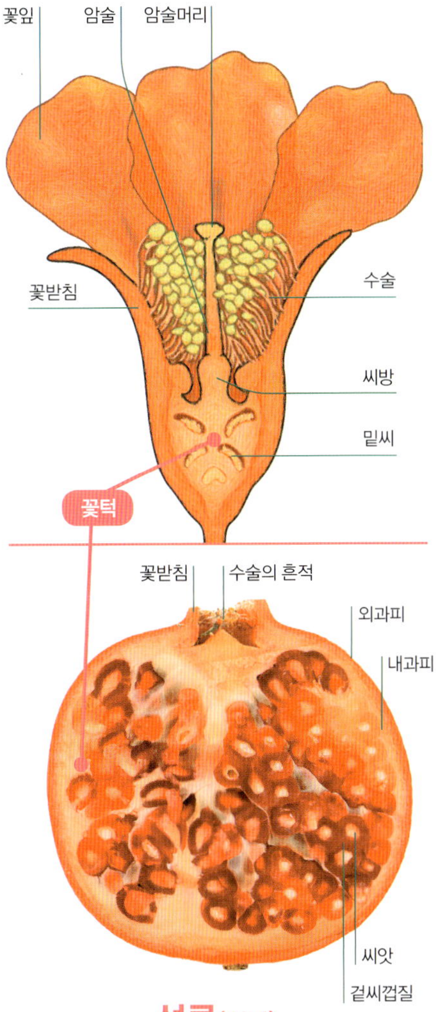

딸기(위과)

많은 암술과 수술이 있던 꽃턱이 빨간색으로 부풀어 오르면 그 부분을 먹습니다. 표면에 있는 작은 알맹이들이 열매인데, 그 안에 씨앗이 있습니다.

파인애플(위과)

많은 꽃이 모여 하나의 열매가 됩니다. 하나의 꽃에 꽃턱, 씨방, 꽃대가 합쳐지고 육각형의 열매가 되어 꽉 채워집니다.

석류(위과)

꽃턱이 발달하여 동그란 열매가 됩니다. 열매의 껍질은 두껍고, 안의 씨앗은 많은 수분과 함께 겉씨껍질에 싸여 있습니다. 겉씨껍질을 먹습니다.

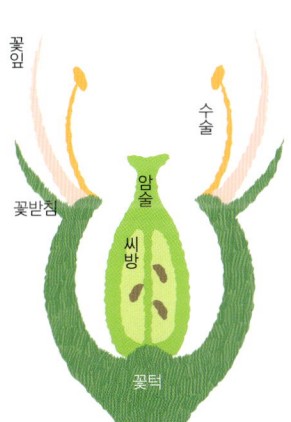

주위씨방 꽃

꽃턱의 우묵한 곳에 씨방이 있다. 씨방과 꽃턱은 떨어져 있다. 꽃턱의 가장자리에 꽃받침, 꽃잎, 수술이 붙어 있다.
▲ 장미, 벚꽃, 짚신나물 등

중위씨방 꽃

씨방이 꽃턱 속의 중간까지 들어와 묻혀 있고, 아랫부분은 꽃턱과 합쳐져 있다. 꽃턱의 가장자리에 꽃받침, 꽃잎, 수술이 나온다.
▲ 산수국, 나무수국 등

하위씨방 꽃

씨방이 꽃턱에 싸여 있고, 꽃턱의 안쪽 부분은 씨방과 합쳐져 있다. 꽃받침, 꽃잎, 수술이 씨방 위에서 나온 것처럼 보인다.
▲ 사과, 석류, 호박 등

식물은 왜 열매를 맺을까?

식물이 맺는 열매의 형태는 다양합니다.
열매의 형태를 살펴보면 식물이 어떻게 씨앗을 퍼트려서 자손을 늘리는지 알 수 있습니다.

열매는 씨앗을 퍼트리기 위한 방법

씨앗을 퍼트리고 더 많은 자손을 남기는 것은 식물에 중요한 일입니다. 식물은 스스로 이동할 수 없기 때문에, 씨앗을 바람에 날려 퍼트리거나 씨앗을 동물에게 운반하게 하는 등 다양한 방법으로 씨앗을 멀리까지 퍼트려서 자손을 늘립니다.

바람에 날려 퍼트린다

민들레나 억새처럼 솜털에 씨앗이 매달려서 날아가는 방법, 단풍나무나 몬스테라처럼 씨앗이 얇은 날개를 두르고 프로펠러처럼 날아가는 방법 등이 있습니다.

몬스테라의 씨
단풍나무의 씨

▼서양민들레 ▼국화과

부드러운 털을 낙하산처럼 펼쳐서 바람을 타고 날아간다. 꽃자루는 꽃이 시들면서 쓰러지지만 열매가 숙성되면 다시 일어선다.

동물에 붙어서 이동한다

도꼬마리나 쇠무릎, 도깨비바늘의 열매 끝에는 갈고리처럼 구부러진 가시가 있어서 동물의 털에 붙으면 좀처럼 떨어지지 않습니다. 주름조개풀의 열매에는 끈적끈적한 점액이 있어서 동물의 털에 잘 붙습니다.

쇠무릎   도깨비바늘

도꼬마리▼국화과
도꼬마리나 짚신나물의 열매가 털에 붙은 개의 사진. 이런 방법으로 씨앗이 멀리 퍼져 나간다.

동물에게 먹혀서 이동한다

마가목, 왕머루, 겨우살이 등은 맛이 달고 수분이 있으면서 색이 화려한 과육이 씨앗을 감싸고 있습니다. 화려한 색으로 동물들을 불러들여서 열매를 먹게 한 후 씨는 소화되지 않고 똥과 함께 배출되어 멀리까지 이동합니다.

마가목 ▼ 장미과
마가목의 열매를 먹는 직박구리. 화려한 색의 열매를 새가 먹는다.

왕머루 / 겨우살이

떨어져서 굴러간다

칠엽수, 상수리나무, 물참나무의 열매는 모양이 둥글기 때문에 산비탈 길을 잘 굴러갑니다. 이렇게 굴러간 열매는 지방이 많아서 다람쥐나 새가 겨울의 추위를 버티기 위한 식량으로 가져가 땅에 묻어 저장합니다.

상수리나무 / 물참나무
칠엽수 ▼ 무환자나무과

스스로 튀어 나간다

제비꽃, 괭이밥, 이질풀의 열매는 잘 익으면 씨앗을 싸고 있는 열매가 작은 자극에도 찢어져 안에 있던 씨가 튀어 나갑니다.

괭이밥 / 이질풀

제비꽃 ▼ 제비꽃과

물에 띄워 보낸다

코코스야자는 열대 해안에서 자라며, 나무에서 떨어진 열매는 해류를 따라서 멀리까지 이동합니다. 홍수림(맹그로브 →p.93)에서 자라는 수홍수나 암홍수 등의 열매도 하구부터 주변의 해안으로 보내집니다.

암홍수 / 수홍수

코코스야자 ▼ 야자나무과

씨앗과 열매는 어떻게 다를까?

씨앗은 수분한 암술의 밑씨가 성장한 것이고, 열매는 씨방 등이 부풀어 올라서 씨앗을 지키는 것입니다.

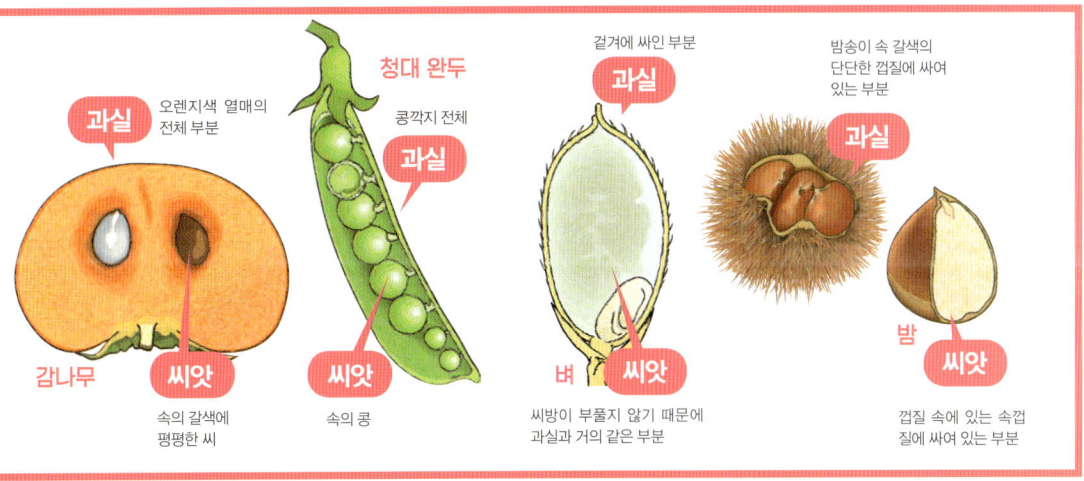

과실 — 오렌지색 열매의 전체 부분
감나무 / **씨앗** — 속의 갈색에 평평한 씨

청대 완두
과실 — 콩깍지 전체
씨앗 — 속의 콩

과실 — 겉겨에 싸인 부분
벼 / **씨앗** — 씨방이 부풀지 않기 때문에 과실과 거의 같은 부분

과실 — 밤송이 속 갈색의 단단한 껍질에 싸여 있는 부분
밤 / **씨앗** — 껍질 속에 있는 속껍질에 싸여 있는 부분

감자에 싹이 났다!

감자나 고구마를 땅에 심으면 싹이 납니다.
튤립이나 크로커스는 땅속에서 구근이 만들어집니다.
이처럼 씨앗에서 발아하는 것이 아니라
몸의 일부에 싹을 내서 번식하는 식물도 있습니다.

생명 / 식물 / 씨앗 외의 번식법

싹

우묵하게 들어간 곳에서 싹과 뿌리가 나오고, 감자를 양분으로 해서 성장한다.

양분에서 클론을 만들어서 번식한다

식물 중에는 광합성으로 만든 양분을 땅 밑에 모으는 것도 있습니다. 감자나 고구마 등과 같은 '덩이줄기'나 튤립 등의 '구근'이 그 예입니다. 덩이줄기나 구근은 겨울같이 추운 계절에는 양분을 사용하지 않다가 봄이 되어 다시 성장을 시작할 때나 꽃을 피울 때 양분을 사용합니다.

식물에는 씨앗을 만들어서 번식하는 방법 외에도, 덩이줄기나 구근에서 직접 싹을 피워서 번식하는 식물도 있습니다. 덩이줄기나 구근에서 번식한 식물의 몸은 모체식물과 같은 성질을 가진 클론식물*입니다. 수술과 암술의 수분을 통해서 씨앗을 만들어 번식하는 방법을 '유성생식'이라 하고, 클론으로 번식하는 방법을 '무성생식'이라고 합니다.

*클론식물: 무성생식을 하여 특정 세포나 개체와 유전적으로 같은 식물

뿌리

줄기 에 양분을 저장하고 발아한다

감자의 덩이줄기는 뿌리가 아니라, 땅속으로 뻗은 줄기 끝에 전분 등의 양분이 쌓여서 둥글게 성장한 것입니다(→p.65). 시클라멘이나 아네모네 등의 구근도 땅속줄기의 끝에 양분이 쌓인 것입니다.

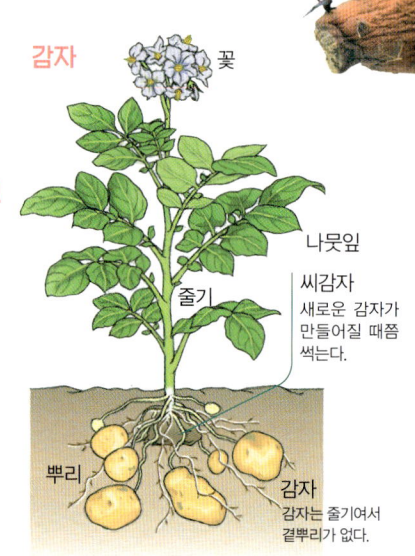

감자
꽃
나뭇잎
줄기
씨감자
새로운 감자가 만들어질 때쯤 썩는다.
뿌리
감자
감자는 줄기여서 곁뿌리가 없다.

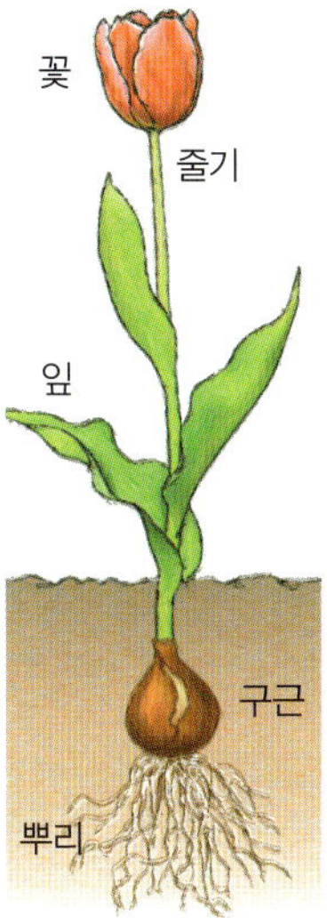

이파리에 양분을 저장하여 발아한다 (비늘꼴 줄기)

튤립의 구근(비늘꼴 줄기)은 양분을 저장한 비늘 조각(잎이 변형된 것)이 짧은 줄기 위에 겹쳐 있는 것입니다. 수선화나 히아신스의 구근, 양파나 마늘, 락교와 같은 채소의 먹는 부분도 비늘꼴 줄기입니다.

튤립
- 꽃
- 줄기
- 잎
- 구근
- 뿌리

- 잎
- 마디 사이에 잎이 꽉 차 있다.
- 비늘 조각: 새로운 구근이 되는 부분
- 땅속줄기: 잎과 꽃이 되는 부분이 들어가 있다.

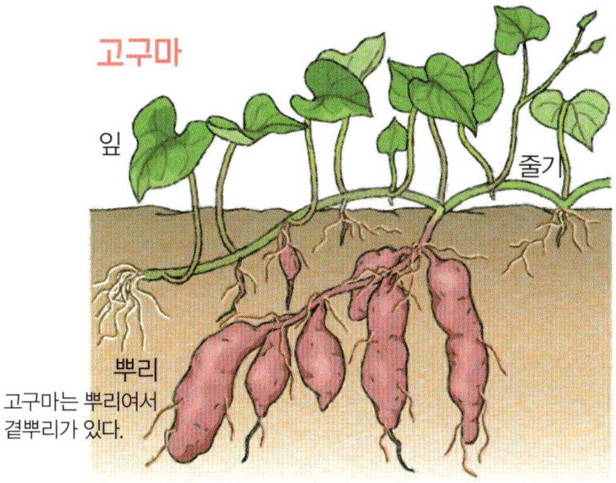

뿌리에 양분을 저장하여 발아한다

고구마는 뿌리(덩이뿌리)에 전분 등의 양분이 쌓여서 크게 자란 것입니다(→p.65). 카사바, 달리아 등에도 뿌리에 덩이뿌리가 있습니다.

고구마
- 싹
- 잎
- 줄기
- 뿌리

고구마는 뿌리여서 곁뿌리가 있다.

그 외의 클론

클론으로 번식하는 방법은 씨앗으로 번식하는 방법보다는 번식 방법이 다양하지 않지만, 확실하게 번식할 수 있습니다.

주아로 번식

주아(싹 중에서 줄기가 되어 꽃을 피우거나 열매를 맺는 것)에는 잎이 발달하지 않고 줄기에 양분이 쌓여 작은 구슬이 된 육아, 잎이 구슬 모양으로 된 비늘눈 등이 있다. 주아는 줄기에서 떨어져 굴러간 후 땅에서 새로운 싹을 낸다.

참나리

부정아로 번식

잎의 가장자리처럼 일반적으로는 잎이 나오지 않는 부분에서 '부정아'라고 하는 잎이 난다. 부정아가 땅에 떨어지면 독립된 어린 식물이 되어서 성장한다.

만손초

기는줄기로 번식

줄기가 땅 위에 수평으로 퍼지면서 그 끝에 잎과 뿌리를 내어 성장한다. 그러다가 줄기가 끊어지면 독립된 식물이 되어서 성장한다.

바위취

활엽수에는 어떤 종류가 있을까?

활엽수는 원래 따뜻한 지역에서 자라는 나무로, 나뭇잎이 넓고 큰 것이 특징입니다. 화려한 꽃이 피는 종류가 많아서 장소나 계절에 따라 다양한 숲의 형태를 볼 수 있습니다.

상록활엽수

상록활엽수는 기온이 높고 비가 잘 오는 열대나 온대 지역에서 자라며 계절과 관계없이 잎의 색이 항상 푸른 나무입니다. 이런 지역에서는 광합성을 통해 충분한 양분을 만들 수 있기 때문에 항상 푸른 나뭇잎이 달려 있습니다.

조엽수림

상록활엽수는 나뭇잎이 두껍고 겉이 매끈한 것이 특징으로, 숲속에서 울창하게 자랍니다.

구실잣밤나무 ▼ 참나무과
높이 20~30m
봄에 이삭 모양의 냄새가 강한 꽃을 피운다. 가을에는 주머니처럼 생긴 껍질에 싸인 도토리가 많이 붙어 있다.

가시나무 ▼ 참나무과
높이 10~20m
가을에는 도토리 깍쟁이가 생긴다. 작은 도토리가 많이 붙어 있다.

동백나무 ▼ 차나무과
높이 5~10m
낮은 가지 끝에 붉은 꽃이 한 개씩 피고, 가을에는 열매를 맺는다.

식나무 ▼ 층층나무과
높이 1~2m
나뭇잎이 약 20cm까지 커진다. 암수딴몸식물(→p.71)로, 봄에 꽃이 피고 가을부터 겨울에 붉은색의 화려한 열매를 맺는다.

낙엽활엽수림

너도밤나무나 단풍나무 등이 있는 밝은 숲입니다. 땅 위에 너도밤나무나 칠엽수 등의 먹을 수 있는 열매가 많이 떨어져 있어서 곰이나 사슴 등 여러 동물이 먹이를 구하기 쉽습니다.

낙엽활엽수

낙엽활엽수는 나뭇잎이 넓으면서 얇고, 추위와 건조함을 견디기 위해서 매년 한 번씩 나뭇잎을 전부 떨어뜨리는 나무입니다. 여름부터 가지에 작은 싹이 자라 겨울을 견디고 봄이 되면 새로운 잎이 생깁니다. 여름에 걸쳐서 꽃이 피고, 열매를 맺는 가을이 되면 나뭇잎이 단풍으로 변해 떨어집니다.

너도밤나무▼참나무과
높이 20~30m
조금 높은 산에서 자라고, 껍질은 회백색으로 매끄럽다. 부드러운 가시가 있는 껍질에 열매가 싸여 있다.

졸참나무▼참나무과
높이 10~20m
잡목림의 대표적인 나무로, 공원 등에서 많이 자란다. 일반적으로 보이는 대부분의 도토리가 이 나무의 열매이다.

상수리나무▼참나무과
높이 10~20m
들쭉날쭉하게 길고 가는 잎과 세로로 울퉁불퉁한 줄기, 둥글고 큰 도토리가 특징이다.

단풍나무▼무환자나무과
높이 10~15m
가을의 단풍을 대표하는 나무로, 씨앗에 날개 같은 막이 붙어 있어서 바람을 타고 날아간다.

침엽수에는 어떤 종류가 있을까?

침엽수는 잎이 바늘처럼 가는 소나무나 삼나무 같은 나무로 대부분 풍매화가 핍니다.
활엽수보다 춥거나 건조한 지역에서 살기에 적합하고 고산 지대(해발 2000m 이상의 높은 산에 이루어진 지대. 계곡이 깊고 산비탈의 경사가 급한 곳)에서 많이 자랍니다.

침엽수

침엽수는 겉씨식물입니다. 겉씨식물은 무려 3억 년 전에 지구에 나타난 식물로, 공룡과 함께 번성했습니다. 그러나 시간이 흘러 속씨식물인 활엽수가 늘어나면서 침엽수는 추운 지역이나 거친 땅으로 밀려나게 되었습니다. 소나무나 삼나무 등은 온난 지역에서도 비교적 거친 땅에 모여서 숲을 만들고, 전나무나 가문비나무, 낙엽송 등은 아한대 지역에서 숲을 만듭니다.

곰솔 ▼ 소나무과
높이 30~40m
나무껍질이 검은빛을 띠고 있다. 잎은 소나무보다 길고 굵고 단단하다. 줄기 끝에는 암술이 있고 아래에 수술이 있어서 가을이 되면 솔방울에 씨앗이 생긴다.

곰솔 숲
바닷가에서 자라며, 강한 바닷바람으로부터 밭의 작물과 농가를 지킵니다.

조해 방비림(해일이나 폭풍 등에 따른 해안 근처 농지와 농가의 피해를 막기 위해 조성한 산림)

겉씨식물

겉씨식물의 대표적 종류는 소나무, 삼나무, 은행나무 등입니다. 단성화가 피고, 암꽃은 밑씨가 밖으로 드러나 있습니다. 소나무 종류의 씨앗은 솔방울 속에 있습니다.

소나무의 꽃과 씨앗: 암꽃, 수꽃, 밑씨, 솔방울, 씨앗, 꽃가루 주머니
씨앗에는 날개가 달려 있어서 때가 되면 솔방울에서 떨어진 후에 바람을 타고 날아간다.

주목 ▼ 주목과
높이 약 20m
고산 지대에서 자란다. 암수딴몸식물로, 4월에 꽃이 피고 초가을에 열매를 맺는다. 빨간색 젤리 같은 껍질에 싸여 있는 씨앗에는 독이 있다.

향나무 ▼ 측백나무과
높이 약 30m
붉은 갈색의 나무껍질이 세로로 갈라져 있다. 줄기는 가늘게 수평으로 퍼져 있다. 작은 비늘을 겹쳐 놓은 것 같은 가는 나뭇잎이 특징이다. 나무가 단단한 데다가 좋은 향이 나서 집을 지을 때 사용된다.

삼나무·향나무 숲

삼나무는 습한 계곡에서 잘 자라고, 향나무는 다소 건조한 비탈면 등에서 자랍니다.

삼나무▼측백나무과
높이 약 45m
수꽃은 노란색이고 암꽃은 초록색으로, 봄이 되면 많은 꽃가루를 뿌린다.

삼나무 숲

전나무▼소나무과
높이 30~50m
아고산대에 무리 지어 자란다.
솔방울은 청자색이고, 5~10cm 길이의 타원 모양이다.

아고산대 침엽수 숲

아고산대(온대의 산악을 기준으로 형성된 식물의 수직 분포대)는 저산대와 고산대 사이에 있으며, 아한대 기후대에 해당하고 침엽수가 많이 자랍니다.

전나무 숲

소나무▼소나무과
높이 30~40m
나무껍질은 붉은빛을 띤 갈색이다. 가지 끝부분에는 암꽃이, 가지의 아랫부분에는 수꽃이 피어서 다음 해 가을이 되면 솔방울에 씨앗이 만들어진다.

일본잎갈나무▼소나무과
높이 20~30m
위로 곧게 자라고, 나뭇잎은 짧고 부드러운 바늘 모양이다. 가을이 되면 나뭇잎이 노랗게 되어 떨어진다.

양치식물은 어떤 꽃을 피울까?

숲을 걸으면 쉽게 양치식물을 볼 수 있습니다.
양치식물은 씨앗을 만들지 않고
포자로 번식하는 식물로, 꽃을 피우지 않습니다.
종자식물이 번성하기 전에
지구상에 나타나서 공룡 시대를 지나
현재까지 사는 식물입니다.

양치식물의 특징
- 광합성을 한다
- 포자로 번식한다
- 관다발이 있다
- 뿌리, 줄기, 잎의 구별이 있다
- 물을 뿌리로 흡수한다

© Tatsundo Fukuhara

포자를 뿌려서 번식하다

'포자체'라고 부르는 양치식물의 잎은 포자를 뿌리기 위해 발달한 부분입니다. 양치식물은 잎의 뒷면에 있는 포자주머니에서 포자를 뿌려 자손을 늘립니다.

포자주머니

6~7월경에 동그란 알 같은 것이 잎의 뒷면에 나열된다. 이것은 포자가 들어 있는 주머니가 모여 나열된 것으로, 포자주머니의 나열 방법은 양치식물의 종류에 따라 다르다.

양치식물의 구조와 번식 방법
(홍지네고사리)

바람에 날려간 포자가 발아하여 전엽체로 성장한다. 전엽체는 암수의 기관을 가지며 수정을 해서 포자체를 만든다.

건조되면 바깥쪽 세포가 줄면서 포자주머니가 찢어져 포자가 날아간다.

조정기의 정자로 인해서 가운데 조란기의 난세포가 수정한다.

고비▼고비과
높이 50~100cm
산이나 들에 자라며, 어린순은 나물로 먹을 수 있다. 잎에서 영양엽과는 별도로 포자엽을 만든다.

콩짜개덩굴▼잔고사리과
높이 2~5cm
나무나 바위에 붙어서 자란다. 작고 둥글면서 매끈하고 두꺼운 나뭇잎이 특징이다.

청나래고사리▼면마과
높이 50~70cm
습기가 있는 숲속에서 자란다. 잎에서 영양엽과는 별도로 포자엽을 만든다.

나무고사리▼나무고사리과
줄기 높이 4m, 둘레 50cm, 잎 2m
나무처럼 생긴 대형 양치식물로, 습기가 있는 열대 지역의 숲에서 자란다.

쇠뜨기와 뱀밥

뱀밥은 '쇠뜨기'라 불리는 양치식물의 포자줄기로, 포자를 만듭니다. 쇠뜨기라 부르는 녹색 부분이 광합성으로 양분을 만들고 땅속줄기에 양분을 쌓아서 뱀밥을 성장시킵니다.

쇠뜨기▼속새과
높이 10~40cm. 햇볕 밝은 풀밭에서 자란다.

선태식물이나 해조도 포자로 번식할까?

숲이나 뜰의 흙이나 바위에 핀 선태식물이나 바다에서 자라는 미역, 다시마 등의 해조류도 포자로 번식합니다.

수분을 몸의 표면으로 흡수하는 선태식물

선태식물이 포자를 만드는 번식 방법은 양치식물과 비슷하지만, 관다발이 없고, 뿌리·줄기·잎의 구별이 없으며, 지면에 넓게 달라붙어 수분을 몸의 표면으로 흡수하는 점은 양치식물과 다릅니다. 선태식물은 양치식물처럼 고대부터 지구에서 사는 식물입니다.

우산이끼▼우산이끼과

밭이나 집 근처 응달같이 습기가 있는 지면에 평평한 엽상체가 모여 자란다. 수그루는 높이 약 2cm에 뒤집힌 우산 모양이고, 암그루는 높이 약 5cm에 펼쳐진 우산 모양이다.

선태식물의 특징

- 광합성을 한다
- 포자로 번식한다
- 관다발이 없다
- 뿌리, 줄기, 잎의 구별이 없다
- 물은 몸의 표면으로 흡수한다

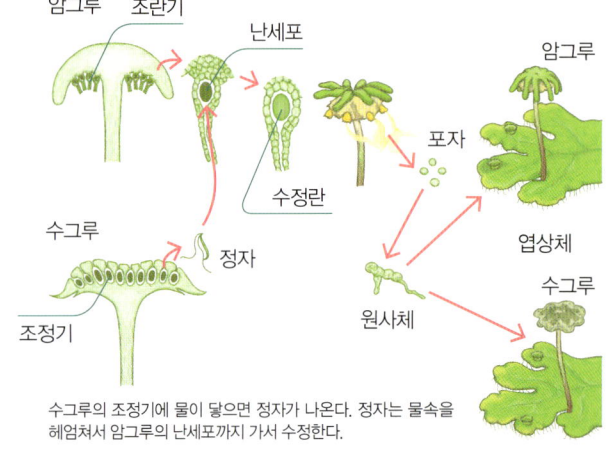

수그루의 조정기에 물이 닿으면 정자가 나온다. 정자는 물속을 헤엄쳐서 암그루의 난세포까지 가서 수정한다.

선태식물의 몸 구조와 번식 방법
(우산이끼)

지면이 젖으면 암그루에 있는 난세포에 수그루로부터 나온 정자가 헤엄쳐 와서 수정된다. 수정란이 발달하여 포자 속에 난자를 만든다. 포자는 바람을 타고 발아하여 암그루와 수그루로 성장한다.

우산이끼는 무성생식(→p.78)도 한다. 엽상체 위에 컵 형태로 우묵한 부분(배상체)에서 만들어진 무성아가 비가 올 때 주위로 퍼진 후에 엽상체로 성장한다.

배상체

무성아

바다에 사는 해조류

포자로 번식하는 생물은 바다에도 있습니다. 다시마나 미역, 김, 톳 등 해조류가 그렇습니다. 해조류는 뿌리와 줄기, 잎의 구별이 없고, 꽃이 피지 않습니다. 또한 광합성 방법과 몸 색깔의 차이에 따라서 홍조, 갈조, 녹조로 나뉩니다. 모두 유성생식과 무성생식(→p.78)을 반복하며 번식합니다.

해조류의 구조와 번식방법 (다시마)

- **수정란**: 수정란은 세포분열을 반복하며 엽상체가 성장하여 큰 다시마가 된다.
- **정자**
- **난세포**
- **암그루**
- **수그루**: 세포분열을 반복하면서 성장하며 암그루 또는 수그루가 된다.
- **유주자**: 포자의 한 종류로, 편모를 가지고 바닷속을 헤엄친다.
- 바위 등에 붙어서 발아한다.

다시마는 부착기 부분 위로 성장하기 때문에 가장 위의 끝부분이 오래된 부분이다.

- **엽상체** 식용 부분
- **헛뿌리**: 바위 등에 붙는 부분으로, 뿌리처럼 양분을 흡수하여 몸으로 보내는 역할은 하지 않는다.

식용 김은 모자반을 판 모양으로 펼쳐서 건조하게 한 것이다.

다시마 ▼ 다시마과 (갈조)
높이 2~6m. 차가운 바다에서 자란다. 길게는 20m까지도 성장한다. 갈조류에는 톳, 모자반, 큰실말, 미역 등이 있다.

해조류의 특징
- 광합성을 한다
- 포자로 번식한다
- 관다발이 없다
- 뿌리, 줄기, 잎의 구별이 없다
- 물은 몸의 표면으로 흡수한다
- 물속에서 자란다

모자반 ▼ 모자반과 (녹조)
낮은 바닷속 바위 같은 곳에 붙어서 초록색의 얇은 몸을 나풀거리며 자란다. 녹조류에는 파래, 해캄, 청각 등이 있다.

방사무늬돌김 ▼ 보라털과 (홍조)
식용 김으로 양식되고 있다. 홍조류에는 김이나 우뭇가사리 등이 있다.

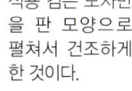

출전: Kobe University Research Center for Inland Seas "Setonaikai Seaweed Specimen Database"
제공: Kobe University Library Digital Archive

버섯은 어떻게 자랄까?

버섯은 곰팡이와 같이 균류로, 식물도 동물도 아닌 독립적인 그룹의 생물입니다. 그러나 식물과 공존하거나 죽은 식물을 분해하는 등 식물과 밀접한 관계가 있습니다.

버섯의 정체

곰팡이나 버섯의 몸은 '균사'라고 불리는 세포로 이루어져 있습니다. 버섯은 균류 중에서도 담자균류라 불리는 종류로, 보통은 습한 흙이나 썩은 나무, 낙엽 속 등에 균사를 둘러치고 양분을 흡수하면서 성장합니다. 온도와 수분 등 조건이 맞으면 포자를 만들기 위해서 자실체를 만듭니다. 우리가 '버섯'이라 부르며 먹는 것이 바로 이 자실체입니다. 자실체는 많은 균사가 모여 만들어졌고, 갓의 뒷면 주름에서 포자가 만들어집니다. 바람에 날려 포자가 새로운 장소에 떨어지면 균사를 내고 뭉쳐져서 번식합니다.

표고▼느타리과

자실체 갓의 지름은 5~12cm로, 야생에서는 졸참나무나 떡갈나무 등 마른 활엽수에서 자란다.

균류의 특징

- 엽록체가 없고 광합성을 하지 않는다
- 다른 생물로부터 양분을 흡수한다
- 포자로 번식한다
- 뿌리, 줄기, 잎의 구별이 없다
- 버섯이라 불리는 것은 자실체이다
- 식물이나 동물이 아니라 독립된 그룹이다

버섯의 구조와 번식법 (표고)

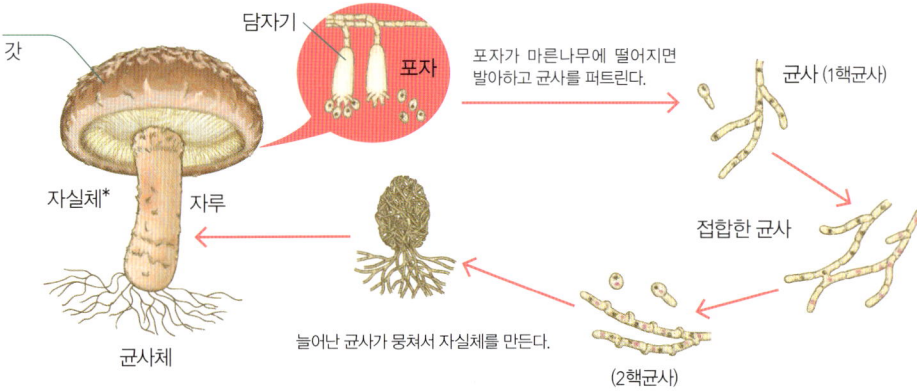

*자실체: 균류에서 포자를 만드는 영양체. 종에 따라 고유의 형태를 가진다.

광대버섯(유독)▼광대버섯과
자실체의 높이 10~20cm, 갓의 지름은 8~20cm로, 새빨간 갓 위에 흰점이 있는 독버섯이다. 자작나무나 소나무 숲에서 볼 수 있다.

먼지버섯▼먼지버섯과
별 모양으로 생긴 껍질 위에 2~4cm 크기의 구슬이 올라와 있는 형태의 버섯. 무르익어서 건조되면 열린 껍질이 줄어들고, 작은 구멍으로부터 연기처럼 포자를 뿌린다.

노랑싸리버섯(유독)▼싸리버섯과
갓이 없고 높이 10~20cm 정도의 나뭇가지 모양으로 빽빽하게 모여서 자란다. 전나무나 솔송나무 등 침엽수 숲 등에서 볼 수 있다. 버섯에 독이 있다.

빵을 만드는 효모도 균류이다

빵을 만들 때 사용하는 이스트가 효모균입니다. 빵 속에 들어간 효모균은 당을 알코올과 이산화탄소로 분해하여 빵이 부풀어 오르게 합니다. 효모균의 대부분은 곰팡이와 마찬가지로 자낭균이지만, 단세포로 세포를 분리하는 방법으로 번식합니다.

효모균의 번식법

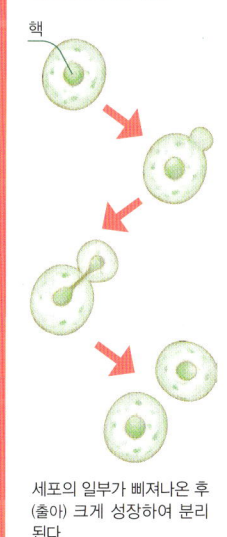

세포의 일부가 삐져나온 후 (출아) 크게 성장하여 분리된다.

※ 무성생식의 예

곰팡이도 균류이기 때문에 포자로 번식한다

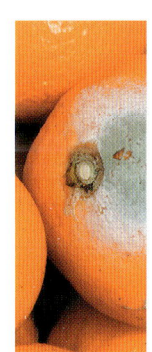

대부분의 곰팡이는 자낭균류입니다. 음식이나 옷, 죽은 동식물의 몸 등에 짧은 솜털처럼 번식합니다. 곰팡이도 날려 보낸 포자에서 균사가 나와 성장하지만, 버섯처럼 2개의 균사가 접합하여 번식하는 것(유성생식 →p.78)과 접합하지 않고 번식하는 것(무성생식 →p.78)이 있습니다.

푸른곰팡이의 번식 방법

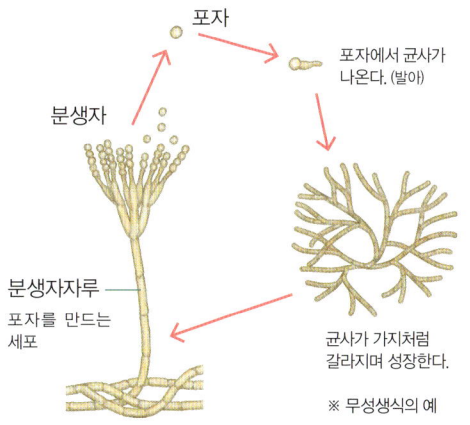

※ 무성생식의 예

푸른곰팡이
빵이나 과일 등에서 자라고, 대부분 청록색을 띤다. 200여 종 정도가 있다. 항생물질인 페니실린이 바로 이 푸른곰팡이에서 발견되었다.

숲은 어떤 곳일까?

숲에는 키가 큰 나무뿐 아니라 키가 작은 나무와 덩굴식물, 잡초, 동물, 곤충, 버섯 등 다양한 생물이 살고 있습니다. 숲이 어떤 곳인지 살펴봅시다.

햇빛
광합성으로 식물의 몸을 만든다.

숲이 되는 과정 (졸참나무 숲)

이 그림은 졸참나무를 중심으로 한 낙엽활엽수 숲의 예입니다. 숲속에는 교목, 아교목, 관목처럼 다양한 높이의 나무가 자라고 있습니다. 지면에서 낮은 곳에는 풀과 이끼, 떨어진 열매에서 자라기 시작한 나무의 싹도 자라고 있습니다. 또 숲 주변에는 높이가 낮은 나무나 덩굴식물이 자라는데, 이것을 '망토군락'이라고 합니다. 숲의 가장 바깥쪽 지면에는 거친 땅에서도 강하게 살아남는 풀이 자라는데, 이것을 '소매군락'이라고 합니다. 망토군락과 소매군락은 강한 바람이나 햇빛으로 인한 숲의 환경 변화를 줄이고, 큰 비로 숲의 흙이 쓸려나가지 않게 합니다.

곤충

비가 물과 양분을 운반한다.

졸참나무 숲을 만드는 식물들

빗물을 저장하고 조금씩 흘려 보낸다.

이끼

소매군락
숲의 바깥쪽을 둘러싸며 자라는 풀입니다. 쑥, 감제풀, 쇠무릎, 미국가막사리, 왜모시풀 등 햇빛을 좋아하는 풀이 속해 있습니다.

망토군락
소매군락 안에서 숲을 둘러싸고 자라는 작은 나무와 덩굴식물입니다. 누리장나무, 옻나무, 통조화과, 산딸기 등의 키 작은 나무와 칡, 환삼덩굴, 거지덩굴, 참마, 도꼬로마 등의 덩굴식물이 자랍니다.

임상
산림 아래쪽 망토군락 안에서 숲을 둘러싸면서 자라는 풀이나 나무의 싹이 자라는 곳입니다. 애기나리 등의 풀이나 산철쭉 등의 낙엽수, 종가시나무, 가시나무 등 상록수의 싹이 자랍니다.

쑥과 감제풀 등

거지덩굴과 도꼬로마 등

애기나리

세계의 숲

1 아한대에 펼쳐진 침엽수림

북반구 아한대 지역에는 타이가라고 불리는 침엽수 숲이 많습니다. 특히 시베리아 지방에는 전나무나 가문비나무 등의 넓은 숲이 있습니다. 타이가보다 더 북쪽으로는 숲이 없습니다.

타이가 숲 (러시아·시베리아 지방)

2 건조한 지역의 형태가 기묘한 나무

용혈수 (예멘·소코트라 섬)

소코트라 섬은 인도양에 있는, 세계자연유산으로 지정된 섬입니다. 사진 속의 나무는 바다로부터 온 안개를 모아서 수분을 뿌리에 보내며, 주변에 그림자를 만들어서 뿌리 주변의 땅이 건조되는 것을 막습니다. 빨간색의 수액은 약과 염료로 사용됩니다.

3 대형 포유류를 기르는 대초원

정글과 사막 사이에 있는 초원입니다. 아카시아 교목과 관목이 드문드문 자랍니다. 대형 초식동물의 무리가 식물을 먹기 때문에 숲을 이루지 못합니다. 사자 등의 육식동물도 살고 있습니다.

사바나 숲 (탄자니아·세렝게티 국립공원)

■ 열대다우림 ■ 우록림 ■ 사바나 ■ 조엽수림 ■ 경엽수림 ■ 낙엽활엽수림
■ 상록침엽수림 ■ 낙엽침엽수림 ■ 초원 ■ 사막 ■ 그 외

4 추위를 견디는 고산식물

킬리만자로산의 표고* 4300~5000m에서 자라는 국화과의 식물입니다. 오래된 잎을 떨어뜨리지 않고 줄기에 붙인 상태로 추위를 견딥니다. 이들 식물은 아프리카 고산에서 다양한 형태로 진화하고 있습니다.

*표고: 바다의 면이나 어떤 지점을 정하여 수직으로 잰 일정한 지대의 높이

자이언트 세네시오 (탄자니아)

5 산불도 이용하는 경엽수림

여름이 되면 건조되는 땅에는 '경엽수'라고 불리는 상록수가 자랍니다. 코알라가 좋아하는 유칼립투스도 경엽수로, 500종이 넘습니다. 종종 발생하는 산불의 열로 씨앗의 껍질이 깨지고 싹을 틔웁니다.

유칼립투스 숲 (오스트레일리아 남부)

7 영구 동토에서 사는 식물들

툰드라의 거친 들판 (캐나다·클루앤국립공원)

항상 얼어 있는 땅 위에서 혹독한 환경을 견디며 살아가는 생태계를 '툰드라'라고 합니다. 여름에 땅의 일부가 녹아 습지가 되면 블루베리나 버드나무, 벼과의 풀, 이끼 등이 자랍니다. 짧은 여름이 지나가면 단풍이 물듭니다.

8 2000년 넘게 살고 있는 거목들의 숲

자이언트 숲 (미국·세쿼이아국립공원)

세계에서 부피가 가장 큰 나무인 자이언트 세쿼이아 나무(평균 높이 80m, 둘레 10m) 중에는 수명이 2000년 이상인 것도 있습니다. 두꺼운 나무껍질 때문에 산불에도 견디며 살아남아 숲을 이루었습니다.

세계의 숲을 찾아가다

긴 세월에 걸쳐 식물은 모습이나 번식법 등을 바꾸고 주변 환경에 적응하여 살아남았습니다.
그 결과, 세계에는 흥미로운 모습의 나무와 숲, 초원이 다양하게 만들어졌습니다.
이제 식물이 만든 불가사의한 경치를 살펴봅시다.

9 건조한 땅에서도 견디며 살아남은 식물

오르간파이프선인장 숲 (멕시코·소노라 사막)

사막은 건조할 뿐 아니라 낮과 밤의 기온 차가 큽니다. 선인장은 잎을 가시처럼 변형시켜서 잎에서 수분이 증발하는 것을 막고, 서늘한 밤에는 기공을 열어 이산화탄소를 빨아들이는 독특한 방법으로 광합성을 합니다.

6 바닷물에 적응하며 사는 맹그로브

맹그로브는 열대 지역이나 아열대 지역의 바닷물에 잠기는 열악한 땅에 있는 숲입니다. 줄기 중간에 호흡근이란 뿌리가 땅 밖으로 나와서 공기 중의 산소를 호흡합니다. 불필요한 염분은 잎에 모았다가 잎이 떨어질 때 함께 버립니다.

팔중산홍수 숲 (일본·오키나와현 이리오모테섬)

10 가장 다양한 생물이 사는 환경

열대다우림 (에콰도르)

비가 많이 내리는 적도 부근의 낮은 지대에 형성된 정글입니다. 수많은 식물이 울창하게 자라고 있으며 이산화탄소를 많이 흡수해 지구온난화 방지에 중요한 역할을 합니다. 식물 외에도 많은 생물이 살고 있습니다.

1
생명

생물은 오랜 시간에 걸쳐 여러 형태로 진화해왔습니다.
사람도 포유류 동물 중에서 진화에 의해 살아남은 무리입니다.
사람은 걷고 뛰고 보고 듣고 노래하고 먹고 책을 보고 말을 하는 등
다른 포유류 동물보다 복잡한 활동을 합니다.
우리의 몸은 어떤 구조로 만들어져 있고
어떻게 일상 속 행동을 유지하고 있는 걸까요?
지금부터 인체의 비밀을 알아봅시다.

사람의 몸

멀리뛰기 구분 동작 사진. 도움닫기와 도약에 가장 큰 역할을 하는 것은 골격과 근육이지만, 발 구르는 장소와 타이밍, 공중자세 등을 판단할 때는 감각기관이 중요한 역할을 합니다.

사람과 침팬지가 정말 닮았나?

사람(인간) ▼
영장목 사람과 사람속

일반적인 어른 남자의 신장은 160~180cm, 체중은 50~90kg이다. 일반적으로 여성은 남성보다 신장과 체중이 더 적게 나간다. 사람은 지구 대부분의 지역에서 살고 있다. 잡식성이고 직립 이족보행을 하며, 불과 도구를 사용한다. 언어를 말하며 고도의 문명을 이루고 복잡한 사회 체계를 만든다. 동양인, 서양인, 아프리카인도 모두 같은 '사람'이라는 종이다.

밑에서 본 두개골
등뼈의 위치

등뼈가 두개골의 정중앙에서 머리를 지탱한다.

등뼈를 옆에서 보면 S자 형태로 굽어 있고, 똑바로 선다.

골반은 옆으로 넓어 내장을 굳건히 보호한다.

팔과 손가락은 짧다. 손가락은 가늘고 곧게 뻗는다.

사람의 골격

발바닥에는 장심*이 있고, 몸의 체중을 지탱한다.

두 개의 대퇴골은 안쪽을 향하고, 머리와 몸통을 두 다리로 지탱한다.

사람과 침팬지는 닮았다?

인간은 척삭동물문 중에 '포유강 영장목 사람과 사람속 사람'으로 분류되는 동물입니다. 영장목이란 안경원숭이, 다람쥐 원숭이 등을 포함하는 원숭이의 친구로, 그중 사람과에는 고릴라와 침팬지가 포함됩니다. 사람속은 인간만 해당합니다.

사람과 침팬지는 대략 700만~500만 년 전에 공통 조상으로부터 나뉜 것으로 추측됩니다. 사람과 침팬지의 유전자를 비교했을 때 그 차이는 약 1.2%밖에 나지 않습니다.

숲속 나무 위 같은 곳에서 살았던 사람의 조상이 초원으로 진출해 두 다리만으로 걸을 수 있게 되자, 자유로워진 양팔로 도구를 만들고 불을 사용하는 법을 익히게 되었습니다. 또한 머리가 등뼈의 바로 위에 위치하게 되면서 뇌가 발달했고, 목의 형태도 변화하여 언어를 사용하게 되었습니다.

*장심: 발바닥 한가운데 움푹 들어간 곳

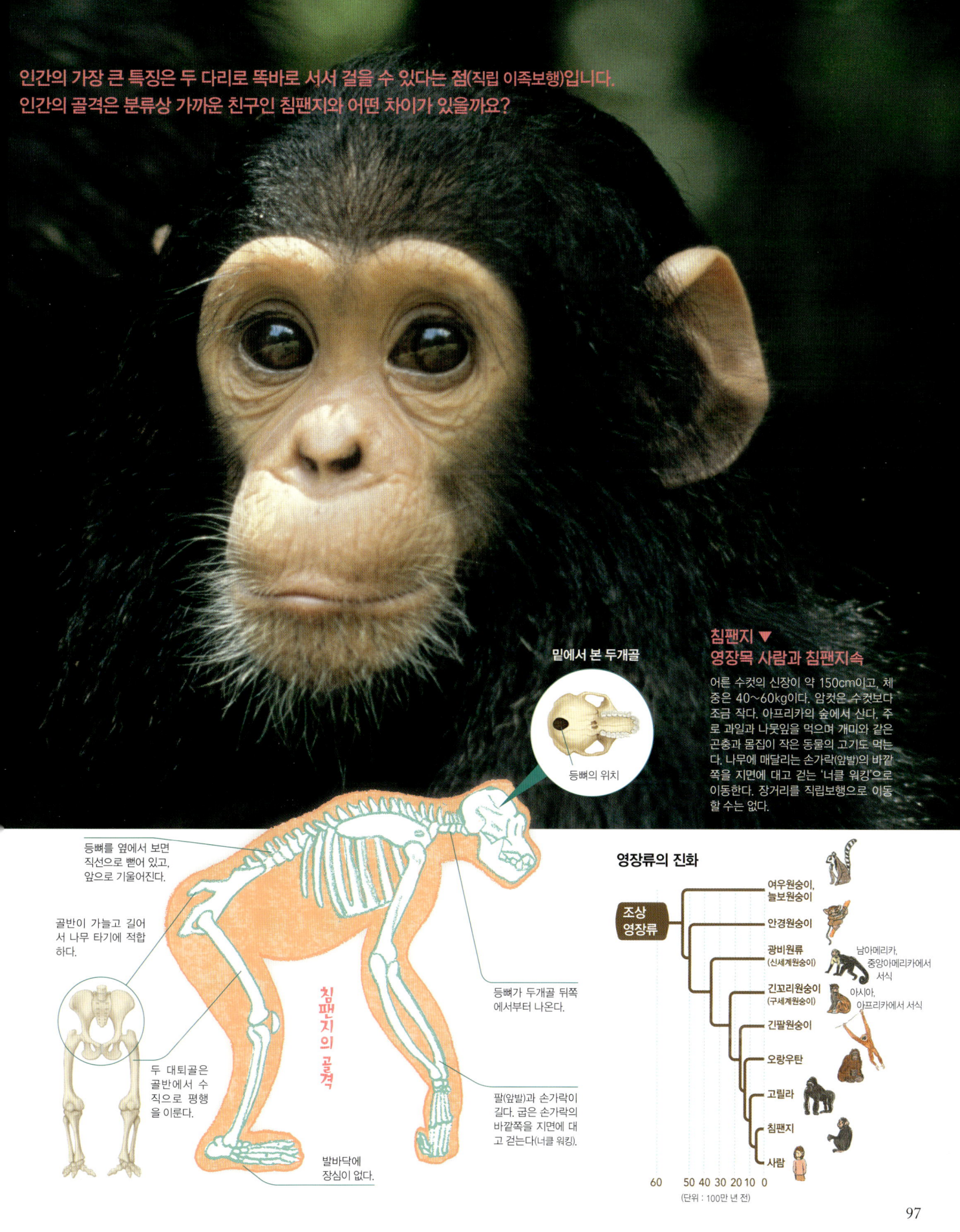

뼈도 살아 있다

사람은 척추동물입니다.
척추동물의 골격을 보면 등뼈를 중심으로 많은 뼈가 모여 몸을 유지합니다.
뼈의 형태와 움직임, 역할을 알아봅시다.

뼈에는 여러 역할이 있다

뼈는 우리의 몸을 지탱하는 가장 기본적인 기관입니다. 뼈들이 모인 전체를 '골격'이라고 부릅니다. 사람의 골격은 200개 이상의 다양한 형태를 한 뼈들의 조합입니다. 뼈는 몸을 지탱하는 역할 이외에도 근육과 함께 팔과 다리를 움직이게 하고, 뇌나 내장과 같은 부드러운 기관을 보호하기도 하며, 새로운 혈액 성분을 만들기도 합니다.

뼈는 혈액 속에 있는 인산칼슘과 단백질 등으로 만들어집니다. 뼛속에도 혈관이 통해서 양분과 산소가 운반되고 있는 것입니다.

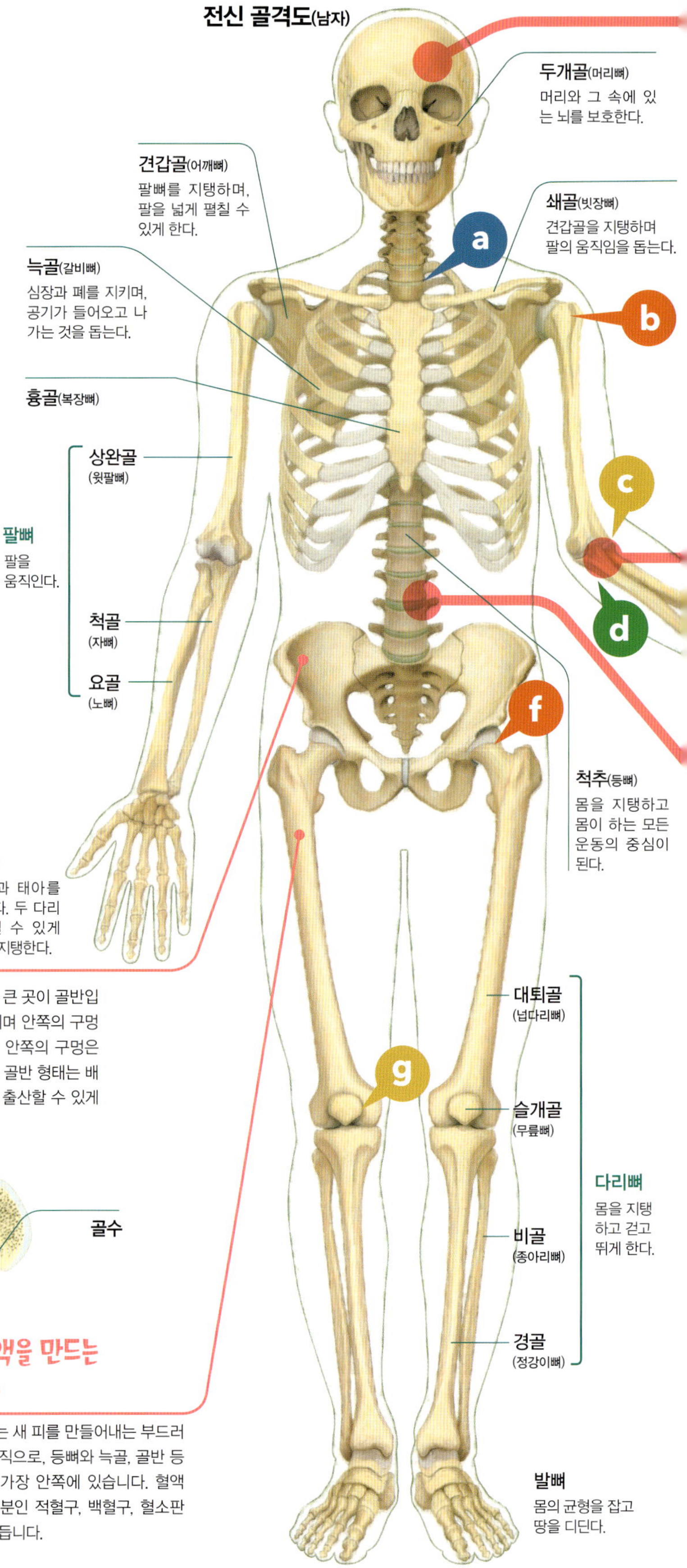

전신 골격도(남자)

- **두개골(머리뼈)** 머리와 그 속에 있는 뇌를 보호한다.
- **견갑골(어깨뼈)** 팔뼈를 지탱하며, 팔을 넓게 펼칠 수 있게 한다.
- **쇄골(빗장뼈)** 견갑골을 지탱하며 팔의 움직임을 돕는다.
- **늑골(갈비뼈)** 심장과 폐를 지키며, 공기가 들어오고 나가는 것을 돕는다.
- **흉골(복장뼈)**
- **팔뼈** 팔을 움직인다.
  - 상완골(윗팔뼈)
  - 척골(자뼈)
  - 요골(노뼈)
- **골반** 내장과 태아를 지킨다. 두 다리로 설 수 있게 몸을 지탱한다.
- **척추(등뼈)** 몸을 지탱하고 몸이 하는 모든 운동의 중심이 된다.
- **대퇴골(넙다리뼈)**
- **슬개골(무릎뼈)**
- **다리뼈** 몸을 지탱하고 걷고 뛰게 한다.
  - 비골(종아리뼈)
  - 경골(정강이뼈)
- **발뼈** 몸의 균형을 잡고 땅을 디딘다.

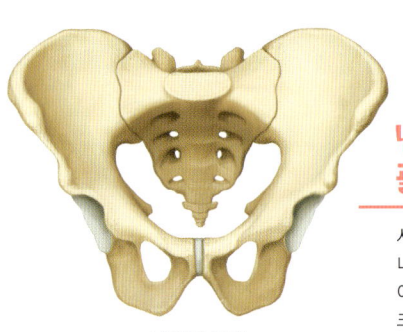

남성과 여성의 골반 차이

남성의 골반 / 여성의 골반

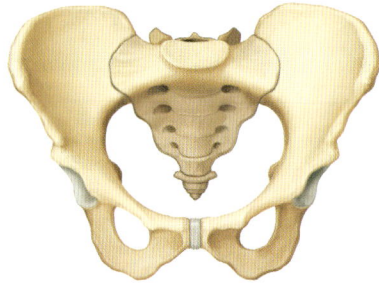

사람의 골격 중에서 남녀의 차이가 가장 큰 곳이 골반입니다. 남성의 골반은 전체가 하트 모양이며 안쪽의 구멍이 좁은데, 여성의 골반은 옆으로 넓고 안쪽의 구멍은 크며 둥근 형태로 되어 있습니다. 여성의 골반 형태는 배 속에서 자라는 태아를 보호하고 무사히 출산할 수 있게 하는 데 적합합니다.

뼈의 단면도

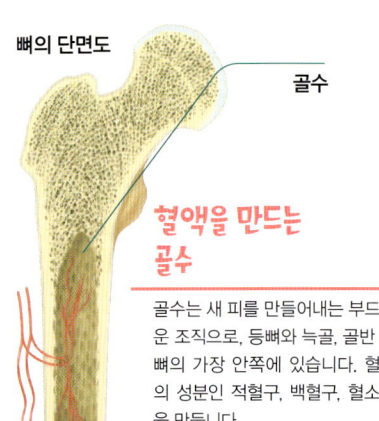

골수

혈액을 만드는 골수

골수는 새 피를 만들어내는 부드러운 조직으로, 등뼈와 늑골, 골반 등 뼈의 가장 안쪽에 있습니다. 혈액의 성분인 적혈구, 백혈구, 혈소판을 만듭니다.

뼈와 뼈의 연결

뼈를 연결하는 방식은 세 가지가 있습니다. 그중에서도 자주 움직이는 손발 등의 뼈는 관절로 연결되어 있습니다. 관절 안을 보면 연골에 덮인 두 개의 뼈끝이 '인대'라는 튼튼한 자루 같은 것으로 싸여 있습니다. 관절은 뼈가 움직이는 방향에 따라 몇 가지 종류로 나눌 수 있습니다.

1. 맞물려 이어진다 (봉함결합)

뼈끼리 맞물려서 움직이지 않는다. → 두개골

두개골을 옆에서 본 그림

2. 관절로 이어진다 (관절결합)

뼈가 움직이는 방향에 따라 몇 가지 종류가 있다. 정해진 방향으로 굽히거나 뻗을 수 있다. → 어깨, 무릎, 팔꿈치 등

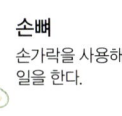
손뼈
손가락을 사용해 일을 한다.

h

활액
마찰이 일어나지 않게 한다.

관절 연골
뼈와 뼈가 직접 부딪히지 않도록 보호한다.

인대
뼈와 뼈를 감싸서 결합한다. 콜라겐 섬유를 많이 포함한다.

구관절
앞뒤 좌우로 움직인다. 회전도 가능하다.

b

견관절

f

고관절

평면관절
살짝 어긋나게 방향을 조절한다.

a

추간관절

차축관절
축 쪽에 해당하는 뼈만 회전운동을 할 수 있다.

d

상요척관절

e

하요척관절

경첩관절
문의 경첩처럼 한 방향으로만 움직인다.

c

완척관절

g

슬관절

h

지절간관절

3. 연골로 이어진다 (연골결합)

척추를 옆에서 본 그림

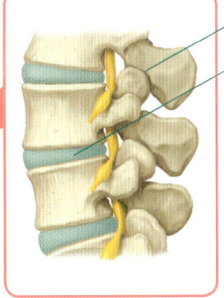

관절
연골

약간만 움직이도록 연골로 이어져 있다.
→ 등뼈, 흉골 등

뼈의 기능
- 몸을 지탱한다
- 뇌와 심장 등 몸의 부드러운 기관을 지킨다
- 근육과 함께 손발을 움직인다
- 골수가 있는 뼈는 새로운 피를 만든다
- 칼슘 등을 저장한다

근육은 어떻게 이루어져 있을까?

우리가 팔과 다리를 움직일 때
반드시 몸 어딘가의 근육이 수축하거나
이완되고 있습니다.
심장과 같은 내장도
근육이 움직이는 것입니다.

근육을 만져 보자

그림에 나오는 근육은 모두 '골격근'으로, 골격을 움직이는 역할을 맡고 있습니다. 골격근은 내가 의식해서 움직일 수 있는 근육(수의근)입니다.

몸을 움직이려고 하면 뇌로부터 명령이 근육에 전해집니다. 그러면 근육의 성분인 단백질에 의해 근육이 수축했다가 곧 이완됩니다. 뇌의 명령에 따라 수축과 이완을 통해 근육(수의근)을 움직여서 운동이 발생하는 것입니다.

골격근 이외에도 심장을 움직이는 심근, 내장을 움직이는 내장근이 있지만, 이러한 것들은 자동으로 움직이는 근육으로, 의식해서 움직이거나 멈출 수 없습니다(불수의근). 세포의 구조도 골격근과는 다릅니다.

근육의 기능

골격근
- 뼈에 붙어서 관절을 움직인다
- 뇌의 명령으로 움직인다

심근·내장근
- 심장과 내장을 움직인다
- 자동으로 움직인다

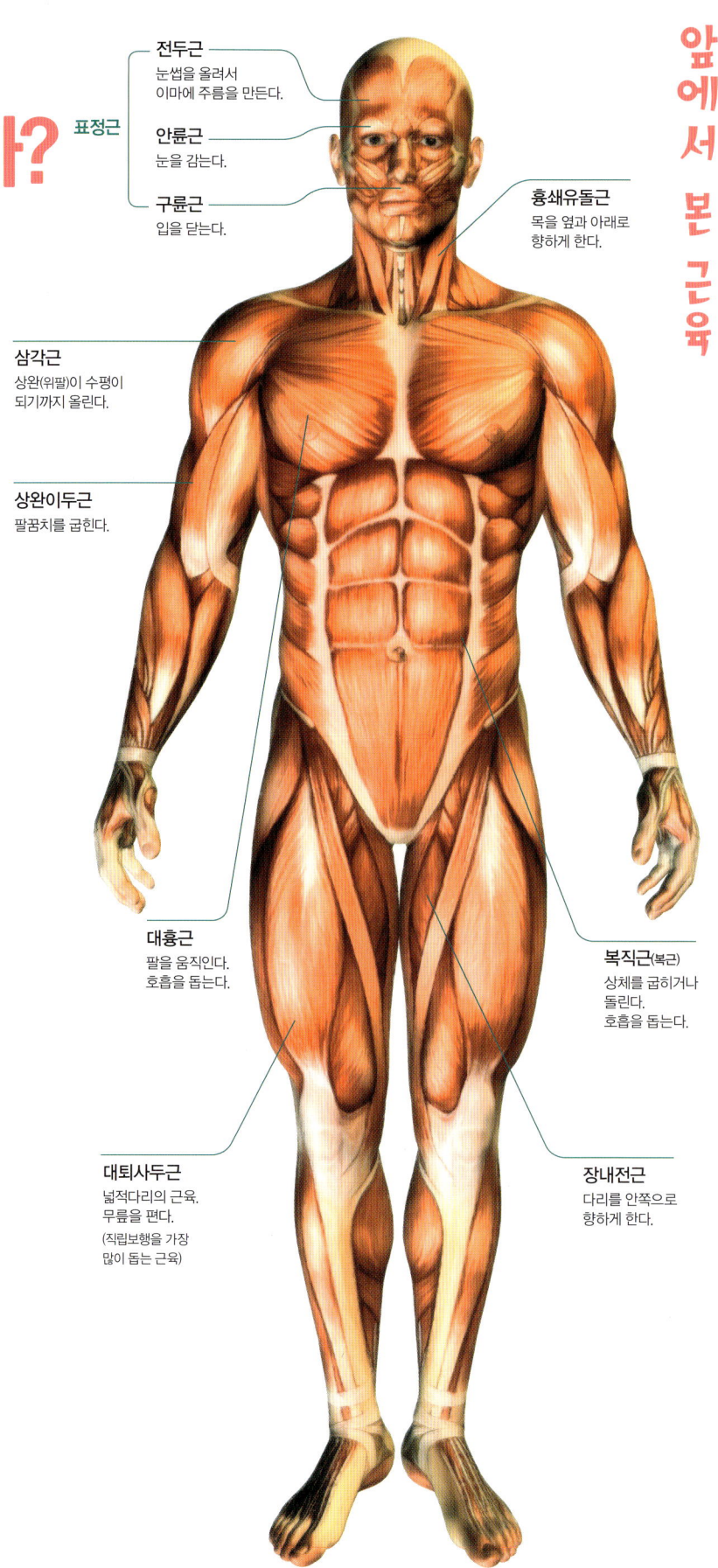

앞에서 본 근육

표정근
- 전두근: 눈썹을 올려서 이마에 주름을 만든다.
- 안륜근: 눈을 감는다.
- 구륜근: 입을 닫는다.

흉쇄유돌근: 목을 옆과 아래로 향하게 한다.

삼각근: 상완(위팔)이 수평이 되기까지 올린다.

상완이두근: 팔꿈치를 굽힌다.

대흉근: 팔을 움직인다. 호흡을 돕는다.

복직근(복근): 상체를 굽히거나 돌린다. 호흡을 돕는다.

대퇴사두근: 넓적다리의 근육. 무릎을 편다. (직립보행을 가장 많이 돕는 근육)

장내전근: 다리를 안쪽으로 향하게 한다.

뒤에서 본 근육

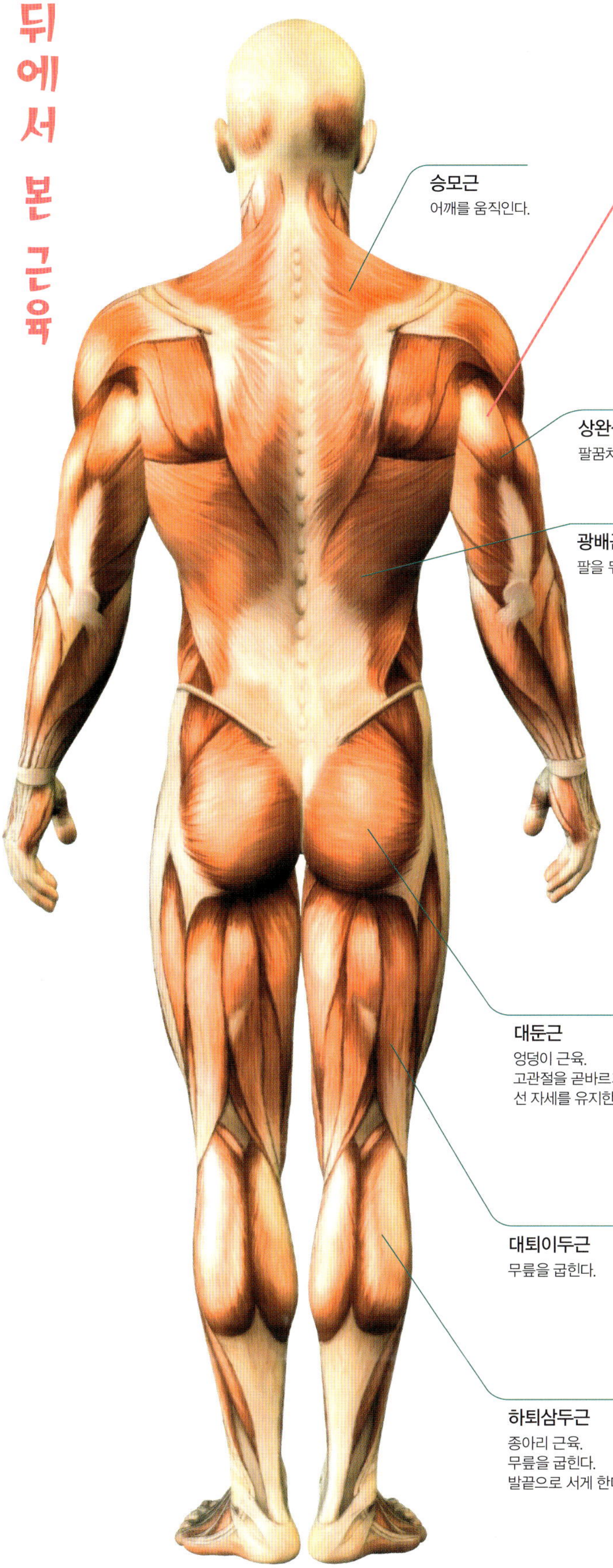

승모근 어깨를 움직인다.

상완삼두근 팔꿈치를 편다.

광배근 팔을 뒤로 당긴다.

대둔근 엉덩이 근육. 고관절을 곧바르게 한다. 선 자세를 유지한다.

대퇴이두근 무릎을 굽힌다.

하퇴삼두근 종아리 근육. 무릎을 굽힌다. 발끝으로 서게 한다.

팔과 다리가 굽는 구조

알통이 나오는 상완이두근 뒤쪽으로 상완삼두근이 있습니다. 한쪽이 수축하면 다른 쪽이 이완되는데 이런 관계의 근육을 '길항근'이라고 하고, 양쪽 다 관절을 걸쳐 뼈에 붙어 있습니다. 길항근이 번갈아 수축함으로써 관절을 굽히고 펼 수 있습니다.

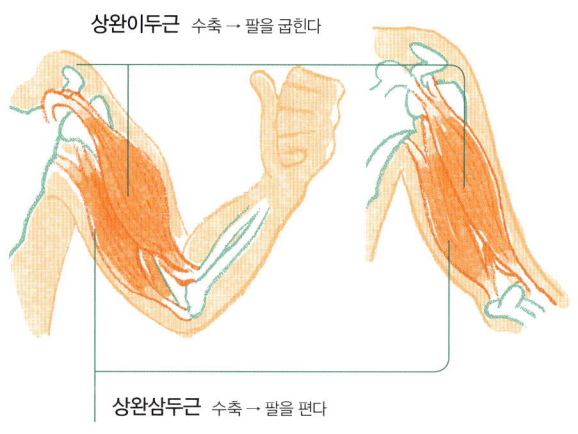

상완이두근 수축 → 팔을 굽힌다
상완삼두근 수축 → 팔을 편다

근육의 종류와 세포의 상태

골격근(수의근)

줄무늬가 있다.

양 끝에 있는 힘줄을 통해 다른 뼈에 붙는다. 뇌로부터의 명령으로 근육이 수축하며, 팔과 같은 부위가 굽어서 움직이게 된다. 횡문근으로 이루어져 있다.

골격근의 세포(횡문근)

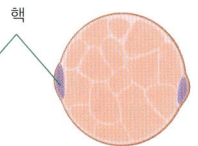

핵

핵을 여러 개 가지며 가늘고 길다. 가는 섬유가 모여 있다.

심근(불수의근)

줄무늬가 있다.

경계판

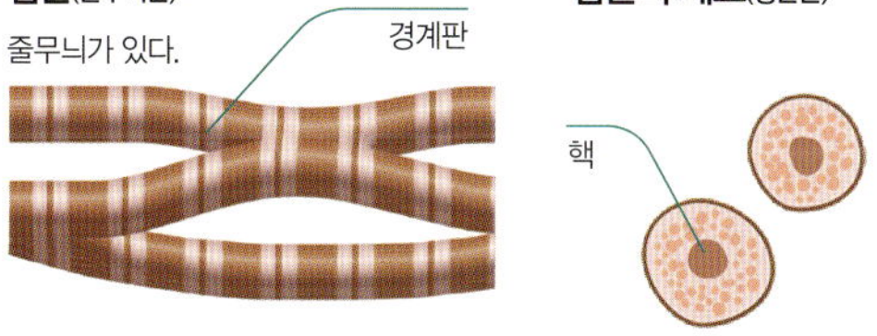

심장의 근육을 만든다. 세포가 경계판(막)으로 이어져 있고, 자동으로 수축하는 튼튼한 근육이다. 그물처럼 되어 있다.

심근의 세포(횡문근)

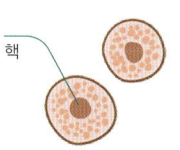

핵

1~2개의 핵이 있다.

내장근(불수의근)

줄무늬가 없다.

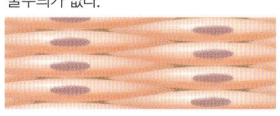

내장을 움직이는 근육으로, 세포가 비스듬하게 밀착해서 자극을 전하고, 천천히 수축을 반복한다. 의식적으로 움직일 수 없다.

내장근의 세포(평활근)

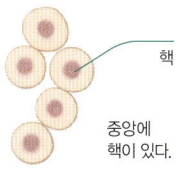

핵

중앙에 핵이 있다.

혈액은 어떻게 온몸을 돌까?

심장은 쉴 새 없이 펌프질해서 혈액을 온몸에 전달하는 일꾼입니다. 혈액이 어떻게 온몸을 순환하는지 알아봅시다.

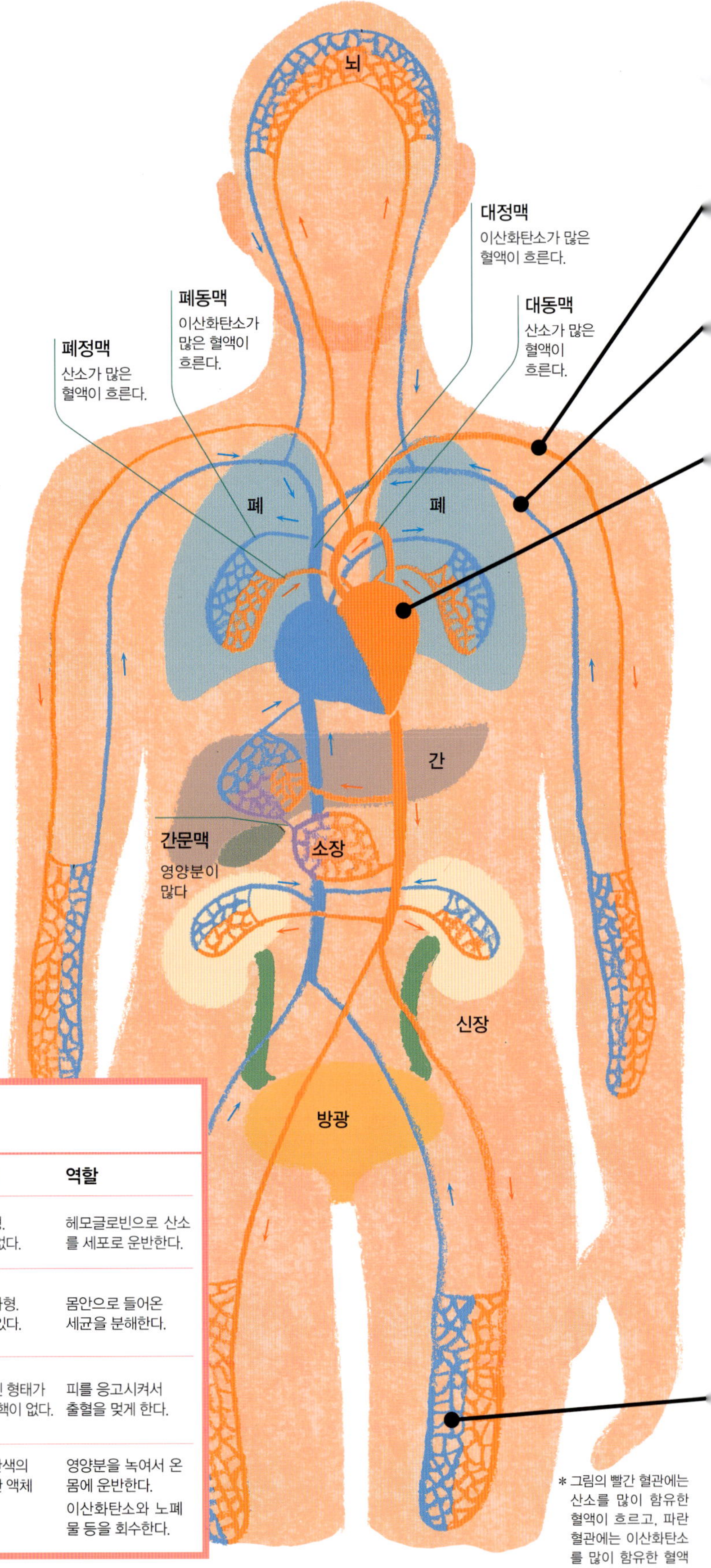

혈관과 혈액 순환

동맥은 심장에서 나온 혈액을 온몸에 운반하는 혈관이고, 정맥은 온몸의 혈액이 심장으로 되돌아가기 위한 혈관입니다. 동맥과 정맥은 모세혈관으로 이어져 있습니다. 인체에 있는 혈관을 다 연결하면 약 9만km인데, 이 것은 지구 둘레의 두 배가 넘는 길이입니다.

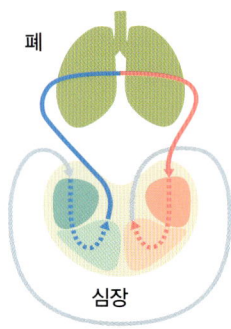

폐순환
심장에서 나와서 폐에서 이산화탄소와 산소를 교환하고, 심장으로 돌아간다.

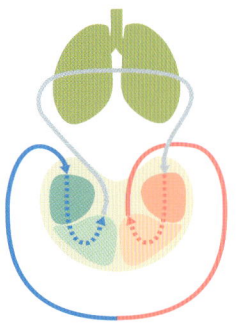

체순환
심장에서 대동맥을 지나 전신으로 흘러 산소와 영양분을 세포까지 전달하고 심장으로 돌아온다.

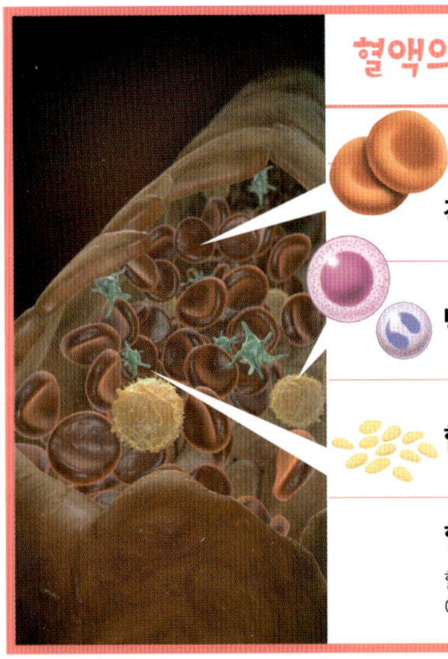

- **뇌**
- **폐정맥** 산소가 많은 혈액이 흐른다.
- **폐동맥** 이산화탄소가 많은 혈액이 흐른다.
- **대정맥** 이산화탄소가 많은 혈액이 흐른다.
- **대동맥** 산소가 많은 혈액이 흐른다.
- **폐**
- **간**
- **간문맥** 영양분이 많다
- **소장**
- **신장**
- **방광**

* 그림의 빨간 혈관에는 산소를 많이 함유한 혈액이 흐르고, 파란 혈관에는 이산화탄소를 많이 함유한 혈액이 흐른다.

혈액의 성분과 기능

	크기	형태	역할
적혈구	0.007~0.008mm	원반형. 핵이 없다.	헤모글로빈으로 산소를 세포로 운반한다.
백혈구	0.006~0.02mm	아메바형. 핵이 있다.	몸안으로 들어온 세균을 분해한다.
혈소판	0.002~0.003mm	정해진 형태가 없다. 핵이 없다.	피를 응고시켜서 출혈을 멎게 한다.
혈청 혈구와 혈소판 이외의 액체		연노란색의 투명한 액체	영양분을 녹여서 온몸에 운반한다. 이산화탄소와 노폐물 등을 회수한다.

동맥

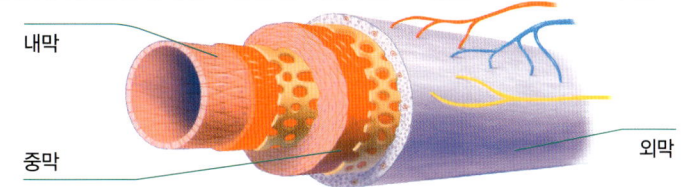

혈액의 압력에 견디도록 혈관벽은 두껍고 질기며, 신축된다.

정맥

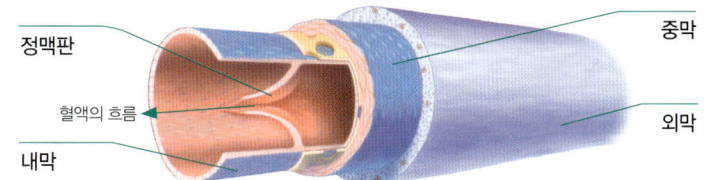

혈관벽은 동맥보다 얇다.
역류를 방지하는 판이 붙어 있다.

심장

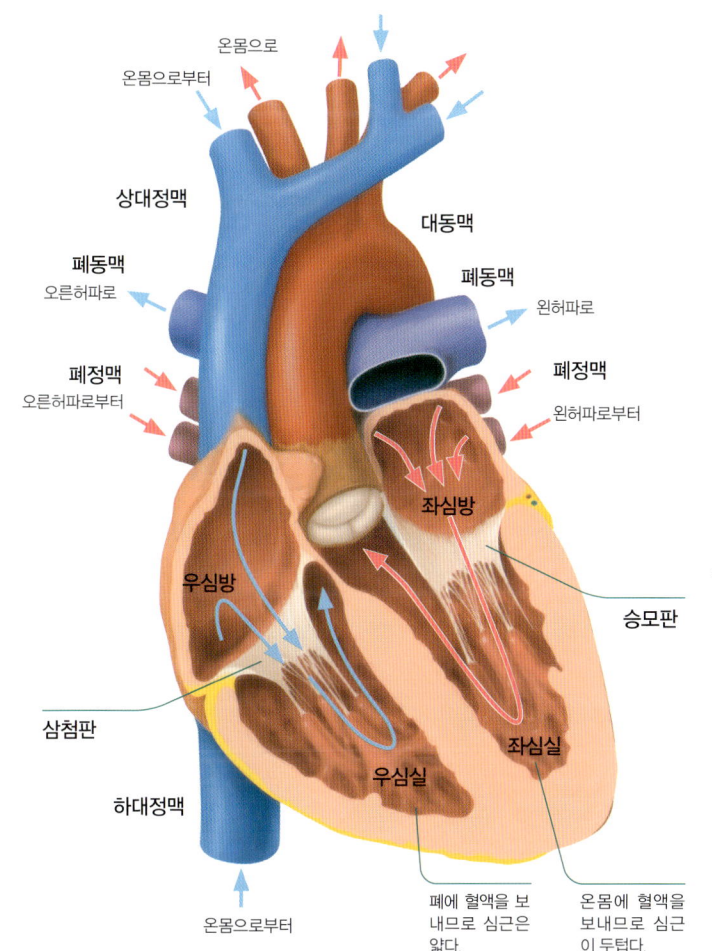

열심히 일하는 심장

사람의 심장은 평생 약 26억 번의 박동을 반복하고, 1억5천만L 정도의 혈액을 온몸으로 내보낸다고 합니다. 이 강력한 펌프는 네 개의 방으로 나뉘어 있습니다. 위쪽에 있는 두 심방이 아래에 있는 두 심실로 혈액을 보냅니다. 심실이 오그라들면 혈액은 온몸과 폐로 보내집니다. 심방과 심실 사이에는 판이 있어서 혈액이 역류하지 않게 되어 있습니다.

심장의 움직임과 혈액의 출입

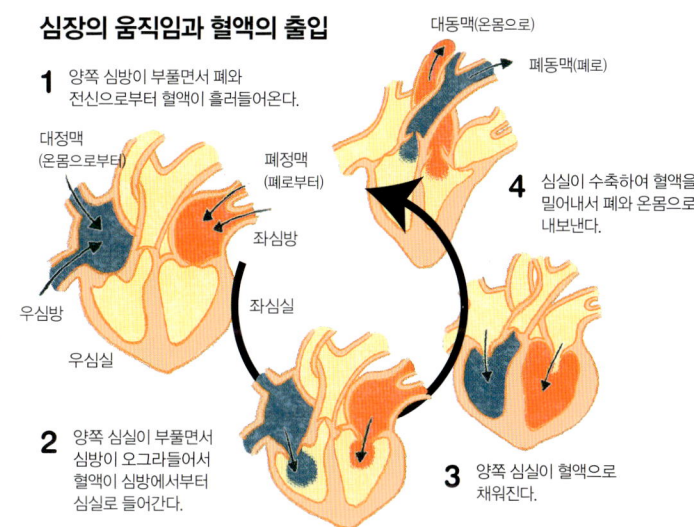

1. 양쪽 심방이 부풀면서 폐와 전신으로부터 혈액이 흘러들어온다.
2. 양쪽 심실이 부풀면서 심방이 오그라들어서 혈액이 심방에서부터 심실로 들어간다.
3. 양쪽 심실이 혈액으로 채워진다.
4. 심실이 수축하여 혈액을 밀어내서 폐와 온몸으로 내보낸다.

심장·혈관·혈액의 기능

심장의 기능
- 온몸으로 혈액을 내보낸다

혈관의 기능
- 혈액을 온몸으로 흐르게 한다

혈액의 기능
- 혈관을 통해서 온몸으로 흐른다
- 산소와 영양분을 세포에 전달한다
- 이산화탄소와 노폐물을 회수한다

모세혈관

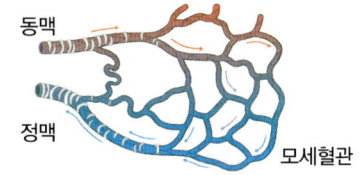

혈관벽이 세포 한 개 정도의 두께인 가는 혈관. 동맥에서부터 그물망 같이 나뉘어 정맥으로 이어진다.

1 생명 | 사람의 몸 | 폐와 호흡

들이마신 공기는 어디로 갈까?

에너지를 만드는 데 필요한 산소를 온몸의 세포에 전달하고 필요 없는 이산화탄소를 몸 밖으로 내보내는 구조를 '호흡'이라고 합니다.

폐와 호흡기관의 구조와 역할

비강 공기 중의 안 좋은 것을 제거하고 온도와 습도를 맞춰서 폐로 보낸다.

인두 입과 코에서부터 식도와 기관으로 이어지는 관

후두 기관이 시작하는 부분으로, 성대(목소리를 내는 곳)가 있다.

기관 후두에서부터 이어지는 공기가 지나가는 반원형의 관

기관지 기관이 좌우로 갈라져서 폐와 연결된다.

상기도

하기도

폐포 (허파꽈리)

갈비뼈 폐와 심장을 지키는 뼈

늑간근 갈비뼈를 움직여서 폐에 공기를 넣고 뺀다 (흉식호흡).

오른허파

왼허파

심장의 위치

횡격막 가슴과 배를 칸막이하는 근육의 막. 위아래로 움직여서 폐에 공기를 넣고 뺀다(복식호흡).

호흡에는 두 종류가 있다

몸에 산소를 넣어 주는 기관은 폐(허파)입니다. 폐는 갈비뼈로 덮인 두 개의 주머니로, 가슴과 배 사이에 있는 횡격막과 갈비뼈를 움직이는 근육에 의해 부풀고 오그라들면서 공기를 넣고 뺍니다. 호흡에는 폐를 통해 밖으로부터 산소를 집어넣고 이산화탄소를 내뱉는 '외호흡', 혈액을 통해 세포에 산소를 운반하고 불필요해진 이산화탄소와 교환하는 '내호흡'이 있습니다.

1. 외호흡

폐에서 이루어지는 산소와 이산화탄소의 교환을 '외호흡'이라고 합니다. 폐에는 '폐포'라고 부르는 모세혈관에 둘러싸인 작은 주머니가 가득 차 있는데, 혈액 속의 이산화탄소를 몸 밖으로 내보내고 들이마신 공기에 있는 산소를 적혈구의 헤모글로빈과 연결시켜서 온몸으로 운반합니다.

2. 내호흡

세포 안에서 이루어지는 산소와 이산화탄소의 교환을 '내호흡'이라고 합니다. 혈액 속의 적혈구에 있는 헤모글로빈은 산소를 온몸의 세포에게 운반합니다. 세포에는 미토콘드리아라고 하는 작은 기관이 산소를 이용해서 포도당 등으로부터 에너지를 만들어냅니다. 이때 생긴 이산화탄소는 혈청에 녹아서 폐로 운반됩니다.

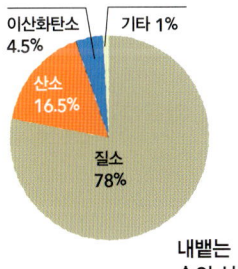

내뱉는 숨의 성분
- 이산화탄소 4.5%
- 기타 1%
- 산소 16.5%
- 질소 78%

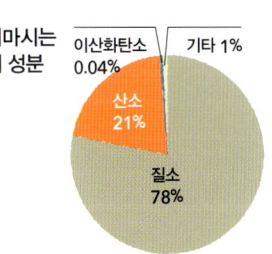

들이마시는 숨의 성분
- 이산화탄소 0.04%
- 기타 1%
- 산소 21%
- 질소 78%

산소의 쓰임

혈액을 통해 운반된 산소와 음식을 소화하고 흡수해서 만들어진 포도당이 세포 안에 있는 미토콘드리아에서 화학반응을 일으킵니다. 이때 에너지원인 ATP(아데노신 3인산)와 이산화탄소, 물이 생깁니다.

폐포의 구조

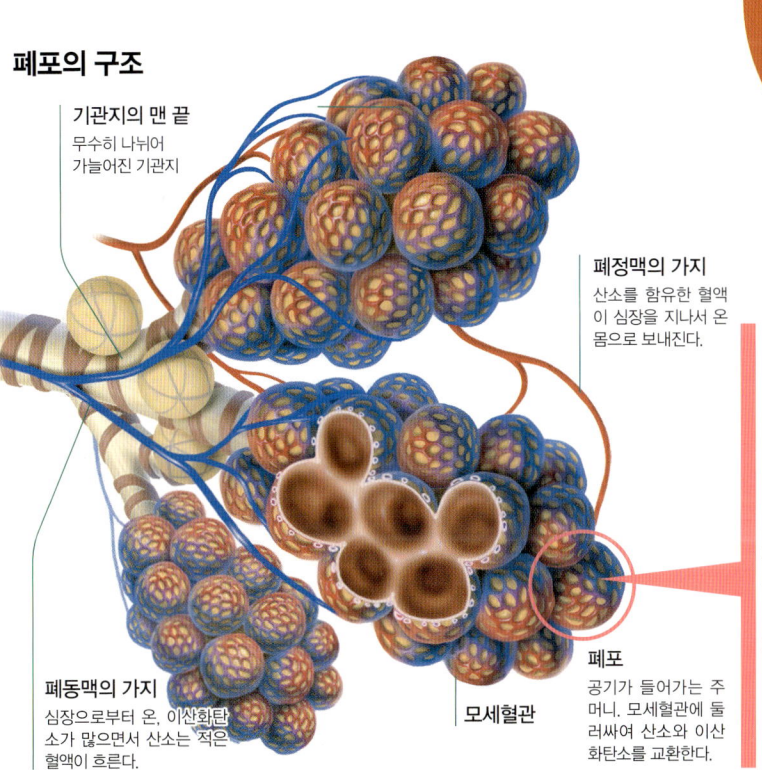

기관지의 맨 끝 — 무수히 나누어 가늘어진 기관지

폐정맥의 가지 — 산소를 함유한 혈액이 심장을 지나서 온몸으로 보내진다.

폐동맥의 가지 — 심장으로부터 온, 이산화탄소가 많으면서 산소는 적은 혈액이 흐른다.

폐포 — 공기가 들어가는 주머니. 모세혈관에 둘러싸여 산소와 이산화탄소를 교환한다.

모세혈관

폐포에서 외호흡이 일어나는 구조

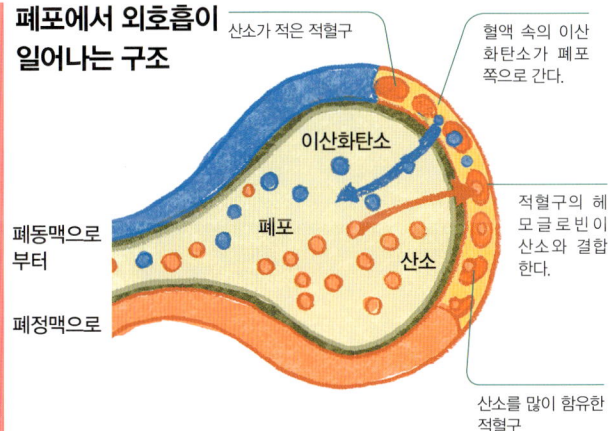

- 산소가 적은 적혈구
- 혈액 속의 이산화탄소가 폐포 쪽으로 간다.
- 적혈구의 헤모글로빈이 산소와 결합한다.
- 산소를 많이 함유한 적혈구
- 폐동맥으로부터
- 폐정맥으로

1 생명

사람의 몸 — 소화와 영양

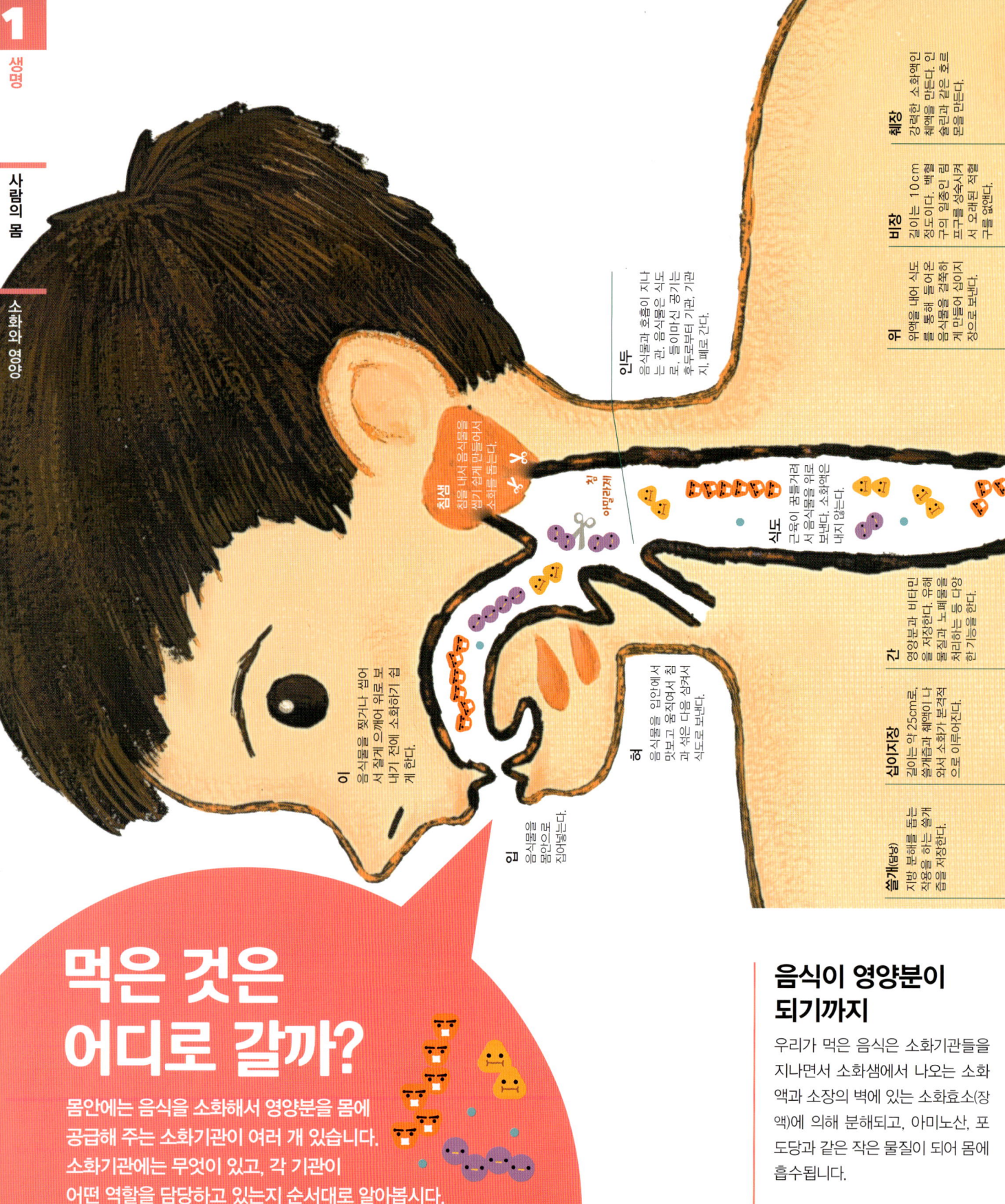

인두 음식물과 호흡이 지나는 곳. 음식물은 공기가 다니는 길을 잠깐 지나 후두부터 기관지, 폐로 간다.

혀 위쪽을 내어 식도를 통해 들어온 음식물을 결쭉하게 만들어 삼키기 좋은 상태로 보낸다.

비장 길이는 10cm 정도이다. 백혈구의 일종인 림프구를 성숙시켜 오래된 적혈구를 부순다.

췌장 강력한 소화액인 췌액을 만든다. 인슐린과 같은 호르몬을 만든다.

침샘 침을 내서 음식물을 씹기 쉽게 만들어서 소화를 쉽게 한다.

이 음식물을 찢거나 썰어 잘게 으깨어 위로 보내기 전에 소화하기 쉽게 한다.

입 음식물을 몸안으로 집어넣는다.

혀 음식물을 입안에서 맛보고 움직여서 침과 섞인 다음 삼켜서 식도로 보낸다.

식도 근육이 꿈틀거려서 음식물을 위로 보낸다. 소화하지는 않는다.

간 영양분과 비타민을 저장한다. 유해 물질과 노폐물을 처리하는 등 다양한 기능을 한다.

쓸개(담낭) 지방 분해를 돕는 작용을 하는 쓸개즙을 저장한다.

십이지장 길이는 약 25cm로, 쓸개즙과 췌액이 나와서 소화가 본격적으로 이루어진다.

먹은 것은 어디로 갈까?

몸안에는 음식을 소화해서 영양분을 몸에 공급해 주는 소화기관이 여러 개 있습니다. 소화기관에는 무엇이 있고, 각 기관이 어떤 역할을 담당하고 있는지 순서대로 알아봅시다.

음식이 영양분이 되기까지

우리가 먹은 음식은 소화기관들을 지나면서 소화샘에서 나오는 소화액과 소장의 벽에 있는 소화효소(장액)에 의해 분해되고, 아미노산, 포도당과 같은 작은 물질이 되어 몸에 흡수됩니다.

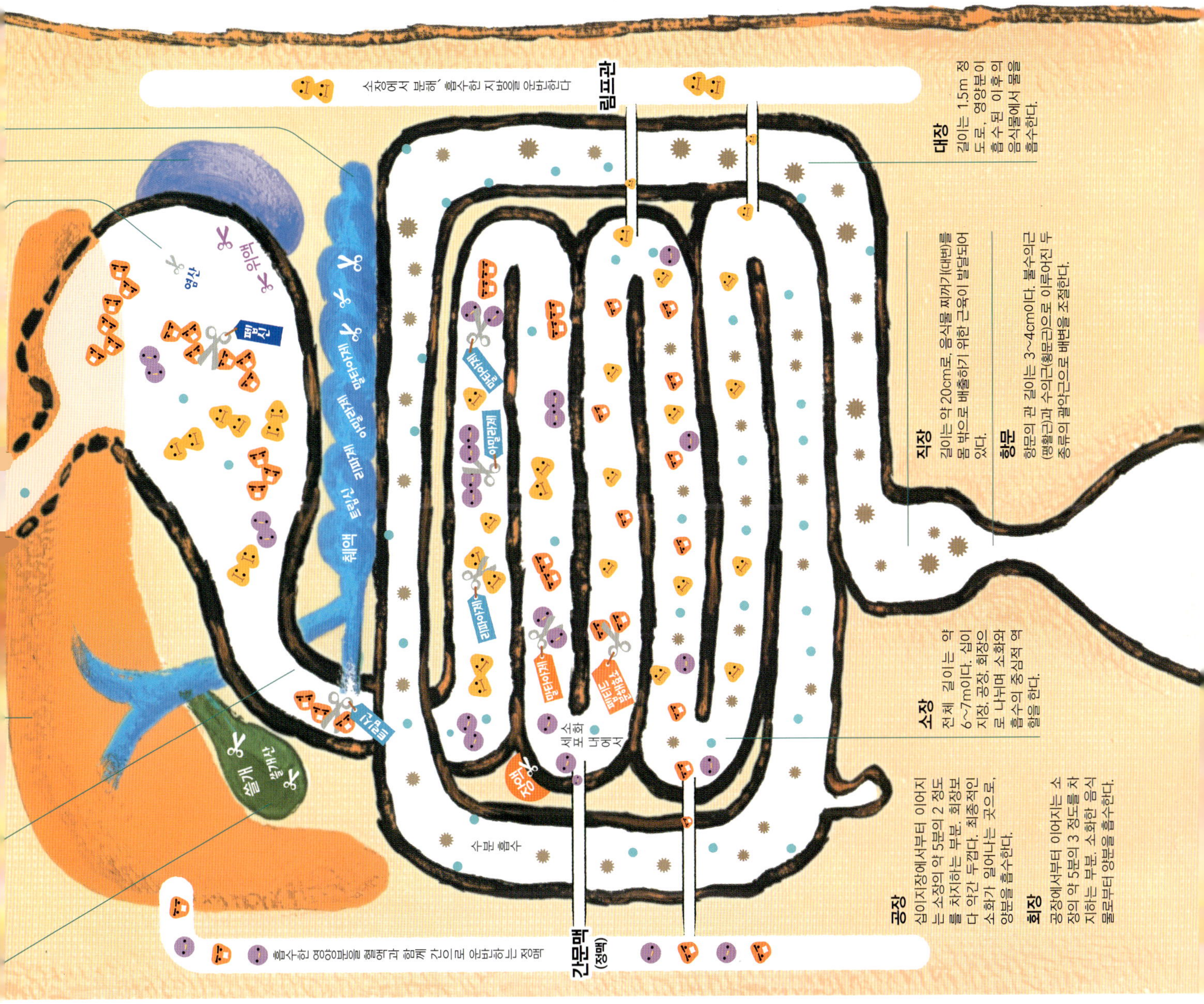

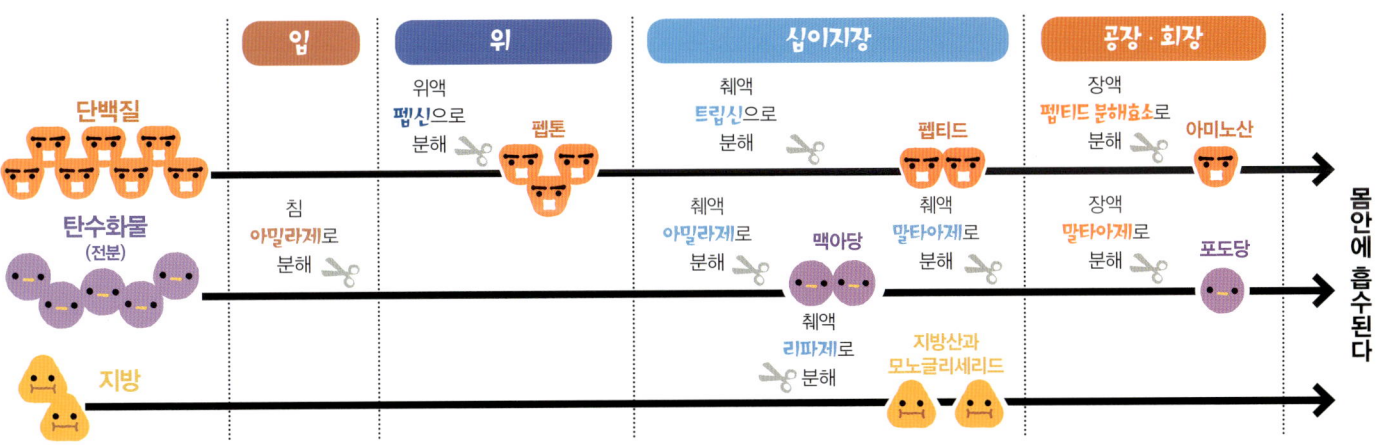

생명 / 사람의 몸 / 소화기관과 흡수

간
무게가 1kg이나 되는 거대한 장기로, 알코올과 유해물질 및 불필요한 것들을 분해합니다. 또한 포도당을 글리코겐의 형태로 저장하고 비타민을 저장하기도 합니다. 쓸개즙도 여기에서 만들어집니다.

쓸개
간에서 만들어진 쓸개즙을 비축해 두었다가 십이지장으로 흘려보냅니다.

쓸개즙
위산으로 인해 산성을 띤 음식물을 중화하고, 지방을 물에 녹이거나 소화효소들의 작용을 돕는다.

비장

위

십이지장

췌액
탄수화물(전분), 단백질, 지방을 분해하는 강력한 소화액

췌장
15cm 정도의 길이로, 위의 뒤편에 있습니다. 소화액(췌액)을 만드는 세포들이 모인 부분과 인슐린 등의 호르몬을 만드는 부분으로 구성되어 있습니다.

십이지장(약 25cm)
음식물에 췌액과 쓸개즙을 섞어서 소화한 후 공장에 보낸다. '십이지장'이라는 이름의 유래는 이 기관의 길이가 손가락 12개만큼의 길이이기 때문이다.

소장
소화와 흡수의 핵심 역할을 담당합니다. 소장은 위에서부터 대장까지를 잇는 기관으로, 십이지장, 공장, 회장으로 나뉩니다. 공장에서 대부분의 소화를 끝내고, 회장은 주로 영양분을 흡수합니다. 소장의 주름과 융모를 펼치면 테니스 코트 한 개 면적(약 250m²) 정도 됩니다.

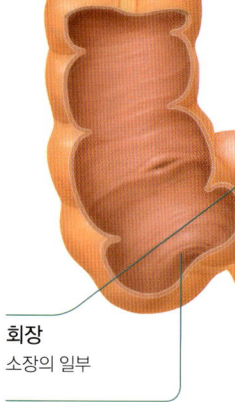

회장
소장의 일부

맹장
회장이 옆에 붙어 있는데, 그 경계에 회맹판이 있어서 역류를 막는다.

충수
림프 조직이 모인다. 반응이 너무 과하면 충수염에 걸린다.

소장 내벽의 구조

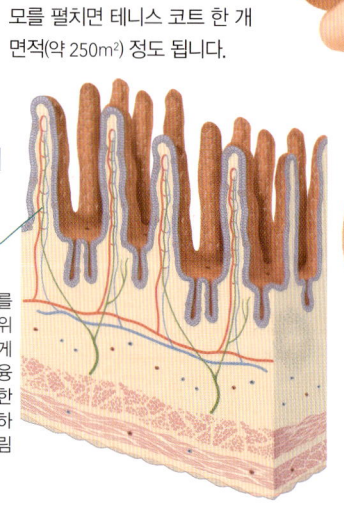

융모
영양분의 흡수를 원활하게 하기 위해 표면적을 크게 하는 구조이다. 융모 안에는 흡수한 영양분을 운반하는 모세혈관과 림프관이 있다.

공장(약 2.5m)
장액이 스며 나와서 마지막으로 음식물을 소화하고 영양분을 흡수한다.

회장(약 4m)
주로 소화한 음식물로부터 영양분을 흡수한다.

소화기관은 어떤 기능을 할까?

입으로 들어간 음식물이 항문을 통해 똥으로 나올 때까지,
다양한 기관이 소화를 분담해서
몸에 필요한 영양분을 추출합니다.
소화와 흡수를 담당하는 각 기관의 기능을 알아봅시다.

입

이와 혀는 음식물의 맛을 느끼는 기관입니다. 또한 음식물을 씹고 침을 섞어서 위와 장으로 보내는 소화의 첫 시작이 이루어지는 곳입니다. 침에 포함된 '아밀라제'라는 소화효소가 전분을 분해합니다.

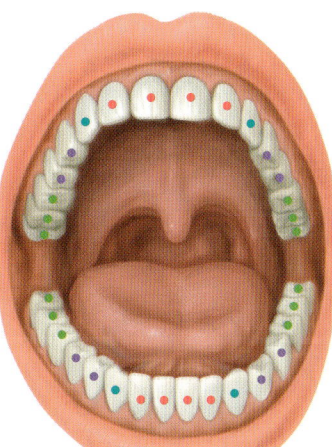

침샘 (침이 나오는 곳)

혀밑샘
턱과 혀 사이에서 끈적끈적한 침을 낸다. 입안을 청결하고 매끈매끈한 상태로 유지한다.

턱밑샘
턱과 혀 사이에서 침을 낸다.

귀밑샘
뺨의 점막에서 끈적이지 않는 침을 낸다.

음식물을 씹는 이빨의 종류

- 🔴 **앞니** — 큰 것을 씹어서 끊는다.
- ❌ **송곳니** — 날카로운 끝으로 찢는다.
- 🟣 **작은 어금니** — 망치같이 부순다.
- 🟢 **큰 어금니** — 맷돌같이 갈아 으깬다.

대장

소화와 흡수가 끝난 음식물의 남은 찌꺼기에서 수분을 제거, 대변(똥)으로 만들어 밖으로 내보냅니다. 연동운동과 역연동운동을 통해 음식 찌꺼기를 일정 시간 쌓아 둘 수 있습니다. 맹장, 결장, 직장으로 나뉩니다.

결장
복부(배)를 거의 한 바퀴 두른다. 음식물의 남은 찌꺼기에서 수분을 흡수한다.

직장
대변이 운반되어 오면 내벽이 압박되고, 자극이 오면 대변을 내보내려고 한다.

항문

식도

들문
위의 입구. 역류하지 않도록 위가 꽉 차면 닫힌다.

날문
위의 출구. 연동운동 중에는 닫혀 있다.

십이지장

위벽

위

위는 신축하는 근육 주머니입니다. 공복일 때는 0.1L, 배가 부를 때는 1.8L로 부풉니다. 음식물은 위액과 섞여서 연동운동에 의해 뱃속 깊이 보내집니다. 위액에는 음식물을 살균하고 단백질을 분해하는 작용이 있습니다.

위벽의 구조
세 층으로 되어 있고, 위를 활발하게 움직인다.

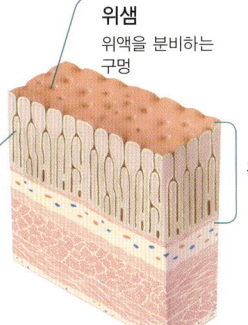

위샘
위액을 분비하는 구멍

위액을 분비하는 세포

점막

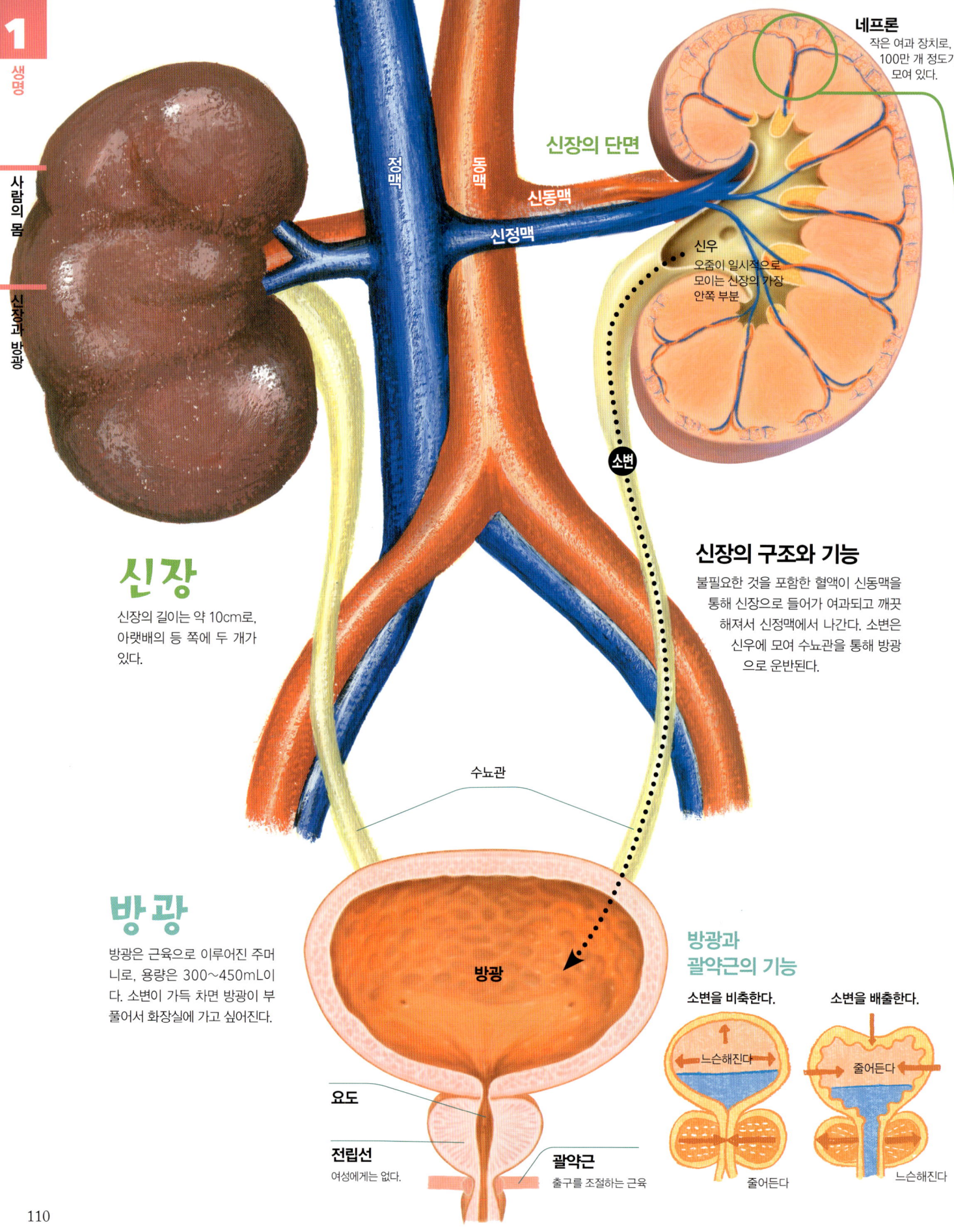

몸에 필요 없는 것들을 어떻게 배출할까?

사람이 에너지를 사용하여 활동하면, 물과 염분, 암모니아와 같은 필요 없는 물질들이 만들어집니다.
우리 몸이 불필요한 물질들을 몸밖으로 어떻게 내보내는지 살펴봅시다.

신장에서 대량의 혈액이 여과된다

단백질이 분해되면 암모니아가 생깁니다. 암모니아에는 독성이 있는데, 암모니아는 간에서 독성이 없는 요소(尿素)로 변환됩니다. 요소는 혈액에 섞여서 신장에 도달하고, 다른 불필요한 물질들과 함께 여과되어 소변의 형태로 방광에서 몸 밖으로 배출됩니다.

네프론: 혈액에서 소변을 추출하는 구조

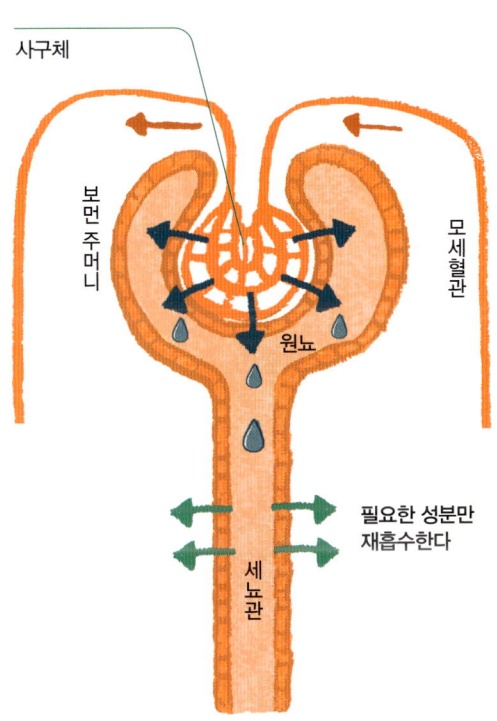

'사구체'라는 공 형태의 모세혈관을 보먼주머니(혈액에서 오줌을 여과하는 첫 번째 단계가 일어나는 기관)가 감싸고, 여과된 소변이 세뇨관에 들어간다. 필요한 수분과 물질은 세뇨관을 둘러싼 모세혈관이 몇 번이고 혈액으로 돌려보낸다.

땀과 오줌은 어떻게 다를까?

혈액 속의 불필요한 물질은 땀을 통해서도 몸밖으로 배출됩니다. 성인 한 명이 하루에 흘리는 땀은 600~700mL이지만, 한여름에 격렬한 운동을 하면 10L나 되는 땀을 흘린다고 합니다. 땀은 소변과 성분이 같지만 훨씬 연하며, 성분의 99%는 물입니다. 그러나 땀을 많이 흘리면 수분과 염분을 잃게 되므로 따로 수분과 염분을 보충해야 합니다.

땀이 하는 제일 중요한 역할은 체온 조절입니다. 더울 때는 땀을 많이 흘립니다. 땀이 증발할 때 열이 빠져나가므로(물질의 세 가지 형태와 열 →p.233) 체온이 내려갑니다. 반대로, 추울 때는 땀구멍이 닫혀서 열이 빠져나가는 것을 막아 체온을 유지합니다. 닭살이 돋는 것은 땀구멍을 닫기 위해 털을 세우는 작은 근육이 수축하기 때문입니다.

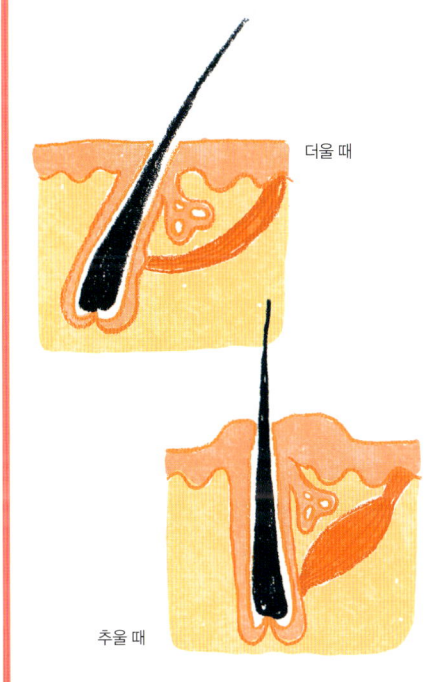

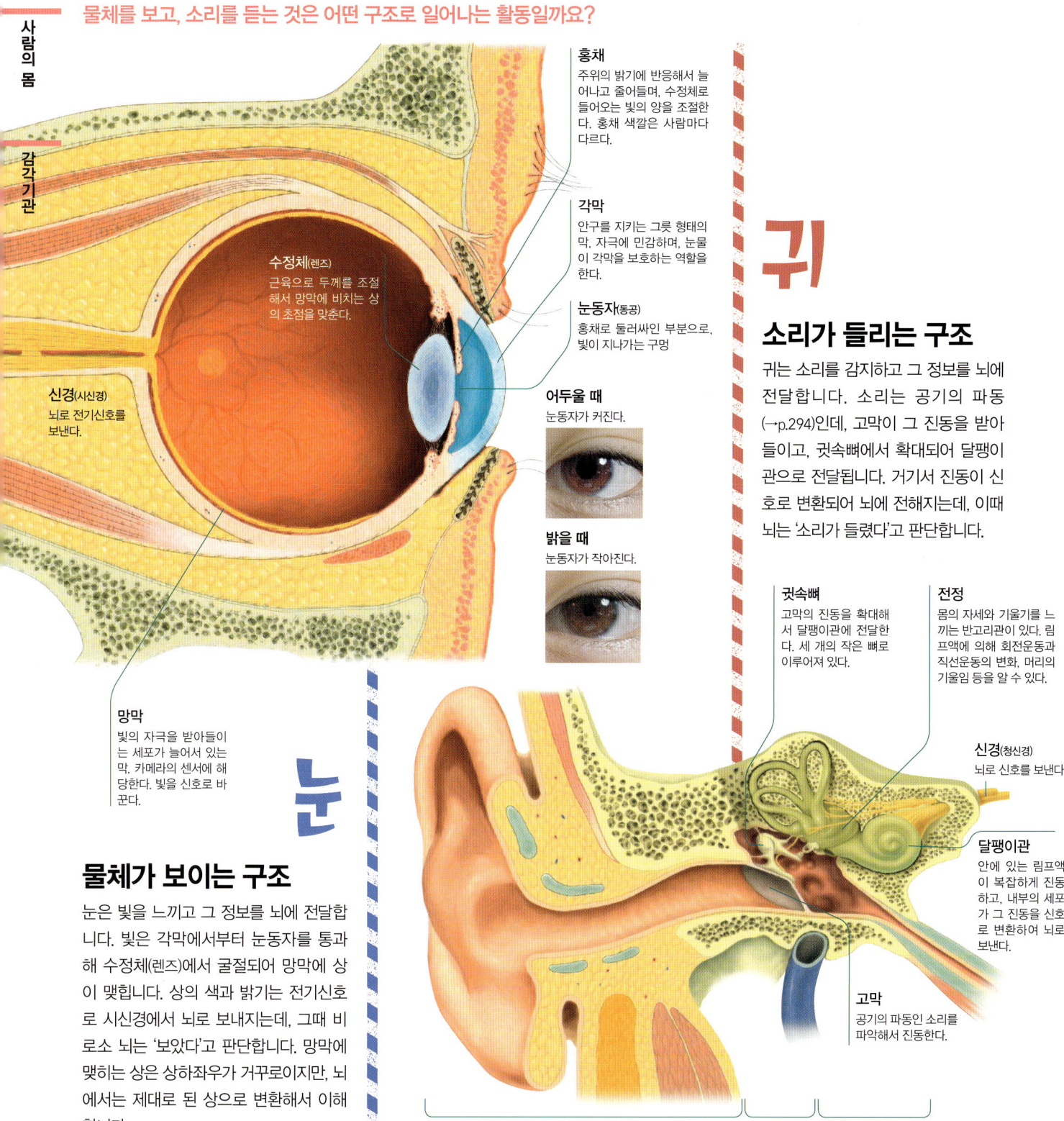

코

후각신경 두개골 안에 들어가서 신호를 후각망울에 전달한다.

후각망울 냄새 물질의 자극 신호가 지나는 뇌의 처음 부분

후각상피 콧속에 있으며 냄새를 느끼는 감각 세포인 후세포가 나열되어 있다. 후세포는 후각신경 앞에 있으며 냄새 물질을 받아들이고 자극을 신경에 전달한다.

비강

냄새 물질 상온에서 기체가 된다. 지방에 녹기 쉬운 화학물질이다.

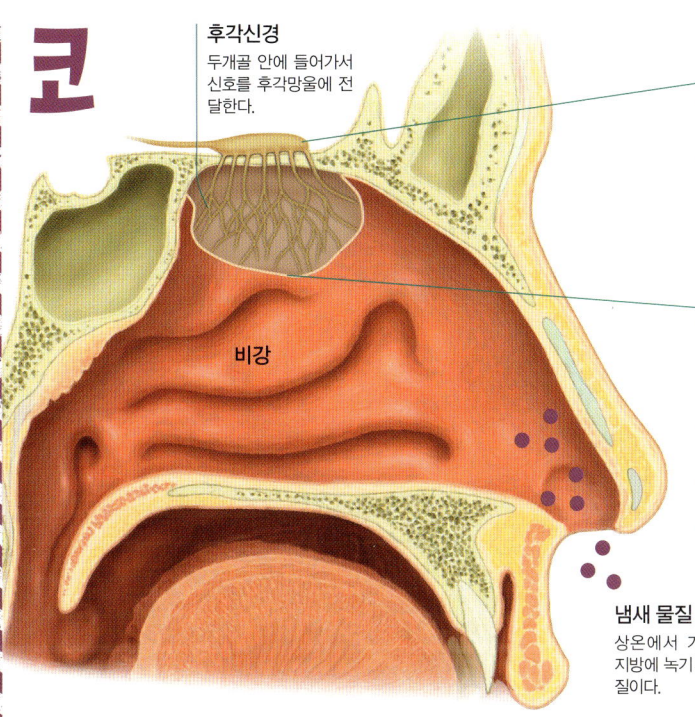

냄새를 느끼는 구조

냄새를 발생시키는 근원은 물체에서 나와 공기 중을 떠도는 화학물질로, 종류만 2만 가지가 넘습니다. 콧속에는 후세포가 늘어서 있는데, 냄새 물질을 받아들이면 그 자극이 신호가 되어 뇌에 전달되면서 냄새를 느낍니다. 그러나 같은 냄새를 오래 맡으면 후세포는 둔감해집니다.

피부

통증과 온도를 느끼는 구조

피부에는 통증과 온도 등을 느끼는 '감각점'이 있습니다. 각 감각점에서 받아들인 자극은 신호로 변환되어 신경을 통해 뇌까지 전해져서 통증과 온도를 느낍니다.

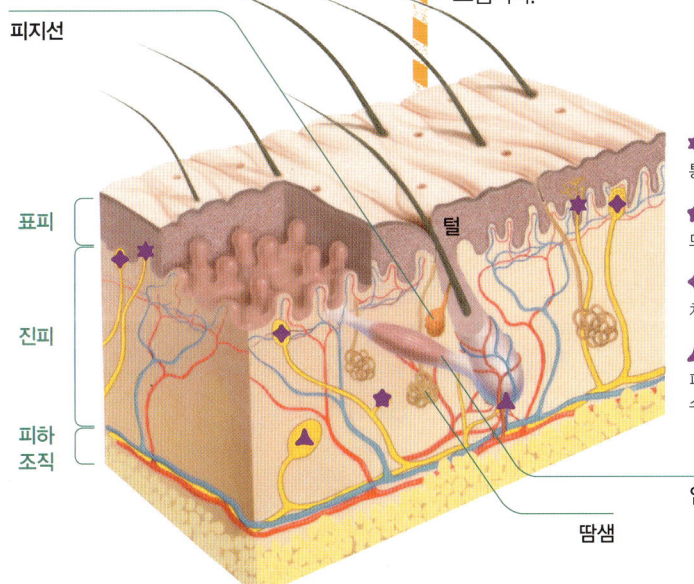

피지선

표피 / 진피 / 피하조직

털

★ **통점** 통증을 느낀다.
★ **온점** 뜨거움을 느낀다.
◆ **냉점** 차가움을 느낀다.
▲ **압점**(촉점) 피부의 눌림과 피부에 스침 등을 느낀다.

입모근
땀샘

혀

유곽유두 혀 안쪽에 있는 돌기. 돌기 한 개 당 수백에서 천 개 정도의 미뢰가 있다.

엽상유두 혀뿌리 부분의 테두리에 있는 돌기. 한 개 당 10~20개의 미뢰가 있다.

심상유두 혀 끝에 많이 모여 있는 작은 돌기. 한 개 당 몇 개의 미뢰가 있다.

사상유두 도톨도톨 나 있고, 음식물을 깎아낸다. 미뢰가 없다.

미뢰 한 개의 미뢰에는 기본적인 맛을 느끼는 세포가 모두 모여 있다. 유두의 옆쪽에 있다.

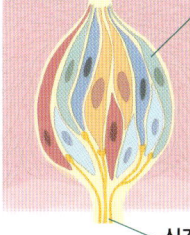

미각세포
신맛
짠맛
단맛
쓴맛
감칠맛

신경

맛을 느끼는 구조

혀에는 맛을 느끼게 하는 기관인 '미뢰'가 모여 있습니다. 음식같이 맛을 느끼게 하는 물질이 미뢰에 있는 미각세포에 닿으면 그 자극이 신경을 통해 뇌에 전달되어 맛을 느낍니다. 기본적인 맛에는 단맛, 짠맛, 신맛, 쓴맛, 감칠맛의 다섯 가지가 있으며, 각각의 미각세포는 느끼도록 정해진 맛을 느낍니다. 미뢰는 목구멍 안쪽에도 있습니다.

뇌와 신경은 어떻게 작동할까?

사람의 활동을 관찰하면, 움직이려고 생각하고 움직일 때와 무의식 중에 움직일 때가 있습니다. 동작을 할 때 우리의 몸안에서는 어떤 일이 일어나고 있는 걸까요?

뇌

- **소뇌**: 몸의 균형을 유지한다.
- **대뇌**: 생각하고 감정을 느끼는 기능, 감각기능, 운동기능을 담당한다. 뇌 용량의 85%를 차지한다.
- **중추신경**: 전달받은 신호를 처리, 판단하여 명령을 내린다.

척수
자극의 신호를 중추신경에 전달한다.
등뼈 안을 지나 온몸으로 신경을 가지 친다. 뇌에 연결되어 중추신경을 만든다.

외부로부터의 자극: 닿았다, 눌렸다, 차다, 뜨겁다, 아프다 등의 감각

감각기관: 자극을 신호로 바꾸어서 감각신경에 전한다.

감각신경

운동신경: 중추신경으로부터 받은 명령을 근육에 전달한다.

반응

배턴을 받고 달려나간다

이어달리기를 할 때 배턴이 손에 닿으면 그 온도와 무게 등을 느낍니다. 이러한 자극들은 피부에 있는 감각기관에서 신호로 변환되어서 감각신경에서 척수를 통해 뇌에 도달합니다. 그러면 뇌는 '배턴을 전달받았음'을 알게 되고, 몸에 '힘차게 달려!'라는 명령을 내보냅니다. 그 신호가 운동신경에 전해지면 다리 근육 등이 수축하여 운동이 일어납니다. 이 모든 것은 배턴이 손에 닿고부터 순식간에 일어납니다.

신경의 종류와 구조

중추신경: 말초신경으로부터 오는 자극을 모아서 운동, 목소리 내기, 반사하기 등의 지령을 낸다.

뇌: 두개골 안에 있는 신경들의 덩어리로, 자극 신호를 받고 몸을 움직이게 하는 명령을 내린다.

척수: 등뼈의 관 안에 있는 신경의 두꺼운 다발로, 뇌와 말초신경을 이어서 신호를 주고받는다.

반사

뜨거우면 나도 모르게 손을 뗀다

아주 뜨거운 것을 만지면 나도 모르게 손을 떼게 되고, 춥거나 소름이 끼치면 닭살이 돋습니다. 이처럼 자극에 따라서 몸이 자연스럽게 반응하는 것을 '반사'라고 합니다. 목부터 아래에 있는 기관에서 일어나는 반사는 신호가 뇌를 통하지 않고 척수와 자율신경 등에서 직접 명령이 나와서 일어납니다. 움직임이 빠르므로 몸을 위험으로부터 지키는 데 유리한 구조입니다.

신경세포의 구조

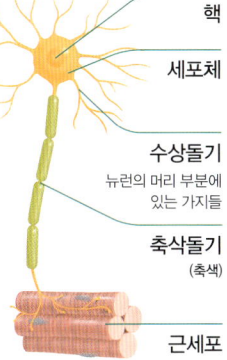

- 핵
- 세포체
- 수상돌기 — 뉴런의 머리 부분에 있는 가지들
- 축삭돌기 (축색)
- 근세포

신경세포(뉴런)는 중심이 되는 세포체와 거기서 나오는 돌기로 이루어진다. 돌기에는 수상돌기와 축삭돌기가 있으며, 자극은 전기신호가 되어 신경 세포와 근세포 등으로 전달된다.

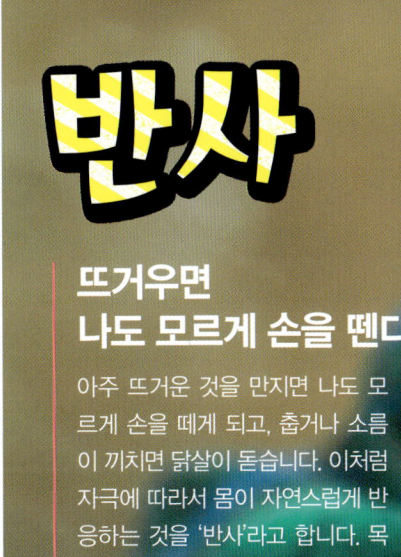

뜨겁다! — 감각신경
손을 놔! — 운동신경

앗! 뜨거워서 놓쳤어!

말초신경 중추신경에서부터 온몸으로 나뉘며 중추신경과 몸의 각 부분과의 연락을 담당한다.

감각신경	운동신경	자율신경
온몸의 감각을 중추 신경으로 전달한다.	중추신경에서 온 명령을 몸의 각 부분으로 전달한다.	내장 등의 기능을 조정한다.

1 아기는 어떻게 태어날까?

생명 | 사람의 몸 | 생식과 출산

사람은 코끼리와 얼룩말, 사자, 고래와 마찬가지로 포유류에 속하는 동물입니다. 여성의 배 안에서 아이가 만들어지고 자라며, 태어나면 모유를 먹습니다.

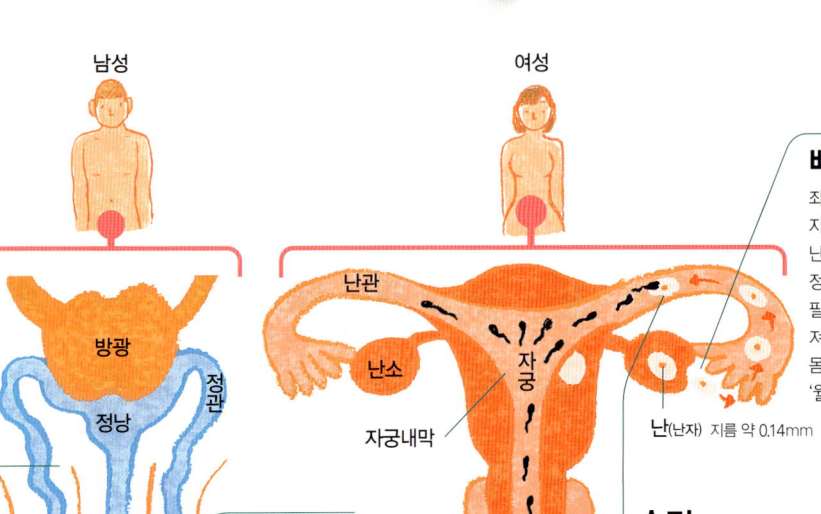

배란
좌우 난소에서 만들어진 난자가 약 1개월마다 교대로 난소에서부터 배출된다. 수정이 이루어지지 않으면 불필요해진 자궁내막이 벗겨져 떨어지면서 혈액과 함께 몸밖으로 배출된다. 이것을 '월경'이라고 한다.

수정
배란이 일어나 난소에서 난관으로 배출된 난자의 수명은 약 24시간이다. 정자가 그 시간 안에 난자와 만나지 못하면 수정이 이루어지지 않는다. 약 1억 개의 정자들이 여성의 난관을 헤엄쳐서 단 하나의 정자가 난자 속으로 들어가 수정되어 수정란이 된다. 수정란은 분열하면서 자궁으로 이동하고, 성장이 시작된다. 이때는 이미 남녀 성별이 정해져 있다.

7주
아기 크기 약 1.2cm, 약 4g

아직 몸의 형태가 뚜렷하지 않지만, 손발은 구분할 수 있다. 뇌, 눈, 귀 등의 신경이 형성되기 시작한다.

수정에서 탄생까지 약 38주 걸린다

사람은 열 살쯤 되면 체형이 변하기 시작해 남성과 여성 간의 몸의 차이가 명확하게 나타납니다. 이것은 아이를 낳을 수 있는 성인으로 성장하고 있다는 증거입니다. 사람의 생식은 다른 포유류와 마찬가지로 남성의 정자가 여성의 몸 안으로 들어가 난자와 만나 수정하면서 시작됩니다. 수정란은 세포분열을 반복해 여성의 몸 안에서 성장하며, 대략 38주(266일) 후에 아기가 태어납니다.

여성 몸의 변화
- 체형이 둥그스름해진다
- 음모와 겨드랑이털이 난다
- 유방이 발달한다
- 월경(생리)이 시작된다

남성 몸의 변화
- 근육과 골격이 발달해서 다부진 몸이 된다
- 음모와 체모(수염, 겨드랑이털)가 난다
- 후두융기*가 나오고, 목소리가 변한다
- 페니스(음경), 고환이 발달한다

*후두융기: 울대뼈. 남성의 목 정면 중앙에 튀어나온 부분

38주
아기의 크기
약 50cm,
약 3100g

뇌와 폐가 발달한다. 지방 때문에 몸이 둥글둥글해진다. 엄마의 자궁이 좁아지고, 아기 머리가 아래로 향하며 태어날 준비를 갖추게 된다.

태반
탯줄과 연결되어 있다. 태아에게 필요한 것과 불필요해진 것을 교환하는 장소.

탯줄
태반과 태아를 연결하며, 양분과 산소를 보내주고 불필요해진 것을 회수한다.

태아
엄마 배 속에서 약 266일을 지낸 태아는 자궁을 통해 모체의 밖으로 나오며, 첫 울음소리와 함께 호흡하기 시작한다. 탯줄은 필요가 없어지므로 잘라내는데, 배꼽은 탯줄이 있었다는 흔적이다.

양수
자궁 안에 있는 액체. 외부에서 받는 충격으로부터 태아를 지킨다.

양막
태아를 둘러싼 얇은 막

자궁
양막으로 태아를 에워싸고 양수에 띄운 상태로 태아를 키우는 곳

15주
아기 크기
약 16cm,
약 120g

뼈와 근육이 발달하고, 남녀 구별이 가능해진다. 태반이 완성된다.

*태반: 태아와 모체의 자궁벽을 연결해 태아의 성장에 필요한 영양을 공급하거나 노폐물 배출 등을 돕는 기관

23주
아기 크기
약 30cm,
약 700g

눈이 뜨이고 소리를 들을 수 있게 된다. 잘 움직이게 되며, 솜털 같은 세세한 것이 만들어진다.

아이는 왜 부모를 닮을까?

DNA에는 몸의 설계도가 기록되어 있다

부모의 특징이 아이에게 전해지는 것은 세포핵 속에 있는 DNA(데옥시리보핵산)라고 하는 사슬 형태의 분자가 생물의 몸을 만드는 설계도 역할을 하기 때문입니다.

모든 세포에 같은 DNA가 있다

사람을 포함해 많은 생물은 하나의 수정란이 계속 체세포 분열(하나의 세포가 2개의 세포로 갈라지며 세포 개수가 늘어나는 현상)을 하며 성체로 성장합니다(→p.40). 수정란 안에 있던 DNA는 그때마다 복사되므로 온몸의 세포에는 같은 DNA가 들어 있습니다. 사람의 DNA는 체세포 분열을 할 때 46개(23쌍)의 염색체로 나뉩니다. 즉, 설계도가 46권의 두꺼운 백과사전이 되는 것이죠. 그것이 복사되어 새로운 세포가 만들어집니다.

자녀는 엄마와 아빠의 DNA를 반씩 이어받는다

아이를 만들기 위해 여성은 난자, 남성은 정자를 만듭니다. 난자와 정자의 세포(생식세포)는 체세포 분열과는 다른, '감수 분열'이라는 생식세포 형성 과정에서 발생하는 세포 분열을 통해서 만들어집니다. 난자와 정자의 염색체 수가 체세포의 절반인 23개이기 때문입니다. 만들어진 난자와 정자가 합체(수정)하면 46개의 염색체를 가지는 수정란이 됩니다. 이 수정란이 성장하여 새로운 생명이 탄생합니다. 엄마로부터 23개, 아빠로부터 23개의 염색체를 이어받아 부모의 특징을 지니면서도 자기만의 고유한 특징을 가진 아이가 태어나는 것입니다.

세포의 집합
사람의 몸은 대략 60조 개의 세포로 이루어져 있다.
* 37조 개라는 설도 있다.

세포와 핵
세포에는 핵이 있으며 모두 같은 DNA를 가진다.

염색체
DNA는 핵 속에 23쌍(46개)의 염색체를 만든다.

히스톤
염색체에는 DNA를 휘감아서 뭉치게 하는 '히스톤'이라는 단백질이 있다.

DNA
'염기'라고 불리는 네 종류의 물질이 약 2m 길이로 이중나선을 이루며 연결되어 있다. 염기는 반드시 A와 T, G와 C가 결합하며, 그 순서가 몸을 구성하는 정보(유전자)가 된다.

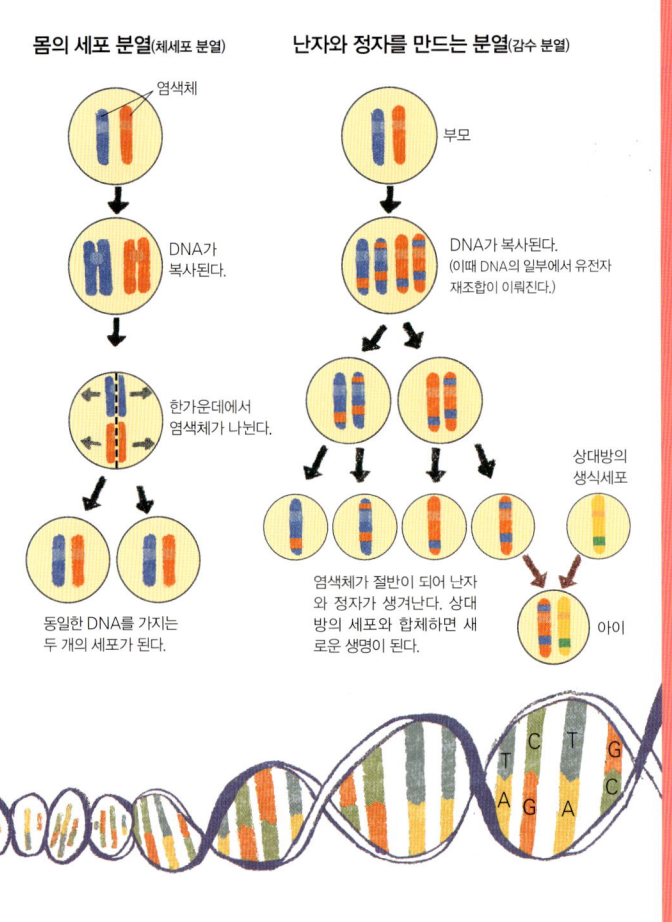

몸의 세포 분열(체세포 분열) / **난자와 정자를 만드는 분열**(감수 분열)
- 염색체
- DNA가 복사된다.
- 한가운데에서 염색체가 나뉜다.
- 동일한 DNA를 가지는 두 개의 세포가 된다.
- 부모
- DNA가 복사된다. (이때 DNA의 일부에서 유전자 재조합이 이뤄진다.)
- 염색체가 절반이 되어 난자와 정자가 생겨난다. 상대방의 세포와 합체하면 새로운 생명이 된다.
- 상대방의 생식세포
- 아이

2
지구

지구

2

우주와 천체

왼쪽 페이지의 거대한 소용돌이는 안드로메다 은하, 오른쪽 페이지의 빛으로 된 띠는 태양계가 있는, 우리 은하계이다. 과학자들의 계산에 따르면 두 은하계가 약 40억 년 후에 충돌하여 하나의 거대한 은하가 된다고 한다.

이 사진은 지금으로부터 37억5천만 년 후의
지구에서 본 밤하늘의 상상도입니다.
이렇게 별이 빛나는 밤하늘을 볼 수 있다면
얼마나 멋진 일일까요?
실제 은하와 별의 위치는 조금 다르지만
지구는 이러한 우주 안에 있습니다.
지구 주변에는 어떤 천체가 있을까요?
밤하늘을 올려다보며
우주로의 여행을 떠나 봅시다.

제공: NASA; ESA; Z. Levay and R. van der Marel, STScI; T. Hallas; and A. Mellinger

우주는 얼마나 넓을까?

우리가 사는 지구와 태양계는 광대한 우주에 속해 있습니다.
과연 우주는 어떤 곳일까요?
지금까지 밝혀진 것들을 소개합니다.

우주의 나이는 약 138억 살

우주는 무려 138억 년 전, 빅뱅이라고 하는 대폭발로 인해 생겼고 점점 확장되었다고 알려져 있습니다. 우주 공간에는 가스나 먼지들이 떠다니고 있는데 그것들이 모여 셀 수 없을 만큼 많은 별과 은하가 생겨났습니다. 우주는 끝없이 넓고, 별과 은하들로부터 빛이 지구에 도달할 때까지 몇 년에서 몇 만 년, 혹은 몇 억 년이라는 시간이 걸립니다. 우리가 보고 있는 별이나 은하는 빛이 출발했을 때의 모습입니다. 즉, 커다란 천체망원경을 통해 보는 저 멀리 있는 별들은 과거의 우주 모습이라는 뜻이지요.

우주의 시작
빅뱅
우주는 아무것도 없는 데에서 태어나서 눈 깜박할 사이에 크게 팽창하여 초고온의 불덩어리 상태가 되었다고 추정된다.

1분 후
물질의 탄생
빅뱅이 일어난 뒤 1만분의 1초 정도 지난 후, 우주의 온도가 낮아지면서 양자와 중성자와 같은 원자핵 알갱이가 생기기 시작했다. 1분 정도 지난 후에는 헬륨과 리튬 같은 가벼운 원자핵도 나타났다.

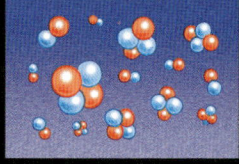

약 38만 년 후
우주가 맑게 개기 시작하다
우주가 계속 팽창하면서 온도가 낮아졌다. 수소와 헬륨 원자가 생기면서 빛이 직진할 수 있게 되어 멀리 내다볼 수 있게 되었다.

우주 마이크로파 배경 방사
우주가 개면서 넓게 퍼진 빛은 '우주 마이크로파 배경 방사'라고 불리고, 지금도 관측된다.

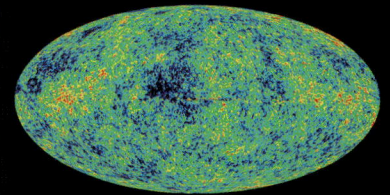

10억 년 후
수소가 모여서 퀘이사(주변 물질을 집어삼키는 블랙홀의 에너지가 만드는 거대한 천체로, 큰 에너지를 지니고 있음)와 여러 은하가 탄생했다.

퀘이사(상상도)

제공: ESO / M.Kommesser

매우 멀리 있는데도 불구하고, 아주 밝은 천체. 일반적인 은하보다 백 배에서 만 배가 넘는 에너지를 가지고 있다. 중심부의 거대한 블랙홀은 고속의 제트기류를 내뿜는다.

138억 년 후
지금의 우주

현재의 우주는 그 탄생으로부터 138억 년이 지났다. 약 66억 년 전부터 우주의 팽창 속도가 빨라졌다는 사실이 최근 밝혀졌다.

초신성 폭발의 잔해
(게자리 성운 M1・거리 약 7200만 광년)

거대한 별의 일생이 끝날 때 초신성 폭발(이전까지 매우 어두웠던 별이 생애 끝에 갑자기 큰 폭발을 일으켜 밝기가 약 100만 배나 커지는 현상)이 일어난다. 그 폭발로 퍼진 가스가 빛을 내뿜고 있다.

아주 오래전 옛날의 은하
(히미코, 거리 약 129억 광년)

129억 광년 떨어진 곳에서 발견된 거대은하 히미코. 우주의 탄생으로부터 약 9억 년 후에 은하가 만들어지는 것이 보인다. 남아메리카 칠레의 알마 전파망원경과 허블우주망원경의 관측으로부터 그린 상상도

제공: National Astronomical Observatory of Japan

블랙홀의 증거
(NGC 4388・거리 약 6000만 광년)

성운의 중심으로부터 나오는 분홍색 가스는 블랙홀의 에너지에 의해 방출된 가스라고 알려져 있다.

별이 태어나는 장소
(S106・거리 약 2000만 광년)

우리 은하계 안에 있는 백조자리 가까이에 있는 성운. 중심에 태양의 약 20배가 넘는 무게를 가진 젊은 별이 있고 그 주위에 많은 별이 태어나 있다.

* '1광년'은 별이 1년 동안 나아가는 거리로, 약 9.5조km이다.

제공: NASA/ESA/NAOJ/The University of Tokyo(Masami Ouchi)

제공: National Astronomical Observatory of Japan

우주에는 어떤 천체가 있을까?

탄생한 이후부터 우주는 계속 확장되고 있다고 합니다. 우주에는 어떤 천체(항성, 행성, 위성 등을 포함해 우주에 있는 모든 물체)가 있는지 알아봅시다.

타원 은하와 소용돌이 은하
(M60) (NGC 4647)

지름이 약 12만 광년이고 중심부에 거대한 블랙홀이 있는 중성급 천체. 오른쪽 위의 소용돌이 은하는 그 2/3 정도 되는 크기이다.

막대소용돌이 은하
(NGC 1300)

7000만 광년 떨어진, 지름 10만 광년 이상인 커다란 막대소용돌이 모양의 은하. 우리가 사는 은하계와 닮았다.

조각가자리 은하단
(Abell 2667)

초은하단(상상도)

우주에는 셀 수 없이 많은 은하가 있는데, 50개 정도의 은하가 모여 은하군을 만듭니다. 그리고 그것들이 모여 은하단을 형성합니다. 그것들이 비눗방울 막처럼 서로 이어져 수백 개의 은하단이 모인 '초은하단'을 만듭니다.

은하단

은하단은 50~1000개 정도의 은하가 서로 중력으로 모여 있는 것처럼 보입니다. 다만 학자들은 그 안에는 보이는 물질뿐만 아니라 암흑물질이라고 불리는 정체불명의 물질도 숨어 있다고 추정하고 있습니다.

은하

은하는 수천억 개의 별 이외에도 가스와 우주먼지로 이루어진 성운(구름 모양으로 퍼져 보이는 천체), 암흑물질 등이 모인 커다란 천체입니다.

불규칙은하
(NGC 1569)

소용돌이 은하 등이 되지 못한 작은 은하나 은하들의 충돌과 합체 등으로 형태가 일그러진 은하 등이 포함된다.

은하계 안의 천체

원시 행성계 원반

원시 행성계 원반 상상도

별의 재료가 되는 가스와 우주먼지가 원반 상태로 모여서 된 천체. 중심부에는 새로 태어난 별이 있고, 나중에는 지구나 목성과 같은 행성이 된다고 추측하고 있습니다.

성단

구형성단
(NGC 5139)
지구로부터 17300광년 떨어진 은하계 안에 있는 오메가 성단. 남반구의 센타우루스자리에 있고, 육안으로도 볼 수 있다. 1000만개 정도의 별들로 이루어져 있다.

중력에 의해 많은 별이 뭉쳐 있는 것을 '성단'이라고 합니다. 성단에는 수만 개에서 수백만 개의 오래된 별들이 둥글게 모여 있는 구상성단과 젊은 별들이 수십, 수천 개 모인 산개성단(플레이아데스 성단 →p.141)이 있습니다.

성운

가스나 우주먼지가 가까운 별빛에 의해 반짝거리며 보이거나 그 반대로 짙은 우주먼지가 가스의 빛을 가로막아 어둡게 보이는 구름 모양으로 퍼져 있는 것들을 '성운'이라고 합니다. 우리가 관찰할 수 있는 성운은 우리 은하계 안에 있는 천체입니다.

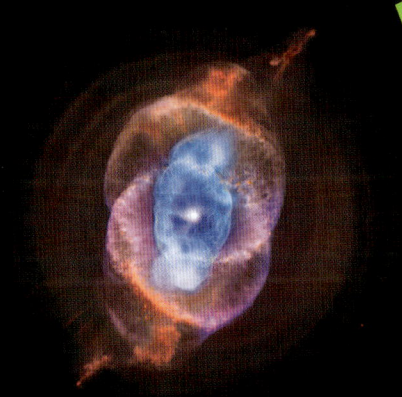

고양이눈 성운
(NGC 6543)
태양과 같은 별은 그 생명이 다하면 적색거성이 되어 가스를 분출하고 쪼그라져서 백색왜성이 된다. 백색왜성으로부터 나오는 자외선이 가스를 밝게 비추고 있다.

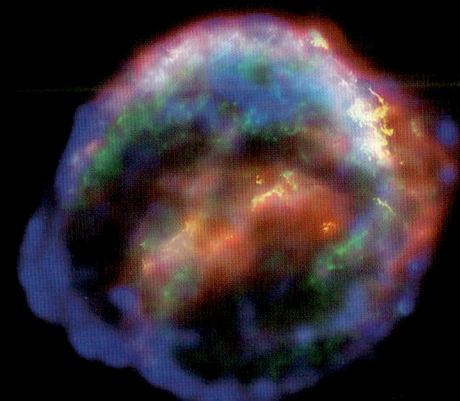

케플러 초신성 잔해
(SN 1604)
태양보다 8배 이상 무거운 별은 그 생애 마지막에 적색의 초거성이 되어 초신성 폭발을 일으킨다. 이것은 지구로부터 2만 광년밖에 안 되는 가까운 거리에서 일어난 초신성 폭발의 잔해이다.

오리온자리의 말머리 성운
(Barnard 33)
오리온자리 가까이 있는 암흑성운. 뒤에서 빛나는 산광성운의 앞에 짙은 가스가 빛을 가로막아 검은 말의 머리처럼 보인다. 여기에서 별이 자주 태어난다.

제공: ESO

모여 있는
1000억~2000억 개의 별

이것은 우리 은하계의 상상도입니다. 뿌옇게 구름처럼 보이는 소용돌이 모양이지만, 이 희끄무레한 빛 안에 있는 작은 알갱이 하나하나가 태양처럼 스스로 빛을 낼 수 있는 '항성'입니다. 은하계에는 약 1000억~2000억 개의 항성이 있는 것으로 알려져 있습니다. 은하계의 모양을 보면 중심부에 크고 두꺼운 막대와 같은 별들이 모여 있고, 거기에서 두 가닥의 커다란 '팔'이 소용돌이처럼 뻗어나 있습니다.

방패자리·센타우루스자리 팔

직각자리 팔

궁수자리 팔

우리도 은하계에 살고 있다

우주에는 1700억 개 이상의 은하가 있다고 알려져 있습니다. 각 은하에는 수천만에서 몇 조에 이를 만큼 수많은 별이 모여 있다고 여겨지지요. 우리가 사는 태양계도 '은하계'라고 하는 은하에 속해 있습니다.

태양계

오리온자리 팔

페르세우스자리

태양계와 위치

지구가 속한 태양계는 은하계의 중심에서부터 약 2만6100광년 떨어져 있으며, 막대소용돌이 은하의 오리온자리 팔에 있다고 알려져 있습니다. 그러나 은하계에 비하면 태양계가 너무나도 작기 때문에 위의 은하계 상상도에서는 점으로도 나타낼 수가 없습니다.

해왕성, 천왕성, 화성, 수성, 목성, 금성, 지구, 태양, 소행성대, 토성

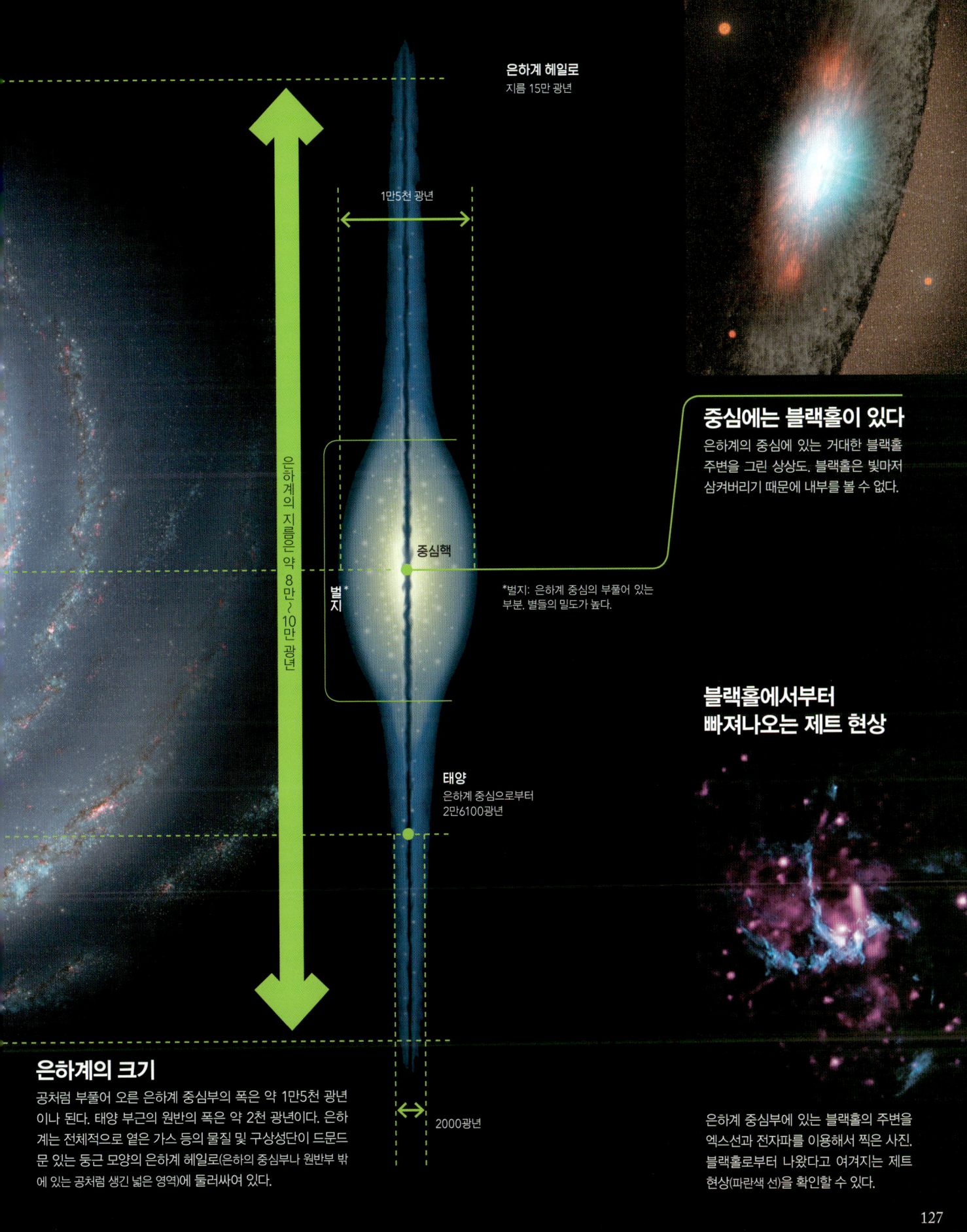

은하계 헤일로
지름 15만 광년

1만5천 광년

은하계의 지름은 약 8만~10만 광년

중심핵

벌지

*벌지: 은하계 중심의 부풀어 있는 부분. 별들의 밀도가 높다.

태양
은하계 중심으로부터 2만6100광년

2000광년

중심에는 블랙홀이 있다

은하계의 중심에 있는 거대한 블랙홀 주변을 그린 상상도. 블랙홀은 빛마저 삼켜버리기 때문에 내부를 볼 수 없다.

블랙홀에서부터 빠져나오는 제트 현상

은하계 중심부에 있는 블랙홀의 주변을 엑스선과 전자파를 이용해서 찍은 사진. 블랙홀로부터 나왔다고 여겨지는 제트 현상(파란색 선)을 확인할 수 있다.

은하계의 크기

공처럼 부풀어 오른 은하계 중심부의 폭은 약 1만5천 광년이나 된다. 태양 부근의 원반의 폭은 약 2천 광년이다. 은하계는 전체적으로 옅은 가스 등의 물질 및 구상성단이 드문드문 있는 둥근 모양의 은하계 헤일로(은하의 중심부나 원반부 밖에 있는 공처럼 생긴 넓은 영역)에 둘러싸여 있다.

태양에서는 어떤 일이 벌어질까?

태양은 우리가 사는 태양계의 중심이 되는 항성입니다. 약 46억 년 전에 태어났고 앞으로 50억 년 정도 더 빛을 낼 것으로 추정됩니다.

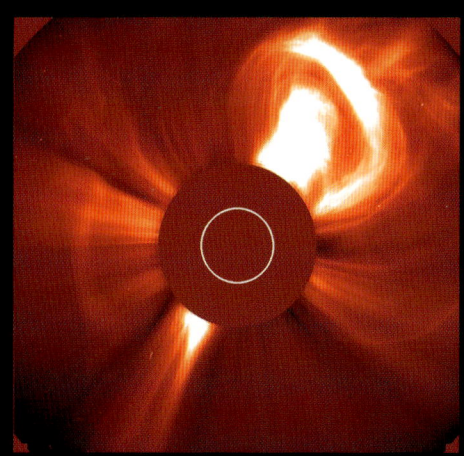

코로나 질량 방출(CME)
태양면 폭발(플레어 현상) 등에 이어 대량의 플라스마(기체 상태의 물질에 열을 가해서 형성되는 이온과 자유전자로 이루어진 입자들의 집합)가 한꺼번에 방출되는 현상. 평상시보다 두 배나 빠른 속도로 퍼져나가 지구에 도착하면 자기장 폭풍을 발생시킨다.

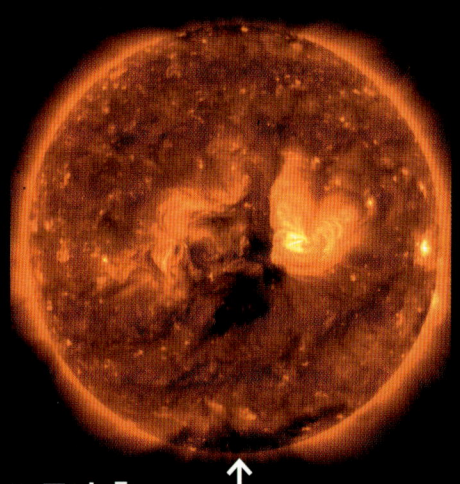

코로나 홀
코로나의 밀도가 낮은 부분으로 평소보다 고속의 태양풍(플라스마의 기류)이 분출되어 나오는 곳. 주로 태양의 북극과 남극에 나타나며, 엑스선으로 관측하면 까맣게 보인다.

프로미넌스(홍염)
약 1만°C
태양 채층(태양의 표면층과 상층 대기인 코로나 사이의 대기층)에 있는 가스 일부가 자기장선을 따라 코로나에 뿜어 올라와 불꽃처럼 보이는 현상이다.

지구의 크기

태양은 흔한 별
태양은 우주 어디에나 있는 흔한 항성입니다. 지름은 지구의 약 109배, 지구로부터의 거리는 약 1.5억km로, 빛의 속도로 갈 때 약 8분 19초 걸립니다. 중심부에서는 핵융합(가벼운 원자핵 몇 개가 핵반응으로 결합하여 무거운 원자핵이 되는 현상) 반응이 일어나고 있고 막대한 양의 에너지가 우주로 방출되고 있습니다. 그 중 극히 일부가 지구까지 도달하여 지구 위의 생명체들을 키우고 있습니다.

채층
약 9천~1만°C, 두께 약 2,000km
수소와 헬륨 등으로 이루어진 얇은 가스층. 중심부로부터 멀어질수록 온도가 높아진다.

코로나
100만°C 이상
태양의 표면으로부터 뿜어져 나온 고에너지 입자(플라스마)가 고속으로 바깥으로 뿜어져 나오고 있다.

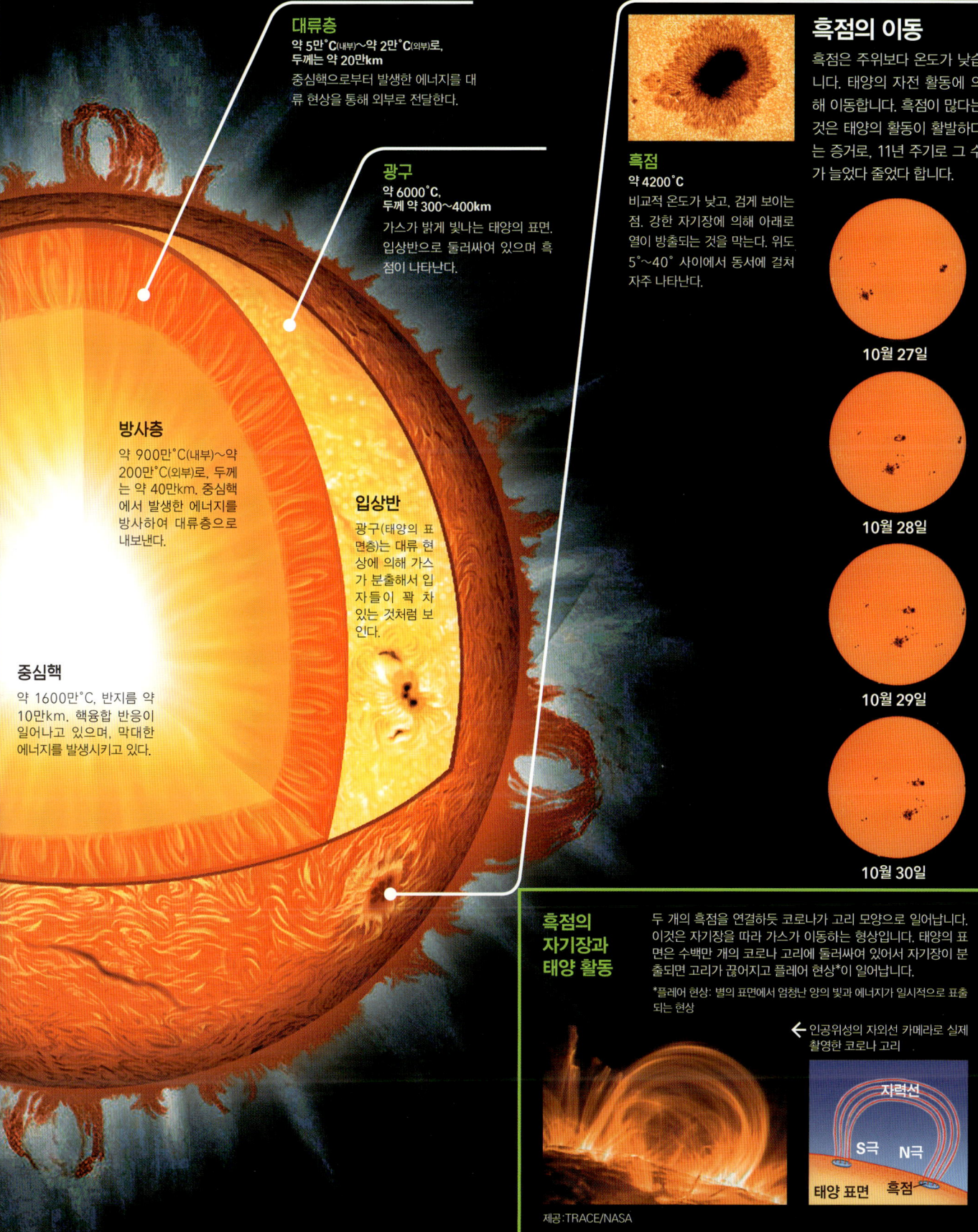

태양계는 어떻게 이루어져 있을까?

지구는 태양계의 일원입니다. 태양은 여덟 개의 행성(수성, 금성, 지구, 화성, 목성, 토성, 천왕성, 해왕성)을 거느리고, 이 행성들은 정해진 주기에 따라 태양 주위를 공전합니다.
행성은 내부 구조에 따라 지구형, 목성형, 천왕성형의 세 종류로 나눕니다.

① 지름
② 지름 (지구의 지름을 1이라고 할 때의 크기 비교)
③ 태양으로부터의 거리 (지구와 태양간 거리를 1이라고 할 때)
④ 공전주기
⑤ 자전주기
⑥ 위성의 개수

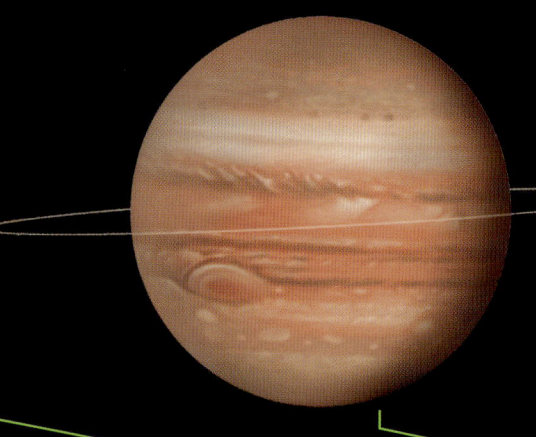

수성
태양과 가장 가까운 암석행성. 낮에는 표면 온도가 400°C, 밤에는 반대로 -150°C 이하로 떨어진다. 대기는 거의 없고, 크레이터(움푹 파인 큰 구덩이 모양의 지형)가 많다.

① 4879km
② 0.38
③ 0.387
④ 87.97일
⑤ 58.65일
⑥ 0

금성
지구와 크기가 비슷하지만 지구보다 안쪽에서 돌고 있는 암석행성. 이산화탄소의 얇은 층과 황산 구름으로 덮여 있어서 온실효과로 인해 평균 기온은 460°C 이상이다.

① 12104km
② 0.95
③ 0.723
④ 224.7일
⑤ 243일 (역으로 회전)
⑥ 0

지구
태양으로부터 세 번째에 위치한 암석행성. 수많은 생물이 살고 있습니다. 대기는 주로 질소(약 78%)와 산소(약 21%)로 구성되어 있다. 기체(수증기), 액체(바다, 강, 호수), 고체 상태인 얼음이 있다.

① 12756km
② 1
③ 1
④ 365.26일
⑤ 1일
⑥ 1(달)

화성
지구의 바로 바깥쪽에서 돌고 있는 암석행성. 지름은 지구의 약 1/2이다. 거대한 화산과 계곡이 있으며, 고체 상태인 이산화탄소 얼음의 존재가 확인되었다.

① 6792km
② 0.53
③ 1.523
④ 686.98일
⑤ 1.026일
⑥ 2

소행성대
화성과 목성 사이에 크기 100km 이하의 작은 천체들이 도넛 형태로 분포하고 있다.

태양
① 1392000km
② 109.12
③ –
④ –
⑤ 25.38일
⑥ –

지구형 행성(암석행성)
수성, 금성, 지구, 화성의 4개 행성이 해당합니다. 내부에는 철, 니켈 등 금속을 주성분으로 하는 핵이 있고, 암석을 성분으로 하는 맨틀이 핵을 둘러싸고 있습니다.

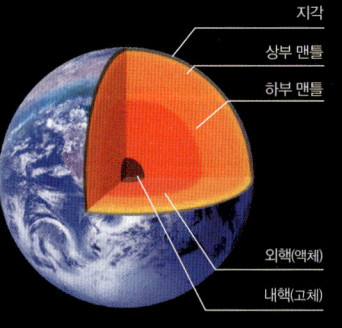

지각
상부 맨틀
하부 맨틀
외핵(액체)
내핵(고체)

짧은 주기 혜성의 궤도

태양

목성
토성
천왕성
해왕성

혜성
얼음과 먼지로 만들어진 작은 천체로, 태양에 가까워지면 성분이 증발하며 가스로 이루어진 꼬리가 더 길어진다. 에지워스 카이퍼벨트 전체 또는 저 멀리 떨어진 외계 우주로부터 온다.

에지워스 카이퍼벨트 천체
해왕성의 외부에 있는 태양계의 천체. 2006년에 행성에서 준행성으로 지위가 바뀐 명왕성이 포함되어 있다. 얼음이 주 성분인 작은 천체들도 많이 속해 있는데 이런 천체들이 궤도로부터 떨어져 나와 태양에 가까이 오면 혜성이 되기도 한다.

명왕성

카론

카이퍼벨트 천체에 있고, 달보다 작은 천체. 예전에는 행성이었으나 비슷한 천체가 여러 개 발견되면서 준행성으로 지위가 바뀌었다. 크기가 자신의 반이 넘는 '카론'을 위성으로 거느린다.

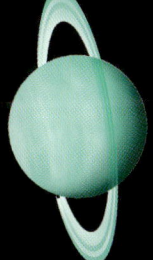 

태양계 가장 바깥에 있는 오르트 구름

태양계 가장 바깥은 얼음이나 우주먼지로 구성된 '오르트 구름'이라고 불리는 천체에 둘러싸여 있습니다. 태양으로부터 오르트 구름까지의 거리는 지구와 태양간 거리의 5만 배에 달합니다.

오르트 구름
카이퍼벨트

목성
지름이 지구의 11배인 태양계에서 가장 거대한 가스행성. 내부의 대부분은 기체나 액체의 수소, 헬륨으로 이루어져 있다. 표면은 암모니아 구름에 덮여 있어서 줄무늬나 소용돌이 모양이 나타난다.

① 142984km
② 11.2
③ 5.203
④ 11.86년
⑤ 0.414일
⑥ 67

토성
아름다운 고리를 가진 거대한 가스행성. 목성처럼 기체와 액체의 수소 및 헬륨 등으로 이루어져 있다. 고리 전체는 아주 얇고 주로 작은 얼음 알갱이로 만들어져 있다.

① 120536km
② 9.45
③ 9.555
④ 29.46년
⑤ 0.444일
⑥ 65

천왕성
지름이 지구의 약 4배에 달하는 거대한 얼음행성. 가는 고리를 가지고 있으며, 옆으로 기울어져서 회전한다. 수소, 헬륨, 메탄 등 대기 아래에 얼음 맨틀이 있다.

① 51118km
② 4.01
③ 19.218
④ 84.02년
⑤ 0.718일
⑥ 27

해왕성
태양으로부터 가장 멀리 떨어져 있는 거대한 얼음행성. 태양을 한 바퀴 도는데 164년 9개월이 걸린다. 대기는 메탄을 포함한 수소로 이루어져 있고, 내부에는 얼음 맨틀이 있다.

① 49528km
② 3.88
③ 30.11
④ 164.77년
⑤ 0.671일
⑥ 14

목성형 행성 (거대 가스행성)
목성과 토성은 거대한 행성입니다. 암석이나 철, 얼음 등으로 이루어진 핵을 수소와 헬륨이 섞인 두꺼운 가스층이 둘러싸고 있습니다.

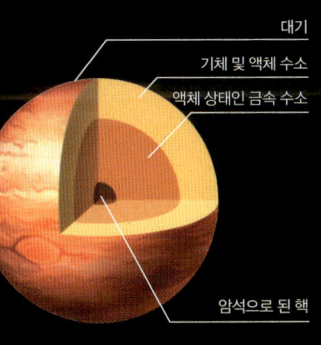

대기
기체 및 액체 수소
액체 상태인 금속 수소
암석으로 된 핵

천왕성형 행성 (거대 얼음행성)
천왕성과 해왕성은 태양으로부터 멀리 떨어져 있습니다. 물, 메탄, 암모니아가 내부에서 고체가 되어 암석으로 된 핵 주변에 두꺼운 맨틀을 형성하고 있습니다.

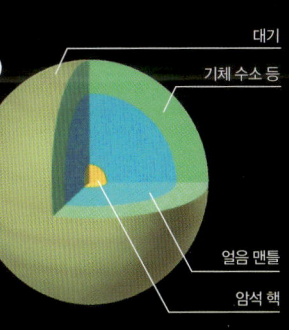

대기
기체 수소 등
얼음 맨틀
암석 핵

2 지구 · 우주와 천체 · 은하수

은하계 중심 방향

소마젤란 은하

전갈자리
안타레스

대마젤란 은하

지구에서 우주를 관찰해 보자

하늘이 맑게 개고 공기가 깨끗하고 달도 뜨지 않은 어두운 밤에는 밤하늘을 올려다봅시다. 눈앞에 빛나는 별들의 저편에는 끝없는 우주가 펼쳐져 있습니다.

은하수는 지구로부터 올려다본 은하계의 모습

태양계는 은하계(은하수)의 중심으로부터 약 2만6100광년 지점에 은하계의 원반 모양이 얇아진 곳에 있습니다. 은하수가 띠처럼 보이는 이유는 은하계의 원반을 바로 옆에서 보게 되기 때문입니다.

은하계의 바깥
은하계의 중심
보이는 별이 많다
보이는 별이 적다

독수리자리
알타이르

베가
거문고자리

데네브
백조자리

사진 속 전갈자리보다 북쪽(오른편)으로는 여름밤에 보이는 별들이 찍혔다. 남쪽(왼편)에 보이는 대소 마젤란 은하는 은하계에 이웃한 작은 은하로, 한국에서는 볼 수 없다.

북쪽 밤하늘에는 백조자리의 데네브, 은하수를 끼고 있는 거문고자리의 베가, 독수리자리의 알타이르로 이루어진 여름 밤하늘의 대삼각형(→p.136)이 보인다.

은하수

이 사진은 남아프리카공화국의 나미비아 초원에서 촬영한 것입니다. 구름 모양으로 빛나는 띠가 바로 은하수입니다. 은하수는 우리 태양계가 있는 은하계(은하수 은하)의 모습으로, 지구에서 보면 이처럼 빛의 띠처럼 보입니다. 가장 밝게 빛나는 궁수자리의 방향이 은하계 원반의 중심부입니다. 은하수의 빛의 띠 안에 보이는 검은 부분은 짙은 가스나 우주먼지가 은하계의 빛을 가로막고 있는 것입니다.

별까지의 거리 (광년)

우주 안의 천체들 사이의 거리는 빛이 1년 동안 가는 거리(광년)를 단위로 써서 나타냅니다. 빛은 1초에 약 30만km를 갈 수 있으므로 1광년은 약 9.5조km입니다. 전갈자리의 안타레스는 약 553광년 떨어진 곳에 있으므로 553년 전에 5254조km 떨어진 지점에서 나온 빛을 보고 있는 것입니다.

천체들로부터 지구에 빛이 도달할 때까지의 시간

태양계: 달 1.3초, 태양 8분 19초, 토성 71분
은하계: 시리우스 8.6년, 북극성 433년, 안타레스 553년
태양계 바깥: 안드로메다 은하 230만 년, NGC 4388* 6000만 년 (가까운 은하단에 있는 은하), 히미코 은하* 129억 년 (가장 먼(아주 옛날의) 거대은하)

*NGC 4388 → p.123
*히미코 은하 → p.123

제공 : Florian Breuer (floriansphotographs.blogspot.com) 남아프리카공화국의 나미비아에서 촬영

2 지구 | 우주와 천체 | 봄철 별자리

큰곰자리

북두칠성

북극성

작은곰자리

목동자리

봄의 밤하늘을 올려다보자

봄의 밤하늘은 그다지 화려하지는 않지만
큰 별자리들이 웅대한 자태를 보여 줍니다.
큰곰자리의 북두칠성은 찾기 쉬우므로
동쪽에서부터 북쪽의 밤하늘을 주의 깊게 살펴봅시다.

별자리 일람표의 사용방법

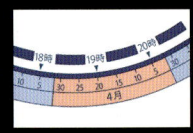

1. 시간 눈금이 새겨져 있는 원반을 돌려서 보고 싶은 날짜의 눈금을 맞춘다.
2. 자신이 서 있는 장소의 동서남북 방향을 확인한다.
3. 관찰하려는 방향이 밑으로 오도록 별자리 일람표를 손에 든다.
4. 관찰하고자 하는 방향으로 향한다.
5. 별자리 일람표를 머리 위로 가져다 놓고 올려다본다.

북두칠성으로부터 북극성을 찾는다

북동쪽 하늘 높은 곳에 커다란 국자 모양의 북두칠성이 있고, 국자의 테두리를 다섯 배 정도 늘인 지점에 북극성이 있습니다. 북두칠성은 큰곰자리의 꼬리에 해당하는 부분이며, 북극성은 작은곰자리의 꼬리 끝에 해당하는 별입니다.

북극성은 지축의 북쪽 연장선에 있기 때문에 움직이지 않는 것처럼 보인다(→p.150).

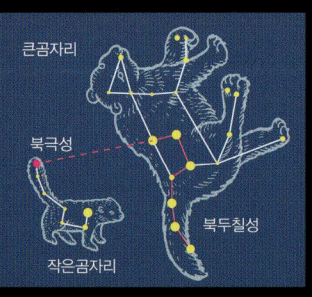

사자자리

데네볼라

아르크투루스와 스피카에 사자자리의 데네볼라를 더하여 만들어지는 삼각형을 '봄의 대삼각형'이라고 부른다. 데네볼라는 사자자리의 꼬리에 해당하는 부분이다.

봄의 대삼각형

처녀자리

아르크투루스 · 스피카 · 토성

봄의 밤하늘에서 은하와 성단을 찾아보자

눈으로는 보기 어렵지만, 봄의 밤하늘에는 몇 개의 성단과 우리 은하계 바깥의 여러 은하를 볼 수가 있습니다. '성단'은 항성이 밀집해 있는 천체로서 우리 은하계 안에 있습니다. 쌍안경이나 천체망원경으로 찾아봅시다.

© Kenji Yoshio

프레세페 성단(M44)
게자리에 있는 산개성단. 거리는 590광년. 200개가 넘는 항성이 밀집해 있다.

보데 은하(M81)
북두칠성이 있는 큰곰자리에 일 년 내내 볼 수 있는 소용돌이형 은하. 거리는 1200만 광년. 가까이 있는 M82(시가 은하)도 함께 볼 수 있다.

소용돌이 은하(M51)
거리는 2100만 광년. 북두칠성의 손잡이 가까이에 있으며, 크고 작은 소용돌이 은하가 연결되어 있다. 쌍안경으로는 찾기 어렵다.

북두칠성과 봄의 대곡선

북두칠성의 손잡이 부분의 곡선을 늘려가다 보면 동쪽 하늘의 오렌지 빛으로 밝게 빛나는 별인 목동자리의 아르크투루스를 만날 수 있습니다. 여기에서 더 곡선을 길게 따라가면 남동쪽 하늘에 처녀자리의 스피카가 푸르스름한 빛을 내는 것을 볼 수 있는데, 이러한 곡선을 '봄의 대곡선'이라고 합니다.

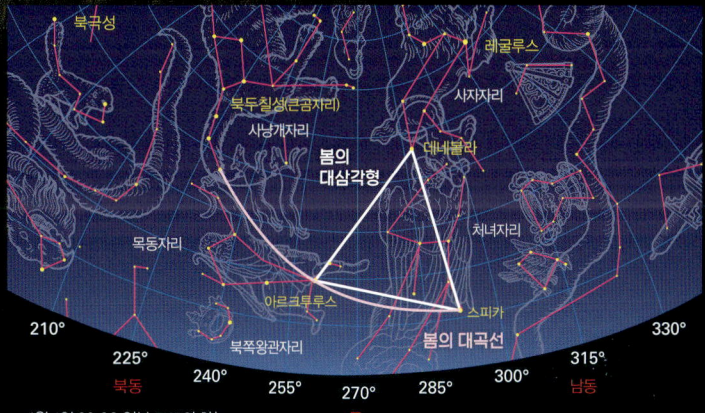

4월 1일 20:00 일본 도쿄의 하늘

여름에는 어떤 별이 보일까?

베가(직녀성)
거문고자리
백조자리
데네브
여름의 대삼각형
알타이르(견우성)
독수리자리

여름 밤하늘에는 전갈자리와 백조자리, 거문고자리 등 눈에 잘 띄는 별자리들이 빛나고 있습니다. 대부분이 은하수를 따라서 빛나고 있으므로 공기가 맑고 어두운 장소에서 은하수를 따라가면서 찾아봅시다.

유성우 관찰

여름은 유성을 보기에 좋은 계절입니다. 유성은 우주에 있는 지름이 1mm인 것부터 수 센티미터에 이르는 우주먼지의 알갱이가 지구 대기권에 들어오면서 대기와 마찰할 때 고온으로 타오르며 빛나는 현상입니다. 태양을 도는 혜성의 궤도에는 수많은 우주먼지가 함께 돌고 있습니다. 매년 지구가 그러한 혜성의 궤도를 지날 때마다 많은 먼지가 무수히 대기권에 돌입하는데, 이것이 '유성우'입니다.

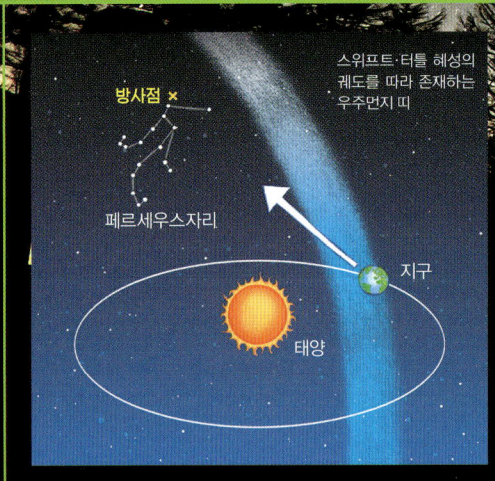

페르세우스자리의 유성우를 보는 방법
페르세우스자리에 있는 방사점(유성이 사방으로 흩어지는 것처럼 보이는 하늘 위의 한 점) 중심으로 하늘의 여러 곳에서 유성이 출현한다.

전갈자리

안타레스
남쪽 하늘에는 전갈자리가 커다란 S자 형태로 낮게 펼쳐져 있다. 전갈의 심장에 해당하는 곳에 안타레스가 빨간 빛을 내며 있다.

궁수자리

은하수는 지구에서부터 올려다본 은하계의 모습이다. 궁수자리가 은하수의 중심에 자리 잡고 있어서 궁수자리를 지나는 은하수의 별들이 가장 두껍게 빛나 보인다.

전갈자리로부터 은하수를 거꾸로 따라 올라가 보자

전갈자리의 꼬리 부근에 뿌옇게 빛나는 빛의 띠가 동쪽으로 올라갑니다. 바로 은하수입니다. 계속 따라 올라가다 보면 커다란 십자 모양의 백조자리에 도달합니다. 그 바로 앞에는 옛날이야기에 나오는 것처럼 직녀성(거문고자리의 베가)과 견우성(독수리자리의 알타이르)이 은하수 양쪽에서 서로 바라보고 있습니다.

7월 1일 21:00 도쿄의 하늘

별의 밝기

별의 밝기는 '등급'으로 정해져 있습니다. 맨눈으로 겨우 보이는 별이 6등성, 그 100배의 밝기에 해당하는 것이 1등성으로, 1등급 올라올 때마다 약 2.5배 밝아집니다. 태양을 제외하고 1등성 이상의 밝은 별은 21개 있습니다. 큰개자리의 시리우스가 −1.47등급으로 가장 밝으며, 베가는 0.03등급으로 다섯 번째로 밝습니다. 참고로 태양은 −26.7등급, 보름달은 −12.7등급에 해당합니다.

별의 밝기와 개수

등급	별의 개수
1등성 이상	21개
2등성	67개
3등성	190개
4등성	710개
5등성	2,000개
6등성	5,600개

1등성 이상의 별

1	시리우스(큰개자리)	−1.47
2	카노푸스(용골자리)	−0.72
3	알파 센타우리 A(센타우루스자리)	−0.1
4	아르크투루스(목동자리)	−0.04
5	베가(거문고자리)	0.03
6	카펠라(마차부자리)	0.08
7	리겔(오리온자리)	0.12
8	프로키온(작은개자리)	0.34
9	베텔게우스(오리온자리)	0.42
10	아케르나르(에리다누스자리)	0.50
11	하다르(센타우루스자리)	0.60
12	알타이르(독수리자리)	0.77
13	아크룩스(남십자자리)	0.81
14	알데바란(황소자리)	0.985
15	스피카(처녀자리)	1.04
16	안타레스(전갈자리)	1.09
17	폴룩스(쌍둥이자리)	1.15
18	포말하우트(남쪽물고기자리)	1.16
19	데네브(백조자리)	1.25
20	베크룩스(남십자자리)	1.297
21	레굴루스(사자자리)	1.40
	태양	−26.7
	보름달	−12.7

가을의 밤하늘에서는 어디를 봐야 할까?

가을 밤하늘을 올려다보면 여름 밤하늘을 수놓았던 별들이 모두 퇴장하고 쓸쓸함이 감돕니다. 그중 또렷하게 보이는 페가수스자리의 사각형과 북극성을 가리키는 카시오페이아자리가 가을 별자리의 길잡이가 됩니다.

카시오페이아자리에서부터 북극성을 찾는다

카시오페이아자리의 W자와 북두칠성의 국자 모양은 북극성을 사이에 두고 서로 반대 방향에 있습니다. 겨울에는 북두칠성 대신에 카시오페이아자리가 북극성을 찾는 길잡이가 됩니다. 양쪽 옆의 교차점과 중심부의 별을 이어서 그 거리의 다섯 배만큼 늘린 곳에 북극성이 있습니다.

북쪽에 보이는 별은 북극성을 중심으로 시계 방향의 반대로 도는 것이 보인다. 한 시간에 15도, 두 시간에 30도, 네 시간에 60도 움직인다.

가을의 사각형을 통해 카시오페이아자리 찾기

하늘 위를 올려다보면 커다란 사각형을 찾을 수 있는데, 이것은 페가수스자리의 일부로서 '가을의 사각형'이라고 불립니다. 가을의 사각형에서 북쪽으로 시선을 돌리면 평평한 W자 모양이 인상적인 카시오페이아자리가 있습니다. 반대로 사각형으로부터 남쪽으로 시선을 돌리면 지평선 가까이에 남쪽물고기자리의 1등성 포말하우트가 홀로 떨어져 빛나고 있습니다.

그리스 신화와 가을철 별자리

가을의 사각형과 카시오페이아자리 사이에 안드로메다자리가 있습니다. 사람 이름이 붙은 모든 별자리의 이름은, 고대 그리스 신화에 등장하는 인물들의 이름을 따서 붙여졌습니다. 카시오페이아 왕비의 딸이 안드로메다 공주이며 제물로 바쳐질 뻔한 공주를 구한 것이 날개 달린 천마 페가수스입니다. 안드로메다자리에서 안드로메다 공주의 얼굴 위치에 있는 별이 가을의 사각형을 이루는 별 중 하나입니다.

페가수스자리

가을의 사각형

안드로메다자리

안드로메다 은하

안드로메다 은하는 우리가 속한 은하계의 형제

안드로메다 은하(M31)는 우리 은하계로부터 약 230만 광년의 거리에 있는 아름다운 소용돌이 은하입니다. 광대한 우주에서 바로 이웃하는 은하라고 할 수 있습니다. 지름이 22만 광년이고, 은하 안에 1조 개의 항성이 있다고 알려진 은하로, 우리 은하계보다 훨씬 큽니다.

30억 년 후에 우리 은하계와 충돌한다?

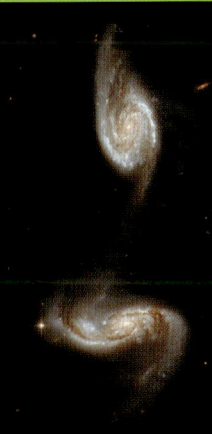

안드로메다 은하는 초속 300km로 우리 은하계에 접근 중입니다. 이대로 간다면 30억~40억 년 후에는 두 개의 은하가 충돌하여 커다란 은하가 탄생할 것으로 예상됩니다. 우주에는 실제로 충돌하는 은하가 여러 개 있습니다. (사진은 NGC 5257과 NGC 5258)

대표적인 겨울 별자리

겨울은 공기가 맑고 깨끗해서 밤하늘을 쳐다봤을 때 별들이 한층 아름답게 보입니다. 그중에서도 남쪽 하늘에서 빛나는 오리온자리가 겨울 밤하늘의 주인공입니다. 오리온자리 주변에는 1등성들이 경쟁하듯 빛나고 있습니다.

오리온자리에서부터 겨울의 대삼각형을 찾아보자

남쪽 밤하늘에는 거대한 사냥꾼 모양을 나타내는 오리온자리가 사냥꾼이 멘 벨트의 위치에 있는 세 개의 별을 중심으로 빛나고 있습니다. 그 왼쪽 위에서 빨갛게 빛나는 베텔게우스로부터 시선을 돌리면 모든 천체 중에서 가장 밝은 별인 큰개자리의 시리우스가 약 −1.5등급의 밝기로 밝게 빛나고 있습니다. 이 두 별은 그 동쪽에 있는 작은개자리의 프로키온과 아름다운 정삼각형을 만듭니다. 이것이 '겨울의 대삼각형'입니다.

겨울의 대삼각형에서부터 겨울의 대육각형을 찾아보자

시리우스부터 프로키온, 그 왼쪽 위에 밝게 빛나는 별이 두 개 나란히 있습니다. 왼쪽의 1등성이 쌍둥이자리의 폴룩스입니다. 그리고 시계 방향으로 마차부자리의 카펠라, 황소자리의 알데바란, 그리고 오리온의 발에 해당하는 푸르스름한 0.1등성 리겔까지 따라가다 보면 붉게 빛나는 베텔게우스를 중심으로 하는 '겨울의 대육각형'이 만들어집니다.

오리온자리

초신성 폭발 가능성이 있는 베텔게우스

베텔게우스는 지름이 태양의 1,000배 가까이에 달하는 거대한 별입니다. 별의 수명이 거의 끝나가고 있어 밝기와 형태가 불안정합니다. 가까운 시일 내에 초신성 폭발을 일으킬 것으로 예상됩니다.

초신성 폭발을 일으킨 베텔게우스 상상도

맨눈으로도 보이는 오리온 대성운

오리온자리의 세 개의 별 남쪽으로 다른 작은 세 개 별이 보이는데 그 한가운데에서 빛나는 것이 오리온 대성운입니다. '성운'은 우주 먼지와 가스가 뭉쳐져 있는 장소를 말합니다. 오리온 대성운은 지구로부터 약 1400광년 거리에 있으며, 그 안에서는 차례차례로 새로운 별이 태어나고 있습니다.

별의 색깔과 표면 온도

베텔게우스나 전갈자리의 안타레스는 붉은 별로 유명합니다. 시리우스는 하얗게 빛나는 별이며 리겔은 푸르스름한 색을 띠고 있습니다. 푸르스름한 별은 온도가 높고, 붉은 별은 온도가 낮은 별입니다. 표면 온도가 높을수록 다음과 같이 분류할 수 있습니다.

	표면 온도	색	대표적인 별
O형	50000K	청백색	오리온자리의 별 세 개
B형	20000K	청백색	리겔, 스피카
A형	10000K	흰색	시리우스, 베가
F형	7000K	엷은 노란색	프로키온
G형	6000K	노란색	태양
K형	4000K	오렌지색	알데바란, 아르크투루스
M형	3000K	붉은 색	안타레스, 베텔게우스

K(켈빈)은 온도 단위로 273.15K=0°C

플레이아데스 성단 (산개성단)

황소자리에 있는 청백색을 띠는 별들의 집합체. 약 5000만 년 전에 탄생한 젊은 별들의 집단으로, 표면 온도가 12000~16000K에 이르는 고온의 거대한 별이 많다.

지구

2 천체의

개기월식이 일어나고 있는 모습을
연속적으로 찍은 사진입니다.
왼쪽에서부터 오른쪽으로 움직이는 태양 앞을
지나가는 달의 모습을 알아볼 수 있나요?
달은 태양의 오른쪽 아래로부터 점차 겹쳐져서
가운데 사진에서는 태양을 완전히 가리고,
점점 왼쪽 위로 이동하여 태양으로부터 멀어집니다.
일식은 지구, 태양, 달이 보여주는 멋진 천체 쇼입니다.
이 세 개의 천체는 어떤 관계를 맺고 움직이는 걸까요?

제공: Thanakrit Santikunaporn/National Astronomical Research Institute of Thailand

움직임

노르웨이의 스발바르 제도에서 2015년 3월 20일 관측된 개기월식. 이곳은 북극에 가까워서 한겨울에 태양이 떠오르지 않고 3월에도 이처럼 태양이 하늘 낮게 이동할 뿐입니다.

왜 여름과 겨울은 서로 번갈아서 올까?

여름에는 덥고 낮이 길며, 겨울에는 춥고 밤이 깁니다.
이처럼 두 계절이 번갈아서 오는 이유를 지구의 움직임을 통해 밝혀 봅시다.

지구 | 천체의 움직임 | 지구의 공전과 계절

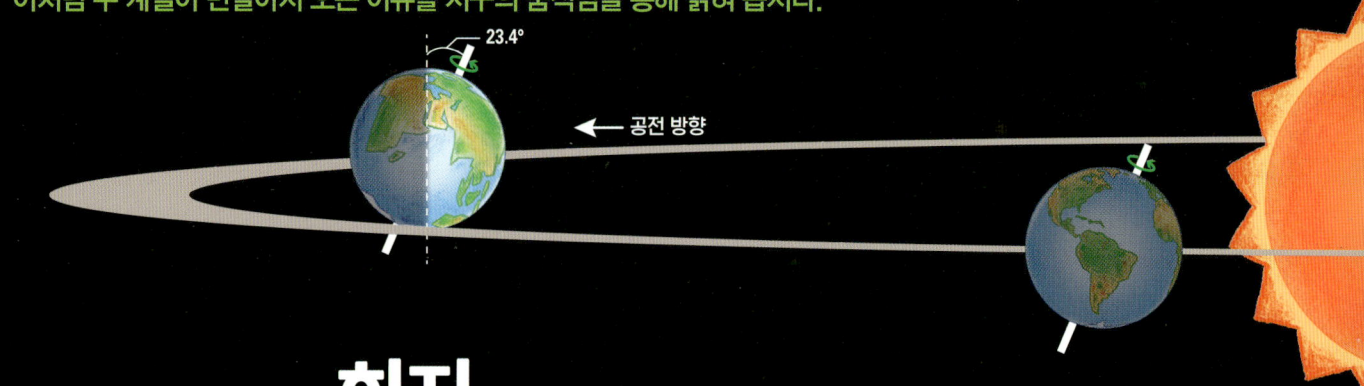

하지
북극이 태양과 가장 가까워지는 날

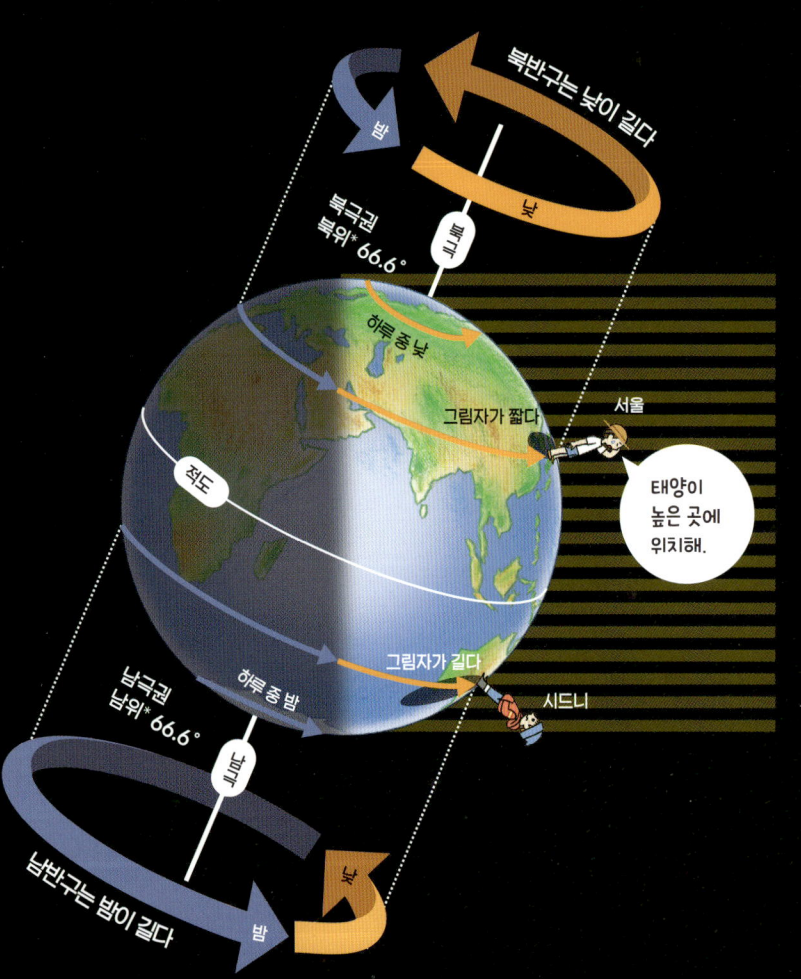

추분
북극과 남극에서 태양까지의 거리가 같아지는 날

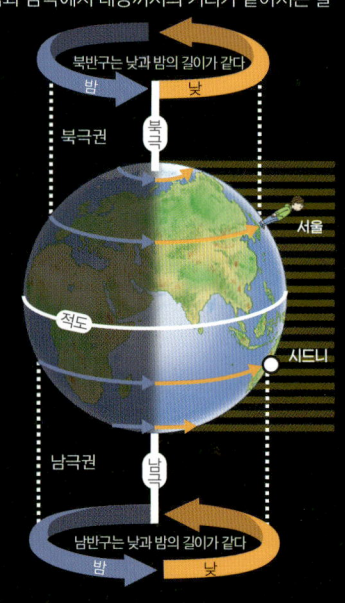

북반구와 남반구의 기온 변화

북반구와 남반구의 기온 변화는 서로 반대입니다. 태양열이 대지에 전달되는 데 시간이 걸리기 때문에 북반구에 있는 서울의 경우, 가장 더운 날은 하지로부터 약 1~2개월 뒤인 7월에서 8월입니다. 가장 추운 시기는 동지로부터 1~2개월 뒤인 1월과 2월입니다. 남반구에 있는 시드니는 그 반대입니다. 계절 변화는 위도가 높은 지역일수록 더 뚜렷합니다.

*북위: 적도로부터 북극에 이르기까지의 위도
*남위: 적도로부터 남극에 이르기까지의 위도

지구 자전축의 기울기가 계절을 만든다

지구는 약 365일에 걸쳐 태양 주위를 한 바퀴 돕니다. 이것을 '공전'이라고 합니다. 지구의 남북을 잇는 자전축은 공전 궤도면에 똑바로 세운 수직선을 기준으로 보면 23.4° 기울어져 있습니다. 이처럼 기울어진 채로 태양 주위를 돌기 때문에 지구 어느 곳이든 한 번 공전(1년)하는 동안 태양이 잘 비추는 시기(여름)와 그렇지 않은 시기(겨울)가 옵니다. 따라서 북반구가 여름일 때 남반구는 겨울이 되고, 반대로 북반구가 겨울일 때 남반구는 여름이 됩니다.

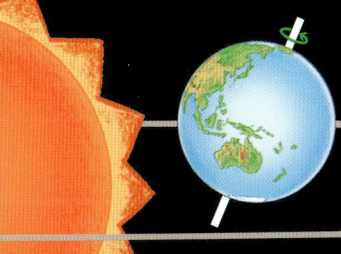

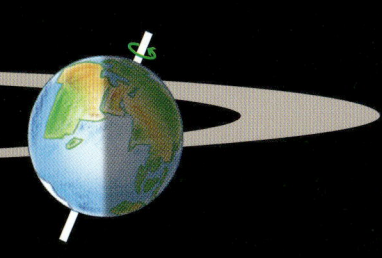

춘분
북극과 남극에서 태양까지의 거리가 같아지는 날

동지
남극이 태양과 가장 가까워지는 날

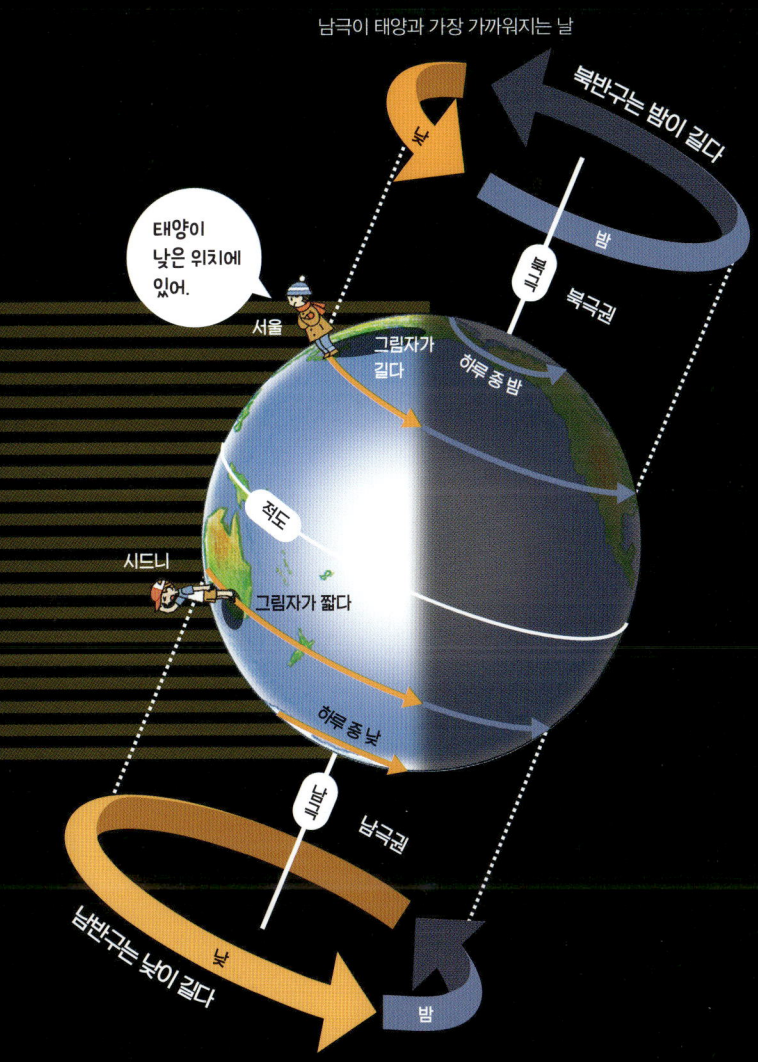

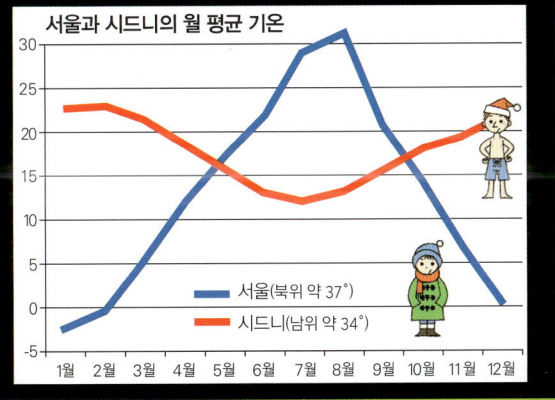

계절마다 보이는 별자리는 왜 다를까?

여름에는 전갈자리, 가을에는 페가수스자리, 겨울에는 오리온자리…
계절마다 우리가 볼 수 있는 별자리는 다릅니다.
그 이유가 무엇일지 생각해 봅시다.

지구의 공전과 밤하늘의 변화

계절마다 볼 수 있는 별자리가 달라지는 것은 지구의 공전 때문입니다. 지구에서 본 태양의 반대 방향으로 밤하늘이 있습니다. 지구가 태양 주위를 돌 때 태양 반대 방향의 하늘도 바뀌며, 지구가 태양 주위를 한 바퀴 도는 일 년 동안 밤하늘도 한 바퀴 도는 것입니다. 별자리의 별들은 아주 멀리 있기 때문에 지구가 어느 위치에 있어도 별자리 형태가 바뀌지는 않습니다.

천칭자리

오후 8시, 북쪽 하늘에서 볼 수 있는 북두칠성의 위치
(매월 10일경)
북극성을 중심으로 하루에 약 1°씩 시계 반대 방향으로 돌며 이동하기 때문에, 1개월 후에는 약 30° 회전한 것처럼 보인다.

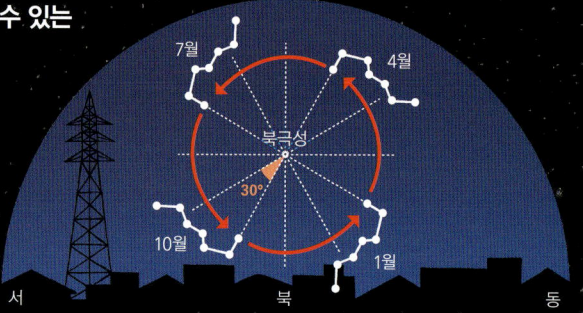

오후 8시 남쪽 하늘에서 볼 수 있는 오리온자리의 위치
(매월 10일경)

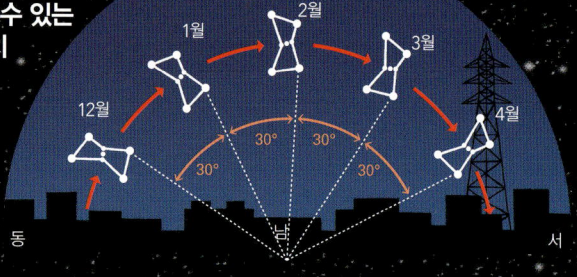

오후 8시 남쪽 하늘에서 볼 수 있는 전갈자리의 위치
(매월 10일경)

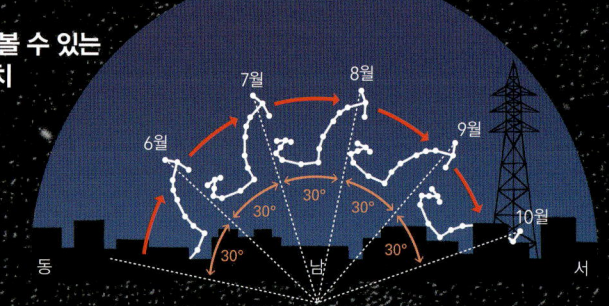

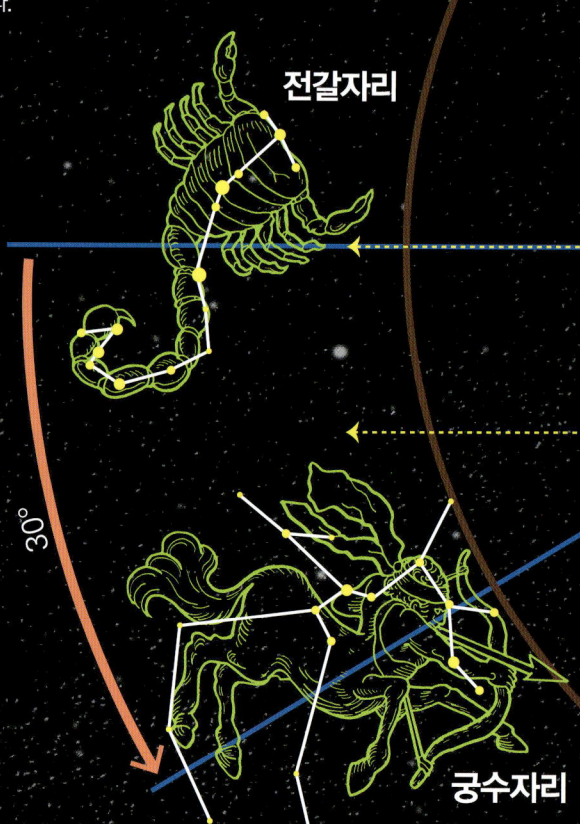
전갈자리
궁수자리

별자리는 한 달에 약 30° 이동하는 것처럼 보인다

지구가 태양 주위를 한 바퀴 도는 데 일 년 걸립니다. 한 바퀴는 360°이므로 하루에 약 1°, 한 달 동안 약 30°의 공전 주기로 태양 주위를 돌고 있습니다. 따라서 오전 0시에 정남 방향에 있는 별자리는 매일 1°씩 서쪽으로 움직이며 한 달 뒤에는 서쪽으로 30°만큼 이동한 것처럼 보입니다. 그리고 일 년이 지나면 다시 원래 위치로 돌아옵니다.

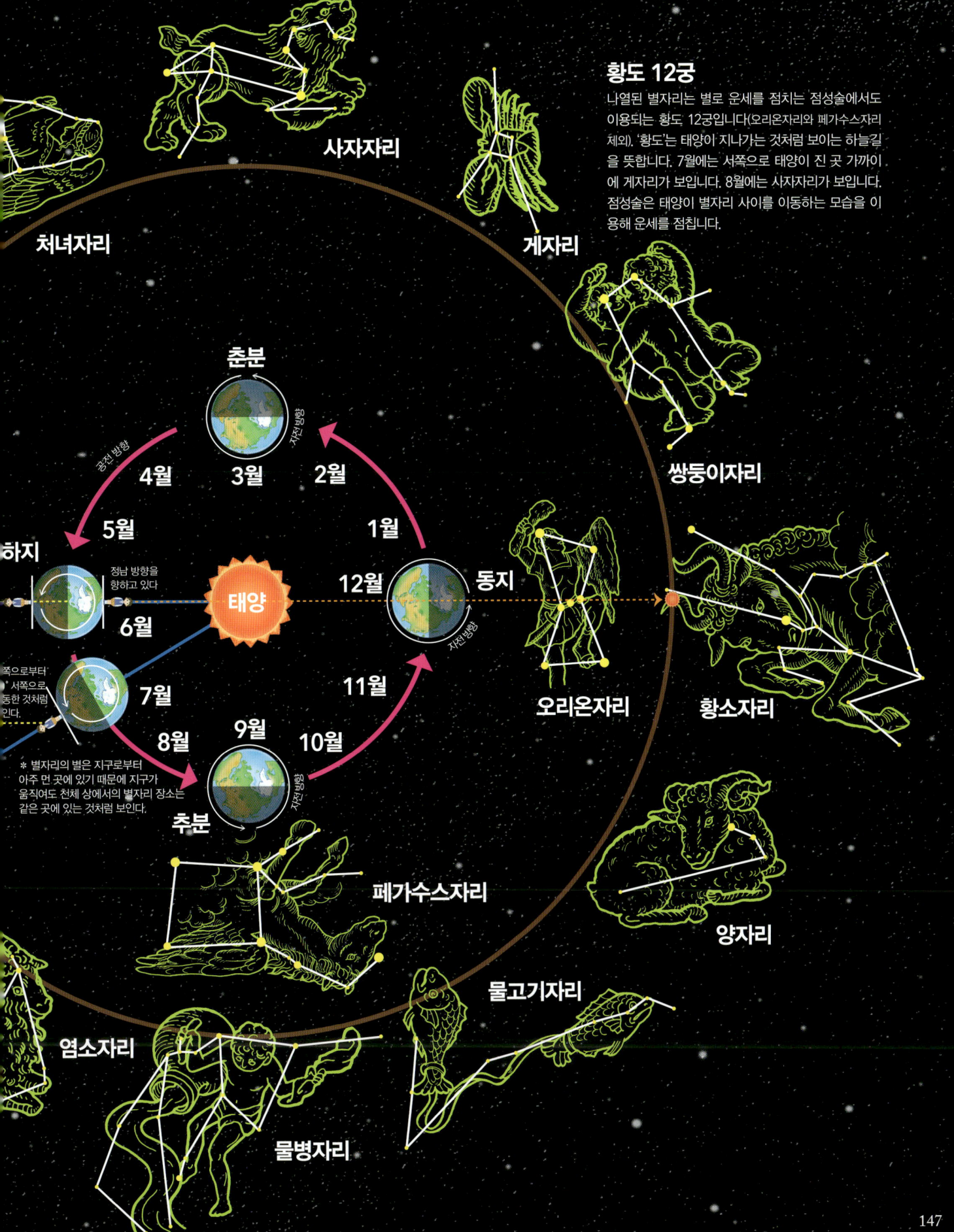

해는 왜 동쪽에서 떠서 서쪽으로 질까?

일출을 본 적이 있나요?
지평선으로부터 태양이 올라오려는 찰나에
자기가 서 있는 장소와 태양과는 위치상 어떤 관계가 있는지 알아봅시다.

북극 하늘에서 본 지구

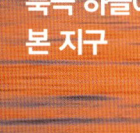

아침 6시 (일출)
태양 빛이 비추는 쪽으로 나오면서 아침을 맞이한다.

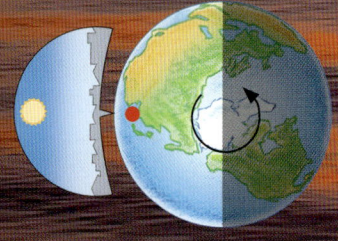

낮 12시 (정오)
태양에 가장 가까워지며, 태양은 정남 방향에 있게 된다.

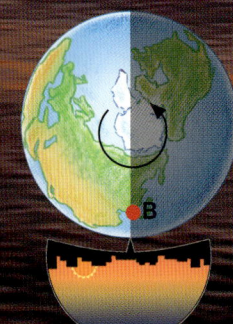

오후 6시 (일몰)
해가 저무는 쪽으로 들어가면서 밤을 맞이하게 된다.

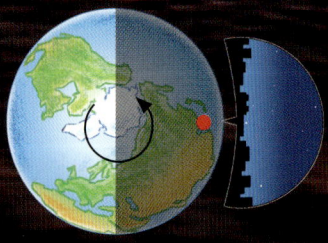

밤 12시 (자정)
태양의 반대 방향에 있게 되고, 한밤중이 된다.

지구의 자전과 아침, 낮, 밤

왼쪽 그림의 붉은 점은 한국의 위치입니다. 북극 상공에서 바라보면 지구는 시계 반대 방향으로 자전합니다. 지구의 그림자(밤) 속에 있던 한국이 지구가 자전함에 따라 해가 비추는 쪽(A)으로 나오게 되어, 우리가 서 있는 곳에서 보면 지평선으로부터 태양이 떠오르는 것처럼 보이는 것이 일출입니다. 그리고 약 12시간 뒤에는 다시 지구의 그림자 속으로 들어가게 됩니다(B). 이것이 일몰로, 이때부터 밤이 시작됩니다.

※ 위의 일출 일몰 시각은 예일 뿐, 계절과 지역에 따라 달라진다.

태양의 일주운동을 천구에 그려 보자

태양은 동쪽에서 떠올라 서쪽으로 집니다. 이것은 지구의 자전운동에 의해 보이는 현상으로, 보고 있는 장소와 계절에 따라 태양의 움직임은 크게 달라집니다.

극지의 태양

위도가 높은 극지방에 가까운 곳에서는 하지(남극에서는 동지)가 되면 태양이 온종일 지지 않는다. 밤이 되어도 깜깜하지 않기 때문에 '백야'라고 한다.

춘분·추분
지평선 가까이를 수평으로 돈다.

하지
평행하게 돌기 때문에 온종일 해가 지지 않는다.

동지
온종일 지평선 밑에 있다.

중위도 지방
(저위도와 고위도의 중간 지역)

태양은 동쪽에서 비스듬하게 떠서 남쪽 하늘을 거쳐 서쪽으로 비스듬하게 진다.

하지
춘분·추분보다 북쪽 궤도를 돈다.

춘분·추분
정동(正東) 방향에서 떠서 정서(正西) 방향으로 진다.

동지
춘분·추분보다 남쪽 궤도를 돈다.

극지방

태양이 지평선 가까이 수평으로 도는 것처럼 보인다.

천구

하늘을 커다란 공 모양으로 가정하여 밤하늘을 만든 것을 '천구'라고 합니다. 태양이나 별의 움직임을 천구에 그리면 계절이나 시간 변화에 따라 움직임이 바뀌는 것을 쉽게 알 수 있습니다. 천구는 지구의 자전에 의해 자전축을 중심으로 하루에 한 바퀴 도는 것처럼 보입니다.

적도 지방

태양은 동쪽에서 수직으로 떠서 천정(천구 상으로는 관측자의 머리 위) 가까이 통과하여 서쪽으로 수직으로 진다.

하지
춘분·추분보다 북쪽 궤도를 돈다.

춘분·추분
정동(正東) 방향에서 수직으로 떠서 천정을 통과하여 정서(正西) 방향으로 수직으로 진다.

동지
춘분이나 추분보다 남쪽 궤도를 돈다.

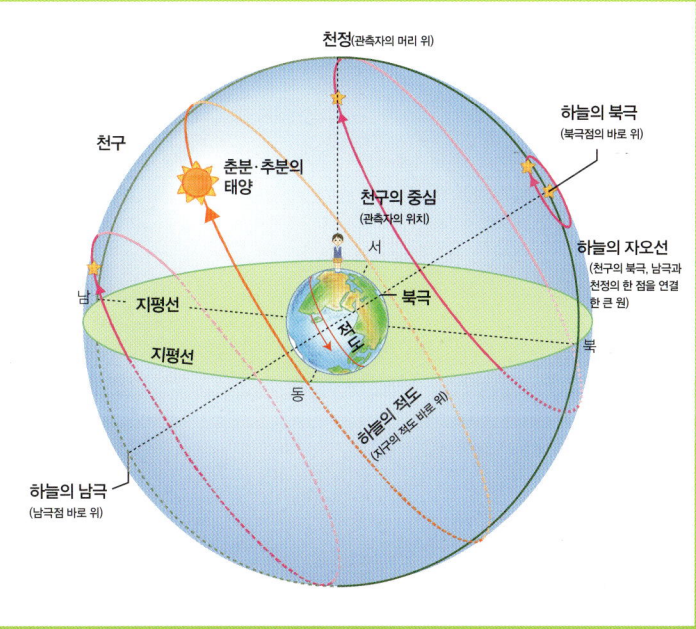

별은 밤에 어떻게 움직일까?

밤이 되면 하늘에 별이 반짝반짝 빛납니다.
별들도 동쪽에서부터 떠오르지요.
별은 하루 동안 어떤 길을 따라 움직일까요?

북극성

북극성을 중심으로 시계 반대 방향으로 도는 밤하늘의 별
카메라 셔터를 열어놓은 채로 두면 선으로 나타나는 별의 움직임을 볼 수 있다. 북쪽 하늘을 촬영하면 북극성을 중심으로 시계 반대 방향으로 별이 움직이는 것을 알 수 있다.

제공: ⓒ Kouwa Takemura

극지방
별은 지평선과 수평으로 회전하며, 천정의 북극성을 중심으로 시계 반대 방향으로 움직인다.

북쪽 하늘
북극성을 중심으로 시계 반대 방향으로 회전한다.

동쪽 하늘
지평선으로부터 남쪽으로 비스듬하게 뜬다.

중위도 지방
지평선에서 올라온 별은 동쪽으로 비스듬하게 떠올라서 남쪽 하늘을 지나 서쪽 지평선으로 비스듬하게 진다.

서쪽 하늘
북쪽으로 치우쳐서 지평선으로 진다.

남쪽 하늘
동쪽에서 서쪽으로 커다란 곡선을 그리며 회전한다.

별의 일주운동
(천구의 북극과 남극을 잇는 선을 축으로 하여 별이 회전하는 운동)

별은 천구 전체에 흩어져 있지만, 모든 별은 동쪽에서부터 서쪽으로 움직여 24시간에 걸쳐 하늘을 한 바퀴 도는 것처럼 보입니다. 별은 아주 멀리 있기 때문에 지구에서 바라볼 땐 언제나 같은 위치에 있는 것처럼 보입니다. 지구의 위도에 따라 천구의 별은 그림처럼 움직입니다.

적도 지방
별은 동쪽 지평선에서 수직으로 떠올라 서쪽 지평선에 수직으로 진다.

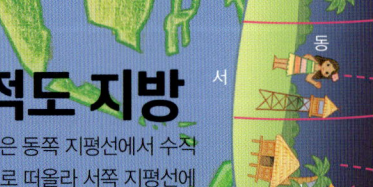

오리온자리의 움직임을 비교해 보자

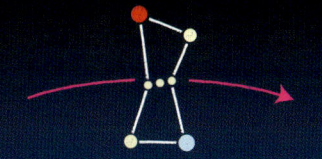

북반구 남쪽 하늘을 동쪽에서 서쪽으로 커다란 곡선을 그리면 움직인다.

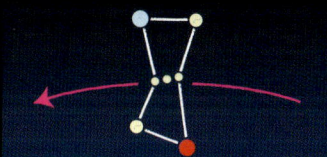

남반구 북쪽 하늘을 동쪽에서 서쪽으로 커다란 곡선을 그리면 움직인다. 북반구와는 반대 방향으로 움직인다.

남반구에서의 별의 일주운동

남반구에서는 별은 동쪽에서부터 떠올라 커다란 곡선을 그리며 북쪽 하늘을 이동하여 서쪽으로 집니다. 남쪽 하늘에서는 하늘의 남극을 중심으로 회전하며, 그 방향은 북반구의 반대인 시계 방향입니다.

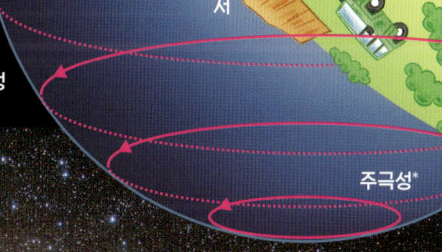

*출몰성: 별이 일주운동을 하는 동안 동쪽에서 떠서 서쪽으로 지는 별.
*주극성: 하늘의 극을 회전하여 밤새 보이는 별

센타우루스자리

알파 센타우리 (리길·센타우루스)

남십자성
남십자성은 하늘의 남극 방향을 가리킵니다. 대마젤란 은하와 소마젤란 은하는 우리 은하계 바로 옆에 있는 작은 은하입니다. 알파 센타우리(리길·센타우루스)는 지구에서 약 4.3광년 떨어진 곳에 있으며, 태양을 제외하고는 지구에서 가장 가까이 있는 항성입니다.

× 하늘의 남극

은하수

소마젤란 은하   대마젤란 은하

© Takayuki Yoshida

뉴질랜드 오하우 호수 부근에서 촬영

2 달의 모양은 왜 바뀔까?

보름달은 저녁에 동쪽 하늘에서 떠오릅니다.
초승달은 해가 저물 때 서쪽 하늘로 집니다.
같은 달인데 왜 모양이나 볼 수 있는 시간이
서로 다른 걸까요?

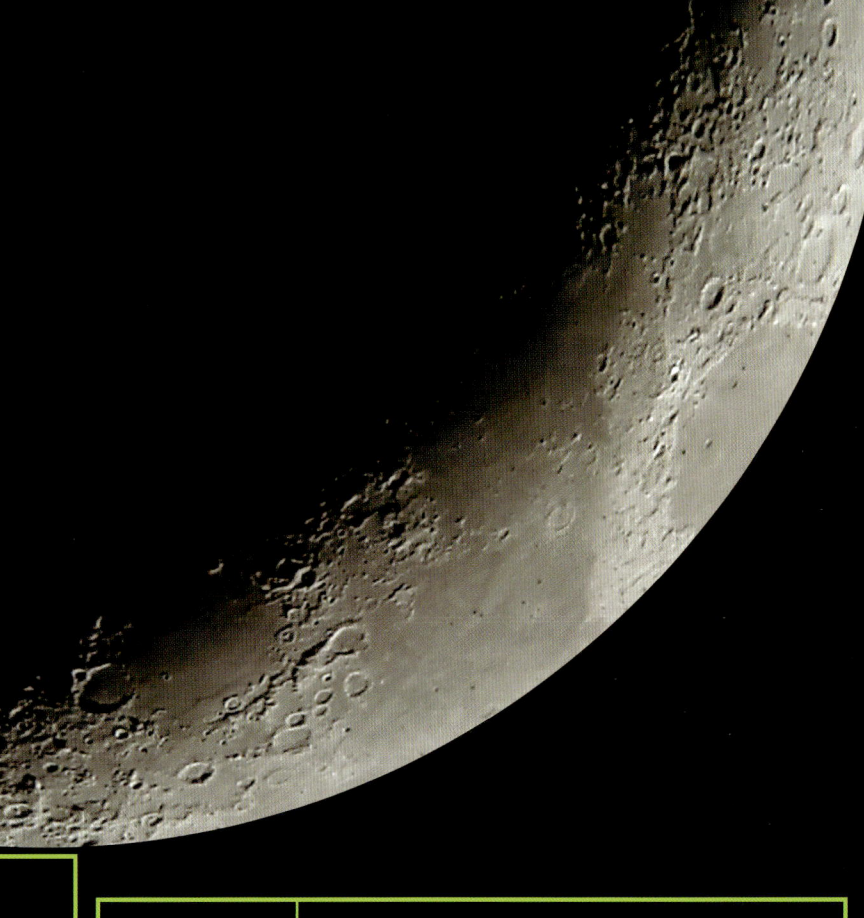

다시 보름달이 뜰 때까지 걸리는 시간: 약 29.5일

달은 지구의 위성으로, 약 1개월에 걸쳐 지구 주위를 회전합니다. 달의 밝은 부분은 달에 태양 빛이 닿아 반사되는 것입니다. 달과 태양 사이에 지구가 오게 되면, 지구에서는 태양 빛이 닿는 달 표면 전체가 보입니다. 이것이 보름달입니다. 태양 빛이 닿는 면이 반일 때 보이는 것이 반달이고, 태양 빛이 닿는 면이 안 보일 때가 신월(음력 초하룻날 즈음의 달)입니다.

달이 정남 방향에 오는 것은 매일 약 48분씩 늦춰진다

달의 공전 주기는 약 27.3일이기 때문에 달은 매일 약 13°씩 시계 반대 방향으로 공전합니다(360÷27.3일≒13°). 지구도 태양 주위를 공전하며 매일 약 1° 같은 방향으로 움직이므로(360°÷365일≒1°), 매일 같은 시간에 달을 관찰하면 달은 약 12° 동쪽으로 움직인 것처럼 보입니다(13°-1°=12°). 따라서 달이 정남 방향에 오는 시간은 매일 48분씩 늦춰지고 있습니다(24시간x60분÷360°x12°≒48분).

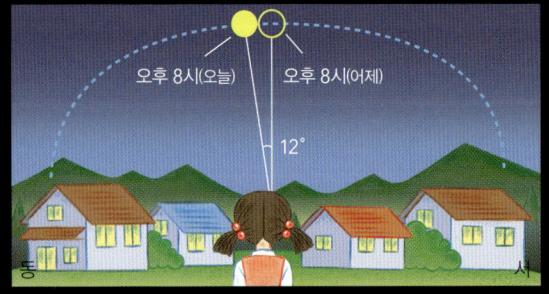

겨울의 달은 높고, 여름의 달은 낮다

동지 즈음의 보름달은 하늘 높게 떠서 지는 것처럼 보입니다. 반대로 하지 때의 보름달은 낮게 떠서 이동하는 것처럼 보입니다. 보름달은 지구를 낀 상태로 태양의 반대쪽에 위치할 때 보이는 달의 형태입니다. 따라서 태양이 낮게 뜨는 동지에는 태양의 반대쪽에 있는 달이 높게 뜹니다. 하지에는 그 반대가 되죠.

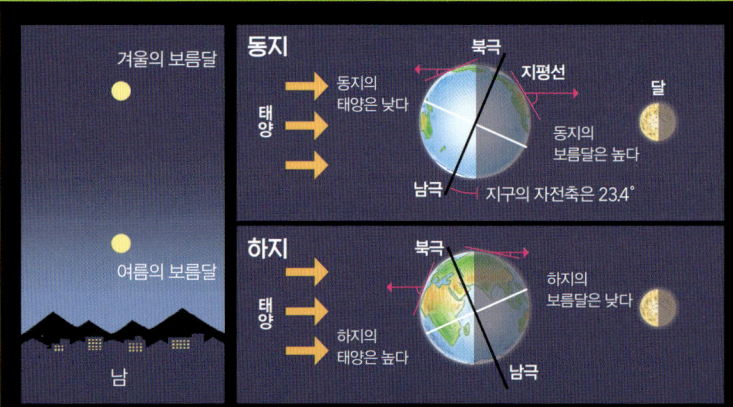

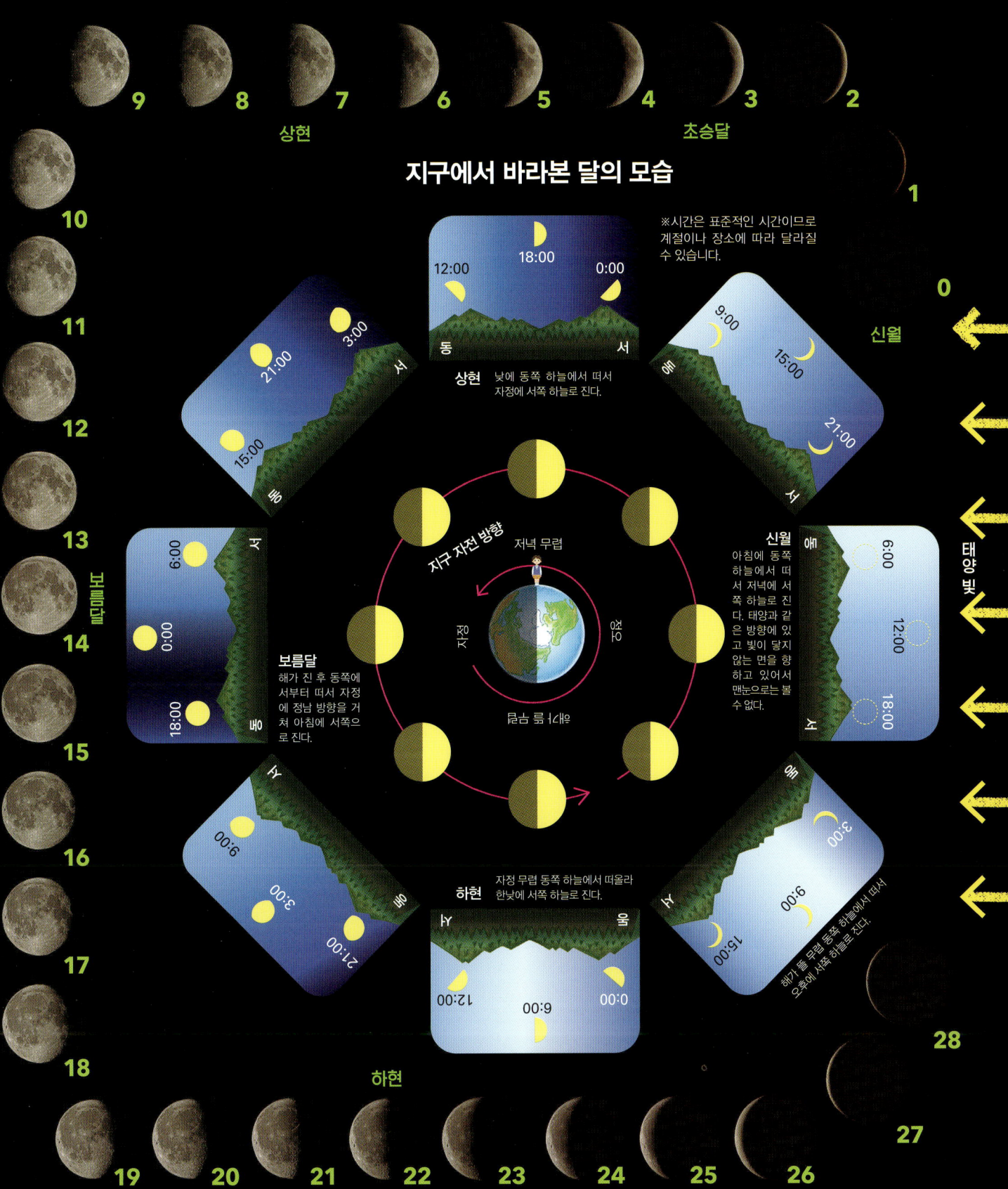

월식은 왜 일어날까?

달의 뒷면을 볼 수 없는 이유와
월식이 일어나는 이유를 알아봅시다.

달의 앞면
(지구에서 보이는 쪽)

밝은 부분은 대륙이라 불리는 고지대로, 운석 충돌에 의한 구덩이가 많습니다. 검은 부분은 '바다'라고 불리는데, 흘러나온 용암이 얼어붙은 평원입니다.

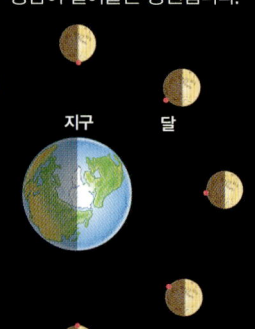

달의 뒷면을 볼 수 없는 이유

달은 언제나 같은 쪽을 지구로 향하고 있습니다. 그 이유는 달의 무게 중심이 한쪽으로 치우쳐 있고, 무게 중심이 있는 쪽이 항상 지구를 향하도록 중력에 의해 달의 자전 속도와 공전 속도가 같아지기 때문입니다. 둥글게 부푼 풍선을 하늘에 띄우면 언제나 매듭이 밑을 향하는 것과 같은 원리입니다. 약 27.3일에 걸쳐 지구를 한 바퀴 도는 동안 달은 언제나 같은 쪽을 지구를 향하고 있기 때문에, 달의 자전 주기도 27.3일이 됩니다.

달의 뒷면
(지구에서 안 보이는 쪽)

대부분이 대륙이며 바다는 별로 없다. 운석 구덩이가 많고 땅 표면의 높고 낮음이 심하다.

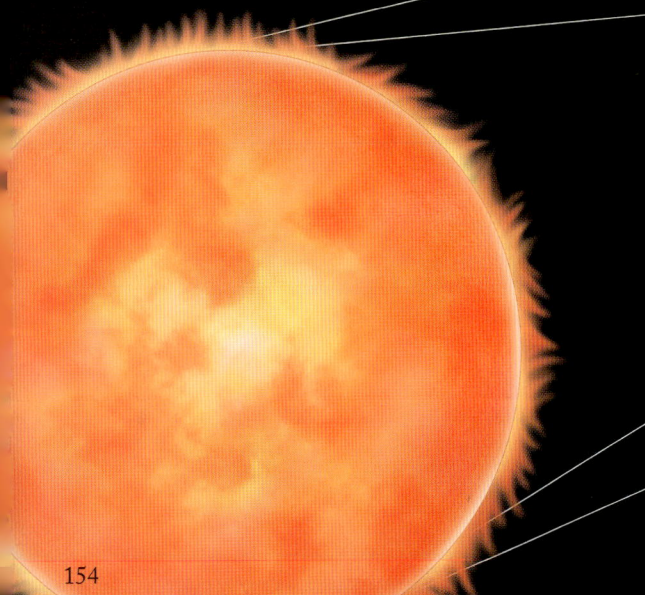

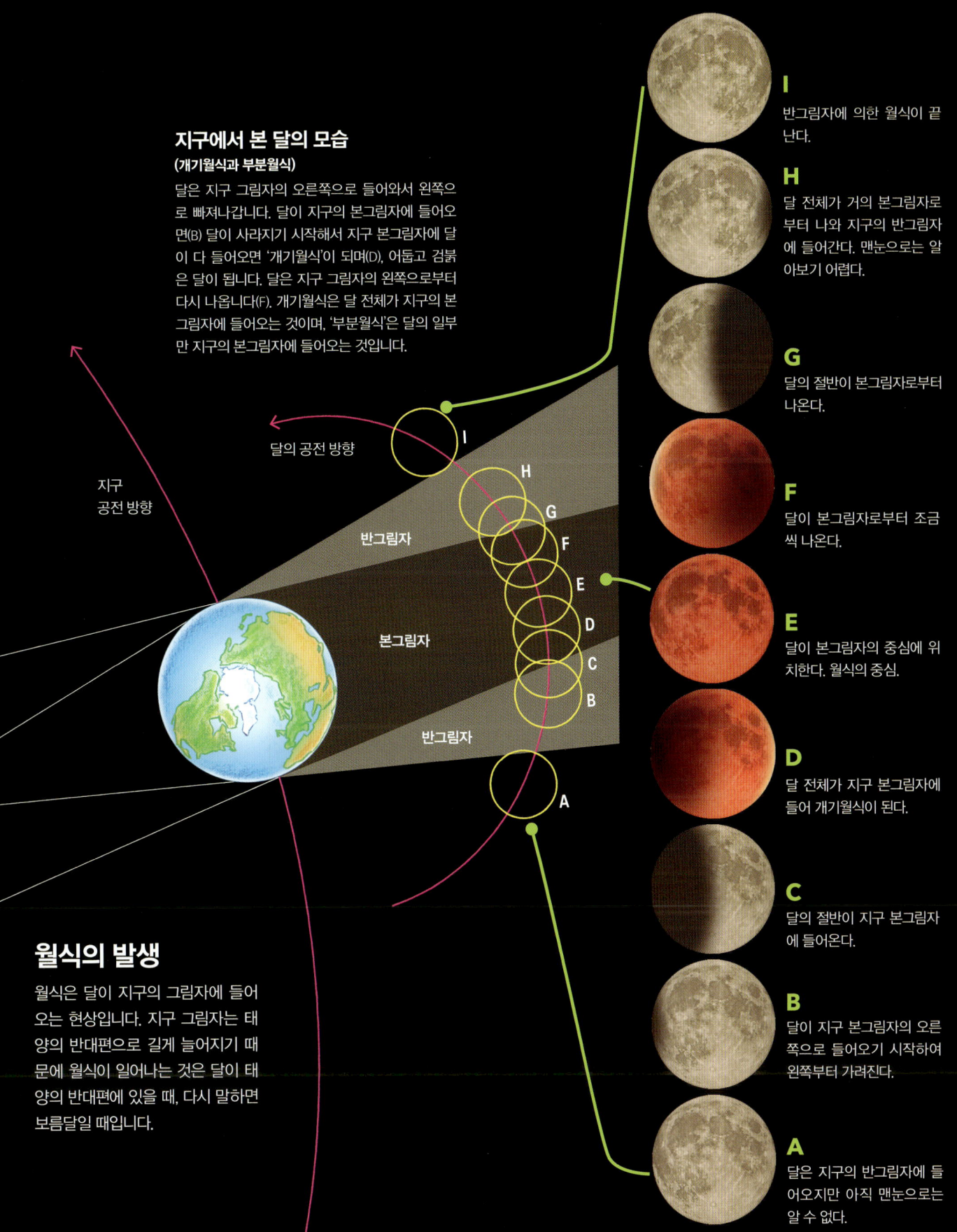

일식은 왜 일어날까?

'일식'은 태양, 달, 지구가 일직선으로 늘어서서 달이 태양을 가리는 현상입니다.
특히 태양 전체가 달에 가려지는 것을 '개기일식'이라 하며 다이아몬드 링이나 코로나 등 아름다운 현상을 볼 수 있습니다.

달이 태양을 가린다

태양의 지름은 달의 약 400배에 이를 만큼 큽니다. 지구와 태양 사이의 거리는 지구로부터 달까지 거리의 약 400배에 달하기 때문에, 태양과 달이 거의 같은 크기로 보입니다. 이 사진들은 개기일식 때의 태양을 왼쪽 아래에서부터 차례대로 찍은 것입니다. 태양이 오른쪽부터 조금씩 가려지는 것을 알 수 있습니다. 태양을 가리고 있는 것이 달입니다. 일식이 일어나는 것은 언제나 신월 때입니다.

코로나
태양 주변의 매우 뜨거운 온도의 기체. 개기일식 때만 파란 끈처럼 보인다.

다이아몬드 링
개기일식 직전 및 직후에 나타나는 현상으로, 태양 빛이 달의 표면으로부터 흘러나와 코로나의 둥근 테 가장자리에서 다이아몬드 반지처럼 빛나는 현상이다.

개기일식

제2접촉(개기일식의 시작)
신월이 태양을 완전히 가린다.

제1 접촉(일식의 시작)
신월이 태양의 오른쪽부터 가리기 시작한다.

금환일식

지구에 드리운 달의 그림자

개기일식이 진행 중일 때 국제 우주정거장에서 촬영한 달의 본그림자. 본그림자 안에 속한 지역에서는 개기일식을 볼 수 있다.

다이아몬드 링

제3접촉(개기일식 종료)
신월이 통과해 태양의 일부가 나온다.

제4접촉(일식의 종료)
신월이 태양을 완전히 통과해 빠져나간다.

개기일식 태양 빛이 전부 달에 의해 차단되는 지역(달의 본그림자에 들어와 있는)에서 볼 수 있다. 그 지역은 어둡고 기온이 떨어진다. 다이아몬드 링이나 코로나를 관찰할 수 있다.

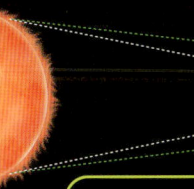

부분일식 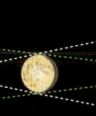 태양 빛 일부가 달에 의해 가리어지는 지역(반그림자)에서 볼 수 있다. 부분일식이 일어나는 지역은 그리 어둡지 않다.

달이 지구로부터 멀리 있다면 눈에 보이는 달의 크기가 태양보다 작아져서 그림자의 형태가 바뀐다.

금환일식 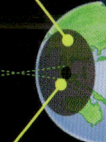 달의 본그림자가 지구 표면에 닿지 못하고 지구 상공에서 한 번 모였다가 다시 펼쳐지는 지역에서 관찰할 수 있다. 태양 주위가 금반지 모양으로 빛난다.

달이 태양을 가리는 것은 언제나 오른쪽부터

북반구에서 일식을 보면 달이 태양의 오른쪽부터 가립니다. 달이 태양의 앞을 오른쪽에서 왼쪽으로 통과하기 때문으로, 이는 지구를 중심으로 공전하는 달의 움직임에 따른 것입니다. 실제로는 지구의 자전에 의해 태양과 신월은 동쪽에서 떠서 서쪽으로 이동합니다. 그 도중에 달이 태양의 앞을 오른쪽에서 왼쪽으로 움직이는 것처럼 보이는 것입니다.

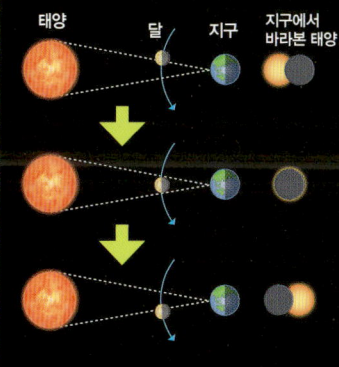

2

지구 | 천체의 움직임 | 행성의 움직임과 보는 방법

제공: STScI

화성은 2년 2개월마다 한 번씩 지구에 가까이 접근하여 남쪽 밤하늘에 붉게 물든 모습을 보여 준다. 사진은 허블 우주망원경이 촬영한 화성의 모습으로 사진 위 하얀 부분은 드라이아이스, 붉은 부분은 산화철이 포함된 모래 평원이다.

금성과 화성은 언제, 어디에서 볼 수 있을까?

태양계에서 지구의 바로 안쪽을 돌고 있는 금성과 바로 바깥쪽을 돌고 있는 화성은 어떻게 볼 수 있을까요?

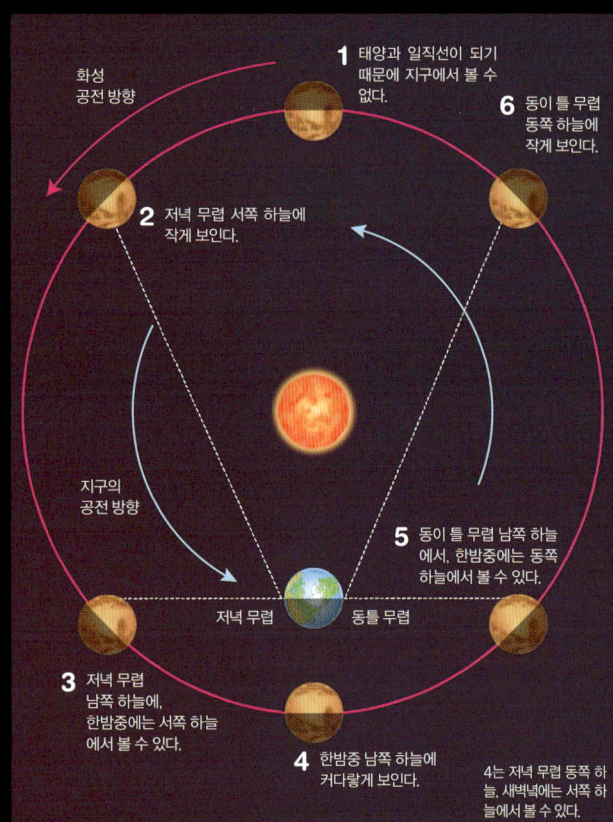

행성의 불규칙한 움직임

'행성'은 어떤 큰 별(항성)의 주위를 도는 별(스스로 빛을 내지 못하는 별)을 가리키는데, 내행성인 금성은 지구를 안쪽에서 추월합니다. 외행성인 화성은 지구가 화성의 안쪽을 추월합니다. 추월하고 추월당하는 수개월 동안 행성은 천구를 왔다 갔다 하며 불규칙적으로 움직이는 것처럼 보입니다.

화성이 보이는 시간과 방향

화성은 지구의 바로 바깥을 공전하는 외행성이므로 금성과는 달리 한밤중에도 남쪽 하늘에서 볼 수 있습니다. 이때 화성은 지구에서 가장 가까운 곳에 있기 때문에 밝게 보입니다. 외행성은 언제나 태양의 빛을 반사하는 쪽이 보이므로 달처럼 차고 이지러지는 것이 보이지 않습니다.

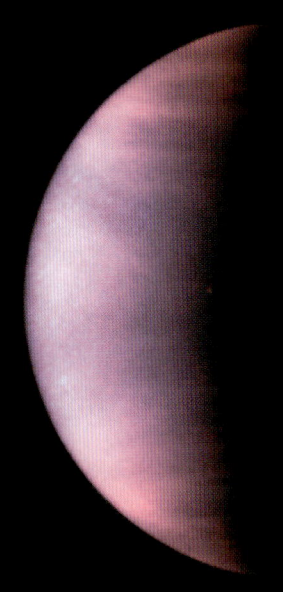

금성은 태양과 달 다음으로 밝게 빛나는 행성. 내합 현상(내행성이 태양과 지구의 중간에 있어 태양과 같은 방향으로 보이는 현상)으로부터 5주 후가 가장 밝게 빛나며, −4.87등성이 된다. 지구와 비슷한 크기이지만 두꺼운 이산화탄소 구름에 둘러싸여 지표면은 매우 뜨겁다. 사진은 허블 우주망원경으로 찍은 것이다.

2010년 7월 17일 저녁 무렵의 서쪽 하늘. 내행성인 금성이 한층 빛나며, 태양이 저문 방향을 따라서 외행성인 붉은 화성과 토성과 함께 빛나고 있다.

제공: Inagawa Astropia

금성이 차고 이지러지는 모양

약 2주 간격으로 촬영한 금성의 사진. 크기가 변화하면서 달처럼 차고 이지러지는 것을 알 수 있다.

제공: AstroArts/Masami Ohkuma

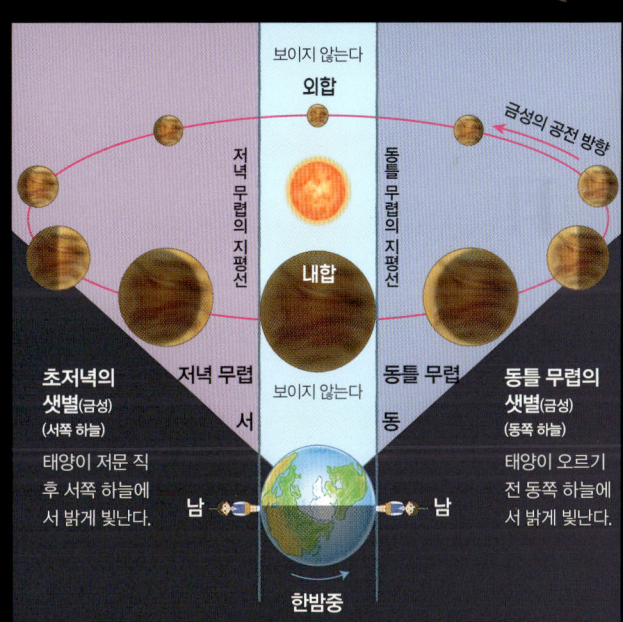

금성의 모습과 위치

금성은 동틀 무렵이나 초저녁에 '샛별'로 불리며, 해가 진 직후나 동틀 무렵에 한층 밝게 빛납니다. 지구의 바로 안쪽을 공전하는 내행성으로, 언제나 태양이 있는 방향의 하늘에 같이 있기에 한밤중에는 금성을 볼 수 없습니다.

금성을 망원경으로 관찰하면 달처럼 차고 이지러짐이 있음을 알 수 있습니다. 태양 빛을 반사하는 금성 표면의 모습이 태양과 지구의 위치 관계에 따라 보름달 → 반달 → 신월의 순으로 변화하기 때문입니다.

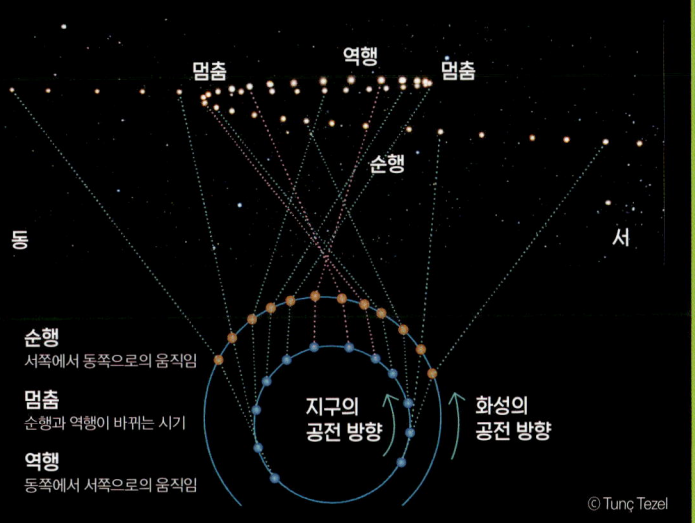

순행
서쪽에서 동쪽으로의 움직임

멈춤
순행과 역행이 바뀌는 시기

역행
동쪽에서 서쪽으로의 움직임

© Tunç Tezel

지구

2 활동하는 지구

아이슬란드는 판의 경계인 '해령'이 바다 위에 얼굴을 내밀고 있는 형태의 섬으로, 이 사진은 2010년에 분화한 화산입니다. 이 섬에서는 땅이 갈라진 틈으로 용암이 분출하는 분화를 자주 볼 수 있습니다.

태양계의 암석행성 중 하나인 지구.
지구의 내부는 어떻게 되어 있을까요?
화산의 분화와 지진, 지층 및 지층을
형성하는 암석 등을 조사하여
조금씩 지구 내부를 알게 되었습니다.
산과 강, 해안, 섬 등 지구상의 모든 지형이
지구의 판 위에 있으며
우리가 느낄 수는 없지만 오랜 시간에 걸쳐
움직이고 있습니다.
지구가 탄생한 지 약 **46억 년**,
지금도 살아서 활발하게 활동하고 있는
지구의 진짜 모습에 다가서 봅시다.

2 활동하는 지구: 남아 있는 지구

아이슬란드
(싱벨리어 국립공원)

아이슬란드는 대서양 중앙해령*이 지표상에 얼굴을 내민 형태의 화산섬으로, 맨틀이 상승하여 양쪽으로 펼쳐져서 판이 생겨났다. 이 사진에서처럼 대지의 갈라진 틈이 보인다.

*해령: 대양 중앙부에서 주위의 평평한 지역보다 높이가 2500~3000m 솟아오른 대규모의 해저 산맥

히말라야산맥

히말라야산맥은 유라시아판에 바다에서 북상한 인도·오스트레일리아판이 충돌하면서 밀려 올라가서 만들어졌다. 세계에서 가장 높은 산인 에베레스트산의 정상 가까이에서 바다 생물의 화석이 발견되기도 한다.

판이 생성되다

판이 충돌하다

판의 경계 및 지역: 아이슬란드, 대서양 중앙해령, 남아메리카판, 아프리카판, 아라비아판, 유라시아판, 히말라야산맥, 한국, 니시노시마, 필리핀해판, 자바 해구, 인도·오스트레일리아판, 남극판

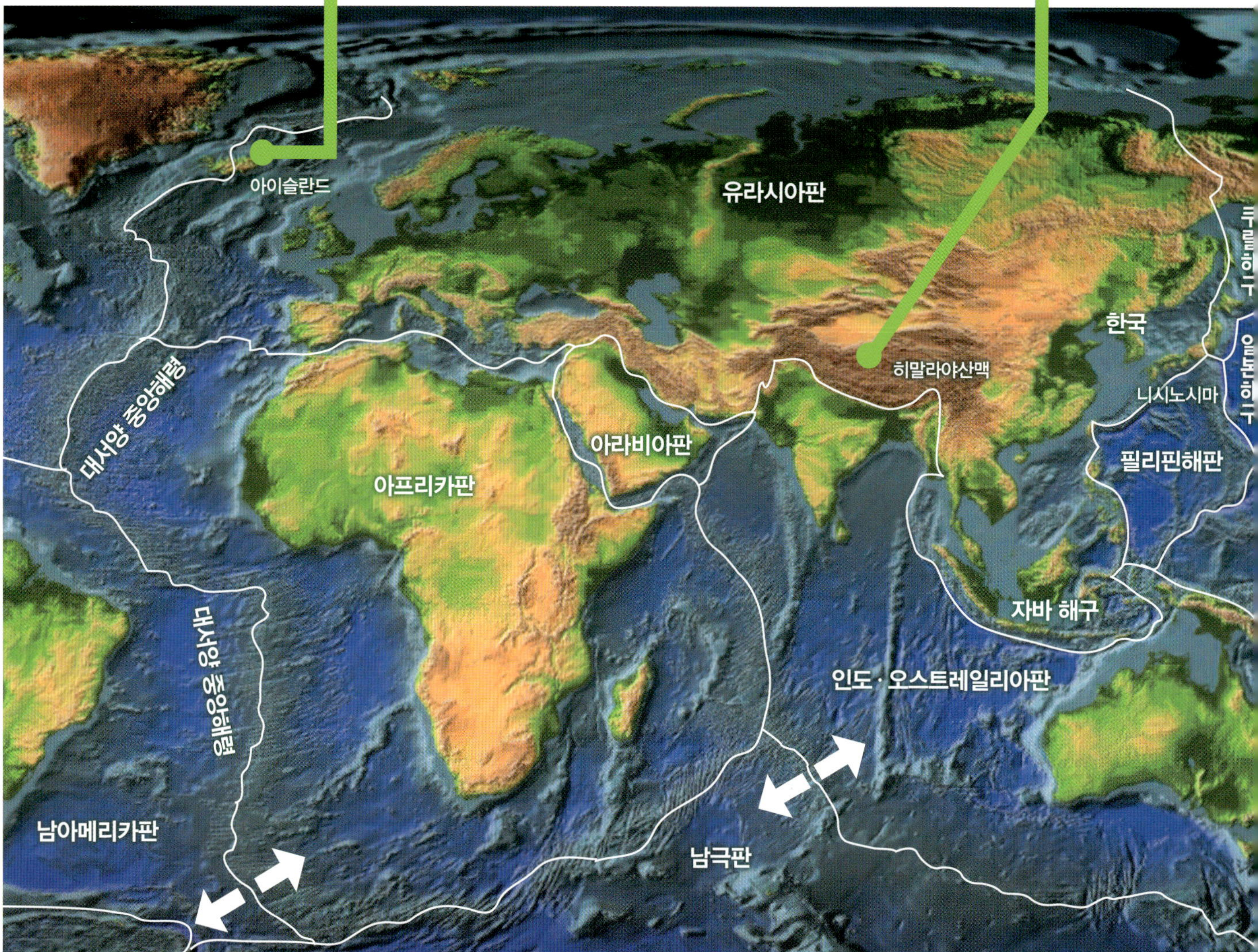

판이란 무엇일까?

지구 표면은 '판'이라고 불리는 몇 장의 암반으로 둘러싸여 있습니다. 판의 움직임에 의해 다양한 지형이 만들어집니다.

니시노시마

일본열도와 같은 호상열도*는 판이 땅 아래로 가라앉은 해구를 따라 마그마 활동이 활발하게 되어 여러 개의 화산이 분화하면서 생긴다.

*호상열도: 격렬한 화산 활동과 지진 활동, 산지를 만드는 조산 운동이 발생하는 곡선형의 긴 여러 섬

제공: Japan Coast Guard Homepage

판이 가라앉다

샌 안드레아스 단층

판의 경계가 길게 어긋나 단층이 되어 지상에 나타나 있는 곳들이 있다. 샌 안드레아스 단층에는 갓 생성된 판이 퍼지는 과정에서 뒤틀림이 생겨 두 개의 판이 엇갈려 있다.

U.S.Geological Survey

판이 엇갈리다

지구는 판으로 둘러싸여 있다

판이 서로 충돌하는 과정에서 바닷속 판이 육지의 판 밑으로 가라앉으면 깊은 해구*가 만들어집니다. 또한 해저에 판이 생성되는 곳에서는 해령이나 해팽(해령보다 경사가 완만하고 기복이 적은 지형)이 만들어집니다. 히말라야산맥 등 거대한 산맥이나 일본열도 같은 호상열도는 판들의 충돌로 만들어진 것입니다.

*해구: 땅과 바다의 경계를 따라 형성된 깊은 수심의 V자 골짜기

알류샨해구 · 하와이 제도 · 태평양판 · 동태평양 해역 · 샌 안드레아스 단층 · 북아메리카판 · 카리브해판 · 코코스판 · 나스카판 · 남아메리카판

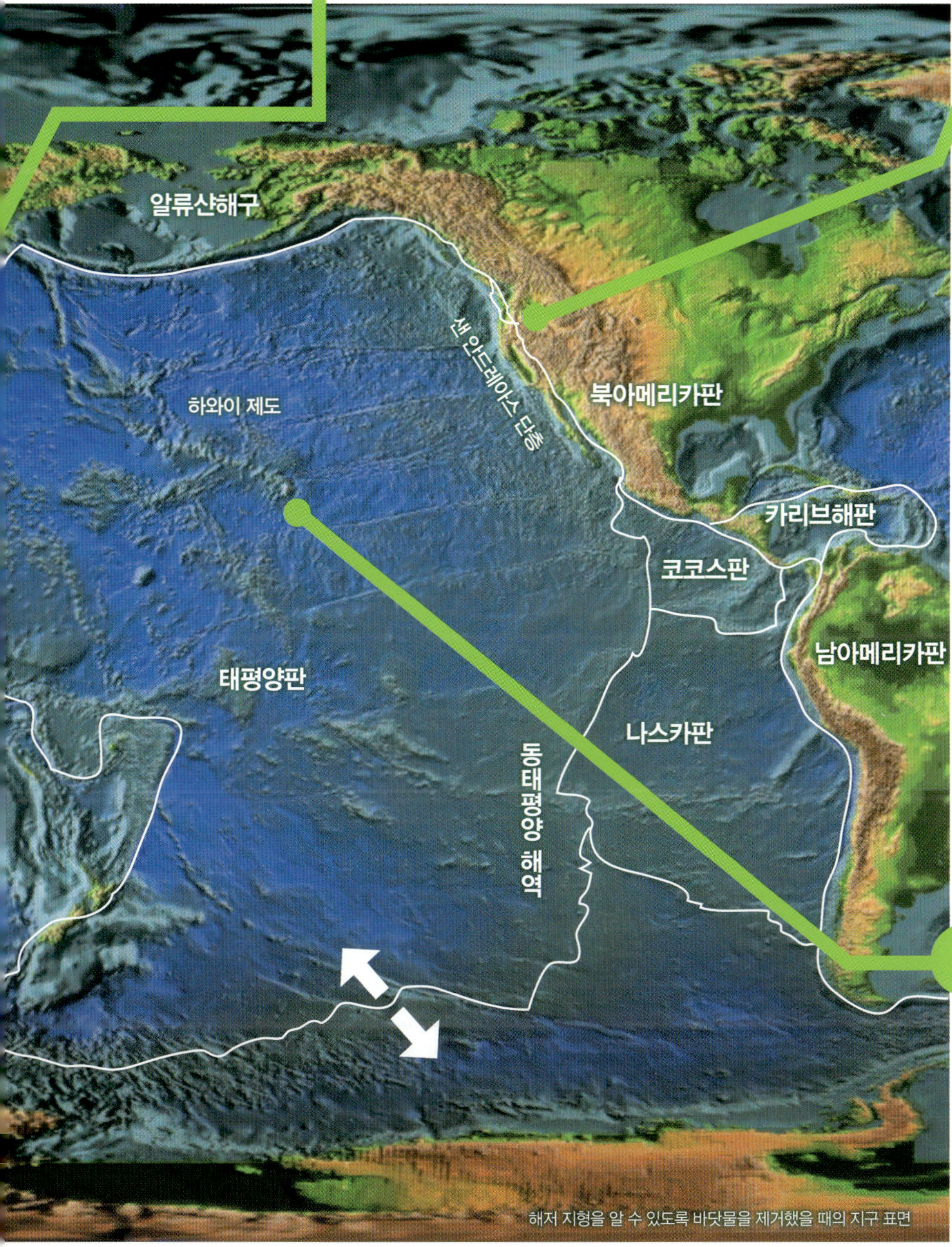

해저 지형을 알 수 있도록 바닷물을 제거했을 때의 지구 표면

제공: Caltech/JPL/USGS

판이 이동하다

하와이섬 (킬라우에아산)

지구에는 지하 깊은 곳으로부터 맨틀이 끓어올라 화산 활동이 활발하게 이어지는 '핫 스팟'이라고 불리는 장소들이 있다. 하와이 제도는 핫 스팟 위에 생긴 화산섬으로, 판에 따라 북서쪽으로 이동하고 있다.

지구의 내부는 어떻게 되어 있을까?

지구 내부에는 '맨틀'이라고 하는 고온의 암석이 천천히 대류(열이 전달되는 과정의 하나로, 기체나 액체가 열 때문에 상하로 뒤바뀌면서 움직이는 현상)를 하고 있으며, 지표면의 판이 맨틀 위에서 움직이고 있습니다. 화산 활동이나 지진은 판의 움직임과 밀접한 관계가 있습니다.

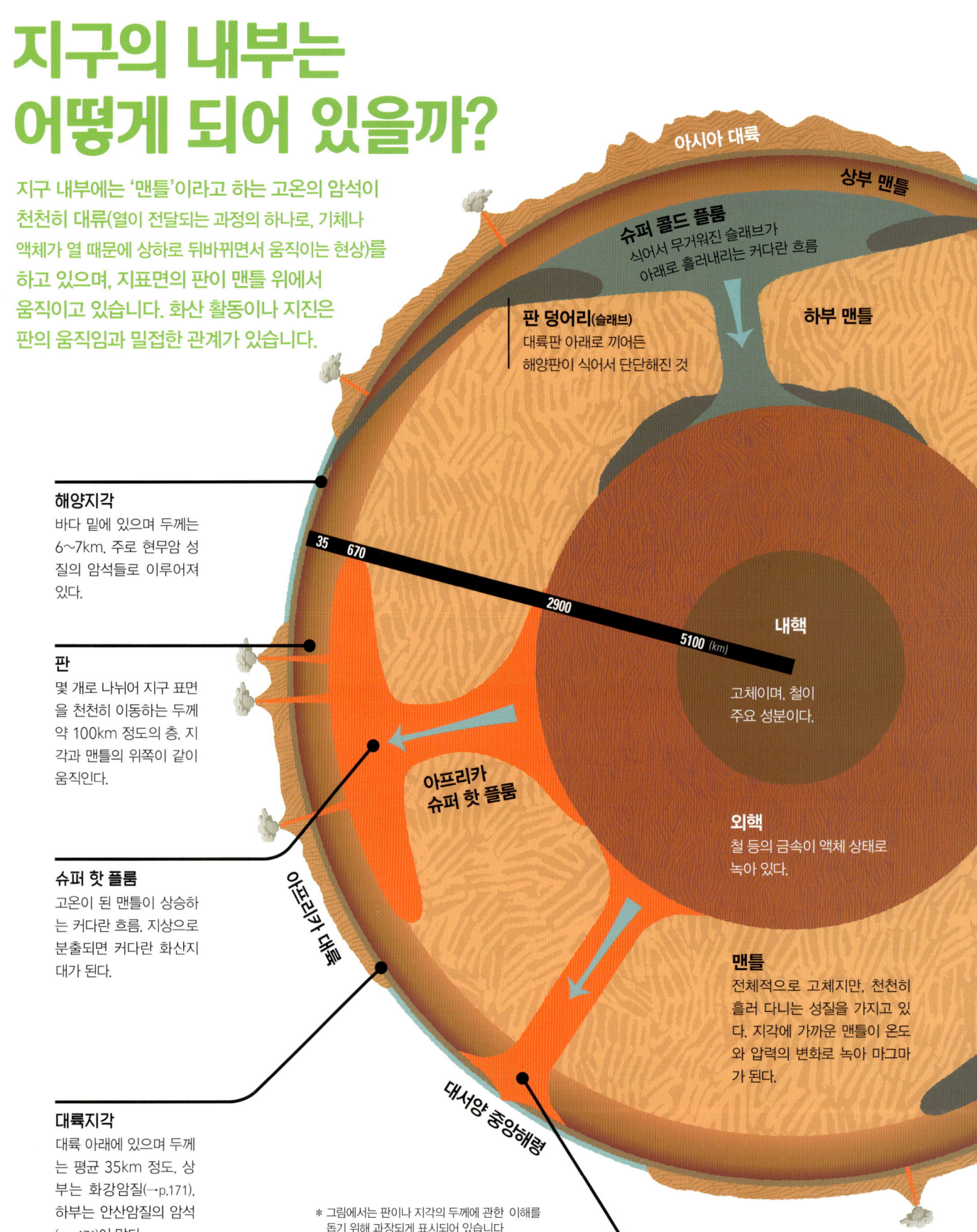

아시아 대륙

상부 맨틀

슈퍼 콜드 플룸 — 식어서 무거워진 슬래브가 아래로 흘러내리는 커다란 흐름

판 덩어리(슬래브) — 대륙판 아래로 끼어든 해양판이 식어서 단단해진 것

하부 맨틀

해양지각 — 바다 밑에 있으며 두께는 6~7km. 주로 현무암 성질의 암석들로 이루어져 있다.

35 670 2900 5100 (km)

내핵 — 고체이며, 철이 주요 성분이다.

판 — 몇 개로 나뉘어 지구 표면을 천천히 이동하는 두께 약 100km 정도의 층. 지각과 맨틀의 위쪽이 같이 움직인다.

아프리카 슈퍼 핫 플룸

슈퍼 핫 플룸 — 고온이 된 맨틀이 상승하는 커다란 흐름. 지상으로 분출되면 커다란 화산지대가 된다.

아프리카 대륙

외핵 — 철 등의 금속이 액체 상태로 녹아 있다.

맨틀 — 전체적으로 고체지만, 천천히 흘러 다니는 성질을 가지고 있다. 지각에 가까운 맨틀이 온도와 압력의 변화로 녹아 마그마가 된다.

대륙지각 — 대륙 아래에 있으며 두께는 평균 35km 정도. 상부는 화강암질(→p.171), 하부는 안산암질의 암석(→p.171)이 많다.

대서양 중앙해령

* 그림에서는 판이나 지각의 두께에 관한 이해를 돕기 위해 과장되게 표시되어 있습니다.

화산이 탄생하는 장소들

판은 중앙해령이나 대륙의 지구대(지구 단층 운동의 결과로 단층 사이에 함몰된 낮은 지대가 연속적으로 나타나는 지형)에서 생성되어, 양방향으로 퍼지면서 이동합니다. 그리고 해양판은 대륙판과 부딪혀서 해구를 만들고 대륙판 아래로 파고듭니다. 화산 활동은 판 운동과 연관되어 있으며, 주로 아래 세 종류의 지형에서 발생합니다.

1 판이 파고드는 지대

해양판이 파고들면서, 지하수를 품고 있는 암석에 의해 맨틀이 녹기 시작하는 온도가 낮아져서 마그마가 생기기 쉽다. 판의 경계에 위치한 섬에는 이와 같은 화산이 많다.

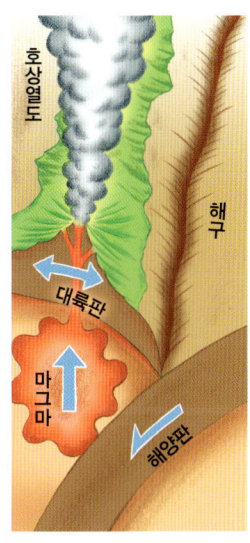
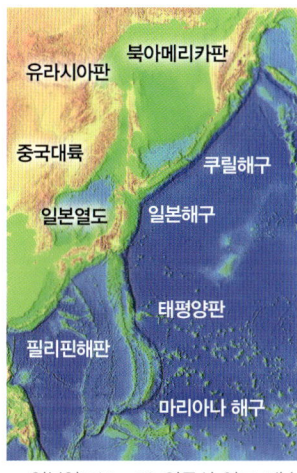

→ 일본열도(위 그림), 알류샨 열도, 대순다열도 등

2 핫 스팟

땅속으로부터 마그마가 대량으로 분출하는 핫 스팟에서는 항상 화산이 생성된다. 화산이 판을 따라 이동해도 다시 같은 장소에 화산이 생기는 등 끊임없이 화산이 이어진다.

→ 하와이 제도(위 그림), 갈라파고스 제도, 옐로스톤 국립공원(미국) 등

3 판이 생성되는 지대

맨틀이 상승하면 지각에 갈라진 틈이 생기고 마그마가 분출하여 판이 새로 생긴다. 지구상에서 일어나는 화산 활동 중 80% 가까이는 중앙해령이나 지구대 등에서 발생한다.

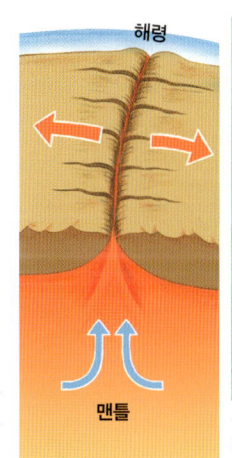

→ 탄자니아(동아프리카 대지구대, 위 그림), 아이슬란드(대서양 중앙해령) 등

화산은 어떻게 분화할까?

화산은 지구 여기저기에 있으며,
어느 지역에서는 항상 화산 연기를 내뿜고 있습니다.
화산은 어떻게 만들어지고 분화할까요?

화산의 구조와 분화

지하 100km보다 얕은 곳에서 압력이 낮아지면 맨틀이 녹아 마그마가 만들어집니다. 액체 상태인 마그마는 가벼워서 상승하게 되고, 지각과의 경계에 마그마 덩어리가 생깁니다. 이것이 지각의 갈라진 틈에 침투하게 되는데, 압력이 더 떨어지면 콜라병을 흔들어 마개를 땄을 때와 같이 화산가스가 터지면서 마그마가 분출합니다.

경석 © Gunma University
발포하여 기체가 빠져나가 구멍이 많이 생긴 가벼운 돌. 물에 뜰 정도로 가벼운 것도 많다.

화산탄
완전히 굳지 않은 채 화구로부터 뿜어져 나온 마그마의 파편

분연
화산재와 화산가스가 연기 형태로 된 것

분연주
화산 분화가 일어날 때 만들어지는 기둥 모양의 구름. 뜨거운 화산재와 화산가스로 형성된다.

용암분천
화구나 갈라진 틈에 생긴 화구로부터 분출되어 나오는 용암

화쇄구
화산쇄설물(화산 폭발에 의해 형성된 암석 부스러기)이 화구 주변에 모여 쌓여 생긴 언덕

화도
마그마가 지상을 향해 상승하는 길

용암류
용암의 성질에 의해 흐르는 방향이나 속도가 달라진다.
U.S. Geological Survey

용암
지표에 흘러내리는 마그마

마그마방
상승해 올라온 마그마가 화산 지하의 수 km에서 수십 km에 걸쳐 모여 있다.

분화의 종류

킬라우에아산 (1983년 미국 하와이섬)

하와이식
화구와 경사면의 갈라진 틈에서 용암이 흘러나온다. 방패형 화산을 만든다.
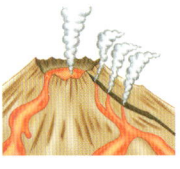
제공: J. D. Griggs, USGS

미하라산 (1986년 도쿄 이즈오오시마)

스트롬볼리식
작은 폭발이 연속해서 일어나 굳기 시작한 용암 파편을 뿜어낸다.

제공: Shun Nakano (Quaternary Volcanoes in Japan)

166

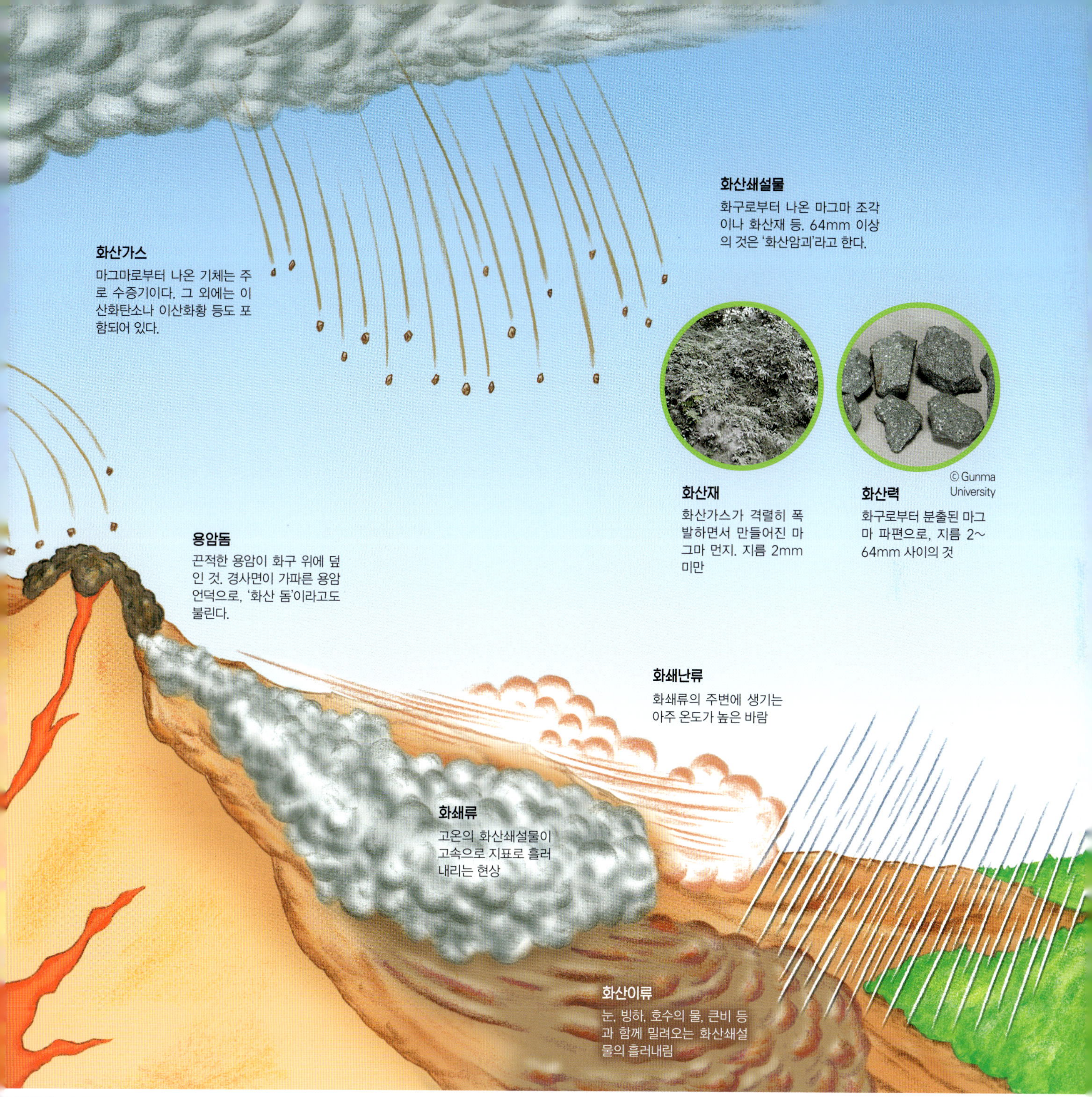

화산가스
마그마로부터 나온 기체는 주로 수증기이다. 그 외에는 이산화탄소나 이산화황 등도 포함되어 있다.

화산쇄설물
화구로부터 나온 마그마 조각이나 화산재 등. 64mm 이상의 것은 '화산암괴'라고 한다.

화산재
화산가스가 격렬히 폭발하면서 만들어진 마그마 먼지. 지름 2mm 미만

화산력
화구로부터 분출된 마그마 파편으로, 지름 2~64mm 사이의 것

ⓒ Gunma University

용암돔
끈적한 용암이 화구 위에 덮인 것. 경사면이 가파른 용암 언덕으로, '화산 돔'이라고도 불린다.

화쇄난류
화쇄류의 주변에 생기는 아주 온도가 높은 바람

화쇄류
고온의 화산쇄설물이 고속으로 지표로 흘러내리는 현상

화산이류
눈, 빙하, 호수의 물, 큰비 등과 함께 밀려오는 화산쇄설물의 흘러내림

사쿠라지마
(2009년 가고시마현)

불카노식
격렬한 폭발을 일으켜서 화산탄, 화산암괴, 화산재를 분출한다. 용암이 흘러내리는 경우도 있다.

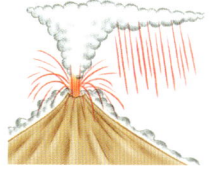

피나투보산
(1991년 필리핀)

플리니식
긴 휴지기 후에 대폭발을 일으켜 용암돔이나 화쇄류가 출현한다.

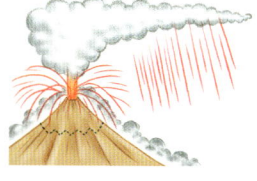

제공: Dave Harlow, USGS

분화로 어떤 지형이 만들어질까?

분화는 지하의 마그마에 의해 일어납니다.
마그마는 끈적끈적한 것도 있고 물처럼 흐르는 것도 있는 등 성질이 다양하며,
그 차이에 의해 지상에 생기는 화산의 모양이 달라집니다.

험준한 지형부터 완만한 지형까지, 다양한 화산의 모양

점성이 높아 끈적임이 심한 마그마가 지상에 나오면 격렬한 화산 폭발로 분화가 일어나 화산재나 화산탄이 분출됩니다. 점성이 중간 정도인 경우, 격렬한 분화와 덜 격렬한 분화를 반복하면서 용암과 화산재, 화산탄이 계속해서 쌓입니다. 점성이 약한 마그마의 경우, 비교적 분화가 격렬하지 않으며 대량의 마그마가 팬케이크 위에 뿌린 꿀 같은 형태로 흘러내립니다.

험준한 지형

종상화산
헤이세이신산
(일본)

성층화산
후지산
(일본 야마나시현, 시즈오카현)

순상화산
마우나로아산
(미국 하와이섬)

완만한 지형

마그마의 성질과 화산의 종류

석영을 형성하는 성분인 이산화규소가 많이 포함되어 있을수록 마그마의 점성이 강해집니다. 점성이 강한 마그마는 화구로부터 분출되어도 잘 흘러내리지 않고, 화구 주변에서 식으면서 울퉁불퉁하고 흰 빛을 띠는 암석 덩어리가 됩니다. 점성이 약한 마그마는 화구로부터 분출되어 걸쭉하게 흐르다가 식어서 굳으면 검은빛을 띠는 암석이 됩니다.

칼데라의 생성 과정

대규모 분화가 이어지면, 산 정상 부근이 함몰하며 지름이 2km에서 수십 km에 달하는 대규모의 원형 또는 말발굽 형태의 함몰 칼데라가 생깁니다. 또한 산 정상이 폭발에 의해 날아가면서 지름이 작은 폭발형 칼데라가 생길 수도 있습니다.

마슈호
성층화산이 분화를 반복하여 7천 년 전에 생긴 칼데라에 물이 모여 호수가 되었다.

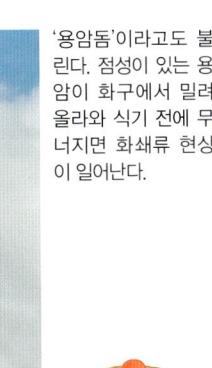

'용암돔'이라고도 불린다. 점성이 있는 용암이 화구에서 밀려 올라와 식기 전에 무너지면 화쇄류 현상이 일어난다.

점성이 있는 용암은 굳으면서 모양이 변화하여 불규칙한 균열이 생긴다.

제공: Watashi No Shizen Yuuhodo (Gootenboul)

1. 화산이 불카노식 대폭발을 반복하며, 대량의 용암류와 화쇄류가 나온다. 화산 밑에는 커다란 공동(텅 빈 굴)이 생긴다.

몇 번이나 분화를 반복, 화산재와 화산탄 및 용암이 몇 겹으로 쌓이면서 생긴다.

제공: Shizuoka-chigaku

2. 지하에서 마그마가 공급되지 않으면서 화구 주위가 지하에 생긴 공동으로 무너져 내리고, 원래 화구보다 더 커다란 원형의 함몰지가 생긴다.

점성이 약한 용암이 대량으로 흘러나와 만들어진 화산이다. 사진으로는 화산이 높지 않아 보이지만, 해발 4169m로 매우 높다.

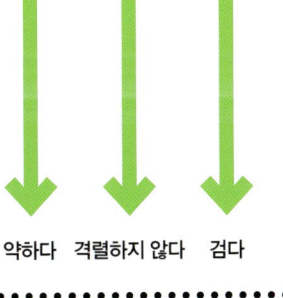

마그마의 점성	분화의 세기	용암, 화산재의 색
높다	격렬하다	희다
약하다	격렬하지 않다	검다

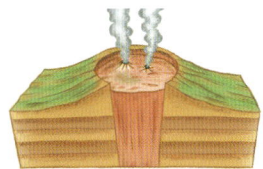

3. 지하에 마그마가 공급되면 다시 분화가 일어나서 칼데라의 안쪽에 중앙화구구(작은 화산)이 생기는 경우가 많다.

2 마그마로부터 어떤 암석이 만들어질까?

지구 / 활동하는 지구 / 화성암

마그마가 식어서 굳으면 '화성암'이라고 불리는 암석이 만들어집니다. 화성암 중에서 지표면 가까운 곳에서 급속히 식어 굳어진 것은 '화산암', 지하 깊은 곳에서 천천히 식으면서 굳어진 암석은 '심성암'이라고 합니다.

화산암
마그마가 지표면 가까운 곳에서 급속히 식어서 굳어진 암석으로, 반상 조직을 확인할 수 있다.

반상 조직
큰 결정과 결정이 되지 못한 작은 조직이 뒤섞여 있다.

마그마가 냉각되는 도중에 같은 화학물질이 규칙적으로 엉키면서 광물 결정으로 자란다.

화성암
화성암은 마그마가 냉각되는 속도의 차이에 따라 화산암과 심성암으로 나뉜다.

심성암
마그마가 지하 깊은 곳에서 천천히 냉각되어 굳어진 것으로, 등립 조직을 확인할 수 있다.

등립 조직
거의 같은 크기의 결정으로 서로 엉켜서 빈틈없이 배열되어 있다.

광물과 결정
암석이나 화산의 분출에 포함된 작은 알갱이 중 결정이 된 것을 '광물'이라고 합니다. 성분, 색, 모양, 조각파편 등에 일정한 특징이 있으며, 전 세계에 약 4000종류 이상의 광물이 있다고 알려져 있습니다.

자수정
광물 중 결정이 특히 크거나 아름다운 색을 띤 것은 세공하여 보석으로 사용한다.

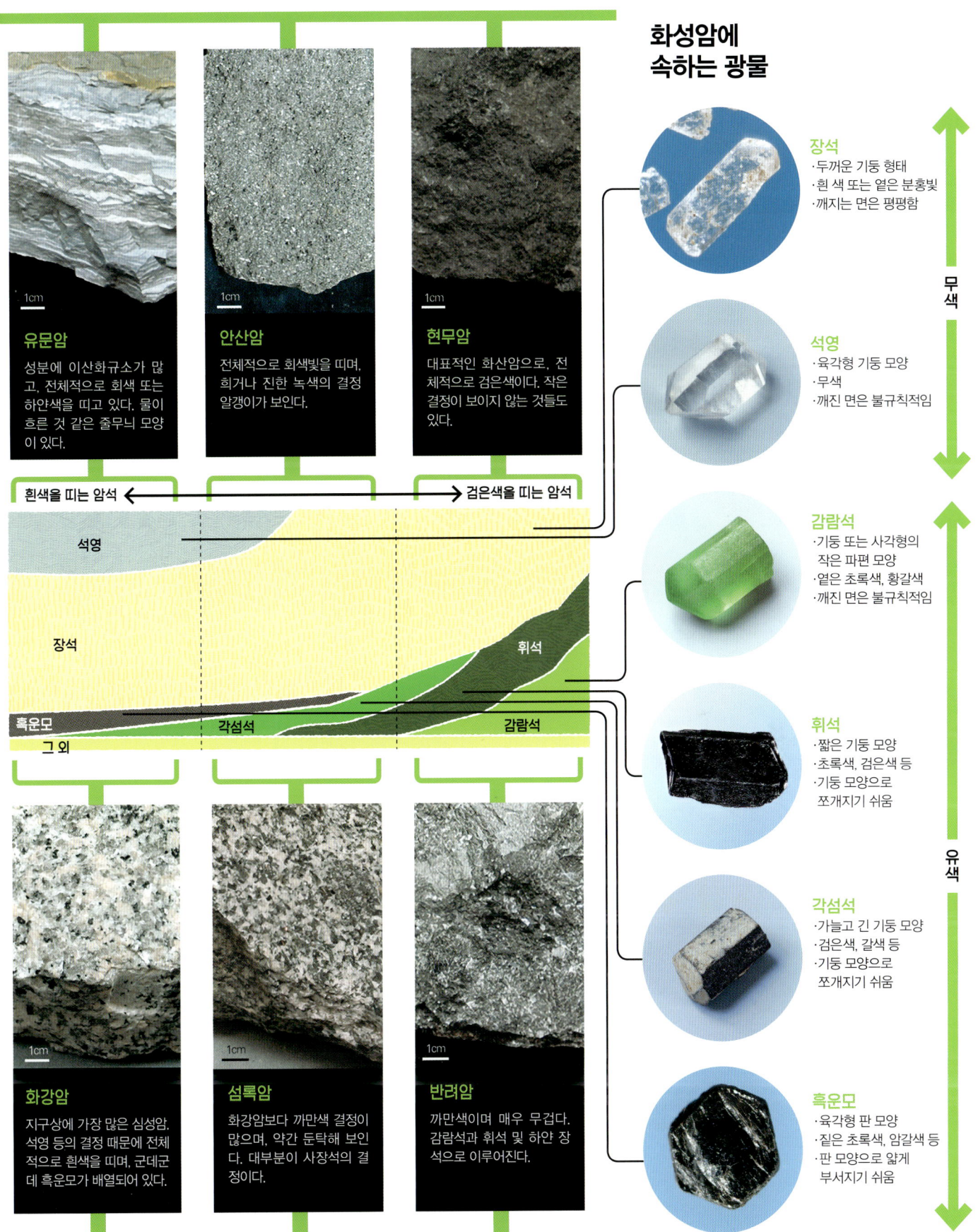

2 지구

지진은 어디에서 일어날까?

이웃나라 일본은 화산 활동이 활발할 뿐만 아니라 지진도 자주 일어납니다.
지진이 발생하는 구조는 판의 움직임과 관계가 깊습니다.

활동하는 지구 | 지구의 판과 지진

많은 지진은 판의 경계에서 일어난다

아래 그림은 미국 지진연구소(IRIS) 홈페이지에 공개된 지진 모니터 사진입니다. 과거 5년간 발생한 지진을 발생시간에 따라 다른 색깔로 표시하고 있으며, 최신 정보가 계속 추가됩니다.

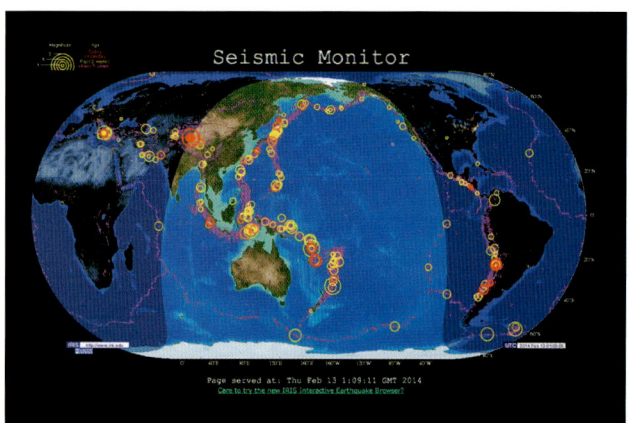

당일 발생한 지진은 빨간색, 전날 발생한 지진은 오렌지색, 2주 이내 발생한 것은 노란색, 5년 이내 발생한 것은 분홍색 점으로 표시한다. 원의 크기는 발생한 지진 규모를 나타낸다.

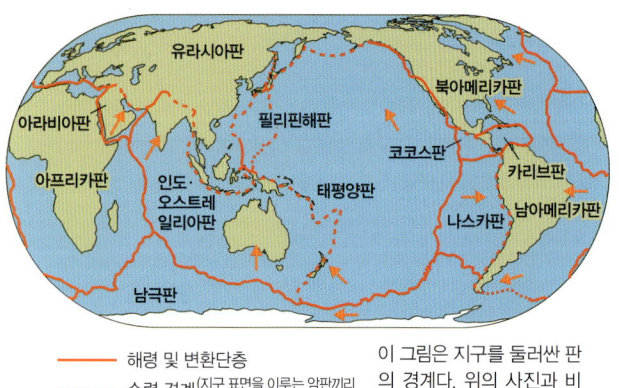

― 해령 및 변환단층
--- 수렴 경계 (지구 표면을 이루는 암판끼리 서로 충돌하는 경계)
⋯ 정확하지 않은 판 경계
← 판의 운동 방향

이 그림은 지구를 둘러싼 판의 경계다. 위의 사진과 비교하면 대부분의 지진이 판의 경계에서 일어나고 있는 것을 알 수 있다.

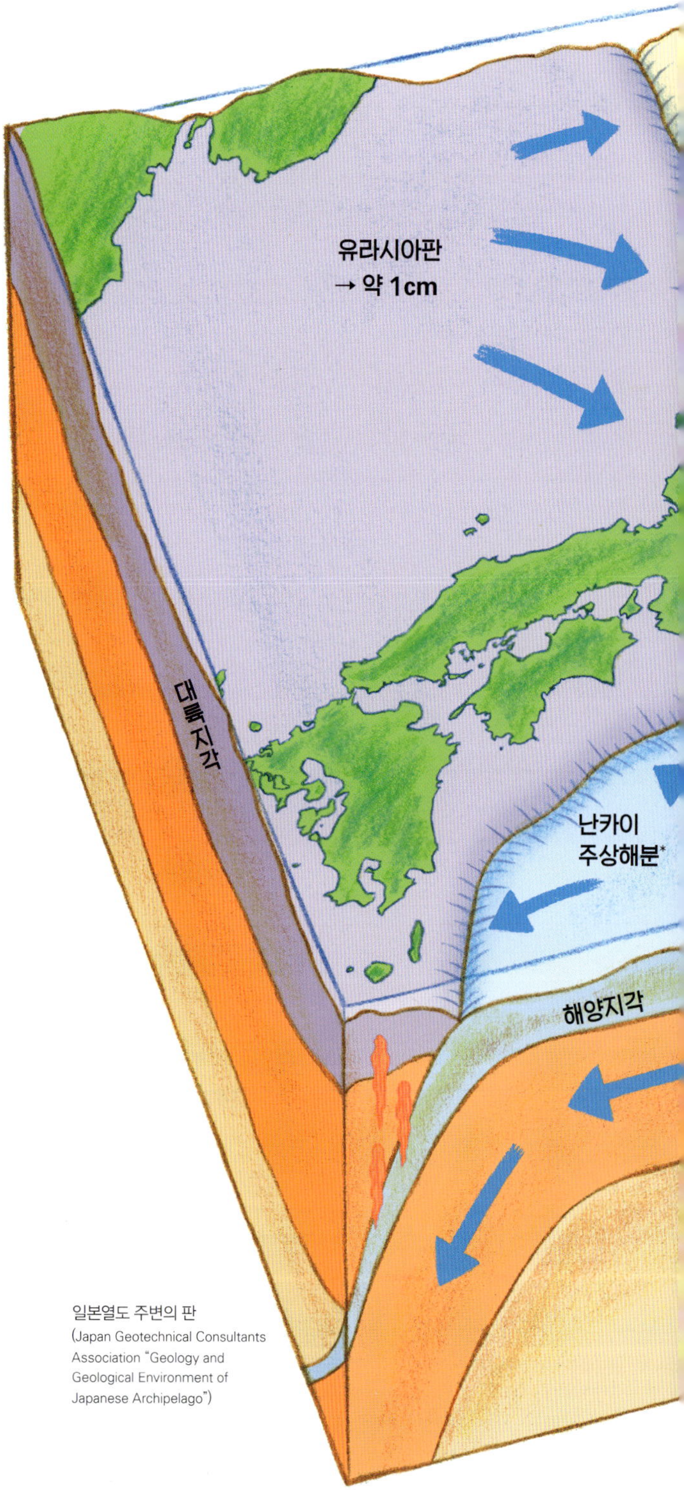

일본열도 주변의 판
(Japan Geotechnical Consultants Association "Geology and Geological Environment of Japanese Archipelago")

유라시아판
→ 약 1cm

대륙지각

난카이 주상해분*

해양지각

172

일본 부근에서 지각판끼리 겹치는 현상

일본열도는 해양판(태평양판과 필리핀해판)이 대륙판(유라시아판, 북아메리카판) 밑으로 들어가는 지각 위에 있습니다. 그 때문에 판 활동도 복잡하고, 지구상에서 발생하는 지진의 약 20%가 일본열도 부근에서 일어나고 있습니다.

일본열도는 지진의 근원지

일본열도는 '지진의 근원지'라고 불릴 정도로 전역에서 지진이 발생합니다. 왼쪽 페이지의 일본열도 부근 판 그림과 아래 지도를 비교해 보면 해양판이 해구를 만들고 대륙쪽 판의 밑으로 들어가는 지형으로, 지진이 자주 일어나고 있는 것을 알 수 있습니다.

진앙*과 지진 규모(Magnitude)

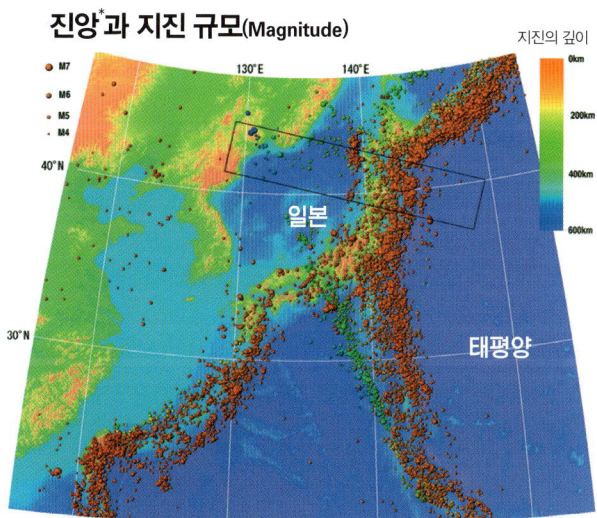

각 점들은 1993년~2006년까지의 M(지진 규모) 4 이상인 지진의 진앙지 위치를 표시

*진앙: 지진이 발생한 진원 바로 위에 해당하는 지표상의 지점

진원의 깊이 변화

빨간 점은 얕은 곳에서 발생한 지진을 나타냅니다. 진원(지진파가 처음 발생한 지구 내부의 장소)이 깊을수록 노란색에서 초록색, 밝은 하늘색, 파란색 순으로 색이 변합니다. 해구로부터 멀리 떨어질수록 진원이 깊어지며, 지진이 일어나는 위치는 태평양판이 일본열도 지하 깊은 곳으로 파고드는 판의 경계에 있음을 알 수 있습니다.

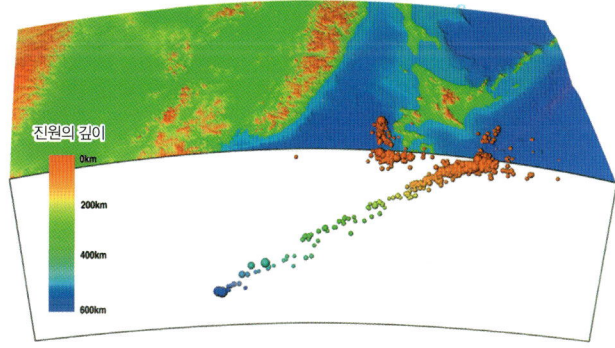

진원은 해구로부터 멀면 멀수록 깊어지며, 600km 정도의 깊이에서도 발생함을 알 수 있다. 한편, 일본해구는 가장 깊은 곳이 약 8km, 이즈·오가사와라 해구는 가장 깊은 곳이 약 10km이다.

The Headquarters for Earthquake Research Promotion "Earthquake of Japan"

*주상해분: 심해저의 깊은 함몰 지형

← 는 일 년 동안 이동하는 속도

지진은 왜 일어날까?

발생하는 장소와 발생 방식에 따라 지진은 몇 가지로 구분됩니다. 지구상에서 지진이 가장 자주 발생하는 일본의 예를 통해 어떤 장소에서 어떤 지진이 일어나는지 알아봅시다.

대륙판

밑으로 가라앉음

판이 가라앉는 현상과 지진

이 그림은 일본 동북 지방 땅 밑을 동서로 자른 단면입니다. 동그라미는 지금까지 일어난 지진의 진원입니다. 지진은 판의 어느 부분에서 일어나는지에 따라 주로 세 종류로 구분합니다.

2011년 일본 동북 지방 태평양 바다에서 일어난 지진은 규모 9.0, 진도 9의 거대한 지진이었다. 높이 10m에 가까운 해일이 넓은 범위를 덮쳐서 피해가 컸다.

1 판 사이에서 발생하는 지진

해양판이 가라앉으면서 대륙판을 같이 끌어들여 발생한 뒤틀림을 해소하고자 대륙판이 융기하여 일어나는 지진입니다. 2011년 일본 동북 지방 태평양 바다에서 일어난 대지진은 태평양판과 북아메리카판 사이의 일본해구, 1923년에 일어난 대지진은 필리핀해판과 북아메리카판 사이의 사가미 주상해분(해저에 만들어진 가늘고 긴 계곡)에서 발생했습니다.

판 사이에 지진이 발생하면 대륙판이 융기하여 해수면이 따라 올라와 지진 해일이 일어나는 경우가 있습니다.

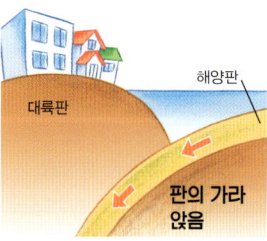

1년에 8~10cm 속도로 해양판이 대륙판 밑으로 가라앉는다.

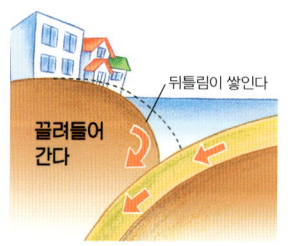

대륙판이 해양판에 끌려 들어가서 그 경계에 뒤틀림이 쌓인다.

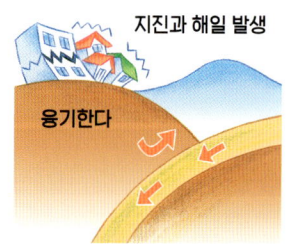

지진과 해일 발생

뒤틀림이 한도를 넘으면 대륙판이 융기하고, 지진과 지진 해일이 발생한다.

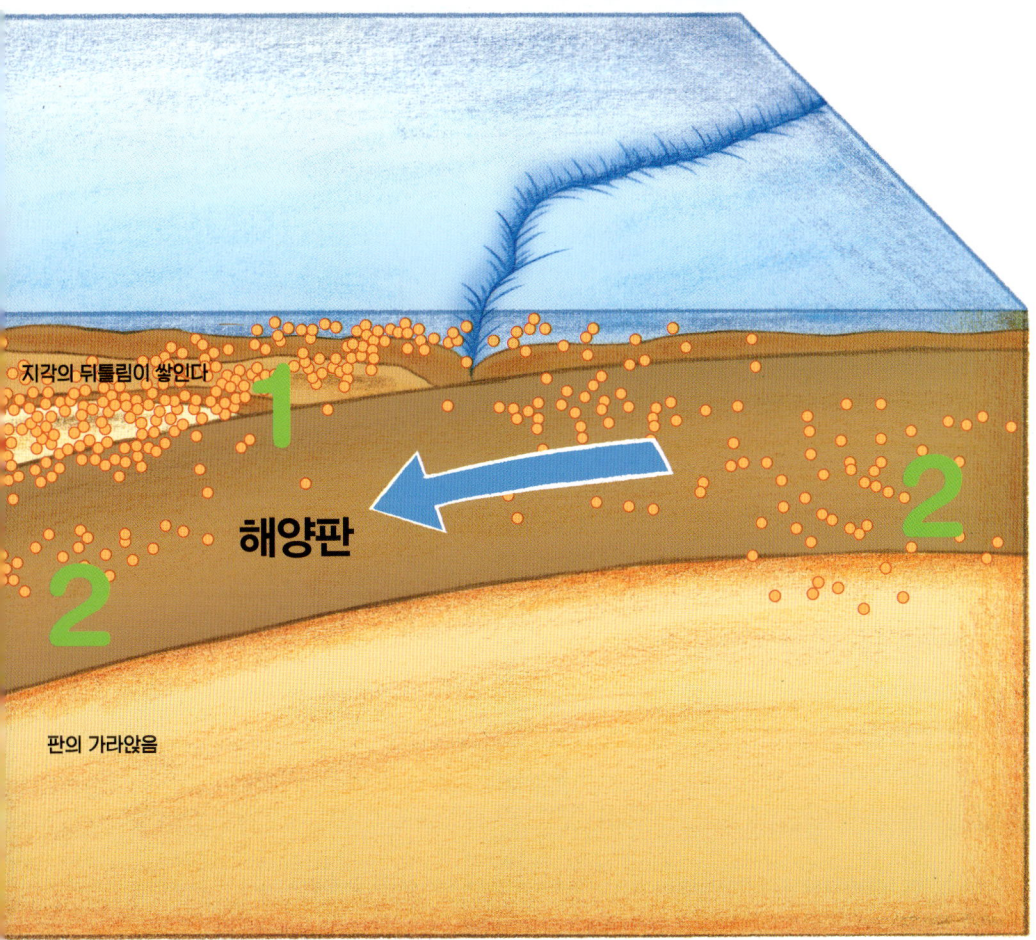

지각의 뒤틀림이 쌓인다

1

해양판

2

판의 가라앉음

2 해양판 안에서 발생하는 지진

가라앉는 해양판 내부에 커다란 단층 활동이 발생하여 일어나는 지진입니다. 해구보다도 더 깊은 곳이나 해구 근처 얕은 곳 등 발생하는 장소는 다양합니다. 흔들림이 지진의 중심에 있거나 지진해일을 동반하기도 하는 등 여러 방식으로 일어납니다.

제공: National Research Institute for Earth Science and Disaster Resilience (Takashi Iguchi)

1993년 일본 쿠시로만에서 발생한 지진. 깊이 101km의 판 깊은 부분이 파괴되어 발생했다.

3 땅의 얕은 곳에서 발생하는 지진

일본열도가 올라 있는 대륙판 내부의 지하 20km에 있는 단층이 급작스럽게 움직이면 진원이 얕은 지진이 발생합니다. 이것은 암반(땅속의 얕은 암석층)에 훨씬 밑에 있는 해양판으로부터 힘이 전달되어 그 뒤틀림이 한계에 다다를 때 일어납니다.

2008년 이와테 미야기현 내륙 지방에서 발생한 지진. 이와테현 오우슈시, 미야기현 구리하라시에서 진도 9가 발생. 대규모 산사태가 발생했다.

제공: National Research Institute for Earth Science and Disaster Resilience (Takashi Iguchi)

단층운동의 종류

단층은 어긋남의 방향에 따라 정단층, 역단층, 수평단층으로 나뉩니다. 판 사이에서 발생하는 지진은 대규모 역단층 활동에 의해 일어납니다. 그 밖의 장소에서는 힘의 방향에 의해 여러 단층이 활동하여 지진이 일어납니다.

수직단층

정단층

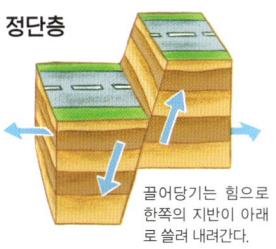

끌어당기는 힘으로 한쪽의 지반이 아래로 쏠려 내려간다.

역단층

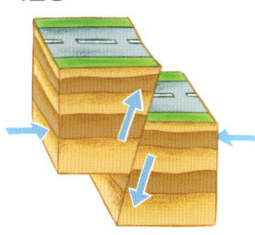

압축하여 한쪽 지반이 위로 올라간다.

수평단층

왼쪽 수평단층

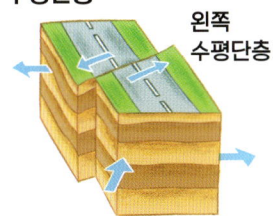

오른쪽 수평단층

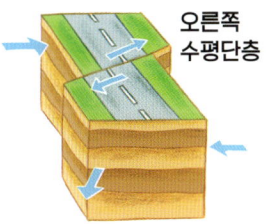

끌어당기는 힘과 압축하는 힘이 수평으로 걸려 옆으로 뒤틀린다.

지진은 어떻게 퍼질까?

지진이 일어나면 먼저 창문이 조금씩 흔들거립니다. 잠시 후 창문이 크게 흔들리고, 더 심해지면 배 안에 있는 것처럼 땅이 울렁울렁 움직이기도 합니다.

지진의 흔들림이 전달되는 모습

2011년에 일어난 일본 동북 지방 태평양만 지진의 흔들림이 전달되는 모습입니다.

60초 후 지진 발생 35초 후에 흔들림이 육지에 도달. 1분 뒤에는 동북 지방 전역이 흔들렸다.

110초 후 홋카이도에서 관동 지방까지 흔들림이 퍼진다

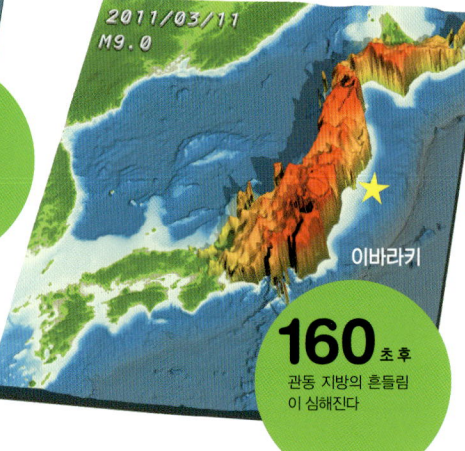

160초 후 관동 지방의 흔들림이 심해진다

제공: Center for Integrated Disaster Information Research Interfaculty Initivate in Information Studies, The University of Tokyo (Takashi Furumura)

지진의 흔들림과 지진파의 종류

지진파에는 땅속을 따라 전달되는 P파(종파)와 S파(횡파), 표면파가 있습니다.

P파(종파)

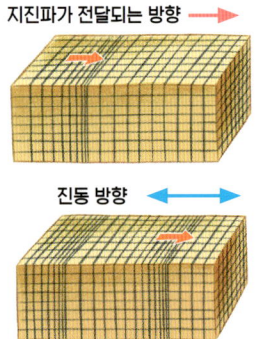

암석이 늘어나거나 줄어드는 진동이 전달된다. 매초 5~7km 속도로, 제일 처음 도착하여 작은 흔들림을 일으킨다.

S파(횡파)

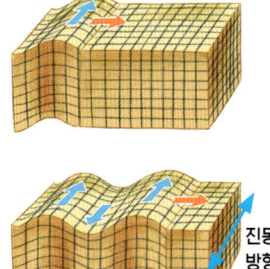

암석이 어긋나는 운동이 전달된다. 매초 3~5km 속도로, 작은 흔들림이 있는 뒤에 커다란 흔들림을 일으킨다.

표면파

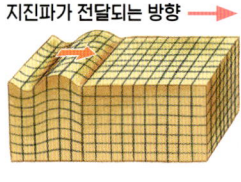
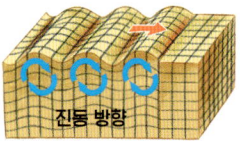

S파보다 늦게 도착하고, S파와 함께 커다란 흔들림을 일으킨다. 흔들림이 오래 가며, 지진파가 멀리까지 퍼져 나간다.

지진파가 전달되는 법

진원으로부터 동시에 P파와 S파가 퍼진다. 지진파의 속도가 서로 다르기 때문에 진원으로부터 멀수록 P파에 의한 작은 흔들림을 느낀 이후 S파가 도달하여 크게 흔들리기까지 걸리는 시간이 길어진다. 또한 진원이 얕은 지진의 경우, S파가 도달하고서 표면파에 의한 커다란 흔들림이 나타난다.

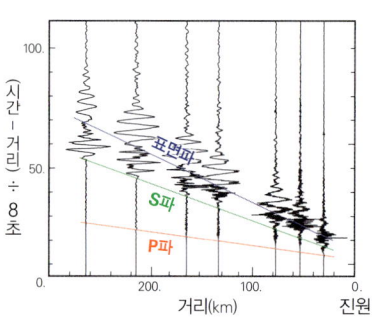

제공: Takashi Furumura

진도와 규모

지진의 크기를 표시하는 기준으로는 그 장소의 흔들림 정도를 나타내는 '진도'와 지진이 일으킨 에너지의 크기를 나타내는 '규모'가 있습니다.

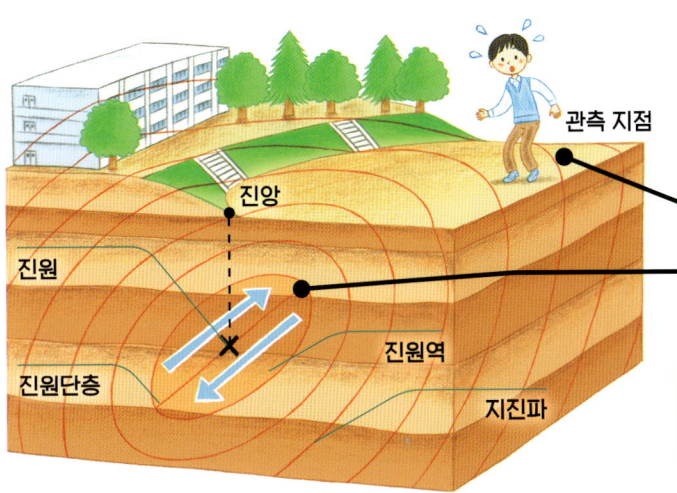

진원과 진앙

지진은 주로 단층의 활동으로 암반이 파괴되면서 일어납니다. 파괴가 시작된 땅속 지점을 '진원', 진원의 바로 위 지표를 '진앙'이라고 합니다. 암반이 파괴되어 움직인 범위를 '진원역'이라고 하며, 지진의 흔들림은 그 지점부터 파장의 형태로 주위에 퍼집니다.

지진의 규모

규모	설명
0	극미소 지진. 무수히 자주 발생한다.
1	미소 지진. 1분에 1~2회 정도 발생한다.
2	1시간에 10회 정도 발생한다.
3	소지진. 하루에 수십 번 발생한다.
4	하루에 몇 회 발생한다.
5	중지진. 한 달에 10회 정도 발생한다.
6	1년에 10~15회 정도 발생한다.
7	대지진. 1년에 1~2회 정도 발생한다.
8	대지진(거대 지진). 10년에 1회 정도 발생한다.
9	대지진(초거대 지진). 일본 동북 지방에 일어난 지진과 같은 지진. 일본에서는 2011년 처음 관측되었다.

규모가 1 증가하면 지진 에너지는 약 32배, 2 증가하면 약 1000배가 된다.

진도

진도	설명
1	미세한 진동이 있다.
2	실내에서 극히 소수의 사람이 느낀다.
3	실내에서 소수의 사람이 느낀다. 매달린 물체가 약하게 흔들린다.
4	실내에서 상당수의 사람이 느낀다. 실외에선 느끼기 힘들다.
5	건물 전체가 흔들린다. 가벼운 물체가 움직인다.
6	똑바로 걷기 힘들다. 튼튼하게 짓지 않은 건물의 벽에 금이 간다.
7	서 있기 힘들다. 운전 중에도 지진을 느끼며, 건물의 벽이 무너진다.
8	차량 운전이 힘들다. 지면이 갈라지며, 일부 건물이 무너진다.
9	튼튼한 건물도 무너지고, 지하의 배관도 파손된다.
10	건물의 대다수가 파괴되고, 아스팔트도 갈라진다.
11	철로가 심하게 휜다. 대부분의 구조물이 파괴된다.
12	천재지변. 모든 것이 파괴된다.

210초 후
3분이 지나 흔들림은 오사카 지역까지 도달한다.

260초 후
동북 지방의 흔들림은 점차 멎지만, 관동 지방과 홋카이도의 태평양 연안에 흔들림이 계속된다.

310초 후
5분이 지나도 홋카이도, 관동 지방의 평야는 아직 흔들리고 있다.

강의 흐름은 땅을 어떻게 바꿀까?

언제나 똑같아 보이는 산, 평야, 해안도 수천, 수만 년의 세월이 지나면 완전히 형태가 바뀔 수 있습니다. 지형을 변화시키는 주요인은 바로 물의 흐름입니다.

흐르는 물의 세 가지 역할

산을 이루고 있는 단단한 암석도 긴 시간 태양빛이나 비바람에 의해 약해집니다. 산에 비가 내리면 물이 개천을 이루어 바다로 흘러가는 동안 강변이나 강바닥의 암석을 깎고 점점 잘게 쪼갭니다. 이렇게 작아진 암석은 강의 중류에서부터 하류로 운반되어 마지막에는 모래나 진흙의 형태로 평지나 바다 밑에 쌓입니다.

1 깎다 (침식작용)

강변이나 강바닥을 깎아 계곡이나 낭떠러지를 만든다.

2 운반하다 (운반작용)

깎아낸 돌이나 모래를 물의 흐름에 따라 하류로 운반한다.

3 쌓는다 (퇴적작용)

운반해 온 돌이나 모래를 강바닥이나 하구 또는 바다 밑에 쌓는다.

하적호
(초승달 호수) →p.181

평야
강은 깎아내린 흙더미를 상류로부터 운반하여 강의 하류에 쌓아 평야를 만듭니다. 이렇게 해서 형성된 평야를 '퇴적평야'라고 합니다.

삼각주
→p.182

하구
하구 부근에서는 물이 흐르는 속도가 떨어지기 때문에 모래나 진흙이 쌓이고 여러 가지 지형이 나타난다(→p.182).

하류
자갈이나 모래에 가까운 작은 돌 알갱이가 된다.

바다

선상지와 하적

이란의 선상지
지하로 스며든 강물이 지상으로 다시 나올 수 있을 만한 장소에 물길을 만들었다. 주변에서 농업용수로 이용하고 있다.

선상지는 강물이 평지로 올라오는 장소에 생긴다

산에서 평지로 나온 강은 강물의 속도가 약해지면서 강 상류에서 침식작용으로 떨어져 나온 암석이나 돌을 평지 부근에 퇴적시킵니다. 퇴적된 암석에 의해 강의 흐름이 계속 바뀌고, 부채 모양의 지형이 만들어집니다. 선상지에서는 강이 단단한 암석 밑을 흐르고, 경사가 완만한 들판에 이르면 지상으로 흘러나옵니다.

선상지가 만들어지는 과정

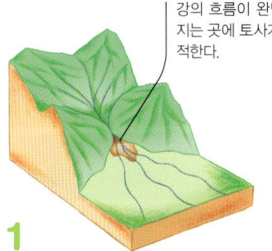

1
산으로부터 평지로 나온 강물은 운반하는 힘을 잃어 돌이나 모래가 산기슭에 쌓인다.

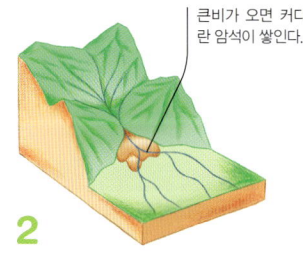

2
강물의 힘이 토지를 고르게 하며 강의 흐름이 바뀐다.

3
강의 흐름이 몇 번이나 바뀌면서 부채 모양으로 흙이 쌓인다.

호는 왜 생길까?

*일명 '초승달 호수'

비행기나 인공위성 등에서 지구를 내려다보면
재미있는 지형을 볼 수 있습니다.
이것은 주로 강의 작용으로 생긴 것입니다.

구시로 습지(홋카이도)
일본 최대의 습지. 매우 평평한 지형으로,
강이 뱀이 기어 다니는 것처럼 구불구불
흐르면서 여기저기에 하적호를 만들었다.

강은 평지에서 구불구불 흐르면서 하적호를 만든다

평탄한 지형을 흐르는 강은 낮은 곳을 찾아 구부러집니다. 강의 바깥쪽은 강물에 의해 깎이고, 반대로 강의 안쪽은 흙모래가 쌓이므로 강이 구부러지는 곳은 원을 그리듯 커집니다. 이것을 '사행(뱀이 구불구불 기는 것처럼 흐르거나 나아감)'이라고 합니다. 큰비가 내려서 잘록해져 있던 부분이 이어지게 되면 원래는 강의 일부였던 곳이 하적호가 됩니다.

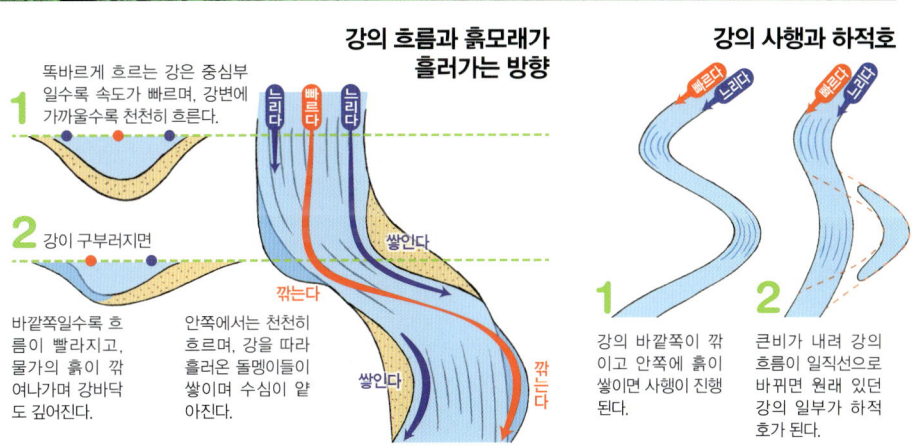

강의 흐름과 흙모래가 흘러가는 방향

1. 똑바르게 흐르는 강은 중심부일수록 속도가 빠르며, 강변에 가까울수록 천천히 흐른다.

2. 강이 구부러지면
바깥쪽일수록 흐름이 빨라지고, 물가의 흙이 깎여나가며 강바닥도 깊어진다.
안쪽에서는 천천히 흐르며, 강을 따라 흘러온 돌멩이들이 쌓이며 수심이 얕아진다.

강의 사행과 하적호

1. 강의 바깥쪽이 깎이고 안쪽에 흙이 쌓이면 사행이 진행된다.

2. 큰비가 내려 강의 흐름이 일직선으로 바뀌면 원래 있던 강의 일부가 하적호가 된다.

흙모래는 해안에 어떤 지형을 만들까?

강이 바다와 맞닿는 곳에는 강이 운반해온 모래에 의해 신비로운 지형이 만들어집니다. 강에 의해 멀리까지 운반된 흙모래가 만드는 다양한 지형을 알아봅시다.

삼각주의 형성 과정

하구는 강의 흐름이 느리므로 한가운데에 모래와 진흙이 쌓이고, 강은 여러 갈래로 나뉘면서 커다란 삼각형의 토지가 형성됩니다. 입자가 굵은 모래는 하구 가까이에, 입자가 가는 진흙은 멀리 운반되면서 차례차례 쌓입니다.

삼각주는 하구에 만들어진다

삼각주는 강이 바다나 호수로 흘러들어오는 곳에 만들어집니다. 강의 상류로부터 운반된 흙모래가 작은 알갱이가 되어 하구에 쌓이면서, 강이 여러 갈래로 나뉘어 흙모래를 여러 곳에 쌓습니다. 이것을 '삼각주'라고 부릅니다. 삼각주는 강이 흙모래를 쌓는 힘과 바다가 그 흙모래를 흩으려고 하는 힘 사이의 작용으로 형태가 변합니다.

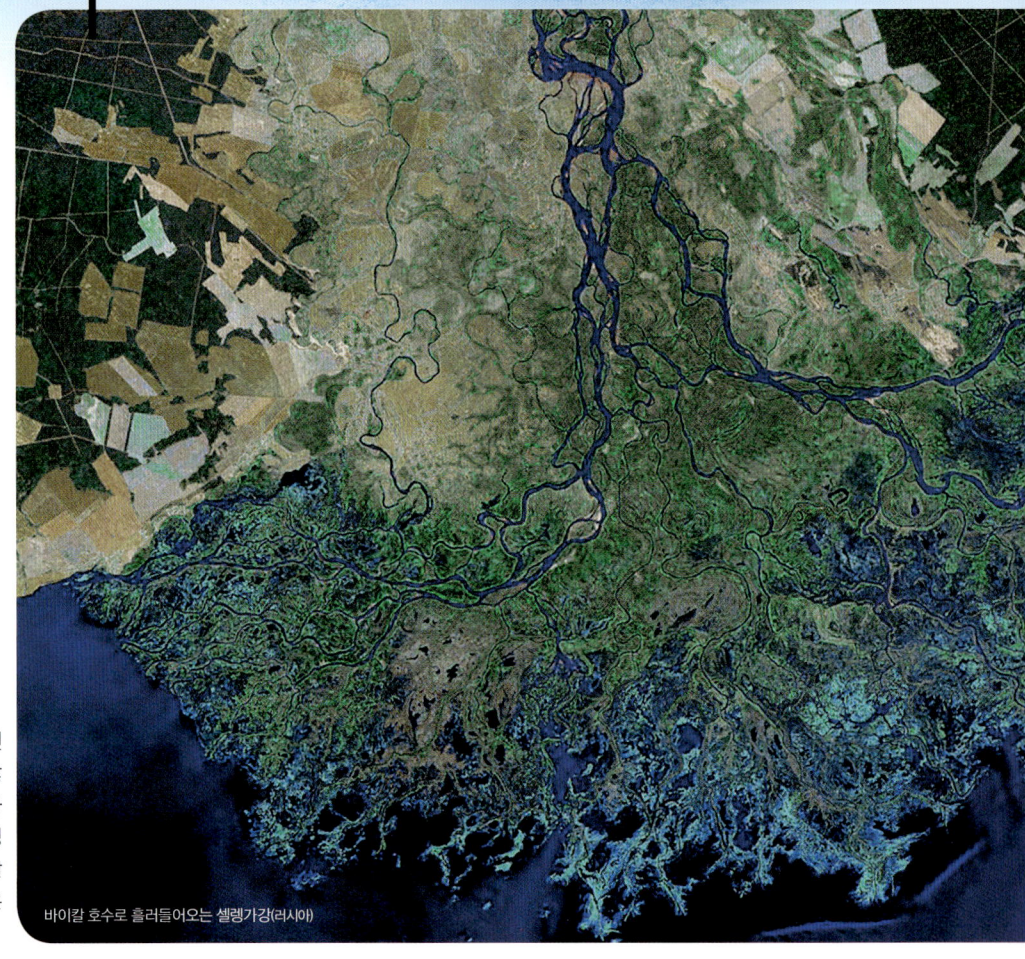

부채 모양으로 펼쳐진 삼각주는 흙모래가 많고 해류가 그리 강하지 않은 하구에 형성된다. (오른쪽 사진은 알아보기 쉽게 색을 넣은 위성사진)

바이칼 호수로 흘러들어오는 셀렝가강(러시아)

해류가 만들어내는 지형

강에 의해 바다로 운반된 모래나 바다의 파도에 의해 연안이 깎이면서 만들어진 모래는 해류에 의해 옮겨집니다. 이런 모래가 해안에 쌓이면서 다양한 모습의 지형을 만듭니다.

석호
사주(바닷가에 생긴 모래사장)에 의해 바깥의 바다와 분리되며 만들어진 호수. 영어로 '라군(Lagoon)'이라고 한다.

제공: Commerce and Industry Department of Nishiizu Town in Shizuoka

연안에 있는 섬이 사주 등에 의해 연결된 지형. 섬과 해안 절벽을 잇는 사주를 이탈리아어로 '톰볼로'라고 한다.

사주

아마노하시다테(일본)

만(바다가 육지 안으로 파고들어와 있는 곳)의 입구나 후미를 막는 듯이 모래나 작은 돌멩이들이 쌓여 생기는 지형이다.

육계도

산시로지마(일본)

모래톱

노쓰케반도(일본)

해류를 따라 운반되어 온 흙모래가 만의 흐름에 의해 입자가 큰 모래는 상류에 쌓이고, 입자가 고운 모래는 안쪽까지 쌓여서 만들어진다.

연안주

베네치아(이탈리아)

해안선과 평행하게 흙모래가 쌓여 만들어진 사주

JAXA/Image Navi

지층의 줄무늬는 왜 생길까?

미국 애리조나주에 있는 대협곡(거대한 산골짜기)인 그랜드캐니언. 깊이 1600m에 달하는 단층의 줄무늬는 이곳이 과거에는 바닷속이었다는 것을 알려 줍니다.

수억 년간 해저에 퇴적된 흙모래

그랜드캐니언의 줄무늬는 강에서부터 운반되어 온 흙과 모래가 차례차례로 얕은 해저에 퇴적되면서 형성되었다. 이윽고 해저가 융기하여 고원이 되었고, 강의 물줄기에 의해 이러한 대협곡이 생겨났다.

그랜드캐니언이 만들어진 과정

강으로부터 운반되어 온 흙모래가 차례로 수평을 이루며 퇴적한다.

해저가 융기하고, 강의 물줄기가 깎아낸다.

물의 작용으로 생기는 지층

강에 의해 운반되어 바다 밑에 쌓인 흙모래 알갱이는 모서리가 닳으면서 둥글어집니다. 커다란 알갱이는 빨리 가라앉고 작은 알갱이는 멀리까지 운반되므로, 하구나 해안에 가까울수록 입자가 크고 해안으로부터 멀어질수록 진흙과 같이 작은 입자가 퇴적됩니다. 하나의 지층 안에서는 아래일수록 입자가 크고 위에는 입자가 작은 흙모래가 퇴적됩니다.

해수면의 변화와 퇴적 양상

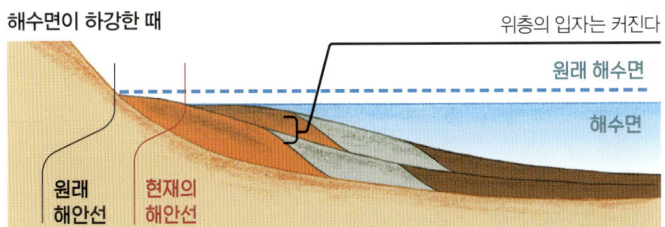

육지가 해수면보다 낮아지거나(침강) 올라가면(융기) 해저에 쌓여 있던 입자 위치가 바뀝니다. 지층 입자의 정렬 방식을 살펴보면 과거 해수면의 변화를 알 수 있습니다.

화산활동에 의한 지층

화산에서 나온 분출물이 지상에 쌓이면 지상의 지형을 그대로 둘러싼 형태로 새로운 지층이 생깁니다. 화산이 만든 지층 알갱이는 물에 의해 운반된 것이 아니므로 입자가 뾰족한 것이 특징입니다.

지층대 절단면
이즈오시마에는 2만 년 동안 100회가 넘는 분화가 있었다. 분화에 의한 화산재가 원래의 지형에 내리면서 점점 쌓여서 줄무늬를 만들었다.

지층 속에는 무엇이 있을까?

화성암(→p.170)은 마그마가 식으면서 만들어진 암석입니다.
퇴적암은 지층이 오랜 기간 쌓이면서 단단하게 굳어진 암석입니다.

퇴적암의 생성 원리

바다 밑이나 화산 주위에 쌓인 지층은 위로부터의 압력에 의해 지층과 지층 사이에 있는 물이나 공기가 빠져나가고 단단하게 굳어집니다. 또한 지하수에 녹아 있는 탄산칼슘이나 이산화규소 등에 의한 화학 변화로 알갱이가 서로 단단하게 달라붙어 암석이 됩니다. 이것이 퇴적암입니다.

퇴적암

- 알갱이는 둥글둥글한 형태이다.
- 알갱이의 크기가 가지각색이다.
- 암석 안에 화석이 있는 경우도 있다.

퇴적암의 세 가지 유형

물 아래 흙모래가 쌓이다

역암 모래나 진흙에 자갈이나 조약돌이 섞여 만들어진 암석

사암 주로 모래가 뭉쳐져 만들어진 암석

이암 진흙 또는 입자가 고운 점토로 만들어진 암석

생물의 사체가 쌓이다

석회암 조개나 산호 등 탄산칼슘(석회질)이 모여 만들어진 암석

각암 석영, 방해석, 규조, 방산충 등 이산화규소(규산질)가 뭉쳐져 형성된 암석

※ 묽은 염산을 뿌리면 석회암에는 이산화탄소 기포가 생기지만, 각암에서는 생기지 않는다.

화산에서 분출된 물질이 쌓이다

응회암 화산재 등 화산분출물로 만들어진 암석으로, 뾰족한 알갱이를 찾을 수 있다.

← 아키타현 안덴 해안의 퇴적층

생존했던 시대를 알 수 있는 화석(표준화석)

삼엽충
길이 1~60cm. 고생대에 바다 밑에 서식했던 절지동물

푸줄리나(방추충)
껍질을 가진 단세포동물. 고생대 후반에 번성했다.

암모나이트
달팽이 모양의 나선형 껍질을 가진, 오늘날의 오징어나 문어에 가까운 동물. 연대에 따라 다양한 종류가 번성했고, 공룡과 함께 멸종했다.

공룡
중생대에 번성했으며, 약 6550만 년 전에 멸종되었다. 연대에 따라 다양한 종류의 공룡이 발견되고 있다.

전체 길이 4.2m(추정)
후쿠이랩터
제공: Fukui Prefectural Dinosaur Museum

고생대 약 5억 4200만 년 전부터
중생대 약 2억 5100만 년 전부터
신생대
고제3기 약 6600만 년 전부터
신제3기 약 2300만 년 전부터

화석이란?

퇴적암 중에는 화석이 들어 있는 경우가 있습니다. '화석'이란 어떤 지층이 쌓인 시대에 살던 생물의 흔적으로, 생물의 몸이나 발자국, 둥지 등의 형태가 암석화된 것입니다.

시조새
공룡이 살았던 1억 5천만 년 전 지층에서 발견된 최초의 조류. 작은 육식 공룡과 흡사하기에 새는 공룡으로부터 진화한 것으로 추정된다.
날개를 펼쳤을 때 길이 약 42cm

비카리아
신생대 고제3기부터 신생대 신제3기에 걸쳐 번성한 크기 10cm 정도의 열대성 조개

메타세쿼이아
신생대에 처음 출현했다. 오늘날에도 주변에서 볼 수 있는 삼나무의 친척이다.

살았던 시대의 환경을 알 수 있는 화석 (시상화석*)

바지락 1cm
물가에 가까운 얕은 바다

산호 2cm
바닷물이 따뜻하고 얕은 바다

가리비 2cm
수온이 낮은 얕은 바다

너도밤나무, 모밀잣밤나무 2cm
온대 지역이지만 약간 추운 육지 지역

제4기 약 260만 년 전부터

매머드
약 11만 5천~1만 년 전까지 북반구의 여러 지역에 살았던 어금니가 긴 코끼리의 친척(사진은 턱뼈 부분)

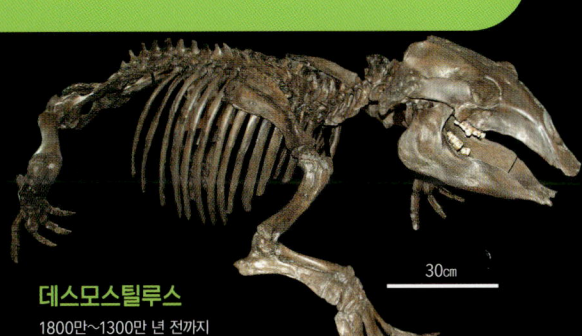
데스모스틸루스
1800만~1300만 년 전까지 북태평양 연안에 서식했던 포유류

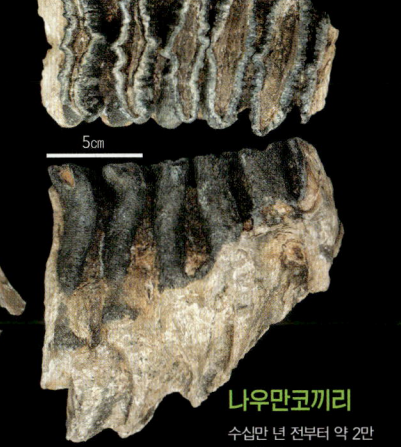
나우만코끼리
수십만 년 전부터 약 2만 년 전까지 중국 등에 서식했던 코끼리 (사진은 이빨 부분)

*시상화석: 지층이 퇴적할 당시의 환경을 보여 주는 화석

땅의 융기와 침강을 통해 어떤 지형이

지면이 솟아오르거나 가라앉으면 강이나 바다의 영향으로 독특한 특징을 가진 지형이 만들어집니다.

융기와 침식

해수면과 비교하여 이전보다 육지가 솟아오르는 현상을 '융기'라고 합니다. 융기 현상에는 해수면 높이에는 변화 없이 대륙판의 활동 등으로 육지 자체가 솟아오르는 경우와 기후 변화 등에 의해 육지는 그대로이나 해수면이 낮아지는 경우가 있습니다. 땅이 융기하면 물에 의한 침식작용이 일어나서 서서히 땅이 파여 갑니다.

하안단구

땅의 융기작용과 강의 침식작용이 반복되면서 하천을 따라 발달하는 계단 형태의 지형입니다.

한국의 하안단구는 남한강 상류 지역 등에 있다. ⓒ Gunma University

1. 하천에 의해 운반된 흙모래가 쌓여 강가 모래밭이 넓게 만들어진다.
2. 땅이 융기하며 강물의 침식작용에 의해 강가 모래밭이나 강바닥이 깎인다.
3. 융기가 더 진행되어 강가 모래밭이나 강바닥이 침식되면서 계단 형태의 지형이 생긴다.

해안단구

얕고 평평한 해저가 융기하여 파도나 해류의 침식작용에 의해 바다를 따라 형성된 계단 형태의 지형입니다.

한국의 유명한 해안단구로는 강릉 정동진 해안단구가 있다.

1. 바닷물의 침식작용으로 절벽이나 얕은 해저가 생긴다.
2. 땅이 융기하여 얕은 해저가 물 위로 솟아오르고 단구면이 된다.
3. 단구면이 바닷물의 침식작용에 의해 더 깊이 파인다.

생길까?

침강과 해안선

해수면과 비교하여 이전보다 육지가 가라앉는 현상을 '침강'이라고 합니다. 침강에는 육지가 가라앉는 경우와 해수면이 상승하는 경우가 있습니다. 빙하기가 끝나면 많은 얼음이 녹아 바닷물이 늘어나면서 해수면이 상승하고, 바다가 육지 깊숙이 들어와 복잡한 해안선의 지형이 만들어집니다.

아소만 (일본) — 한국에서는 서해안과 남해안이 리아스식 해안이다.

리아스식 해안

하천 등에 의한 침식작용에 의해 기복이 심한 계곡에 바닷물이 들어오면 곶(반도보다는 작은, 바다로 돌출한 육지)과 만이 많은 복잡한 해안선이 생깁니다. 이런 해안을 '리아스식 해안'이라고 합니다.

쿠쥬쿠시마 (일본) — 한국에서는 다도해 해상 국립공원에서 볼 수 있다.

다도해

리아스식 해안에 침강 현상이 더 진행되고 해수면이 높아지면 육지는 높은 지역 위주로 작은 섬들로 나뉘고, '다도해'라고 불리는 지형이 나타납니다.

1 기복이 많은 육지의 협곡

2 침강되며 만*이 여러 곳에 파고든 해안이 생긴다. 이러한 해안을 '리아스식 해안'이라고 한다.

3 침강 현상이 더 진행되면 바닷물이 육지 깊숙한 곳으로까지 들어오기 때문에, 원래 땅이 이어졌던 부분이 바닷물에 잠기고 높은 곳만 섬이 되면서 다도해 지형이 생긴다.

*만: 바다가 육지 쪽으로 들어와 있는 형태

2

지구 | 활동하는 지구 | 빙하가 만드는 지형

빙하는 어떤 지형을 만들까?

두꺼운 얼음이 지구의 여러 지역을
광범위하게 덮었던 시기가 몇 번 있었습니다.
빙하는 그 시기의 남은 흔적으로,
대지에 여러 형태의 지형을 남깁니다.

U자 협곡

빙하 호수
빙하에 의해 만들어진 계곡, 또는 웅덩이에 물이 고여 만들어진 호수

빙하
몇만 년에 걸쳐 쌓인 눈이 굳어져 거대한 얼음층이 된 것. 대지를 깎으면서 천천히 움직인다.

고르너 빙하
(스위스, 알프스산맥)

빙퇴석
빙하가 녹으면서 빙하 안에 들어 있던 크고 작은 암석 조각들이 퇴적되며 만들어진 것

아주 오랜 시간 동안 지구에서는 온난한 시기와 추운 시기가 반복되고 있습니다. 가장 최근에 추웠던 시기는 약 1만 년 전에 끝난 것으로 알려져 있습니다. 추운 시기에는 몇천 미터에 달하는 두꺼운 얼음이 땅과 산 등을 덮고 있었으며, 그 얼음이 조금씩 움직이며 육지를 깎아 나갔습니다. 남극이나 그린란드, 남아메리카, 알프스산맥, 히말라야산맥 등지에서는 요즘도 빙하를 볼 수 있습니다.

호른
여러 방향에서 빙하가 암석을 깎아내 만들어진 뾰족한 산

마터호른 (스위스)

권곡

U자 협곡의 생성 과정
빙하의 무게가 밑바닥에 쏠리면서 바닥 부분의 얼음이 녹아 협곡을 깎으면서 흘러내려 간다.

U자 협곡
빙하에 의해 양쪽이 깎여나가 U자 형태로 도려내진 깊은 계곡

센조지키 권곡 (일본)

후카 폭포 계곡 (뉴질랜드)

권곡(카르)
빙하에 의해 절구 모양으로 파인 계곡으로, 산 정상 가까이에서 볼 수 있다.

권곡의 생성 과정
빙하 무게가 산 정상 부근의 지반이 약해진 경사면을 도려내듯 깎아서 만들어진다.

게이랑에르 피오르 (노르웨이)

피오르
U자 협곡이 침강하여 바닷물이 들어와 길고 깊은 후미가 이어지며 연결된 웅대한 지형. 노르웨이나 그린란드, 아르헨티나 등에서 볼 수 있다.

2 기상과 날씨

지구

오른쪽 사진에 보이는 여러 겹으로 덮인
원반 모양의 구름은 적란운이 발달한 것입니다.
구름의 표면 높이는 지상으로부터 약 10000m로,
구름 밑 이곳저곳에서는 큰비가 내립니다.
사진 오른쪽 위에 보이는 꺾인 빛의 띠는
태양 빛에 반사된 하천의 표면입니다.
이렇게 보면 지구는 바다뿐만이 아니라
육지까지도 물로 덮여 있는 행성입니다.
태양의 빛, 물, 공기의 흐름이 만들어내는
다양한 기상 현상에 대해 알아봅시다.

ISS(국제우주정거장)가 브라질 상공에서 찍은 구름의 모습. 지평선에 보이는 푸르스름한 띠는 대기층. 사진에 보이는 작은 알갱이들은 발달 중인 적운, 적란운의 모습입니다. 적란운이 하늘 높이 솟아오르는 것도 지구 표면에서 일어나는 일입니다.

제공 : NASA

2 장소에 따라서 기후는 어떻게 다를까?

지구 | 기상과 날씨 | 지구의 기후

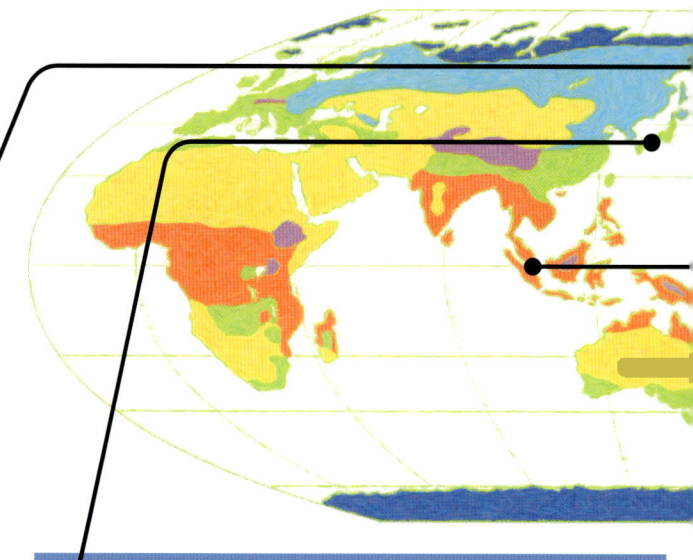

냉대
춥고 강우량이 적다

미국 알래스카는 북극에 가깝고 대부분의 지역이 냉대(아한대) 지역입니다. 겨울은 10월부터 그 다음 해 4월까지로 길며, 내륙에 있는 페어뱅크스에서는 한겨울에 기온이 영하 50도 아래로 떨어지기도 합니다. 여름은 짧고, 한낮 기온이 30도까지 오르기도 합니다.

페어뱅크스(미국)

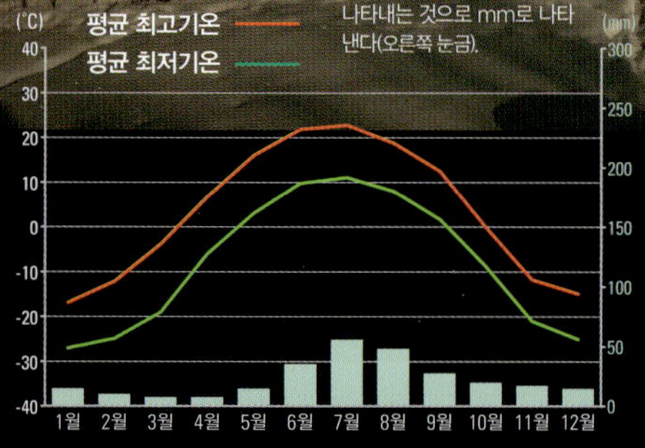

페어뱅크스에는 눈이 별로 오지 않는다. 여름에 비가 오지만 연간 강우량은 적다. 여름은 낮이 길고, 겨울은 밤이 길다. 오로라 현상을 볼 수 있는 것으로도 유명하다.

> 겨울 추위가 아주 매서워요!

온대
겨울은 춥고 비가 적게 온다
여름은 덥고 비가 많이 내리며

서울(한국)

한국은 대부분의 지역이 온대성 기후대입니다. 여름에는 기온이 높고 비가 많이 내려서 식물이 잘 자랍니다. 겨울에는 호남이나 서해안 쪽은 눈이 자주 오고, 영남과 남동해안 쪽은 건조하고 맑은 날이 많습니다. 봄여름가을겨울의 네 계절이 뚜렷하게 나뉩니다.

서울의 여름과 겨울은 평균 기온 차가 30도 정도 난다. 여름 전후로 비가 많이 오며, 겨울에는 건조한 날씨가 이어진다.

> 여름은 날씨가 덥고, 비가 많이 내려요.

북극, 적도, 사막 등
세계 곳곳의 사진을 보면
장소마다 번식하는 식물의 종류가
다양하다는 것을 알게 됩니다.
이처럼 지역마다 자연의 모습이 아주 다릅니다.

- 열대
- 건조기후대
- 온대
- 냉대(아한대)
- 한대
- 고산대

건조기후대
비가 적게 내린다

앨리스 스프링스 부근의 울룰루(에어즈락) (오스트레일리아)

건조기후대는 사막 또는 사막과 비슷한 '스텝'이라고 불리는 초원지대에 나타나며, 비가 적기 때문에 나무들이 자라기 어려운 환경입니다. 사막은 연간 강수량이 250mm 이하인 지역으로, 흔히 아열대 지방의 내륙이나 대륙 서쪽에 발달합니다. 스텝은 흔히 사막을 에워싸듯 그 주위에 위치하며, 키 작은 풀이 드문드문 자라납니다.

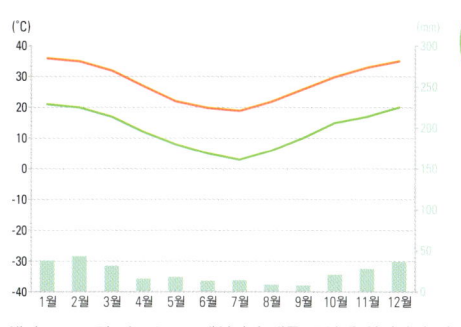

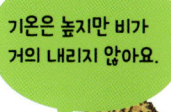
기온은 높지만 비가 거의 내리지 않아요.

앨리스 스프링스는 오스트레일리아 대륙 중앙에 위치하며 건조기후대 중 사막기후에 속한다. 연간 강수량은 286mm로, 1300mm인 한국의 5분의 1 정도밖에 안 되어 매우 건조하다.

열대
덥고, 비가 많이 내린다

싱가포르

적도에 가깝고, 연간 평균 기온이 18도를 넘어 울창한 숲과 넓은 초원을 볼 수 있는 지역으로, 일 년 내내 기온이 높습니다. 정글이 발달한 열대우림기후, 넓은 초원에 다양한 동물이 서식하는 사바나 기후 등의 지역이 있습니다.

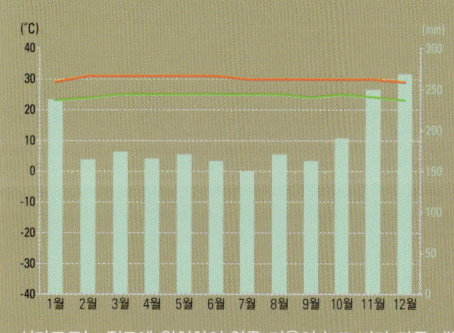

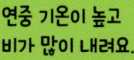
연중 기온이 높고 비가 많이 내려요.

싱가포르는 적도에 위치하여 연중 기온이 높고 비가 자주 내린다. 적도로부터 멀리 떨어진 지역과 비교하면 연중 기온 변화가 적고 계절의 변화를 거의 느낄 수 없다.

195

2 공기 중에 물이 숨어 있다고?

지구 / 기상과 날씨 / 공기 중의 물

 구름, 안개 등 물방울 형태의 물

 기온이 내려가서 새로 생긴 물방울

공기 중에 숨어 있는 물(수증기)

포화수증기량

공기 중의 수증기량
$1m^3$의 공기가 포함할 수 있는 수증기량을 '포화수증기량'이라고 하며, 기온이 높을수록 공기 중에 포함할 수 있는 양은 많아집니다. 기온이 내려가서 특정한 온도가 되면 수증기가 이슬로 바뀌어 구름이나 안개가 됩니다. 이때의 온도를 '이슬점'이라고 합니다.

포화수증기량이 약 17g이므로, 나머지 약 13g의 물은 구름이나 안개 같은 물방울 형태로 나타난다.

$1m^3$의 공기가 포용할 수 있는 수증기의 양(g)

포화수증기량

현재 온도에서 공기 중에 포함된 물의 양이 30g이라고 할 때, 40도일 때는 30g의 물은 모두 수증기 상태여서 눈에 보이지 않는다.

약 30g의 수증기가 포화 상태로, 이 이상 수증기를 수용할 수 없다.

이슬점

 나타난 물

덥다

40°C 30°C 20°C

사막거저리
비가 거의 오지 않는 사막에 사는 곤충. 동틀 무렵, 바다에서 안개가 밀려들면 모래언덕 위에 거꾸로 물구나무서기를 하여 물을 채집한다. 등에 나 있는 울퉁불퉁한 돌기를 이용해 물기를 모아서 입으로 흘려보낸다.

물이 나타나는 모양

추운 겨울 아침 유리창에 생기는 물방울은 어디에서 온 것일까요?
사실 공기 중에는 수증기가 포함되어 있습니다.

수증기는 기체화되어 있는 물입니다. 색깔도 없고 투명하기 때문에 눈으로 볼 수 없지요. 공기가 수용할 수 있는 수증기의 양은 기온이 높을수록 많으며 기온이 낮을수록 적어집니다. 기온이 내려가면 수증기의 일부는 더 이상 공기 중에 섞여 있을 수 없기 때문에 작은 물방울이 되어 공기 중에 나타나는데, 이것이 구름이나 안개입니다.

포화수증기량은 약 9g으로, 20도일 때에 비해 추가로 약 8g(합계 약 21g)의 물이 나타난다.

나타난 물

포화수증기량은 약 5g으로, 10도일 때에 비해 추가로 약 4g(합계 약 25g)의 물이 나타난다.

나타난 물

포화수증기량은 약 2g으로, 0도일 때에 비해 추가로 약 3g의 물이 나타난다. 공기 중에 나타난 물방울은 모두 얼음 결정이 된다.

나타난 물

10°C   0°C   -10°C 춥다 →

다이아몬드 더스트

기온이 영하 15도 이하로 떨어지고 바람이 없이 습도가 높은 경우, 공기 중의 수증기가 미세한 얼음 결정이 됩니다. 이것이 태양빛을 받아 반짝반짝 빛나면서 천천히 땅에 떨어지는 현상을 '다이아몬드 더스트'라고 합니다. 이때 태양 방향으로 '해기둥'이라고 불리는 빛의 기둥이 보이기도 합니다.

'해기둥'이란 얼음 알갱이에 의한 빛의 반사 때문에 나타나는 대기광학 현상이다. 판판한 결정들이 수평을 이루어 일직선으로 정렬되었을 때 결정면의 윗면과 아랫면에서 이루어지는 반사로 인해 태양 빛이 일직선으로 늘어선 것처럼 보인다.

안개

지면에 가까운 공기가 식어 수증기가 작은 물방울이 되어서 공중에 떠다니는 현상으로, 1km 앞이 안 보이면 '안개', 보이면 '연무*'라고 부릅니다.

이슬

동틀 무렵이 되어 기온이 떨어지면 공기 중의 수증기가 물방울이 되어 나타나는 현상. 그 물방울이 잎이나 창문 등에 붙어 맺힌 것을 '이슬'이라고 합니다.

서리

기온이 0도보다 내려가면 수증기는 작은 얼음 알갱이가 됩니다. 이런 작은 얼음 알갱이가 식물의 잎에 들러붙은 것을 '서리'라고 합니다.

*연무: 습도가 낮을 때 공기 중에 떠 있는 먼지와 같은 미세한 입자 때문에 공기가 뿌옇게 보이는 현상

2 지구

기상과 날씨

구름의 종류

구름의 이름이 궁금해!

권운 (새털구름)
가장 높은 곳에서 생성되는 하얀 구름으로, 붓으로 그린 것과 같이 곧은 줄무늬 형태를 띱니다.

적란운 (뇌운, 쌘비구름)
웅대적운*이 한계까지 커진 구름. 천둥이 치고 소나기나 우박이 내리는 경우도 있습니다. 회오리바람이나 돌풍을 일으키기도 합니다(→p.212).
*웅대적운: 상승기류의 불안정한 대기 상태로 인해 나타나는 구름

적운(뭉게구름, 쌘구름)
밑바닥이 평평하고 두둥실 떠 있는 구름. 구름 윗부분은 하얗게 빛나고 밑바닥은 짙은 색을 띱니다. 대기가 불안정해지면 점점 커져서 웅대적운이 되기도 합니다.

층적운 (두루마리구름)
흐린 날 볼 수 있는 흰색 또는 회색 구름으로, 줄지어 서거나 복슬복슬하게 뭉칩니다. 그러나 비를 내리는 경우는 많지 않습니다.

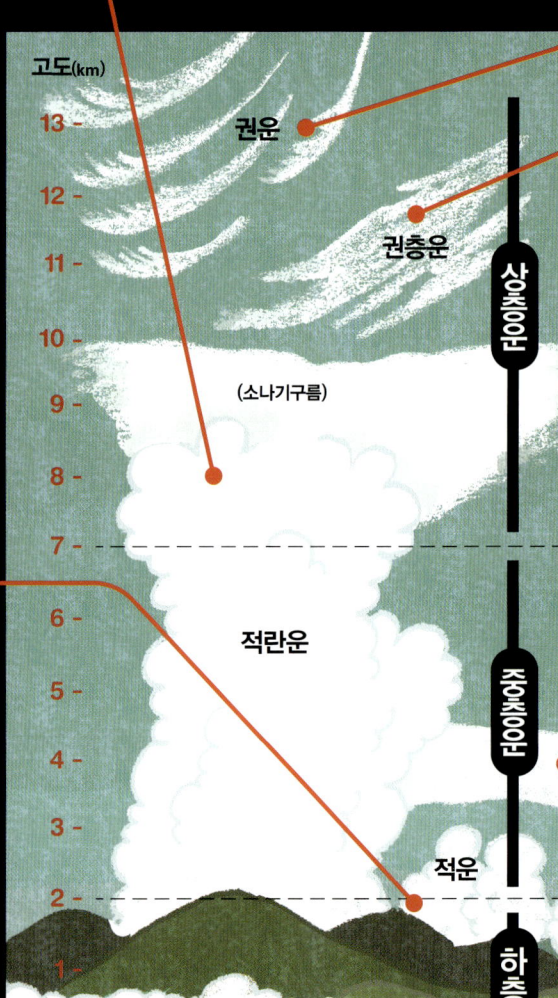

권층운 (햇무리구름)

베일처럼 얇은 구름으로 태양과 달에 둥근 빛의 띠를 만듭니다. 저기압이 가까워졌다는 신호로, 곧 비가 올 전조입니다.

권적운 (털쌘구름)

하얗고 작은 구름 덩어리가 높은 하늘에 규칙적으로 나타납니다. 규칙적으로 늘어서서 마치 잔물결처럼 보이는 것도 있습니다.

구름은 공기 중의 물이 작은 물방울이나 얼음 결정이 되어 공기 중에 떠 있는 것입니다.
물방울이 만들어지는 높이나 형태에 의해 구름은 기본적으로 10가지 종류로 나뉘며, 각각 이름이 있습니다.

고적운 (양떼구름, 높쌘구름)

다양한 형태가 있습니다. 흔히 볼 수 있는 형태는 초원의 양 떼 무리처럼 보이는 구름입니다. 렌즈 형태나 탑과 같은 형태를 띠는 것도 있습니다.

'권'과 '고', '적'과 '층'의 의미

높은 곳에 있는 구름에는 '권'이라는 글자가 붙습니다. 중간 정도 높이에 있는 구름에는 '고'라는 글자가 붙습니다. 뭉쳐진 구름이나 상하로 겹쳐지는 구름에는 '적', 옆으로 퍼져 있으면서 '층'이라는 글자를 붙입니다. 적운이나 적란운이 발달하면 하늘 높이 뭉게뭉게 솟아오르는 소나기구름이 됩니다. 그 이상 상승할 수 없게 되면 구름 꼭대기가 옆으로 퍼지게 됩니다.

고층운 (차일구름, 높층구름)

뿌연 유리와 같이 하늘을 덮으나, 구름이 얇은 경우 태양의 위치를 확인할 수는 있습니다. 권층운으로부터 발달하여 생기는 경우가 많으며, 비를 동반하기도 합니다.

난층운 (비구름, 비층구름)

두껍고 커다란 구름으로 하늘이 회색빛으로 어두워집니다. 소나기가 아니라 촉촉이 내리는 비나 오랜 시간 굵은 빗방울이 내리는 비를 뿌립니다.

층운 (안개구름)

산비탈이나 높은 건물 꼭대기에 걸리는 낮은 구름으로, 지면 가까이 형성되면 안개가 됩니다. 빗줄기가 가는 비(안개비)를 뿌리기도 합니다.

권적운

고적운

고층운 적층운

층운

구름 속에서는 어떤 일이 일어날까?

구름은 공기 중의 수증기가 냉각되어
작은 물방울이나 얼음 알갱이로 변해 하늘에 떠 있는 것입니다.
비와 눈은 구름으로부터 내려옵니다.
비와 눈이 내리는 과정을 알아봅시다.

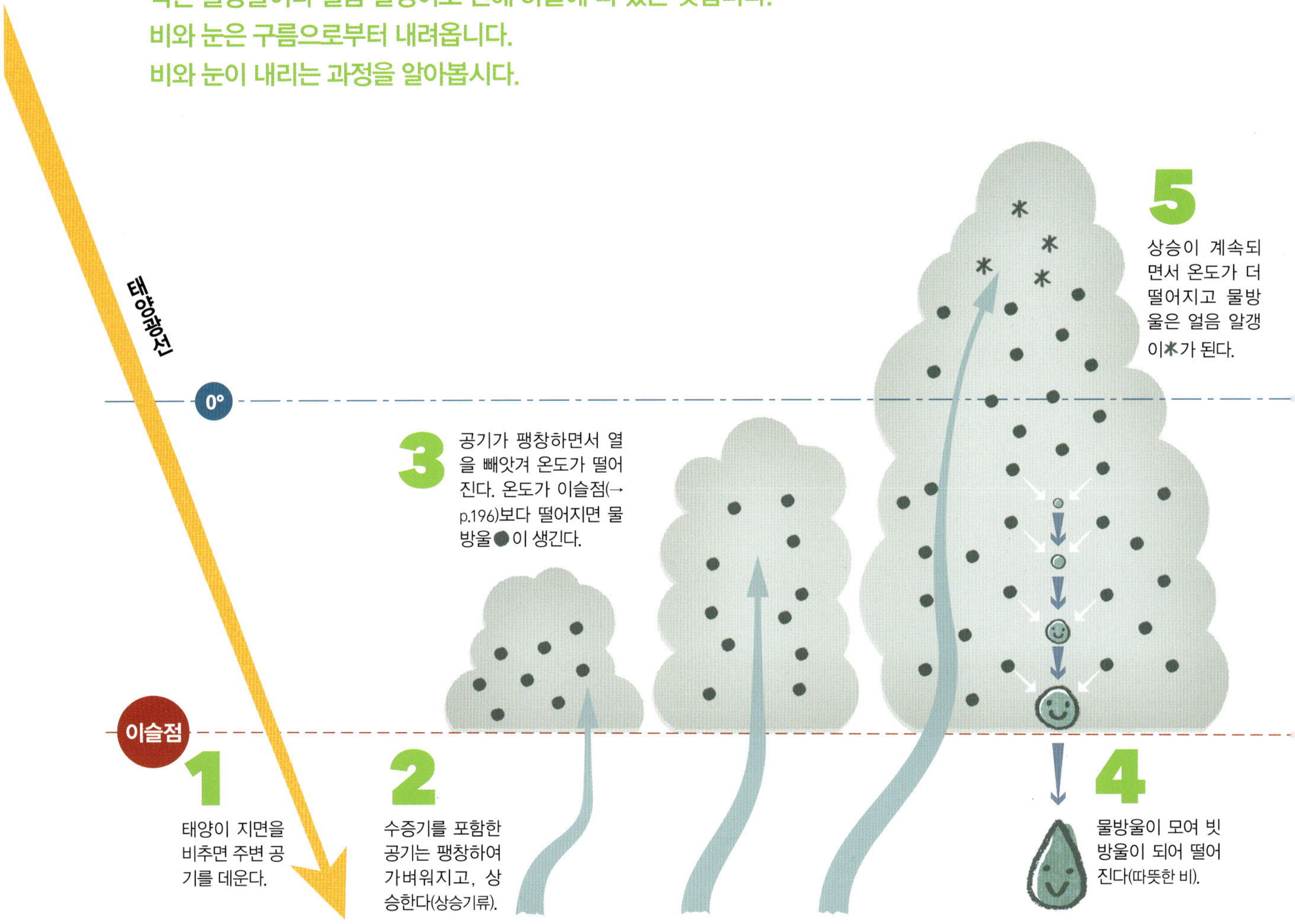

태양광선

0°

3 공기가 팽창하면서 열을 빼앗겨 온도가 떨어진다. 온도가 이슬점(→p.196)보다 떨어지면 물방울●이 생긴다.

5 상승이 계속되면서 온도가 더 떨어지고 물방울은 얼음 알갱이✲가 된다.

이슬점

1 태양이 지면을 비추면 주변 공기를 데운다.

2 수증기를 포함한 공기는 팽창하여 가벼워지고, 상승한다(상승기류).

4 물방울이 모여 빗방울이 되어 떨어진다(따뜻한 비).

상승기류가 만들어지는 과정

다음과 같은 경우에 구름을 만들어내는 상승기류가 생깁니다.

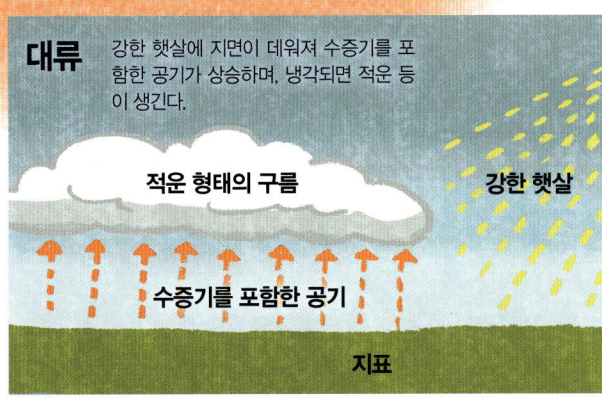

대류 강한 햇살에 지면이 데워져 수증기를 포함한 공기가 상승하며, 냉각되면 적운 등이 생긴다.

적운 형태의 구름 / 강한 햇살 / 수증기를 포함한 공기 / 지표

지형 바람이 산맥에 부딪혀 상승하면서 냉각되면 바람이 불어오는 쪽 경사면에 구름이 생긴다.

바람 / 산

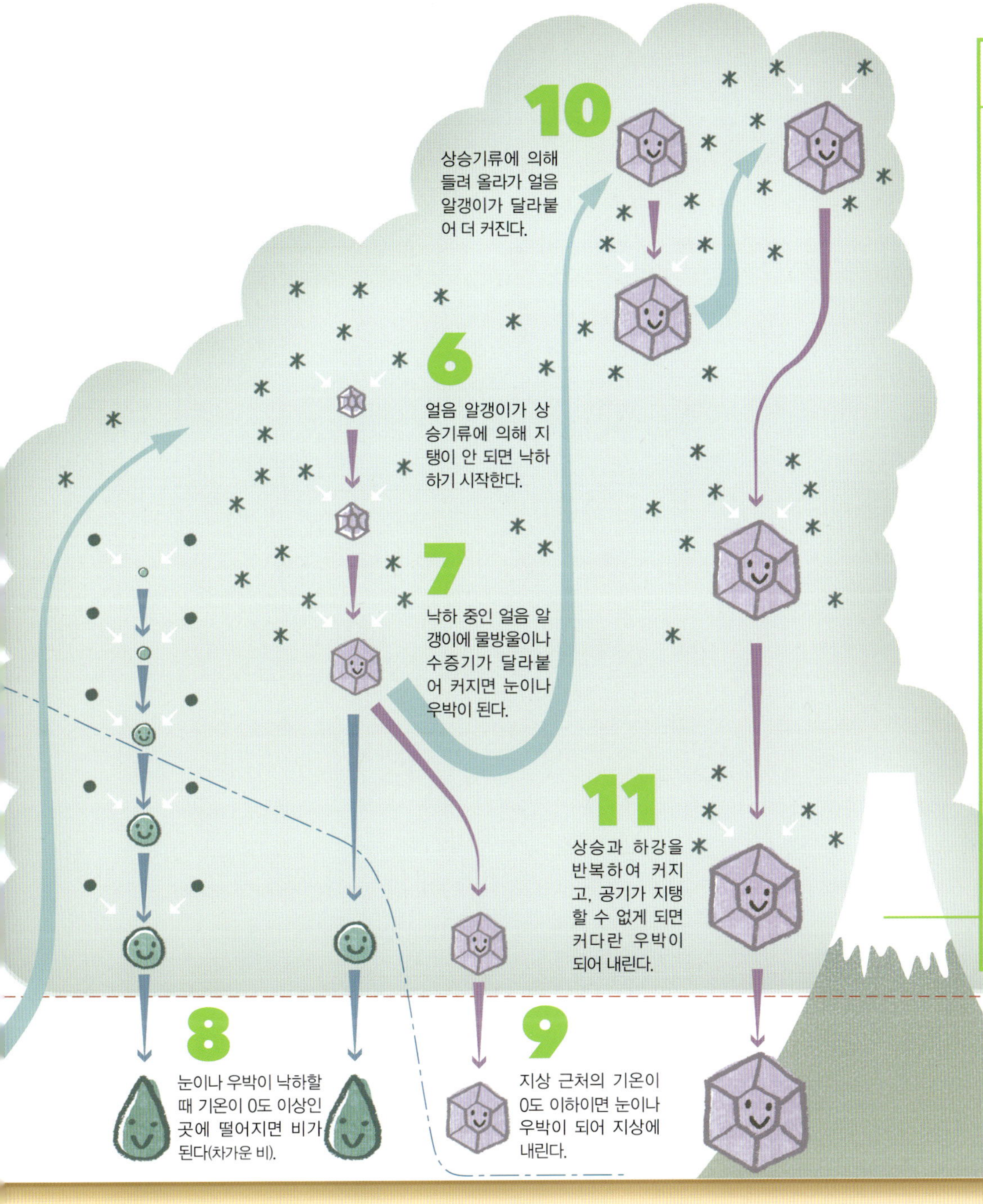

우박의 생성 과정

우박은 얼음 덩어리로, 흔히 천둥이 칠 때 내립니다. 발달한 적란운 속에서 점점 커지며, 평균적으로 지름 5mm~3cm 정도이지만 10cm를 넘는 경우도 있습니다.

© Misako Iwasaki

6 얼음 알갱이가 상승기류에 의해 지탱이 안 되면 낙하하기 시작한다.

7 낙하 중인 얼음 알갱이에 물방울이나 수증기가 달라붙어 커지면 눈이나 우박이 된다.

8 눈이나 우박이 낙하할 때 기온이 0도 이상인 곳에 떨어지면 비가 된다(차가운 비).

9 지상 근처의 기온이 0도 이하이면 눈이나 우박이 되어 지상에 내린다.

10 상승기류에 의해 들려 올라가 얼음 알갱이가 달라붙어 더 커진다.

11 상승과 하강을 반복하여 커지고, 공기가 지탱할 수 없게 되면 커다란 우박이 되어 내린다.

기류의 덩어리

저기압 쪽으로 주변 공기가 흘러들어오면 바람이 합쳐지면서 중심 부근에 상승기류가 생긴다.

저기압

전선

따뜻한 공기가 차가운 공기 위에서 상승하면서 구름 전선이 생긴다.

따뜻한 공기
전선면
지표 전선 차가운 공기

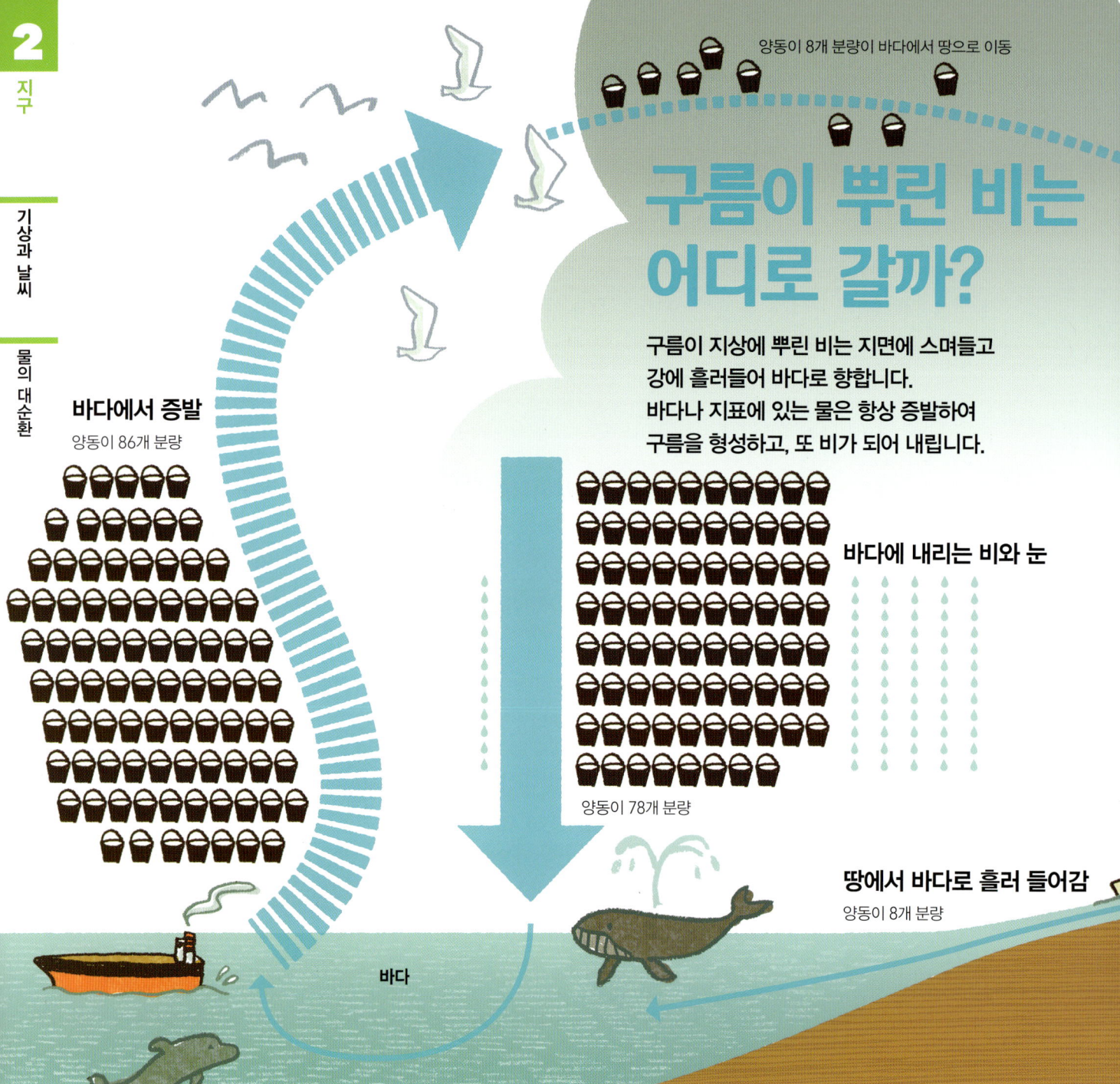

물은 지표를 순환한다

지구상에 약 14억km³의 물이 있는 것으로 알려져 있는데, 그중 97.3%는 바닷물입니다. 염분이 없는 물(담수)은 겨우 2.7%입니다. 담수의 대부분은 남극 또는 빙하의 얼음이며, 인간이 이용할 수 있는 물은 지구 전체에 있는 물의 0.01% 수준으로 아주 적은 양입니다.

일 년 동안 지구에 내리는 비의 양이 양동이 100개 분량이라고 가정할 때

일 년 동안 지구에 내리는 비의 양(약 50만5000km³)을 양동이 100개 분량이라고 하면, 그중 78개 분량은 바다에, 나머지 22개 분량이 땅에 내립니다. 반대로, 바다에서 증발하는 물은 양동이 86개 분량이며 땅에서 증발하는 분량은 14개 분량으로, 지구에 내린 비와 같은 분량의 물이 바다와 땅에서 증발합니다.

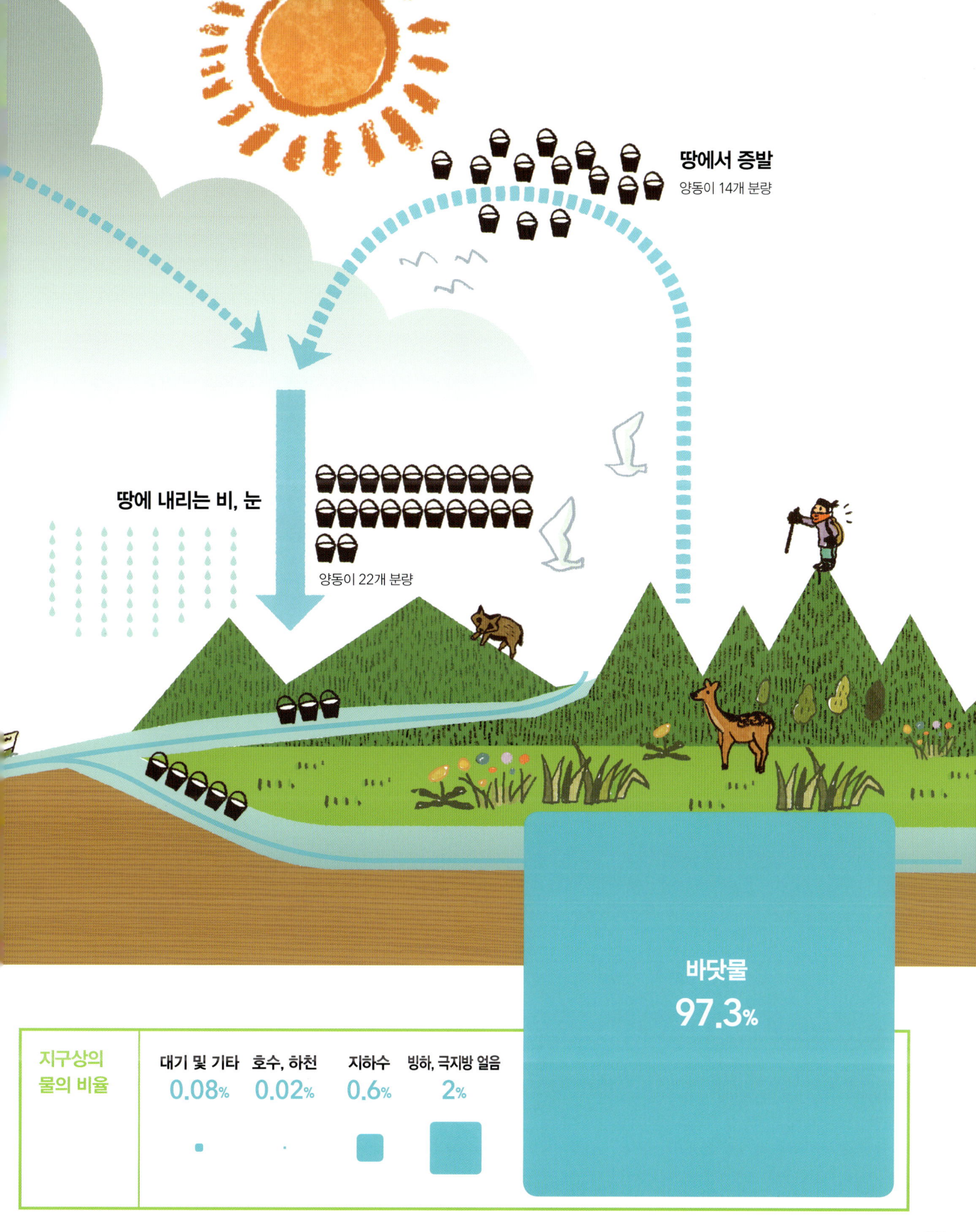

2 태풍의 중심부는 어떻게 되어 있을까?

여름에서 가을에 걸쳐 태풍이 자주 옵니다.
심한 비바람을 몰고 와서 큰 피해를 일으키는
태풍의 안은 어떤 구조로 되어 있을까요?

지구 / 기상과 날씨 / 태풍과 저기압·고기압

거대한 구름의 소용돌이에서 발생하는 현상

열대 부근에서 발생, 커다랗게 발달하여 최대 풍속 초속 17.2m 이상이 된 열대저기압을 '태풍'이라고 합니다. 여름으로부터 가을에 걸쳐 동북아 지방으로 올라와 육지에 상륙하여 거센 비바람을 동반하여 곳곳에 큰 피해를 주기도 합니다.

태풍의 눈

하강기류
중심 부근은 하강기류

상승기류
지표 부근에서는 반시계방향(왼쪽)으로 바람이 불어온다

204

2013년 9월에 발생했던 태풍 20호는 중심부에 태풍의 눈이 있는 것을 확실히 볼 수 있다. 위성영상(위)과 기상도(오른쪽)는 9월 25일의 것이다.

태풍은 등압선의 중심으로 갈수록 폭이 좁아지는 동심원 형태이다. 온대 저기압과의 차이는 중심부로부터 전선이 뻗어 나가지 않는다는 점이다.

태풍의 내부

태풍은 커다랗게 발달한 열대성 저기압입니다. 적란운이 한계까지 위로 커지고 몇 겹씩 층을 형성하여 커다란 벽이 되면서 소용돌이가 형성됩니다. 바닷물의 수증기가 상승기류에 의해 많은 양의 구름이 되고, 열을 많이 발생시켜 다시 상승기류를 만들며 전진합니다. 구름 벽 아래에서는 맹렬한 바람과 비가 휘몰아칩니다. 계속 발달하면 소용돌이의 중심부에 지름이 수십 km에 달하는 '태풍의 눈'이 만들어집니다. 태풍의 눈에 해당하는 지역은 비나 바람도 없고 하늘도 청명합니다.

태풍의 진로

태풍의 대다수는 태평양 고기압의 부근을 따라 남쪽 해상을 북서 방향으로 전진합니다. 북위 25도를 지나면서는 서쪽에서 동쪽으로 부는 바람(편서풍 →p.207)에 의해 북동 방향으로 진로를 바꿉니다. 편서풍의 흐름과 해수면의 온도 등에 따라 태풍의 진로가 바뀌지만, 7월~10월에 걸쳐 동북아 지역으로 많이 올라옵니다.

저기압·고기압

지표면은 기압의 영향을 받습니다. '기압'이란 공기가 사물을 누르는 힘을 말하는 것으로, 해수면 부근의 평균 기압은 1기압(약 1013hPa*)입니다. 공기는 서로 섞이면서 같은 기압을 형성하여 안정화되려고 하므로 고기압으로부터 저기압 쪽으로 공기가 흘러들면서 바람이 불게 됩니다.

*hPa: 압력의 단위로 '헥토파스칼'이라고 읽는다. 해수면의 기압을 기준으로 1기압은 1013hPa로 정해져 있다.

저기압
주위보다 기압이 낮은 지역으로, 날씨가 나쁘다. 북반구의 경우 지표 부근에서는 반시계방향(왼쪽)으로 바람이 분다.

고기압
주위보다 기압이 높은 지역으로, 날씨가 좋다. 북반구의 경우 지표 부근에선 시계방향(오른쪽)으로 바람이 분다.

날씨는 어떻게

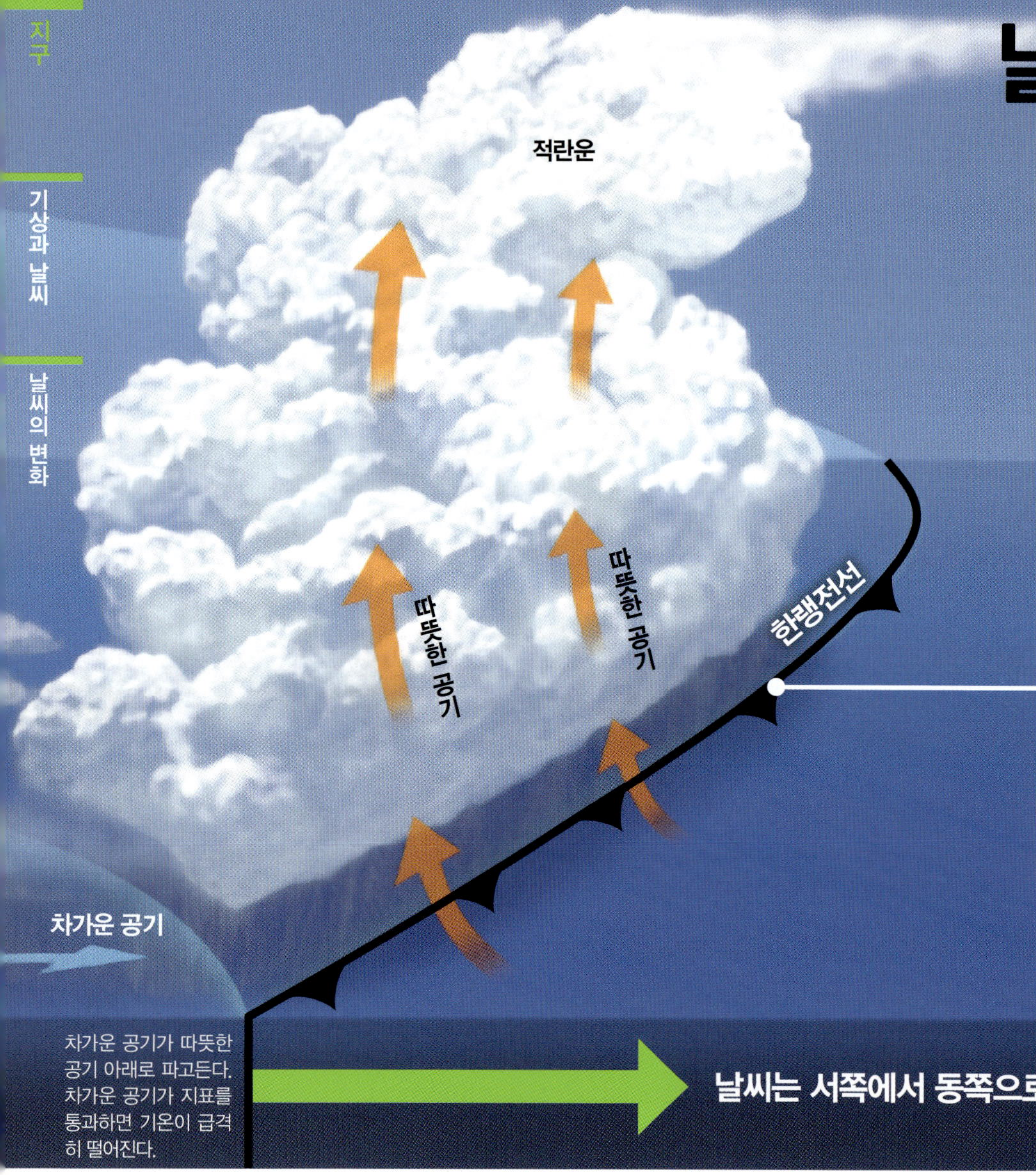

적란운

온대저기압과 전선

차가운 공기와 따뜻한 공기의 경계를 나타내는 정체전선 위에 저기압이 발달하면 온대저기압이 만들어집니다. '온대저기압'은 앞쪽에 위치한 온난전선과 뒤편에 위치한 한랭전선 사이 공간에 위치한 따뜻한 공기를 말합니다. 전선이 통과하는 지역은 비가 오며, 온대저기압이 발달하게 되면 넓은 범위의 지역에서 강한 바람이 불게 됩니다.

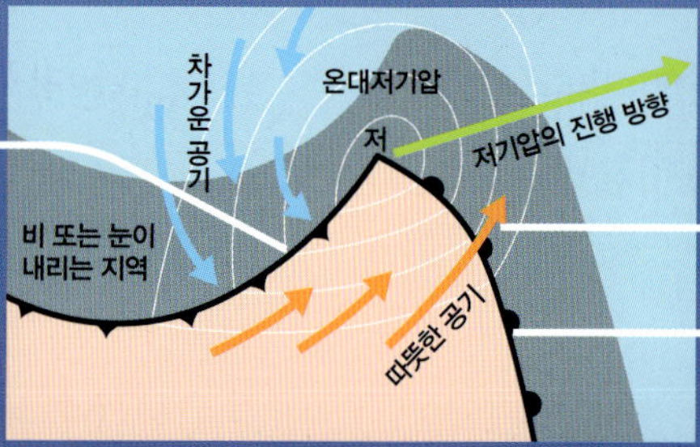

따뜻한 공기

한랭전선

차가운 공기

차가운 공기가 따뜻한 공기 아래로 파고든다. 차가운 공기가 지표를 통과하면 기온이 급격히 떨어진다.

날씨는 서쪽에서 동쪽으로 이동한다

날씨의 변화

적외선으로 구름 사진을 찍어 날씨의 변화를 살펴보면 저기압을 동반하는 구름이 서쪽에서 동쪽으로 이동하는 것을 볼 수 있습니다.

4월 5일
구름이 한반도를 대부분 덮고 있어서 흐리고 비가 온다.

제공: Japan Meteorological Agency

4월 6일
구름이 점차 동쪽으로 이동함. 온난전선에 의해 세찬 비바람이 친다.

변할까?

지구를 먼 상공에서 내려다보면 일정하게 바람의 흐름이 정해진 곳이 있습니다. 한반도 상공에는 서쪽에서 동쪽으로 부는 '편서풍*'이라는 바람이 일 년 내내 붑니다. 그리고 이 바람이 날씨의 변화를 만들어냅니다.

*편서풍: 위도 30도와 60도 사이 중위도 지역에서 일 년 내내 서쪽에서 동쪽으로 부는 바람

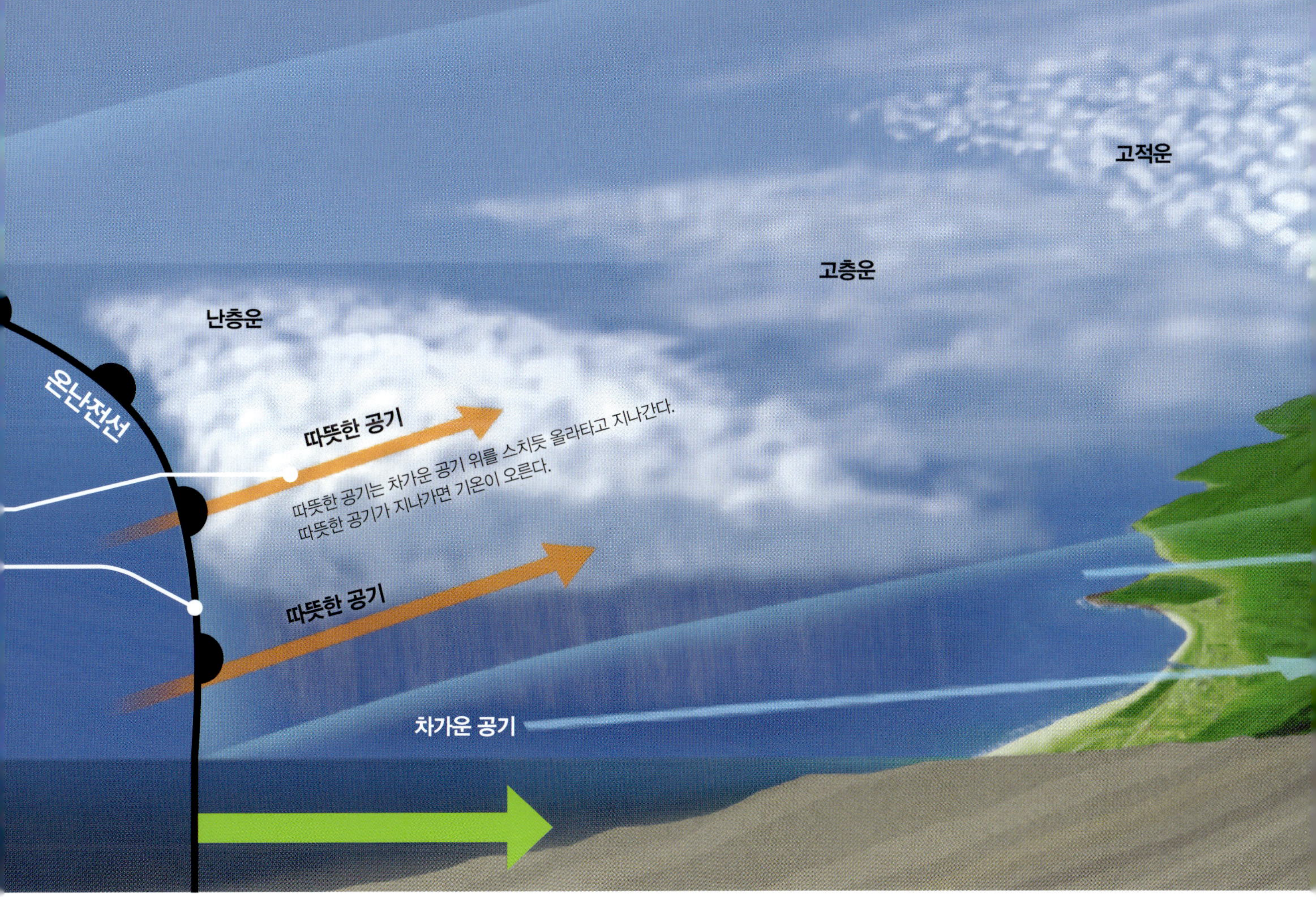

권운

고적운

고층운

난층운

온난전선

따뜻한 공기

따뜻한 공기는 차가운 공기 위를 스치듯 올라타고 지나간다.
따뜻한 공기가 지나가면 기온이 오른다.

따뜻한 공기

차가운 공기

4월 7일

구름이 동쪽으로 완전히 이동하면서 한반도는 날씨가 좋아져 맑은 하늘을 볼 수 있다. 대신 일본 관동 지방은 세찬 비가 내린다.

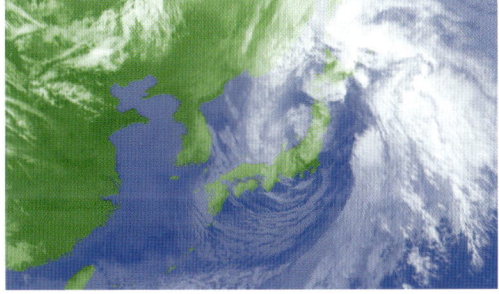

*편동풍: 동에서 서쪽으로 부는 바람으로, 극지방 지상 부근에 나타나는 극편동풍과 저위도 지역에서 나타나는 적도편동풍이 있다. 적도편동풍은 '무역풍'이라고도 불리며, 아열대 지방의 중위도 고압대에서 적도저압대로 부는 바람이다.

*제트기류: 편서풍 지역의 상공에는 바람이 한쪽 방향으로 강하게 불고 있는 두 개의 제트기류가 있다. 이 제트기류가 뱀이 움직이듯 꾸불꾸불 흐르면서 고기압이나 저기압이 발생하기도 한다.

저기압, 고기압과 바람의 흐름

지구에는 위도에 따라 상승기류가 발달하여 기압이 자주 내려가는 지역과, 하강기류가 발달하여 기압이 올라가기 쉬운 지역이 있습니다. 여기에 지구의 자전운동 영향으로 인해 지구 전체를 감싸는 커다란 바람의 흐름이 만들어집니다. 한국은 편서풍이 부는 위도에 위치해 저기압이나 고기압이 항상 서쪽에서부터 다가오기 때문에, 흔히 날씨는 서쪽에서부터 동쪽으로 바뀝니다.

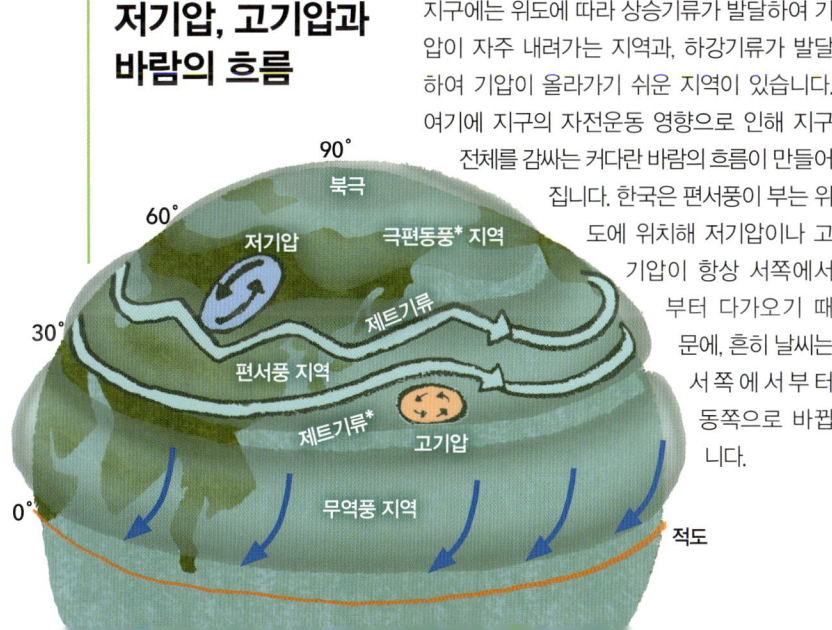

2

기상과 날씨

장마·여름 날씨

장마철에는 왜 비가 계속 내릴까?

한국은 보통 6월 하순부터 7월 하순까지
비가 계속 내립니다.
이 기간에 내리는 비 또는 그런 날씨를 '장마'라고 합니다.
장마철에 기압이 어떻게 변화하는지 확인해 봅시다.

제공: Japan Meteorological Agency

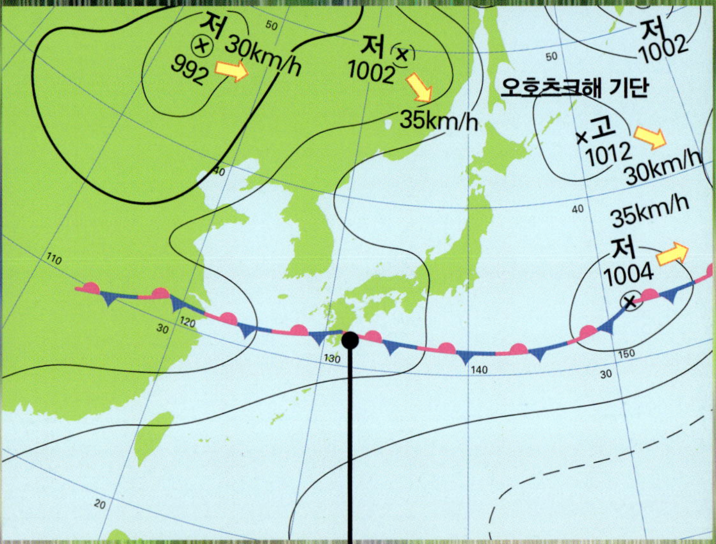

흔히 하지(6월 22일) 무렵부터 약 한 달 동안 한반도 전역에 비가 지속적으로 내립니다. 이런 비나 현상을 '장마'라고 합니다. 장마 때는 집중호우(한 지역에 짧은 시간 동안 엄청난 양의 비가 내리는 것)로 전국 곳곳에 큰 피해가 발생하기도 합니다. 그러나 벼와 같은 농작물이 성장하는 데에는 이 시기의 장맛비가 대단히 중요합니다.

장마의 주원인은 장마전선

차갑고 습한 북쪽의 고기압(오호츠크해 기단)과 따뜻하고 습한 남쪽의 고기압이 한반도 부근에서 만나 장마전선이 생기고 한반도 근처에서 오래 머물게 된다. 태평양으로부터 수증기를 가득 빨아들인 계절풍이 장마전선 쪽으로 다가오며 비가 계속 내린다. 때때로 많은 비가 내리기도 한다. (2013년 6월 25일 날씨)

장마

제공: Japan Meteorological Agency

한반도 부근의 기단

기온과 습도가 거의 같은 커다란 공기 덩어리를 '기단'이라고 합니다. 한반도 부근에는 주로 4개의 기단이 서로 경쟁하며 계절을 바꿉니다. 기단은 주로 고기압의 형태로 기상도에 나타납니다.

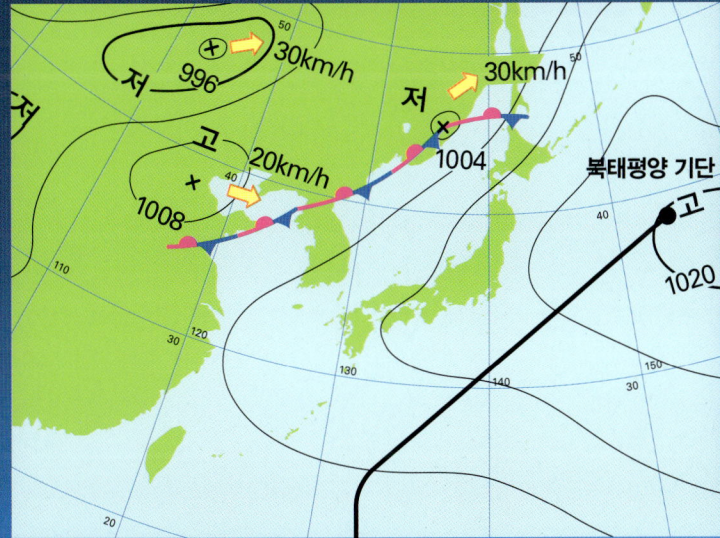

여름철 날씨의 주인공은 태평양 고기압

장마전선은 북쪽으로 물러나고, 따뜻하고 습한 여름철 태평양 고기압의 세력이 강해지며 한반도를 둘러싸게 된다. 이러면서 여름이 본격적으로 시작된다. 한반도 부근에서는 남동 계절풍이 계속 불며, 덥고 폭폭 찌는 날씨가 이어진다. (2012년 8월 19일 날씨)

장마가 끝나면 8월 중순까지 일 년 중 가장 더운 시기가 찾아옵니다. 햇볕이 따가운 맑은 날이 계속되지만, 때때로 태풍이 찾아와 피해가 나거나 적란운이 발달하여 천둥을 동반한 거센 소나기가 내리기도 합니다. 더위는 점차 약해지지만, 9월 중순까지는 더위가 이어집니다.

여름

서울의 겨울

북서계절풍의 차갑고 건조한 공기가 소백산맥을 넘는다. 소백산맥과 부딪혀 적란운이 발달해 많은 눈이 내린다.

적란운

3 중국에서 부는 편서풍을 타고 한반도를 지날 때, 발달된 적란운에서 눈이 많이, 자주 내린다.

1 시베리아 기단의 차갑고 건조한 북서계절풍이 태평양 저기압을 향해 분다.

2 따뜻한 서해에서 올라온 수증기로 공기가 습해지면서 구름이 형성된다.

시베리아 기단

차갑고 건조한 공기

소백산맥

수증기

유라시아 대륙

서해

겨울이 되면 왜 서해안 쪽에 눈이 많이 올까?

겨울은 일 년 중 가장 추운 계절로, 태양의 고도 (해수면을 0으로 두고 이것을 기준으로 측정한 물체의 높이)가 가장 낮고, 낮의 길이가 가장 짧으며 기온이 낮습니다. 우리나라는 겨울이 되면 북서 방향에서 대륙성 고기압이 내려오면서 차가운 계절풍이 붑니다.

겨울

한반도의 겨울을 지배하는 것은 시베리아 기단입니다. 고기압인 시베리아 기단이 내려오면서 차가운 북서계절풍이 한반도로 내려옵니다. 이 계절풍이 따뜻한 서해를 지나며 눈구름을 자주 만드는데, 이렇게 만들어진 눈구름은 중국에서 불어오는 편서풍을 타고 한반도를 지나면서 서해안에 가까운 서남부 지역인 인천, 호남, 제주도 등에 많은 눈을 자주 뿌리게 됩니다. 시베리아 기단의 세력이 강해서 차가운 공기가 내려오면 맑으면서도 무척 춥고 건조한 날씨가 되지만, 중국에서 불어오는 편서풍의 세력이 강하면 날씨가 따뜻해집니다.

영동 지방에는 왜 3월에도 폭설이 올까?

강원도 영동 지방은 3월에도 기록적인 폭설이 종종 내리는데, 영서 쪽은 비가 오거나 상대적으로 맑습니다. 왜 이런 차이가 생길까요? 그것은 푄 현상(공기가 높은 산을 넘으면서 고온 건조해지는 현상) 때문입니다. 고기압(시베리아 기단)과 태평양에서 발생한 저기압이 동해에서 마주치면서 동해 해수면에서 생긴 수증기에 의해 공기가 습해집니다. 이렇게 습해진 공기가 백두대간(태백산맥)에 부딪혀 상승기류가 되면서 구름이 발생하여 백두대간의 동쪽에 위치한 영동 지방에는 큰 눈이 내리지만, 구름이 백두대간을 지나면 고온의 건조한 바람이 불면서 영서 지방은 기온이 높고 습도가 낮아집니다.

4 눈을 뿌린 후 수증기를 잃고 건조해진 공기가 소백산맥을 넘는다.

5 차갑고 건조한 북서계절풍이 불며 맑은 날씨가 이어진다.

봄·가을

봄이 오면 혹독했던 겨울 추위가 풀리면서 낮이 점점 길어집니다. 풀이나 나무에서 새싹이 돋고 여러 꽃이 핍니다. 4, 5월이 되면 날씨도 좋아져서 쾌청하게 맑은 날씨가 며칠씩 계속되기도 합니다.

초가을에는 비가 내리는 날이 많습니다. 가을비가 내리는 시기가 끝나면 가을의 쾌청한 날씨가 이어지고, 가을이 깊어가면서 단풍이 들기 시작합니다.

봄·가을 날씨의 주인공은 이동성 기압 배치

이동성 고기압이 태평양 쪽으로 이동하면서 서쪽에서부터 저기압이 다가와 날씨가 흐려지지만, 서쪽에는 또 다른 고기압이 자리 잡고 있습니다. 봄이나 가을은 이처럼 양쯔강 기단에서 갈라져 나온 이동성 고기압에 의해 날씨는 서쪽에서부터 차례대로 날씨가 변화합니다. 고기압이 동서로 널리 분포함으로써 쾌청한 날씨가 계속 이어집니다.
(2012년 10월 22일)

겨울 날씨를 만드는 서고동저의 기압 배치

대륙으로부터 차갑고 건조한 고기압(시베리아 기단)이 형성되고, 동쪽의 태평양에서는 저기압이 발달합니다. 이것이 한반도 겨울의 기압 배치인 '서고동저(서쪽은 기압이 높고, 동쪽은 기압이 낮음)'입니다. 띠 모양의 구름이 태평양 부근에서 형성되어 있는데, 기상도에서는 등압선(일기도에서 기압이 같은 지점을 연결한 선)이 남북으로 몇 겹 형성되면서 고기압으로부터 저기압 쪽으로 강한 바람이 불고 있는 것을 알 수 있습니다.
(2013년 12월 28일)

대전의 겨울

제공: Japan Meteorological Agency

용오름은 왜 일어날까?

용오름, 천둥, 우박 등은 발달한 적란운과 관련 있는 매우 격렬한 기상 현상입니다. 태풍이나 온대저기압과는 달리 좁은 범위에서 일어납니다.

용오름이 발생하는 원리

'용오름'은 적란운 아래에서부터 구름 속으로 솟아오르는 맹렬한 상승 기류의 소용돌이입니다. 건물을 파괴하고 나무도 뽑아버릴 정도의 파괴력을 자랑하며, 지상에서 여러 물체를 빨아들인 다음 여기저기에 흩뿌립니다. 용오름은 한랭전선이나 태풍을 동반하는 적란운 속에서 발생합니다.

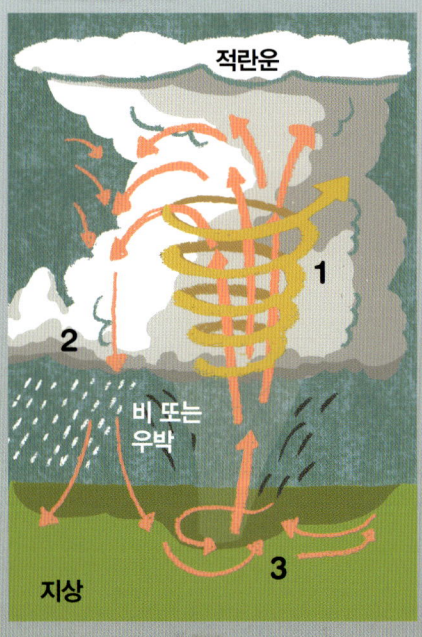

6 지상의 회오리가 저기압을 강화하여 엄청난 소용돌이가 되어 하늘 높이 상승한다.

5 서로 충돌하던 공기는 지상에서 회전하면서 상승한다.

4 따뜻한 공기가 차가운 공기와 충돌하며 상승하기 시작한다.

1 적란운이 발달하면서 구름이 상공에서 천천히 소용돌이를 일으킨다.

2 주위에 차가운 바람을 뿜어내며 비나 우박을 내리게 한다.

3 따뜻한 공기가 기압이 낮은 적란운 아래로 흘러든다.

적란운

천둥

천둥이 일어나는 원리

천둥은 적란운이 동반하는 현상으로, 한순간에 강력한 전류가 공기 중을 흐르고 번개가 번쩍이며 "우르릉 쾅쾅" 큰 소리가 납니다. 발생하는 방식은 몇 가지 형태로 나뉘지만 가장 흔히 볼 수 있는 것은 여름철 저녁 무렵 발생하는 천둥입니다.

1. 구름 속 얼음 알갱이들이 서로 부딪히며 정전기가 일어난다.
2. 작은 얼음 알갱이는 +전기를 띠고 구름 위로 올라간다.
3. 큰 얼음 알갱이들은 −전기를 띠고 구름 아래로 내려온다.
4. 적란운이 지표면의 +전기를 끌어당긴다.
5. 적란운과 지표면의 전기가 일정량 이상 모이면 번개가 번쩍이며 대량의 전기가 공중에 흐르게 된다.

무지개는 어디에 있을까?

왜 비가 개면 무지개가 뜰까요?
그리고 무지개는 어디서, 어떻게 만들어지는 걸까요?
태양 빛과 공기 중에 있는 물방울, 얼음 알갱이들이 만들어내는
이 아름다운 자연 현상에 대해 알아봅시다.

무지개가 보이는 원리

비가 개어 뒤쪽에서 햇빛이 비치면 앞으로 펼쳐진 하늘에 무지개가 뜹니다. 빛은 색(파장)에 의해 굴절하는 각도가 서로 달라서(→p.284) 항상 정해진 각도에서 정해진 색깔의 빛이 보이게 되기 때문에 무지개가 나타납니다. 하늘 높은 곳에서는 자신이 있는 위치 아래에도 공기 중 물방울 입자가 많이 있어서 사진에서 보듯 완전한 원 모양의 무지개를 볼 수 있습니다.

- 2차 무지개 시반경*이 약 53°로 나타나는데, 물방울 안에서 빛이 두 번 반사되어 만들어지므로 1차 무지개와는 색의 배열이 반대로 나타난다.
  *시반경: 천체의 반지름을 관측하는 위치에서 본 각도

- 1차 무지개

빨간빛은 굴절하여 약 42° 각도로 반사된다.

보라색 빛은 굴절하여 약 40° 각도로 반사된다.

Col Leonhardt/BirdseyeView Photography

얼음 결정이 만들어내는 신비한 자연 현상

해 주변을 무지개 띠가 감싸고 있는 것처럼 보이는 현상을 순우리말로 '햇무리'라고 합니다. 이것은 권운이나 권층운이 있을 때 태양 빛이 상공에 떠 있는 얼음 결정에 부딪혀 굴절되며 모이는 현상입니다. 공기 중에 떠 있는 얼음 결정에 의해 태양 빛은 하늘에 여러 형태의 빛의 띠를 만들어냅니다.

제공: "Shin Rika Kyouzai Database" Gifu University

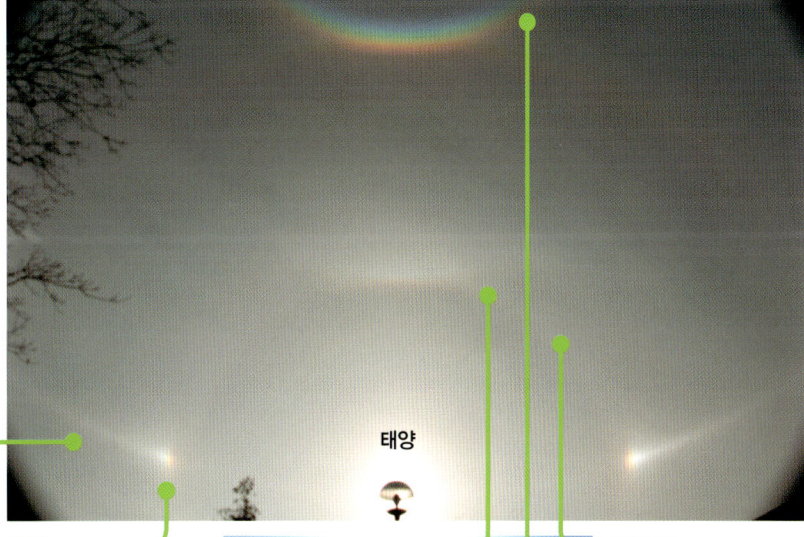

태양

환일
태양의 양쪽에 고리나 무리 모양의 빛나는 점이 만들어지는 현상. 태양과 같은 높이에 있는 '햇무리'의 원 위에 있는 두 개의 점이 태양처럼 빛남

환일환(무리 해고리)
환일과 태양을 수평으로 가로지르는 빛의 띠

햇무리
태양을 중심으로 시반경 22도의 원(※)을 그린다.

천정호(수평 무지개)
태양으로부터 46° 위(※)에 나타나는 무지개색 빛의 띠

탄젠트 아크
햇무리의 위아래로 보이는 V자 형태의 빛

⚠️주의
태양 현상을 관찰할 때에는 태양 관찰 전용 안경을 착용하여 눈을 보호해야 합니다. 맨눈으로 태양을 쳐다봐서는 안 됩니다.

※22°(손바닥을 활짝 폈을 때, 눈에서 새끼손가락을 바라보는 시선과 엄지손가락을 바라보는 시선 사이의 각)
※46°(하늘을 향해 팔을 뻗고 손바닥을 활짝 폈을 때 엄지손가락에서부터 새끼손가락까지x2)

© Hiroaki Kawase

* 사진은 하늘을 광각으로 찍었기 때문에 원 모양이 약간 구부러져 보입니다.

헬리콥터에서 바라본 완전한 형태의 무지개. 태양은 이 사진을 찍은 헬리콥터 바로 뒤에 있다. 헬리콥터가 앞으로 나아가면 무지개도 앞으로 나가며, 뒤로 후진하면 무지개는 마치 쫓아오는 듯 다가온다. 이 무지개 원의 시반경은 보는 사람으로부터 42°이다.

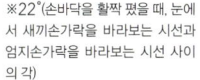
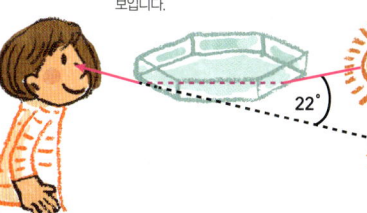

예를 들어, '환일' 현상은 얇은 육각형의 결정이 대기 중에 수평으로 떠 있다가 옆에서부터 비친 태양 빛을 굴절시키면서 그 굴절된 빛이 눈에 도달하여 또 하나의 태양처럼 밝게 보이는 것이다.

지구 온난화가 대체 뭐지?

'지구 온난화'는 오늘날 인류가 직면한 커다란 위협 중 하나로, 지구의 기온이 높아지면서 따뜻해지는 것입니다. 지구가 온난화되고 있는 이유와 온난화로 인해 발생하는 문제를 살펴봅시다.

온실가스
열을 흡수
열을 방출
열
태양으로부터 온 빛

이산화탄소 등 온실가스가 대기 중에 적어서 지구에 도달한 상당량의 태양열이 우주로 다시 방출되었다.

약 200년 전의 지구

북극의 얼음 면적 (미래)
2081~2100년
출처: 〈IPCC(기후 변화에 관한 정부 간 패널) 제5차 평가보고서〉 (2013년)

대책을 마련하지 않는 경우
온실가스가 계속 늘어나서 지구의 기온이 올라 북극의 얼음이 모두 녹는다.

대책을 마련한 경우
온실가스의 배출량을 줄여서 지구 기온의 상승 폭을 2도 안팎에서 멈출 수 있다면 북극의 얼음을 일정 부분 보존할 수 있다.

온실가스
태양으로부터 온 빛
열을 방출
열
열을 더 많이 흡수

온실가스의 증가로 지구가 예전보다 많은 열을 흡수하게 되었다. 그 때문에 지구의 기온이 점차 올라가고 있다.

현재의 지구

지구 온난화의 원리

지구는 태양으로부터 열을 받아 더워지지만 그중 일정한 양의 열을 우주로 방출하여 지구의 기후를 안정적으로 유지하고 있습니다. 열을 흡수하는 성질을 가진 기체를 '온실가스'라고 하는데, 이산화탄소가 대표적인 온실가스입니다. 이산화탄소는 특히 석탄이나 석유와 같은 화석연료를 태울 때 발생합니다. 200여 년 전, 산업혁명을 거치며 인류가 석탄이나 석유를 대량으로 태워 에너지를 만들게 된 이후부터 온실가스가 대량으로 발생하기 시작했습니다. 결국, 지구 온난화의 주원인은 인류가 대량으로 발생시킨 온실가스라고 할 수 있습니다.

지구의 평균 기온은 최근 130년간 0.85℃ 상승함.

북극의 얼음이 녹을 수도? 효과적인 대책을 취하지 않으면

1961~1990년의 평균 기온을 기준으로 만든 그래프 * 영국 기상청의 해석 데이터

3 물질

3
물질

공기는 물보다 훨씬 가볍고, 거의 물에 녹지 않기 때문에 잠수하고 있는 사람이 내뱉은 공기는 물방울이 되어 수면 쪽으로 올라갑니다. (사이판섬 근처 다이빙 지점에서)

물과 공기

사람을 포함하여 많은 생명체에게
물과 공기는 없어서는 안 되는 물질입니다.
물질을 계속 잘게 쪼개면
분자와 원자 같은 작은 알갱이가 됩니다.
물질이 어떤 성질을 지니는지는
분자와 원자가 결정합니다.
이 장에서는 물과 공기의 성질,
그리고 분자와 원자의 세계를 살펴봅시다.

물질은 무엇으로 이루어졌을까?

수소원자의 크기는 **지름이 1억분의 1cm**이고 무게(질량)는 **0.000000000000000000000000017g**으로 원자 중에서 가장 작다.

수소원자 H

산소원자 O

물질을 계속 잘게 쪼개면 마지막에는 '원자'라고 하는 아주 작은 알갱이(입자)가 남습니다.
이런 작은 알갱이인 원자들이 만나 '분자'가 되죠.
세상에 존재하는 모든 물질은 원자와 분자의 집합으로 형성된 것입니다.

한 컵 분량의 물에는 물분자가 몇 개나 들어 있을까?

수소원자의 원자량은 약 1입니다.
물분자의 분자량은 약 18이지요.
원자량, 분자량이라는 것은 원자와 분자가
약 6×1000000000000000000000000개
모였을 때의 무게(g)를 말합니다.
즉, 물분자가
6×1000000000000000000000000개
모이면 약 18g이 된다는 이야기입니다.
한 컵 분량의 물은 약 180g이기 때문에,
컵 안에 있는 물 분자의 개수는 그 10배인
6×1000000000000000000000000×10
=60000000000000000000000000개가
됩니다.

분자란?

- 원자 몇 개가 서로 연결되어 이루어진 것이다.
- 물질에 따라 정해진 종류의 원자가 정해진 개수만큼 연결되어 있다.
- 분자의 결합(원자가 서로 연결된 방식)에 따라 물질의 성질이 결정된다.

수소분자 H_2

수소원자(H)가 2개 결합하여 있다. 색과 냄새가 없으며 가장 가벼운 기체로, 쉽게 타는 성질을 가지고 있다.

물분자 H_2O

수소원자 2개와 산소원자 1개가 결합하여 있다. 색과 냄새가 없으며, 섭씨 0도에서 100도 사이에서는 액체 상태이다.

산소분자 O_2

산소원자(O)가 2개 결합하여 있다. 공기의 약 1/5은 산소분자이다.

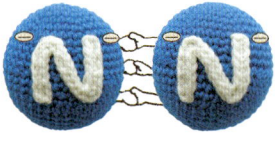

질소분자 N_2

질소원자(N)가 2개 결합하여 있다. 공기의 약 4/5는 질소분자로 되어 있다.

그 외의 다른 원자(탄소원자나 질소원자 등)는 수소원자보다 크다.

원자의 기호

원자는 알파벳의 대문자 1개, 또는 대문자 1개와 소문자 1개의 기호로 표시한다.

예)
수소 H
헬륨 He
철 Fe

질소원자 N

탄소원자 C

원자란?

- 더 이상 나눌 수 없는 가장 작은 물질 단위이다.
- 사라지거나 새롭게 만들어지거나 다른 종류의 원자로 변하지 않는다.*
- 종류에 따라 한 개의 크기(질량)가 다르다.
- 같은 원자끼리 또는 다른 원자와 결합하여 분자를 구성한다.

* 최근에는 핵반응을 통해 원자가 쪼개지거나 다른 원자로 변한다는 것이 밝혀졌다.

원자와 분자: 물질을 이루는 가장 작은 단위

원자는 일반적인 방법으로는 더 이상 작게 쪼갤 수 없는 가장 작은 물질입니다. 원자는 같은 원자나 다른 원자와 결합하여 분자를 이룹니다. 물질의 성질은 어떤 원자들이 어떠한 형식으로 결합하여 있는지에 따라 결정됩니다.

암모니아분자 NH_3

질소원자 1개와 수소원자 3개가 결합하여 있다. 일반적으로는 무색의 기체로, 자극적인 냄새가 난다.

이산화탄소분자 CO_2

탄소원자 1개와 산소원자 2개가 결합하여 있다. 물건이 타거나 생물이 숨을 쉴 때 만들어진다.

분자의 화학식

원자의 기호를 사용한 화학식으로 분자를 표현할 수 있다.

예)
수소분자 H_2
물분자 H_2O
이산화탄소분자 CO_2

원자와 분자가 모여서 물질을 만든다

물질에는 순물질과 혼합물질이 있습니다. 순물질(한 가지 물질로만 구성된 것)은 '단체*'와 '화합물'로 나뉩니다. 예를 들어, 철은 철 원자만이 나열되어 이루어지므로 단체입니다. 반면, 물은 물 분자만으로 이루어지나, 물분자는 수소원자와 산소원자가 결합한 것이므로 화합물입니다.

혼합물은 여러 가지 물질이 섞여 있는 것입니다. 예를 들어, 공기는 질소분자와 산소분자, 이산화탄소분자 등이 섞여 있는 혼합물입니다. 식염수는 물분자 안에 식염(염화나트륨)을 구성하는 염소원자와 나트륨원자가 녹아서 섞여 있는 혼합물입니다.

*단체: 한 종류의 원소로만 이루어진 물질, '홑원소 물질'이라고도 한다.

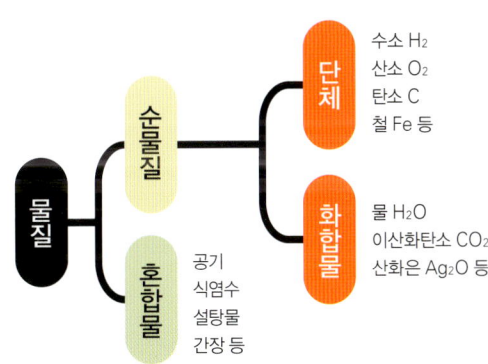

3 물질의 무게와 부피의 관계는?

물질 | 물질 | 물질의 무게와 부피

약 70g — 둥글게 뭉친 점토
약 70g — 평평하게 편 점토
약 70g — 통 모양의 점토
약 70g — 잘게 나눈 점토

부피를 재는 방법

● 물을 넣은 메스실린더에 물건을 넣은 후 늘어난 눈금을 읽는다.

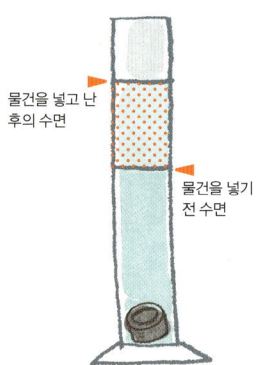

물건을 넣고 난 후의 수면
물건을 넣기 전 수면

두 개의 눈금 차이가 실린더에 넣은 물건의 부피를 나타낸다.

● 비커에 물을 가득 채운 뒤 물건을 가라앉혀서 넘친 물의 부피를 잰다.

흘러넘친 물

물질의 형태가 바뀌어도 무게는 변하지 않는다

70g의 점토를 하나로 둥글게 뭉쳐 놓든 평평하게 펴든, 몇 개로 나누든, 전체 무게는 70g 그대로입니다. 그것은 점토에 있는 원자의 총 개수가 변하지 않기 때문입니다.

물의 밀도보다 작은 것이 물에 뜬다

섭씨 4도인 물의 밀도는 1.0g/cm³입니다. 물에 가라앉는 것은 밀도가 1보다 큰 물질이고, 밀도가 1보다 작은 물질은 물에 뜹니다. 물 이외의 액체도 액체의 밀도보다 물질의 밀도가 크면 물질이 가라앉고, 액체의 밀도보다 물질의 밀도가 작으면 뜹니다.

밀도 0.92g/cm³의 폴리에틸렌의 경우

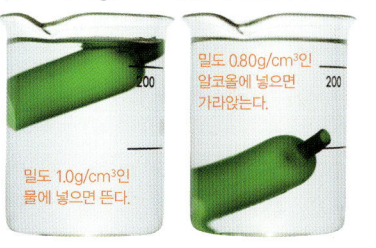

밀도 1.0g/cm³인 물에 넣으면 뜬다.
밀도 0.80g/cm³인 알코올에 넣으면 가라앉는다.

쇠
60cm³
약 473g
7.88g/cm³

알루미늄
60cm³
약 162g
2.70g/cm³

물
60cm³
약 60g
1.0g/cm³(4°C)

고무
60cm³
약 57g
0.95g/cm³

알코올
60cm³
약 48g
0.80g/cm³(4°C)

나무
60cm³
약 30g
0.50g/cm³

부피가 같아도 물질의 종류에 따라 무게는 다르다

부피가 60cm³로 같더라도, 쇠와 알루미늄과 물은 무게가 다릅니다. 부피가 같아도 어떤 원자와 분자로 이루어졌는지에 따라 무게가 변합니다.

밀도는 물질의 종류에 따라 정해져 있다

밀도는 단위 부피당 물질의 무게를 나타내는 것으로, 물질의 종류에 따라 밀도의 크기가 결정됩니다. 물질의 밀도를 알면 그것이 어떤 원자와 분자로 구성되었는지를 대략 알 수 있습니다. 밀도는 g/cm³, kg/m³ 단위를 사용합니다.

공기에도 무게가 있다

공기의 실제 무게는 1L당 약 1.3g입니다. 공기층은 지상으로부터 위로 수십 km까지 있습니다. 높은 곳일수록 공기가 희박해지지만 지상에서는 면적 1cm²당 약 1kg 정도의 무게로 압력이 생깁니다.

수평을 이루고 있는 두 풍선 중 어느 한쪽의 바람을 빼면 공기가 빠진 풍선이 위로 올라간다. 이것을 통해 공기에도 무게가 있음을 알 수 있다.

공기와 물은 무엇일까?

가장 흔하면서도 없어서는
안 되는 물질이 바로 공기와 물입니다.
공기와 물의 정체를 알아봅시다.

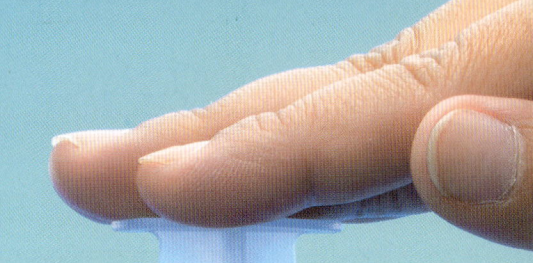

공기의 성질

공기는 지구를 둘러싸고 있는, 눈에 보이지 않는 기체입니다. 사람을 포함해 땅 위에서 숨 쉬며 사는 모든 생물은 공기층의 가장 아래에서 살고 있다고 말할 수 있습니다. 공기는 주로 질소와 산소가 섞여 있는 혼합물입니다.

특정한 형태가 없다

공기는 기체(→p.231)이기 때문에 정해진 형태가 없다.

맛과 냄새가 없다

공기를 이루는 물질은 모두 맛이나 냄새가 없다.

눈에 보이지 않는다

공기를 이루는 물질은 모두 투명한 기체로, 눈에 보이지 않는다.

가볍지만 무게가 있다

공기의 무게는 1L에 약 1.3g으로, 물보다 훨씬 가볍다. 물속에서 공기 방울이 위로 올라가는 것은 그 이유 때문이다.

누르면 부피가 축소되는 공기

공기

공기는 기체여서 특정 공간에 집어넣은 다음 압축시키면 부피가 줄어든다.

공기의 주성분: 질소와 산소

공기의 성분 중 약 78%는 질소분자, 21%는 산소분자입니다. 그밖에는 아르곤이나 이산화탄소분자 등이 아주 조금 포함되어 있습니다. 물분자(수증기)도 0.4% 정도 포함되어 있지만, 장소에 따라 비율 차이가 큽니다.

- 질소 N_2 78%
- 산소 O_2 21%
- 아르곤 Ar 0.93%
- 이산화탄소 CO_2 0.038%

공기와 물을 주사기에 넣고 주사기를 누르면?

주사기에 공기와 물을 각각 같은 양만큼 넣고 피스톤을 누른다.

눌러도 부피가 줄어들지 않는 물

물

물은 액체이므로 용기에 넣어서 눌러도 부피가 줄지 않는다.

물의 성분은 수소와 산소

공기는 혼합물이지만, 물은 순물질로 수소원자 2개와 산소원자 1개가 결합한 화합물입니다. 산소원자의 양 옆에 수소원자가 비스듬하게 붙은 형태로 결합되어 있습니다.

물분자(H_2O)
산소원자(O)
2개의 수소원자(H)

정해진 형태가 없다

물은 보통 0℃부터 100℃ 사이에서는 액체(→p.230)이며, 특정한 형태가 없다.

물의 성질

물은 바다나 강, 호수, 공기 등 지구상에 흔하게 존재하는, 생물이 살아가는 데 없어서는 안 되는 물질입니다. 순수한 물은 수소와 산소원자가 결합한 화합물입니다.

맛과 냄새가 없다

순수한 물은 맛도 냄새도 없다.

눈에 보인다

액체인 물은 색깔이 없고 투명하지만 빛을 반사하기 때문에 볼 수 있다.

공기보다 무겁다

액체 상태인 물의 무게는 1L가 약 1kg으로, 공기보다 훨씬 무겁다. 하늘에서 비가 내리는 것도 그 때문이다.

물질을 데우면 부피는 어떻게 바뀔까?

물질을 따뜻하게 데우면 보통은 부피가 커집니다. 여러 물질에 열을 가해서 부피가 어떻게 변하는지 알아봅시다.

1 공기를 밀폐한다
시험관 입구에 비눗물을 발라 막을 만들어서 공기가 빠져나가지 못하게 한다.

2 데운다
뜨거운 물이 담긴 비커에 시험관을 넣어 데운다.

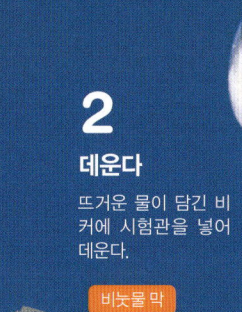

시험관 안의 공기가 팽창하여 비눗물 막이 부풀어 오른다.

데우면 팽창한다

액체의 온도와 부피 변화

물과 같은 액체는 따뜻하게 데우면 팽창하여 부피가 커지고 식히면 수축하여 부피가 작아집니다. 다만, 액체의 부피 변화는 공기와 같은 기체에 비해 훨씬 작습니다.

1 물을 가득 채운다
시험관에 물을 넣고, 유리관을 가운데에 꽂은 고무뚜껑으로 시험관 입구를 닫는다.

2 따뜻하게 데운다
뜨거운 물을 부어 둔 용기에 시험관을 넣어 시험관 안의 물을 데운다.

물이 팽창하여 수위가 올라간다.

고체의 온도와 부피 변화

금속과 같은 고체는 열을 가하면 팽창하여 부피가 커지고 차갑게 식으면 수축하여 부피가 작아집니다. 그러나 부피의 변화는 기체나 액체보다 훨씬 작습니다.

1 금속 공을 둥근 고리 가운데로 통과시킨다
금속 공을 둥근 고리 가운데로 통과시켜서 공이 고리보다 작은 것을 확인한다.

2 금속 공에 열을 가한다
금속 공을 열에 가까이 갖다 댄다.

금속 공이 팽창하여 고리를 통과할 수 없게 된다.

시험관 안의 공기가 수축하여 비눗물 막이 아래로 내려간다.

3 차갑게 식힌다
얼음물을 넣은 비커에 이 시험관을 넣어 식힌다.

비눗물 막

얼음물

식히면 수축한다

기체의 온도와 부피 변화

공기를 데우면 부피가 커집니다. 반대로, 차갑게 식히면 부피가 작아집니다. 부피가 커지는 것을 '팽창', 부피가 작아지는 것을 '수축'이라고 합니다.

데우면 부피가 커지는 이유

물질의 온도를 높이면 물질을 구성하는 원자와 분자(→p.220)의 움직임이 활발해져서 서로 부딪히는 횟수가 늘어납니다. 이렇게 되면 원자와 분자가 서로 밀치기 때문에 그 사이로 틈이 생기면서 부피가 커집니다. 기체는 온도가 1도 변할 때마다 0℃일 때의 부피에서 약 1/273씩 커지거나 줄어듭니다. 열로 물질의 부피가 변화해도 물질을 구성하는 원자와 분자의 개수는 변하지 않기 때문에 무게 변화는 없습니다.

3 식힌다
얼음물이 든 용기에 시험관을 넣어 물을 식힌다.

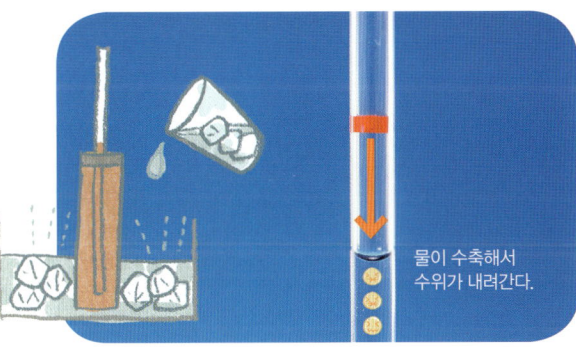

물이 수축해서 수위가 내려간다.

3 식힌다
금속 공이 식으면 수축해서 다시 고리 사이를 통과할 수 있게 된다.

팽창하려는 성질에 대비했다! 철도 레일의 이음새

쇠로 만들어진 철도 레일의 이음새 사이에는 틈이 있습니다. 이는 열로 레일이 팽창해도 레일끼리 부딪쳐서 휘지 않게끔 고안한 것입니다. 철교의 교각 등에도 이음새에 틈이 있습니다.

공기와 물은 열을 어떻게 전달할까?

물체를 따뜻하게 데울 때
열은 어떻게 전달될까요?
실제로 데워서 관찰해 봅시다.

기체의 열 전달방식 (대류 현상)

바람이 없는 방 안에서 불을 피우면 그 주변의 공기는 데워지고 연기가 위로 올라갑니다. 상승한 공기는 위에 있던 차가운 공기를 아래로 밀어 내려가게 합니다. 이런 방식으로 더운 공기와 차가운 공기의 위치가 계속 바뀌면서 열이 주위로 전달되어 방 전체가 따뜻해집니다.

기체 알갱이의 움직임

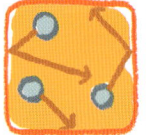 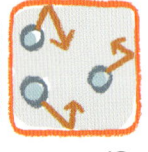

고온　　　　저온

기체 알갱이는 자유롭게 움직인다. 데워진 기체 알갱이가 활발하게 움직이면서 움직임이 느린 기체 알갱이에 부딪히고, 그 결과 열이 전달된다.

금속의 열 전달방식 (전도 현상)

금속판이나 금속막대에 초를 바르고 한쪽 끝을 뜨겁게 데우면 열 가까운 곳에서부터 먼 곳으로 차츰 초가 녹습니다. 이것을 보면 금속은 열이 처음 가해진 곳에서부터 순차적으로 열이 전달됨을 알 수 있습니다. 이런 열 전달방식을 '열의 전도'라고 합니다.

고체 알갱이(원자나 분자)의 움직임

고온　　　　저온

고체 알갱이는 규칙적으로 배열되어 있다. 여기에 열을 가하면 알갱이의 진동이 커지고 옆 알갱이에도 진동이 전달된다.

외부의 차가운 공기
섭씨 10도인 공기의 밀도는 1.2kg/m³

데워진 공기
섭씨 80도인 공기의 밀도는 1.0kg/m³

버너로 데워진 열기구 안의 공기는 열기구 바깥 공기보다 밀도가 작아지므로 열기구가 위로 올라간다.

버너

데워진 기체와 액체가 상승하는 원리

기체나 액체를 데우면 팽창하여 그 부분의 부피는 늘어나지만, 반대로 그 부분의 밀도는 작아집니다. 물에 뜨는 것은 물의 밀도보다 밀도가 작은 것들이었습니다(→p.222). 이처럼 주위의 밀도보다 작은 기체나 액체는 위로 올라가려는 성질을 가지게 되어 상승하는 것입니다. 이처럼 사물을 뜨게 만드는 힘을 '부력'이라고 합니다(→p.355).

액체의 열 전달 방식 (대류 현상)

주전자로 물을 끓이거나 비커의 물을 데우면 대류 현상이 일어납니다. 기체와 달리 액체는 공중에 퍼지지는 않지만, 용기 안에서 대류 현상이 일어나 전체적으로 열이 전달됩니다.

액체 알갱이의 움직임

 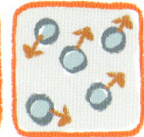

고온　　　　저온

액체 알갱이는 알갱이 간의 연결이 일부 끊어져 있어서 움직일 수 있다. 액체를 데우면 운동이 커지고, 그것이 주위 알갱이로 전달된다.

태양열은 무엇으로 전달되나요?

햇볕이나 난로에 손을 가까이할 때 손이 금방 따뜻해지는 이유는 복사 현상으로 열이 손에 전달되기 때문입니다. '복사 현상'은 대류 현상이나 전도 현상과는 달리, 사물이 내는 전자파가 공기를 통과하여 직접 따뜻하게 데우는 것을 말합니다. 빛도 전자파의 일종으로, 눈에 보이지 않는 적외선이라는 전자파로 사물을 데웁니다. 검은색 물건은 복사 현상에 의한 열(방사열)을 쉽게 흡수하므로 빨리 따뜻해지고, 하얀색 물건은 복사열을 반사하므로 천천히 데워집니다.

검은색 종이와 흰색 종이를 덧붙여서 둥글게 말아 통 모양으로 만들어 실험해 보자.

백열전구

흰색 종이와 검은색 종이를 덧붙여 원통 모양으로 만들고 그 가운데에 백열전구를 넣어 불을 켜 보자. 각각의 종이에 손을 대보면 검은색 종이가 따뜻하다는 것을 알 수 있다.

얼음과 물과 수증기는 같은 것일까?

액체 상태의 물은 온도가 떨어지면 얼음이 되고, 데우면 증발하여 수증기가 됩니다. 얼음이나 수증기 모두 성분은 똑같은 물이지만 분자의 상태가 다릅니다.

얼음

0°C 섭씨 0도 이하일 때 물은 얼어서 고체가 된다.

고체란?
얼음이나 금속과 같이 응고되어 있고 부피가 정해져 있으며 형태가 쉽게 바뀌지 않는 것을 '고체'라고 합니다. 즉, 원자나 분자가 강하게 결합하여 움직임이 거의 없는 상태를 말합니다.

고체일 때의 물분자

분자가 서로 강하게 연결되어 규칙적으로 배열되어 있다. 다만, 물분자들이 그물코 모양으로 연결되어 있기 때문에 안에는 약간의 빈 공간이 있다.

물

4°C 섭씨 0도에서 100도까지는 물이 액체 상태이다.

액체란?
물이나 알코올처럼 부피가 정해져 있지만 담는 용기에 따라 형태가 바뀌는 것을 '액체'라고 합니다. 원자나 분자가 가볍게 부딪치며 자유롭게 움직일 수 있는 상태입니다.

물의 형태와 얼음의 부피 변화

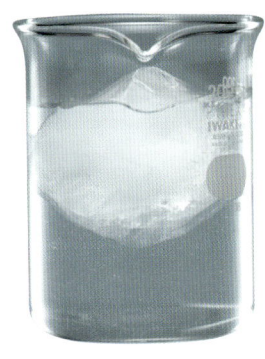

물질은 대부분 액체에서 고체로 상태가 변할 때 부피가 작아집니다. 그러나 다른 물질과 달리 물은 0°C 이하로 냉각되어 얼음이 되면 액체 상태였던 물일 때에 비해 부피가 약 1.1배만큼 커집니다. 그 이유는 위 그림에서 알 수 있듯이, 고체 상태로 결합한 물분자에는 틈이 있기 때문입니다. 또한 무게(분자의 개수)는 변하지 않으면서 부피만 커지기 때문에 밀도는 작아집니다. 얼음이 물 위에 뜨는 것은 이처럼 상태가 변함에 따라 물일 때보다 밀도가 작아지기 때문입니다.

물 1g의 부피와 온도의 관계

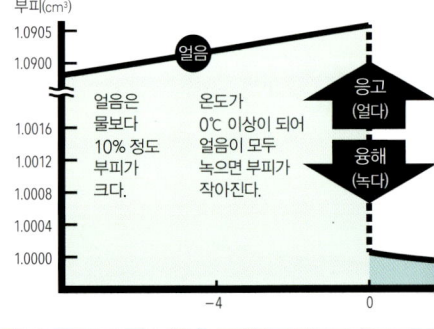

얼음은 물보다 10% 정도 부피가 크다.

온도가 0°C 이상이 되어 얼음이 모두 녹으면 부피가 작아진다.

응고(얼다) / 융해(녹다)

물의 세 가지 형태 (고체, 액체, 기체)

물의 형태는 세 가지입니다. 고체인 얼음, 액체인 물, 기체인 수증기이죠. 온도에 따라 물질의 형태가 변하는 것을 '상태변화'라고 합니다. 상태변화를 통해서는 물질의 겉모습이 변화할 뿐 성분이 아예 다른 것으로 변하는 것은 아닙니다. 얼음, 물, 수증기 모두 수소원자 2개와 산소원자 1개가 결합한 물분자로 이루어져 있습니다.

수증기

100°C 섭씨 100도를 넘으면 물은 끓어서 기체가 된다.

액체일 때의 물분자
분자가 서로 가볍게 부딪히며 자유롭게 움직인다. 다만, 얼음(고체)보다 분자 간의 간격이 좁다.

기체란?
수증기나 산소와 같이 눈에 보이지 않으며 정해진 형태가 없고 어떤 형태의 용기에 넣든 자유로운 형태로 퍼지는 것을 '기체'라고 합니다. 기체 상태일 때 원자나 분자는 제각기 흩어져서 날아다닙니다.

기체일 때의 물분자
각각의 분자는 공간을 자유로이 흩어져서 다닌다.

온도가 더 올라가면 팽창하여 부피가 조금씩 커진다.

비등석*
안정적으로 물이 끓을 수 있도록 비등석을 넣는다.

*비등석: 액체가 끓을 때 과열되어 갑자기 끓는 것을 막기 위해 액체 속에 넣는 돌이나 유리 조각. 화학적으로 안정되어 있고, 구멍이 많은 형태의 물질이면 된다.

물의 상태와 온도는 어떤 관계가 있을까?

물은 온도의 변화에 따라 얼음이 되기도 하고
수증기가 되기도 합니다.
물의 상태가 변할 때
온도는 어떻게 변화할까요?

증발

물이 끓을 때 온도는 100℃

섭씨 100도가 되면 물은 끓어서 수증기로 변하지만, 끓는 동안 물의 온도는 100도로 계속 유지되며 그 이상은 온도가 올라가지 않습니다.

융해

얼음이 모두 물이 될 때까지는 0℃가 유지됨

영하 20도의 얼음에 열을 가하면 섭씨 0도에서 녹기 시작하여 완전히 녹을 때까지 섭씨 0도인 채로 온도에 변화가 없습니다.

온도
100℃

0℃

얼음이 다 녹으면 물을 데우는 시간에 비례하여 물 온도가 점점 올라간다.

주위로부터 열을 빼앗으며 기체가 된다.

물이 모두 수증기가 되면 온도는 상승하고 부피는 약 1700배가 된다.

얼음 온도가 올라간다.

얼음 · **녹는점** · **물과 얼음** · **물** · **끓는점** · **물과 수증기** · **수증기**

녹기 시작한다 · 주위로부터 열을 빼앗으며 액체가 된다. · 다 녹는다 · 끓는다

232

물질의 세 가지 상태와 열

온도와 압력을 바꾸면 물질의 상태는 고체, 액체, 기체로 변화합니다.

고체에서 액체로 변화하는 과정을 '융해', 그 반대 과정을 '응고'라고 합니다. 또한 액체에서 기체로 변화하는 것을 '증발', 그 반대 과정을 '응축'이라고 하죠. 드라이아이스(고체 상태의 이산화탄소)처럼 고체 상태에서 기체로, 기체에서 고체로 직접 변화하는 것은 '승화'라고 합니다.

물질은 기체, 액체, 고체 순으로 많은 열이 필요하므로, 상태가 변화할 때 주위로부터 열을 빼앗거나 주변에 열을 발산합니다.

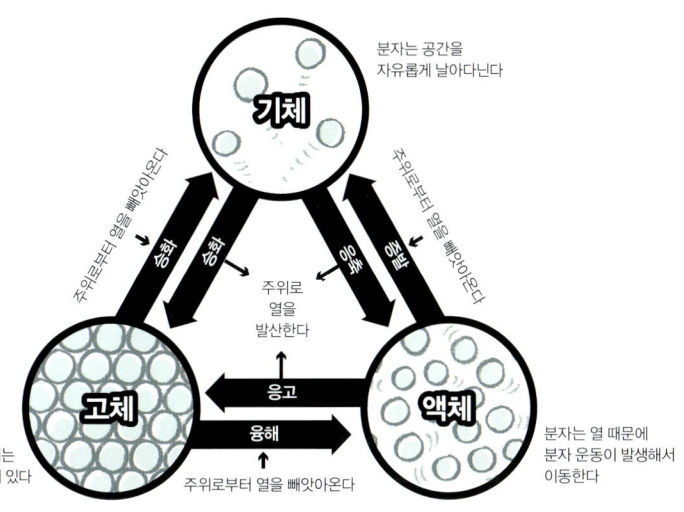

응고

물이 완전히 얼음이 될 때까지는 0℃가 유지됨

시험관의 물 온도를 계속 낮추면 섭씨 0도에서 얼기 시작하여 완전히 얼 때까지 섭씨 0도가 유지됩니다. 온도의 변화는 일어나지 않습니다.

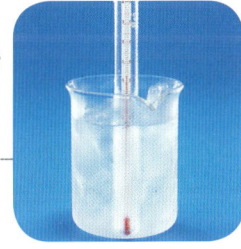

물을 넣은 시험관을 얼음과 식염수가 들어 있는 비커에 담그면 물을 얼릴 수 있다.

상태변화 도중에는 온도가 바뀌지 않는다

얼음에 열을 가하면 녹아서 물이 됩니다. 그 상태에서 열을 계속 가하면 물은 끓어서 수증기가 되죠. 얼음이 물로, 물이 수증기로 변하는 도중에는 얼음이나 물의 온도에 변화가 없습니다.

고체에서 액체로, 액체에서 기체로 상태가 변화하려면 열이 필요합니다. 그런데 가해지는 열이 상태변화에 사용되고 있기 때문에 그동안에는 온도가 변하지 않는 것입니다.

원소는 어떻게 생겨났을까?

연필, 옷, 자동차, 생물의 몸, 밤하늘에 빛나는 별…
우리 주변에 있는 모든 것은 수소와 산소, 철 등
118종류의 성분으로 구성되어 있습니다.
이러한 성분을 '원소'라고 부릅니다.
원소는 어떻게 만들어진 걸까요?
원소의 탄생 과정을 살펴봅시다.

1
빅뱅으로 가벼운 원소의 기초가 만들어지다

지금으로부터 138억 년 전, '빅뱅'이라는 대폭발로 우주가 한순간에 탄생했습니다(→p.122). 우주의 온도가 아주 높았던 이때 수소원자의 기초가 되는 소립자가 만들어졌고, 1분 정도 지난 뒤 우주의 온도가 약간 내려가자 헬륨, 리튬 등 가벼운 원소들의 기초도 만들어졌습니다.

2
수소, 헬륨 등 가벼운 원자가 탄생하다

수십만 년이 지나 원소의 기초가 '전자'라는 소립자를 붙들어 수소원자, 헬륨원자 등이 생겨났습니다. 원자가 생성됨으로써 빛이 똑바로 직진할 수 있게 되어 망원경으로 관측할 수 있는 우주의 모습이 나타나게 되었습니다.

3
항성의 핵융합으로 헬륨이 만들어지다

우주에 흩어진 수소와 헬륨이 인력(만유인력 →p.338)에 의해 모여서 회전하는 거대한 가스 덩어리가 됩니다. 이윽고 중심부가 고온이 되면서 빛을 내뿜는 항성이 탄생하는 것입니다. 항성에서는 수소가 결합하여 헬륨으로 변화하는 핵융합이 일어납니다.

어떤 원소로 이루어져 있는가?

생명체의 몸을 이루고 있는 원소도 별이 만들어 냈습니다. 달리 말하면, 모든 생명체는 별의 조각들로 이루어진 것입니다. 그럼 어떠한 원소로 이루어져 있을까요?

우주 전체
수소 73.4%
헬륨 25%
그 외 1.6%
(산소, 탄소, 철 등)

태양
수소 70.7%
헬륨 27.4%
그 외 1.9%
(리튬, 우라늄 등)

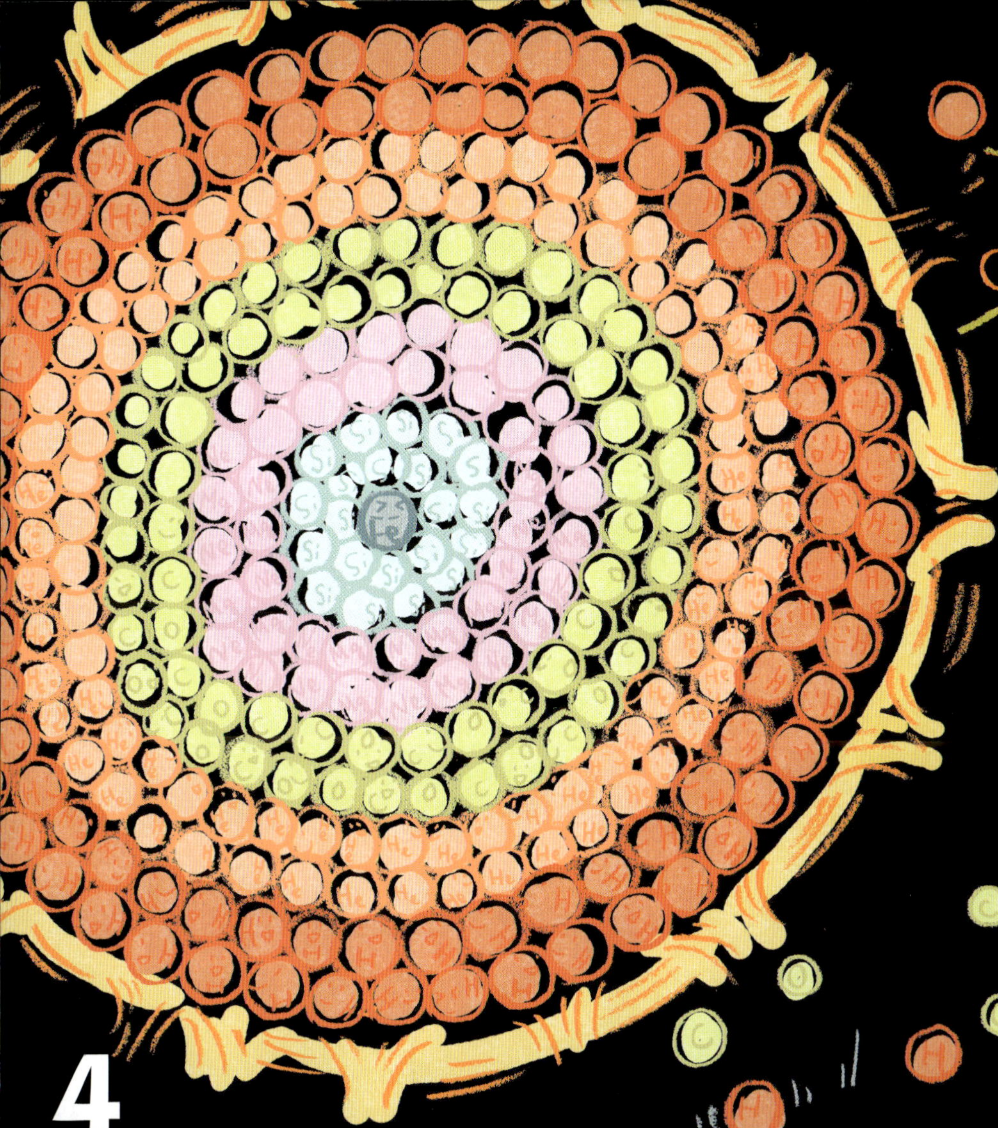

5
초신성 폭발에 의해 원소가 우주에 퍼져 나가다

항성의 중심부에 철 원소가 만들어지면 핵융합은 더는 일어나지 않습니다. 항성은 너무 무거워져서 수축하고 그 반동으로 초신성 폭발(→p.123)이 일어납니다. 철보다 무거운 원소는 이 폭발 에너지로 만들어지죠. 항성 안에서 만들어진 다양한 원소는 이 과정을 거쳐 우주에 퍼집니다.

4
무거운 원소가 순차적으로 중심부에 쌓이다

태양보다 더 거대한 항성의 중심부에 쌓인 헬륨은 핵융합 과정을 거쳐 탄소와 산소가 됩니다. 아울러 중심부 온도와 압력이 높아지면서 네온, 마그네슘, 규소, 철 순으로 무거운 원소가 차례차례 만들어지고, 각 원소의 층이 항성의 중심부를 감싸게 됩니다.

6
새로운 항성과 행성이 만들어지다

우주 안에 흩어진 원소는 우주먼지가 되어 다시 모이고, 그다음 세대의 새로운 항성과 행성의 재료가 됩니다. 지구도 이런 과정을 거쳐 만들어진 행성입니다.

지구 
- 철　　　34.6%
- 산소　　29.5%
- 규소　　15.2%
- 마그네슘 12.7%
- 그 외　　8.0%

바닷물 
- 산소　85.9%
- 수소　10.8%
- 염소　2.0%
- 나트륨 1.1%
- 그 외 0.2%

인체 
- 산소　65%
- 탄소　18%
- 수소　10%
- 질소　3.0%
- 칼슘　1.5%
- 인　　1.0%
- 그 외 1.5%
(유황, 칼륨, 나트륨, 염소, 마그네슘 등)

팬케이크 
- 산소　69%
- 탄소　21%
- 수소　9%
- 그 외 1%
(질소, 나트륨, 칼륨 등)

원소의 종류와 주기율표

지금까지 발견된 원소는 인공적으로 만들어진 것까지 포함해 118가지입니다. 그중 자연적으로 존재하는 원소는 92종입니다.
원소의 실체는 원자라고 하는 알갱이입니다.
주기율표는 원소의 무게(원자량) 순으로 배치한 것으로,
주기율표의 가로 열(족)에는 성질이 비슷한 원소가 배열되어 있습니다.

1 H 1.008 수소 — 가장 가볍고 우주에 가장 많은 원소.

3 Li 6.941 리튬 — 가장 가벼운 금속, 건전지, 비행기의 재료가 된다.

4 Be 9.012 베릴륨 — 가볍고 강함. 에메랄드를 빛나게 하는 성분. 유독성.

11 Na 22.99 나트륨 — 소금의 주성분이며, 터널 안 조명에도 사용. 몸에도 꼭 필요.

12 Mg 24.31 마그네슘 — 전자기기 등에 사용되는 가벼운 금속 재료. 두부 만드는 데 사용되는 간수의 성분.

19 K 39.1 칼륨 — 비료의 3대 요소, 근육과 신경에 대단히 중요. 비누의 원료.

20 Ca 40.08 칼슘 — 뼈를 구성. 산호, 석회암, 시멘트 등의 성분.

21 Sc 44.96 스칸듐 — 금속배트, 자전거용 합금, 야구장 조명에 사용.

22 Ti 47.87 타이타늄 — 가볍고 강한 금속. 안경테나 골프클럽 등에 사용.

23 V 50.94 바나듐 — 공구나 칼, 도금 등 단단한 금속을 만드는 데 사용.

24 Cr 52 크로뮴 — 도금의 광택을 냄. 스테인리스강이나 니크롬선 등에 사용.

25 Mn 54.94 망가니즈 — 철과 합금하면 충격에 견디는 성질이 강해짐. 건전지 재료로도 사용.

26 Fe 55.85 철 — 거의 모든 장소에 사용. 건물, 차량, 혈액의 성분이기도 함.

27 Co 58.93 코발트 — 자석에 잘 들러붙는 성질이 있음. 유화물감이나 유리의 푸른빛을 낼 때 사용.

37 Rb 85.47 루비듐 — 운석 등의 연대를 조사할 때 사용. 광전지에도 사용.

38 Sr 87.62 스트론튬 — 태우면 강한 붉은색을 냄. 불꽃이나 발화통 등에 사용.

39 Y 88.91 이트륨 — LED의 하얀색을 냄. 레이저 광선을 내는 결정 등에 사용.

40 Zr 91.22 지르코늄 — 단단하기 때문에 인공 다이아몬드 재료 및 칼 등에 사용.

41 Nb 92.91 나이오븀 — 초전도 재료. 리니어모터 차량이나 MRI에 사용.

42 Mo 95.95 몰리브데넘 — 베어링이나 윤활제, 전자기기 기판 등에 사용.

43 Tc 99 테크네튬 — 인공적으로 만든 최초의 원소. 병 진단 등에 사용.

44 Ru 101.1 루테늄 — 만년필 촉에 루테늄 합금을 사용, 약을 합성할 때도 사용.

45 Rh 102.9 로듐 — 껌, 약, 파스 등 멘톨을 만들 때 사용.

55 Cs 132.9 세슘 — 원자시계에 사용되어 정확한 시간 측정을 가능하게 함. GPS에도 이용.

56 Ba 137.3 바륨 — 위장 X선 촬영 조영제로 사용되고, 불꽃의 초록빛을 낼 때도 이용.

57-71 란타넘족 — 성질이 란타넘과 비슷한 원소들로, 희토류 광물에 속함.

72 Hf 178.5 하프늄 — 원자로에서 핵분열을 제어하기 위한 제어봉 제조에 활용.

73 Ta 180.9 탄탈럼 — 인공뼈나 인공치아, 전기를 모으기 위한 커패시터 등의 재료로 사용.

74 W 183.8 텅스텐 — 섭씨 3000도 열에도 녹지 않음. 백열전구의 필라멘트 제조에 사용.

75 Re 186.2 레늄 — 초내열합금, 고온도 센서, 스위치 접점 등의 제작에 사용.

76 Os 190.2 오스뮴 — 단단한 합금 제조에 주로 쓰이고, 만년필 촉 등에 이용.

77 Ir 192.2 이리듐 — 강하고 단단함. 엔진 점화 플러그 등에 사용.

87 Fr 223 프랑슘 — 자연 상태에서 가장 나중에 발견된 원소(1939년 발견). 매우 불안정해서 다른 원소로 바로 바뀜.

88 Ra 226 라듐 — 퀴리 부부가 발견한 방사성 원소. 라돈으로 변화.

89-103 악티늄족 — 비슷한 성질을 가진 방사성 원소를 모아 놓은 그룹.

104 Rf 267 러더포듐 — 캘리포늄으로부터 합성하여 만들어짐. 성질은 아직 잘 모름.

105 Db 268 더브늄 — 네온과 아메리슘을 합성하여 만들어짐. 그 성질에 대해서는 아직 잘 모름.

106 Sg 271 시보귬 — 캘리포늄과 산소로부터 합성. 텅스텐과 유사한 화학적 성질을 지님.

107 Bh 272 보륨 — 비스무트와 크로뮴으로부터 합성. 화학적 성질은 오슘과 비슷함.

108 Hs 277 하슘 — 납에 철 이온을 충돌시켜 합성. 성질은 잘 모름.

109 Mt 276 마이트너륨 — 비스무트에 철 이온을 충돌시켜 합성. 성질은 잘 모름.

란타넘족

57 La 138.9 란타넘 — 자외선흡수 유리 등에 사용.

58 Ce 140.1 세륨 — 자외선흡수 유리 등에 이용.

59 Pr 140.9 프라세오디뮴 — 노란색 계열 물감 재료이며, 고글에 사용.

60 Nd 144.2 네오디뮴 — 강력한 자석이나 MRI 등에 활용.

61 Pm 145 프로메튬 — 인공위성, 우주탐사선의 원자력 전지 등에 이용.

62 Sm 150.4 사마륨 — 열에 강한 자석 제작에 이용.

63 Eu 152 유로퓸 — 음식점 형광등에 이용.

악티늄족

89 Ac 227 악티늄 — 방사능이 강하고 불안정한 성질을 지님.

90 Th 232 토륨 — 우라늄보다 4배나 더 많이 존재함.

91 Pa 231 프로토악티늄 — 방사성 붕괴로 악티늄으로 바뀜.

92 U 238 우라늄 — 원자력 발전 연료, 원자폭탄 등의 재료로 이용.

93 Np 237 넵투늄 — 우라늄으로부터 인공적으로 만들어짐.

94 Pu 239 플루토늄 — 원자력 발전이나 원자폭탄의 재료로 우라늄보다 방사능이 강함.

95 Am 243 아메리슘 — 연기 감지기에 이용.

수용액이란 무엇일까?

물에 소금이나 설탕을 넣고 잘 섞으면 소금이나 설탕이 녹아서 보이지 않게 됩니다. 이 소금이나 설탕은 어디로 사라진 걸까요?

소금이 물에 녹아 있을 때 원자나 분자의 상태

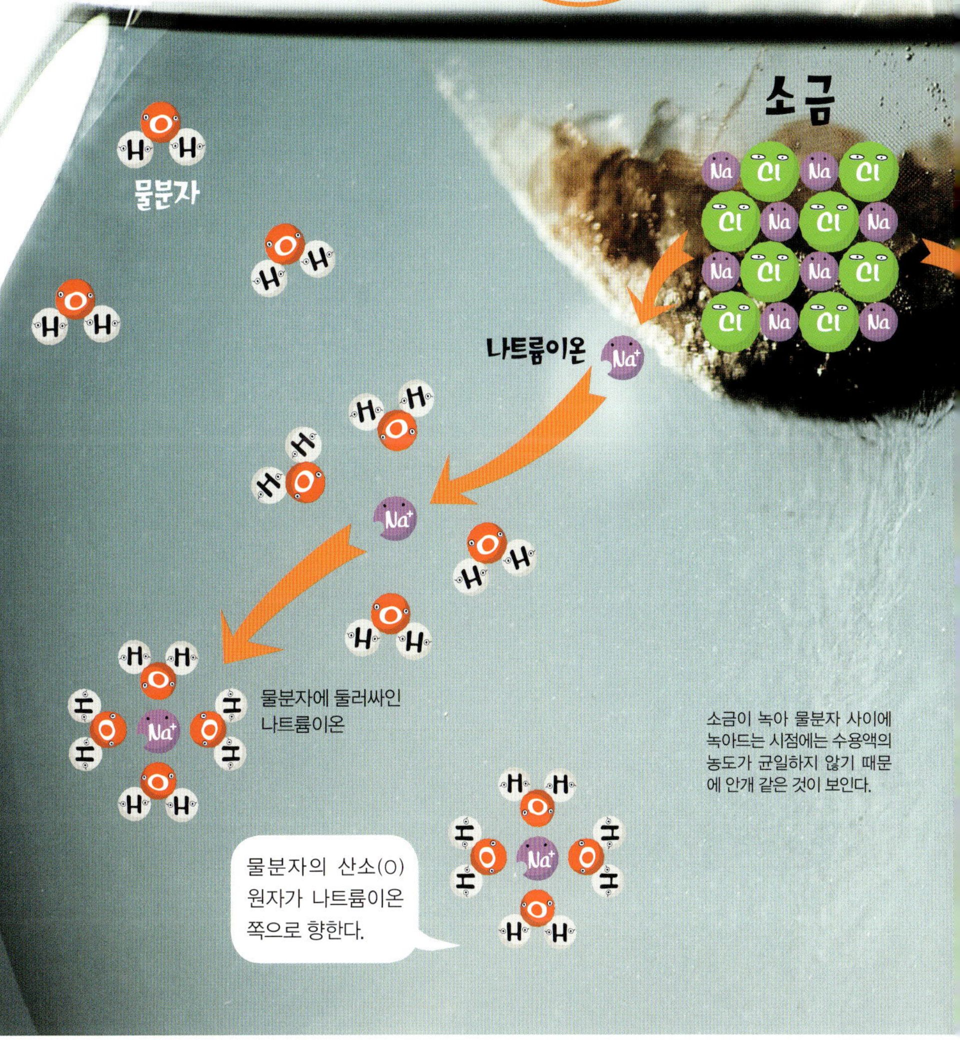

물에 녹는다

식염수나 설탕물과 같이 어떤 물질이 녹아 있는 물을 '수용액'이라고 합니다. 수용액은 대체로 무색투명합니다. 설령 색이 있다 할지라도 반대편을 볼 수 있을 정도의 투명함이 있습니다. 그 이유는 소금이나 설탕 등이 원자나 분자같이 눈에 보이지 않는 작은 알갱이가 되어 물분자 사이에 위치하면서 고르게 물 전체에 퍼지기 때문입니다. 따라서 시간이 지나도 녹은 물질은 눈에 다시 보이지 않습니다.

물분자

소금

나트륨이온

물분자에 둘러싸인 나트륨이온

물분자의 산소(O) 원자가 나트륨이온 쪽으로 향한다.

소금이 녹아 물분자 사이에 녹아드는 시점에는 수용액의 농도가 균일하지 않기 때문에 안개 같은 것이 보인다.

액체나 기체가 녹아 있는 수용액도 있다

물에 녹는 것은 소금이나 설탕 같은 고체만이 아닙니다. 식초는 액체인 초산이 물에 녹아 있는 수용액입니다. 탄산수는 기체인 이산화탄소가 물에 녹아 있는 수용액입니다. 이처럼 수용액에는 액체나 기체가 녹아 있는 것들도 있습니다.

고체가 녹아 있는 수용액

식염수 (소금을 탄 수용액)

이외에도 설탕물, 석회수, 붕산수 등이 있음

증발시키면 고체가 남는다

물은 상태변화(→p.231)에 의해 수증기가 되어 공기 중으로 날아가지만, 녹아 있는 소금이나 설탕 등은 찌꺼기처럼 남게 된다.

* 설탕물의 경우에는 설탕이 타서 까만 고체(재)가 남는다.

성질

이곳은 해발 3650m에 위치한 남아메리카 안데스산맥에 있는 우유니 호수입니다. 건기가 되면 물이 모두 증발해서 이처럼 호수 전체가 소금으로 뒤덮입니다. 도대체 이 호수를 가득 덮은 이 많은 양의 소금은 어떻게 물속에 녹아 있던 걸까요? 물질을 녹이는 물의 놀라운 성질에 대해 알아봅시다.

수용액의 성질

1 소금(NaCl)은 플러스 전기를 띤 원자(나트륨이온 Na^+)와 마이너스 전기를 띤 원자(염화이온 Cl^-)가 서로 끌어당기고 있는 결정 상태입니다.

2 물(H_2O)에 소금을 넣으면 나트륨 이온과 염화이온이 서로 흩어지게 됩니다.

3 이온은 물분자에 둘러싸여 분자들의 틈 사이에 배치됩니다. 수용액이 투명하고, 물질이 녹아도 그 부피가 거의 늘지 않는 것은 이러한 상태가 되기 때문입니다.

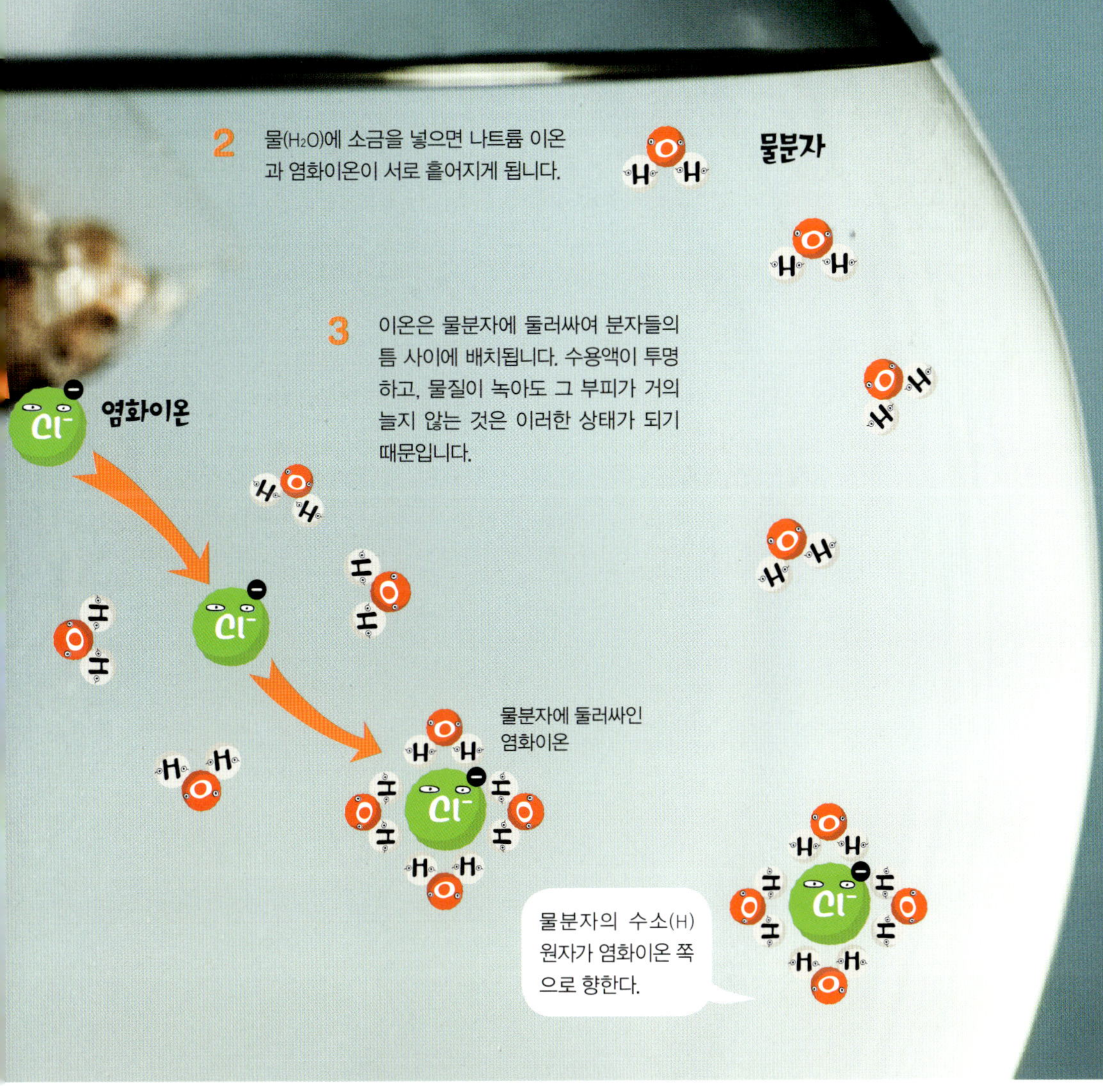

염화이온

물분자

물분자에 둘러싸인 염화이온

물분자의 수소(H) 원자가 염화이온 쪽으로 향한다.

1 계속 녹은 상태를 유지한다
수용액은 그대로 두면 알갱이나 녹아 있는 것들이 다시 뭉쳐 덩어리가 되는 현상이 없다.

2 투명하다
물질이 원자나 분자 단위로 눈에 보이지 않는 알갱이가 되어 물속에 섞여 있기 때문에 무색 투명하며, 설사 색깔이 있다고 해도 투명함을 잃지 않는다.

3 농도가 같다
녹아 있는 것이 물속에 균일하게 섞여 있어서 물의 어느 부분이라도 농도가 같다.

4 여과시켜도 변하지 않는다
원자나 분자 단위의 알갱이는 매우 작기 때문에 여과지(액체 속의 불순물을 거르는 데 쓰는 특별한 종이)도 통과한다. 여과시켜도 수용액의 성질은 변하지 않는다.

액체가 녹아 있는 수용액

증발시켜도 아무 것도 남지 않는다

식초(초산이 든 수용액)
이외에도 알코올 등이 있음

녹아 있던 액체도 같이 증발한다.

기체가 녹아 있는 수용액

증발시켜도 아무 것도 남지 않는다

탄산수(이산화탄소가 든 수용액)
이외에도 염산, 암모니아수 등이 있음

녹아 있던 기체는 공기 중으로 빠져나가고 아무것도 남지 않는다.

* 식초에 초산 이외의 다른 물질이 섞여 있으면 남기도 한다.

물질이 녹으면 부피와 무게는 어떻게 될까?

소금을 일정량의 물에 녹이면 물에 얼마나 녹아 들어가는지, 그때 수용액의 무게나 부피는 어떻게 변화하는지 실험해 봅시다.

실험

물질을 녹여서 무게나 부피를 관찰한다

200g(200mL)의 물에 소금을 10g씩 녹이고, 다음 세 가지 사항을 조사했습니다.

무게
녹인 소금의 양이 늘면 무게는 어떻게 변화하는가?

부피
물에 녹인 소금의 양이 늘면 부피는 어떻게 변화하는가?

녹는 양
몇 g까지 녹일 수 있는가?

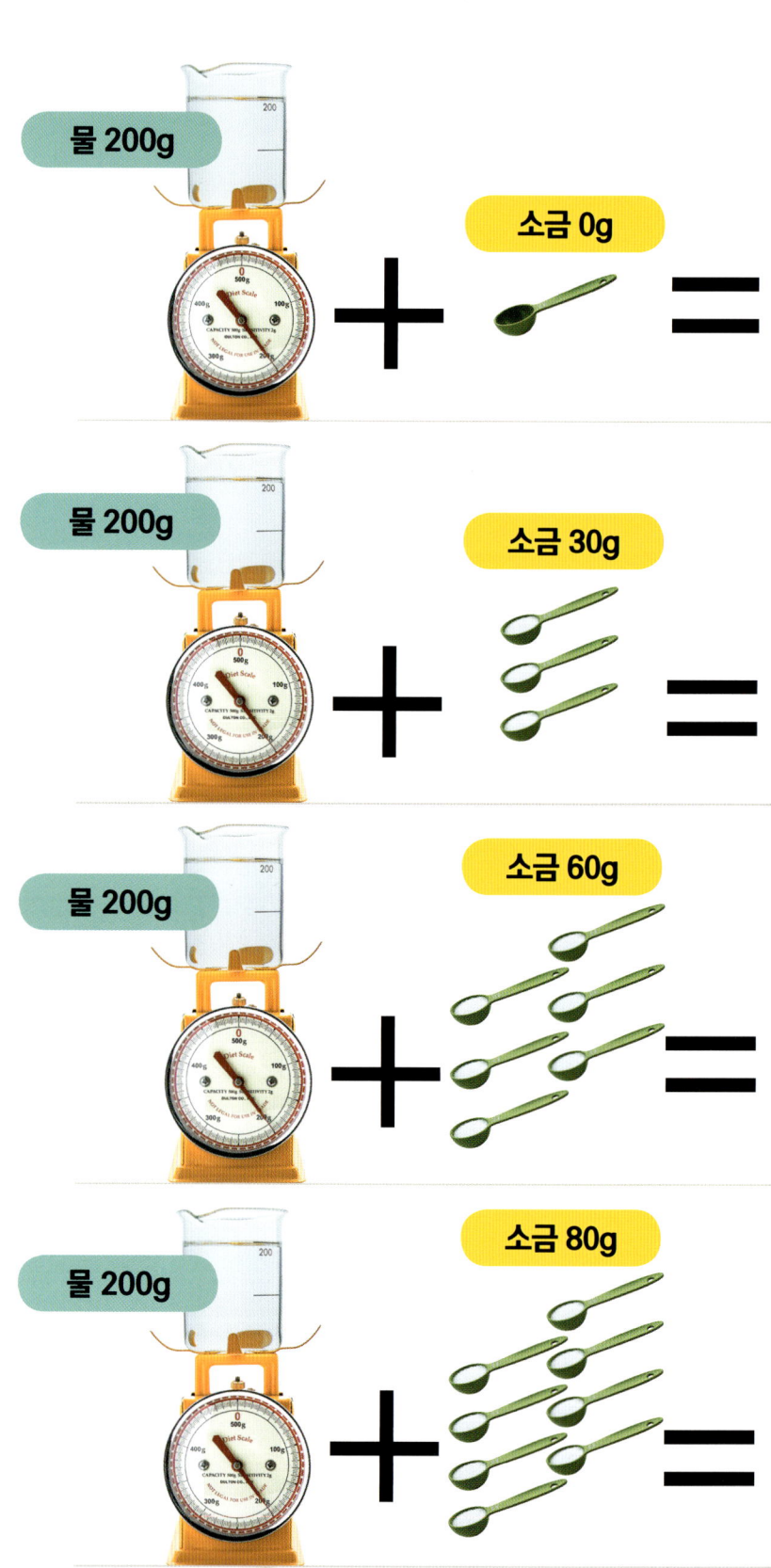

부피 200mL

농도 0%
무게 200g

부피 205mL

전부 녹았다

농도 $\frac{30}{230} \times 100 =$ 약 **13**%

무게 230g

부피 215mL

전부 녹았다

농도 $\frac{60}{260} \times 100 =$ 약 **23**%

무게 260g

부피 225mL

다 녹지 않고 남았다

물 200g에 녹을 수 있는 소금의 양은 60~80g 사이라는 것을 알 수 있다.

무게 280g

정리

무게
물에 녹는 소금의 양만큼 무거워진다

어떤 물질을 물에 녹이다 보면 녹아 들어간 양만큼 무게가 늘어납니다.

부피
소금을 녹여도 부피는 그다지 늘지 않는다

고체인 물질을 녹여도 전체 부피는 별로 증가하지 않습니다.

용해되는 양
계속 녹이다 보면 소금이 더 이상 용해되지 않는다

고체인 물질이 물에 녹는 양은 물질마다 한도가 있습니다.

수용액의 농도와 용해된 물질의 무게

수용액의 농도와 용해된 물질의 무게는 다음과 같은 식으로 구할 수 있습니다.

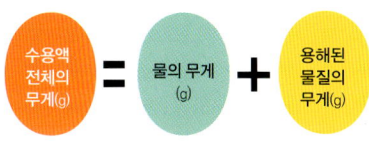

수용액 전체의 무게(g) = 물의 무게(g) + 용해된 물질의 무게(g)

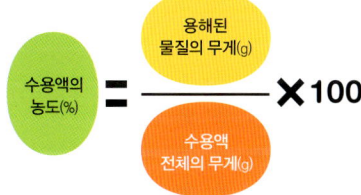

수용액의 농도(%) = $\frac{용해된 \ 물질의 \ 무게(g)}{수용액 \ 전체의 \ 무게(g)} \times 100$

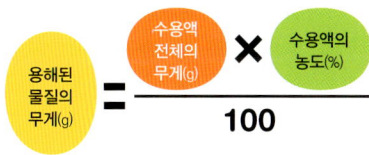

용해된 물질의 무게(g) = $\frac{수용액 \ 전체의 \ 무게(g) \times 수용액의 \ 농도(\%)}{100}$

포화와 물의 양

고체인 물질이 녹는 양은 물의 양에 비례합니다. 섭씨 20도의 물 100g에는 소금이 약 35.8g까지 용해됩니다. 물을 2배인 200g으로 늘리면 녹을 수 있는 소금의 양도 2배가 되어 71.6g까지 용해됩니다. 그리고 더 이상 물질이 녹을 수 없는 상태를 '포화'라고 합니다.

물 100g | 소금 약 35.8g
농도 약 26.4%

물 200g | 소금 약 71.6g
농도 약 26.4%

물의 온도와 물질이 녹는 양과의 관계는?

물 온도를 높이면 용해되는 양은 변할까요?
반대로 수용액의 온도를 점차 낮추면 녹는 양은 어떻게 될까요?

물 온도를 높여서 붕산을 녹인다

20°C, 40°C, 60°C, 80°C의 물 100g(100mL)을 준비하여 각각 포화(→p.243)상태에 도달할 때까지 붕산을 녹입니다. 물 온도에 따라 붕산의 녹는 양이 어떻게 변화하는지 조사했습니다.

녹는다

20°C — 붕산 4.9g 까지 녹는다 / 물 100g
40°C — 붕산 8.9g 까지 녹는다 / 물 100g
60°C — 붕산 14.9g 까지 녹는다 / 물 100g
80°C — 붕산 23.6g 까지 녹는다 / 물 100g

온도를 높이면 붕산의 녹는 양이 늘어난다

물의 양이 같으면 녹아드는 물질의 양은 물 온도에 따라 달라집니다. 붕산이나 설탕 등 고체의 경우, 일반적으로 온도가 올라가면 녹는 양이 많아집니다. 그러나 소금은 녹는 양에 별 차이가 없습니다. 탄산수와 같이 기체가 녹아 있는 수용액의 경우, 고체와는 반대로 물 온도가 올라가면 녹는 기체의 양이 줄어듭니다.

결정이란?

순수한 물질의 원자나 분자가 규칙적으로 배열하여 정해진 형체를 가지고 있는 고체를 '결정'이라고 합니다. 결정의 색이나 형태는 물질에 따라 달라집니다.

명반(황산알루미늄과 황산칼륨이 결합한 물질)은 물에 많이 용해되므로 수용액을 서서히 식히면 커다란 결정이 생깁니다. 가는 바늘 끝에 처음 생긴 작은 결정을 매단 형태로 붙여서 놔두면 수용액이 증발하면서 결정이 점차 커집니다.

용해도와 용해도 곡선

물질이 물에 녹아드는 것을 '용해'라고 하고, 100g의 물에 녹는 최대치를 '용해도'라고 합니다. 용해도는 온도에 따라 달라지며, 이 그림과 같이 용해도 곡선이라는 그래프로 나타냅니다.

포화한 붕산액을 식힌다

> 나타난다

왼쪽 실험에서 만든 80°C의 붕산의 포화수용액을 시원한 곳에 두고 서서히 식히면서 그 변화를 관찰했습니다.

60°C
수면이나 비커 바닥이 흐린 것처럼 보인다.

40°C
비커 바닥에 하얗게 뭉쳐진 것들이 쌓이기 시작한다.

20°C
하얀 덩어리들이 많아졌다.

온도를 내리면 붕산이 고체가 되어 나타난다

붕산의 포화수용액 온도를 낮춰 가면 더 이상 녹은 상태를 유지할 수 없게 된 붕산이 고체화하여 나타납니다. 이때 고체를 확대경 등으로 자세히 살펴보면 특정한 형태의 결정으로 되어 있는 것을 알 수 있습니다.

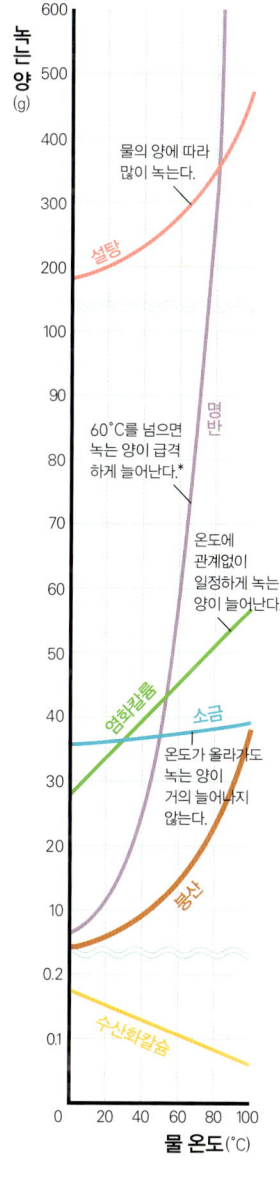

* 명반은 용해될 때 물을 배출하며, 그에 따라 녹는 양이 계속 늘어난다.

3 물질

수용액의 성질 | 산성·염기성·중성

보라색 양배추 액으로 수용액을 조사해 보자

수용액에는 산성, 중성, 알칼리성과 같은 성질이 있습니다. 보라색 양배추로 만든 용해액을 다양한 수용액에 넣어 봅시다. 액체의 색 변화에 따라서 그 수용액의 성질을 알 수 있습니다.

산성 수용액

약한 염산 HCl

약한 초산 CH_3COOH

탄산수 H_2CO_3

붕산수 $B(OH)_3$

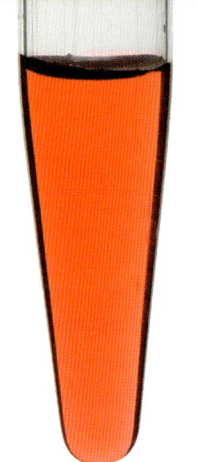

보라색 양배추 액 만드는 법

1. 잘게 썰어둔 보라색 양배추잎 50g과 소독에 쓰는 에탄올 100mL를 준비한다.

2. 양배추잎과 에탄올을 용기에 넣어 잎을 잘 주물러 준다.

3. 색소가 빠져나오기 시작하면 액만 용기에 넣어 보존한다.

맛을 보면 신맛이 난다

레몬즙, 식초, 요구르트 등을 맛보면 신맛이 납니다. 그 안에 플러스 전기를 띤 수소이온(H^+)이 있기 때문이죠. 이처럼 수용액으로 만들면 수소이온(H^+)이 생기는 화합물을 '산', 그 성질을 '산성'이라고 합니다.

전류가 흐른다

수소이온(H^+)을 포함한다

 염산
  황산

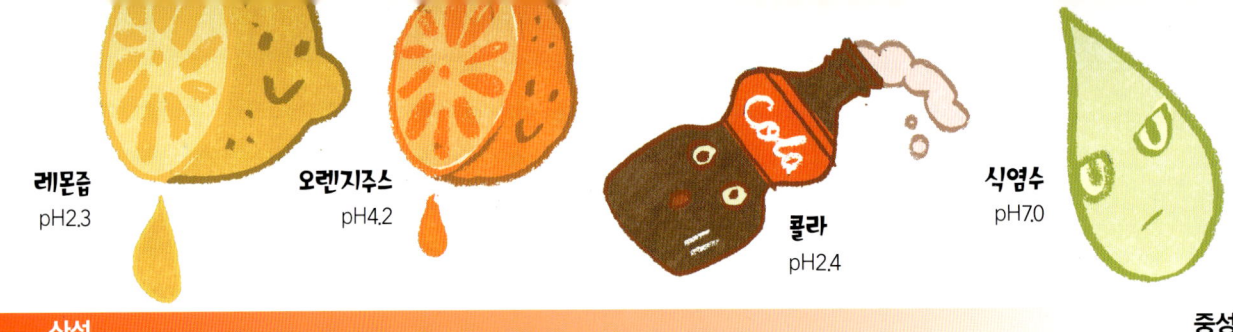

레몬즙
pH2.3
오렌지주스
pH4.2
Cola
콜라
pH2.4
식염수
pH7.0
산성
중성
pH 수치
pH 0
pH 1
pH 2
pH 3
pH 4
pH 5
pH 6
pH 7

산성과 염기성

주변에 있는 사물이 산성인지 염기성인지를 알아봅시다.

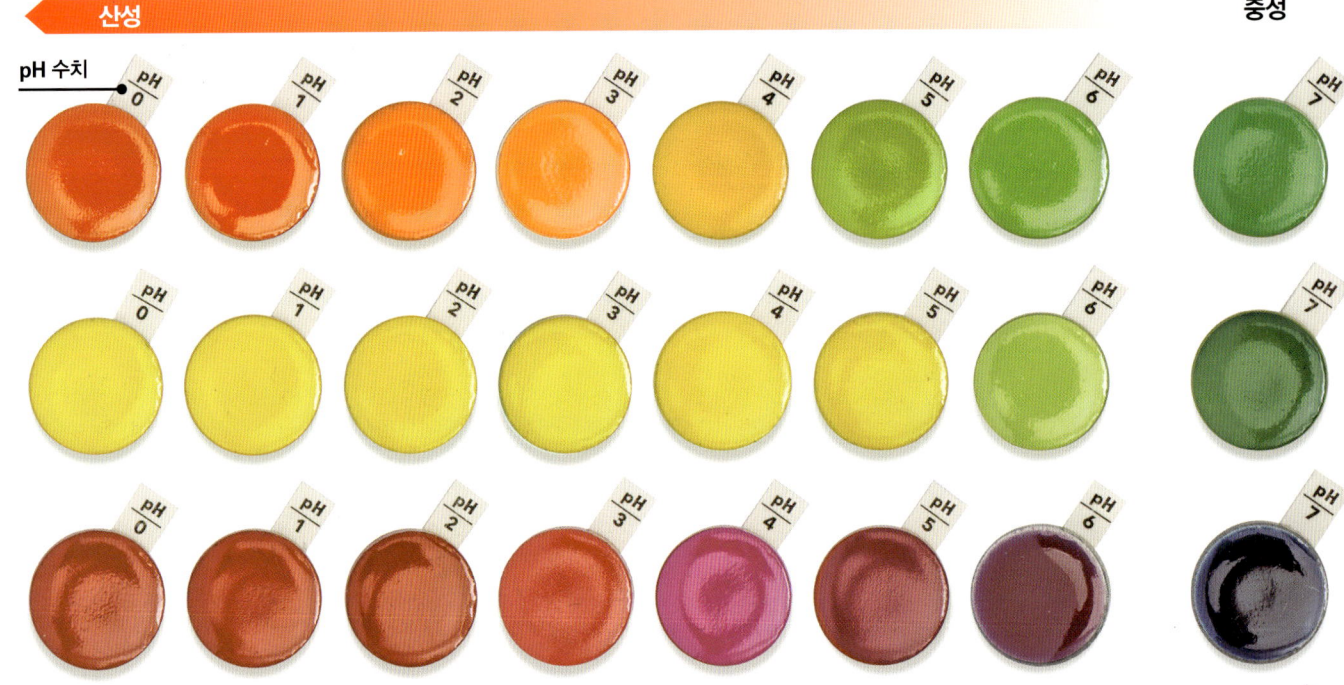

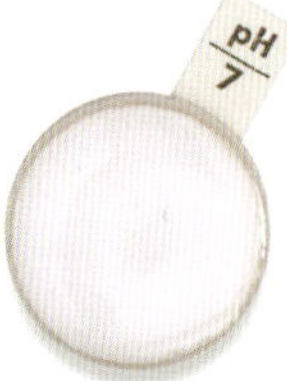

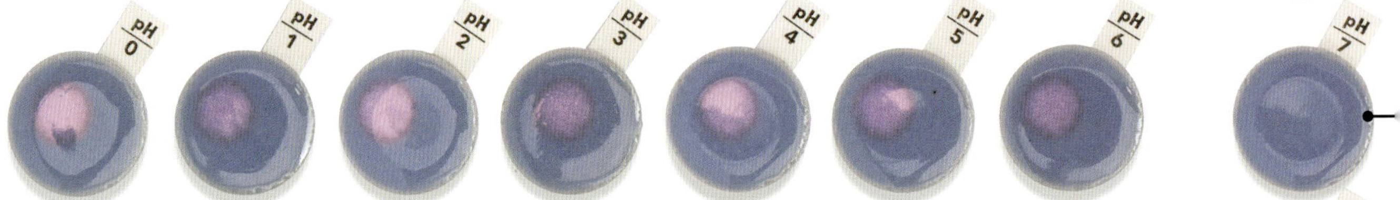
pH 0
pH 1
pH 2
pH 3
pH 4
pH 5
pH 6
pH 7

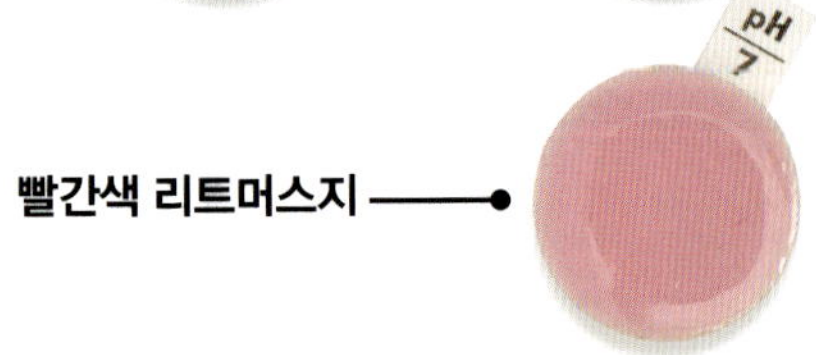
pH 7
빨간색 리트머스지

* 이 페이지에 표기해 놓은 pH 수치는 일반적인 상황일 때를 가정했습니다. 조사방법이나 조사하는 대상에 따라 차이가 있을 수 있습니다.

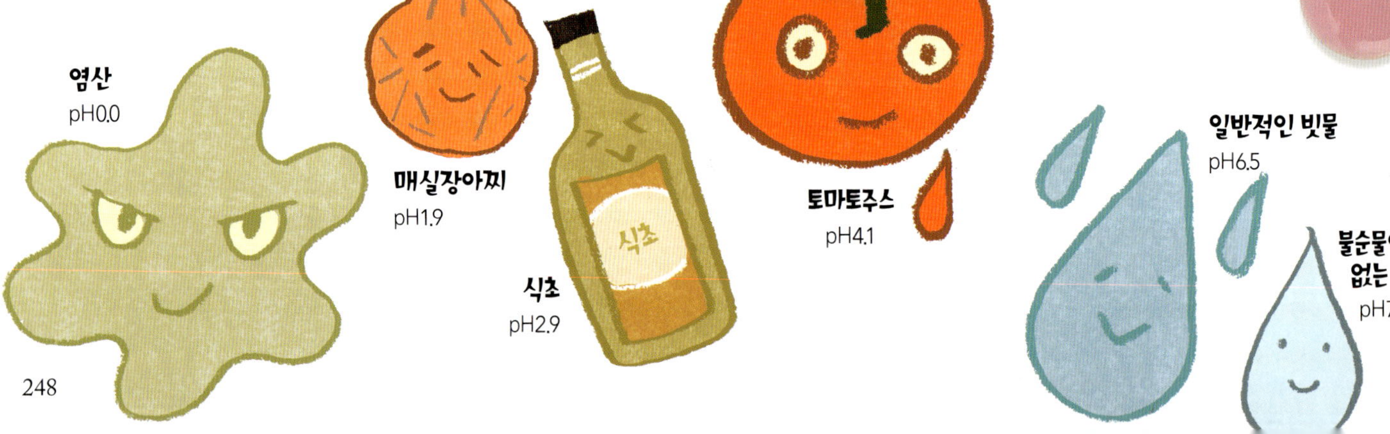
염산
pH0.0
매실장아찌
pH1.9
식초
식초
pH2.9
토마토주스
pH4.1
일반적인 빗물
pH6.5
불순물이 없는 물
pH7.0

세탁 비눗물 pH10.0

암모니아수 (벌레 물린 데 바르는 약) pH11.9

수산화나트륨 수용액 pH14.0

여러 가지 지시약

산성인지 염기성인지 조사할 때 몇 가지 약품을 사용하여 색의 변화를 살펴봅니다. 이런 것을 '지시약'이라고 하며, 산성이나 염기성의 강도에 따라 아래 그림과 같이 나타나는 색이 달라집니다.

염기성 →

만능 pH 시험지

BTB 용액*

보라색 양배추 액

페놀프탈레인 용액

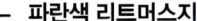

파란색 리트머스지

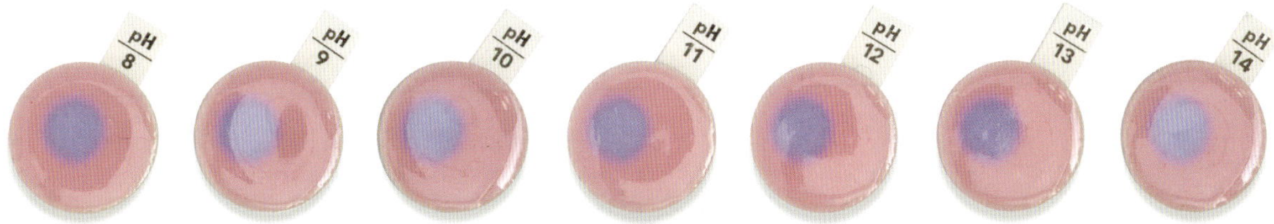

리트머스지

피 pH7.4   **바닷물** pH8.1   **시멘트** pH11.0   **석회수** pH11.0

산성이나 염기성이 얼마나 강한지를 나타내는 단위는 pH입니다. 0에서부터 14까지의 숫자로 표시되는데, 가장 산성이 강한 것이 pH0, 중성이 pH7, 염기성이 가장 강한 것이 pH14입니다.

*BTB 용액: 산염기 지시약의 일종으로 산성에서는 노란색, 중성에서는 초록색, 염기성에서는 푸른색을 띤다.

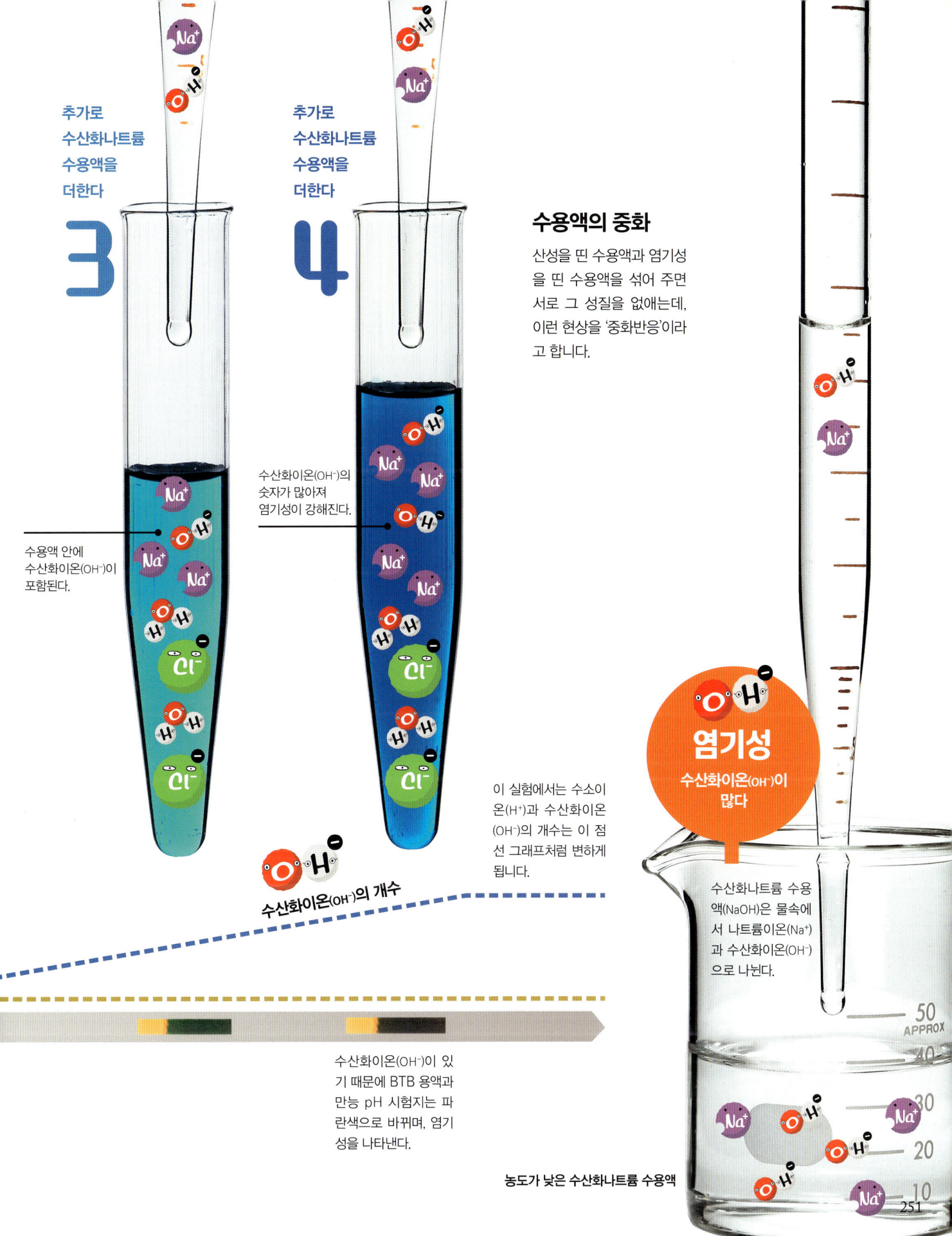

중화반응이 일어날 때 어떤 현상이 나타날까?

산성의 묽은 염산과 염기성의 묽은 수산화나트륨 용액을 섞으면 중화반응이 일어나서 소금이 만들어집니다. 이때 어떤 일이 일어나는 걸까요?

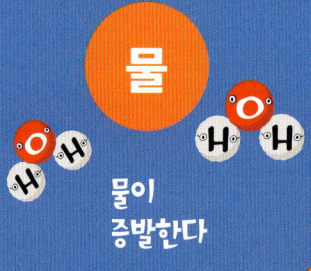

물이 증발한다

중화반응이 일어나서 중성이 된 액체

밑에서 열을 가하여 물(H_2O)을 증발시킨다.

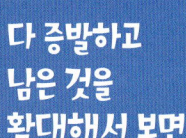

다 증발하고 남은 것을 확대해서 보면

중화반응이 일어나면 소금이 생긴다

산성의 묽은 염산과 염기성의 묽은 수산화나트륨 용액을 중화시키면 소금과 물이 생깁니다.
중화되어 중성이 된 수용액을 슬라이드글라스(받침유리)에 몇 방울 떨어뜨려 알코올램프로 열을 가하면, 물분자는 기체가 되어 공기 중으로 증발합니다. 남은 나트륨이온(Na^+)과 염화이온(Cl^-)은 전기의 성질에 따라서 규칙적으로 배열되고 소금 결정을 만듭니다.

결정이 만들어졌다!

소금

물이 증발하면 슬라이드글라스(깔유리)에는 하얀 물체가 남는데, 이것을 현미경으로 자세히 들여다보면 결정 모양이 보입니다. 바로 염화나트륨(소금)의 결정입니다.

염화나트륨 결정의 구조. 나트륨원자(Na)와 염소원자(Cl)가 규칙적으로 배열되어 있다.

중화반응을 식으로 나타내면

| HCl | + | NaOH | → | NaCl | + | H_2O |
| 염산 | | 수산화나트륨 | | 소금 | | 물 |
| 산성 | 과 | 염기성 | 을 더하면 | 화합물 | 과 | 물 | 이 생긴다

산성을 띤 수용액인 염산과 염기성을 띤 수용액인 수산화나트륨 수용액을 중화시킬 때 일어나는 일을 화학식과 이온, 원자, 분자로 나타내면 위의 그림처럼 됩니다.

중화되어 화합물을 만드는 수용액의 조합

산성		염기성		화합물		물
염산 HCl	+	수산화나트륨 NaOH	→	염화나트륨(소금) NaCl	+	물 H_2O
황산 H_2SO_4	+	수산화칼슘 $Ca(OH)_2$	→	황산칼슘 $CaSO_4$	+	물 $2H_2O$
탄산수 CO_2	+	석회수 $Ca(OH)_2$	→	탄산칼슘 $CaCO_3$	+	물 H_2O

* 이산화탄소가 물에 녹아 있는 것이 탄산수이다.

소금이나 설탕에 전기가 통할까?

소금은 고체일 때는 전기가 통하지 않지만
수용액으로 만들면 전기가 통합니다.
전류가 흐를 때 수용액 속에서는
어떤 일들이 벌어지고 있는 것일까요?

고체나 수용액에 전류를 흘려보내면

고체인 소금이나 설탕, 수산화나트륨 등에는 전류가 흐르지 않습니다. 또한 물을 가열할 때 발생하는 수증기를 모아 만든 순수한 물인 증류수에 전극을 꽂아 보아도 역시 전류는 흐르지 않습니다. 하지만 물에 소금이나 수산화나트륨을 녹여 수용액으로 만들면 전류가 흐르게 됩니다. 이처럼 물에 녹였을 때 전류가 흐르는 물질을 '전해질'이라고 합니다.

음극(-)
스테인레스 숟가락(전극)

수소이온이 전자를 가져온다

전자

전자가 이동한다

소금
전류가 흐르지 않는다

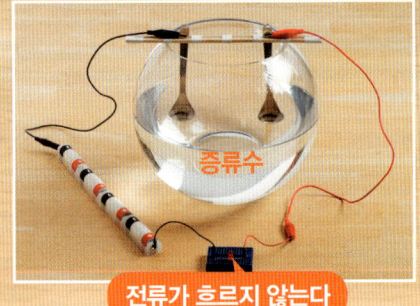

증류수
전류가 흐르지 않는다

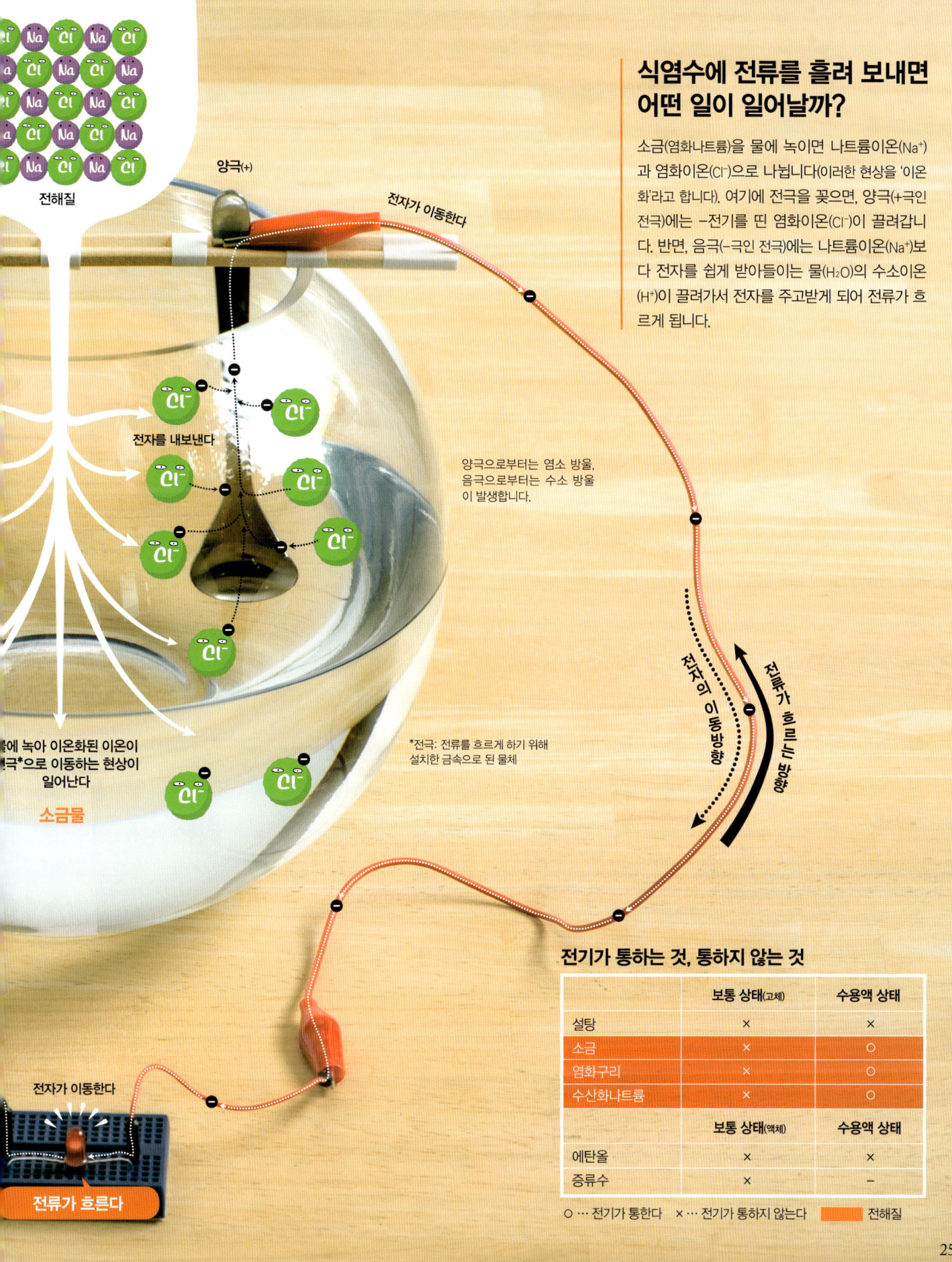

수용액에 금속을 넣어 보자

산성을 띤 수용액과 금속의 반응

묽은 염산(HCl)이 들어 있는 시험관 4개를 준비하여, 각각에 알루미늄, 아연, 철, 구리 조각을 넣으면 어떤 반응이 일어나는지 조사했습니다.

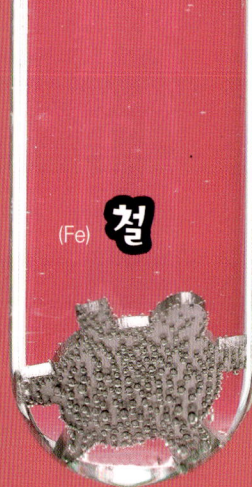

발생한 기체에 불이 붙을 수 있다 — 알루미늄(Al) — 시험관이 뜨거워진다

발생한 기체에 불이 붙을 수 있다 — 아연(Zn) — 시험관이 뜨거워진다

발생한 기체에 불이 붙을 수 있다 — 철(Fe) — 시험관이 뜨거워진다

구리(Cu)

발생한 반응
염산($6HCl$)
+
알루미늄(Al)
↓
수소($3H_2$)
+
염화알루미늄($2AlCl_3$)

발생한 반응
염산($2HCl$)
+
아연(Zn)
↓
수소(H_2)
+
염화아연($ZnCl_2$)

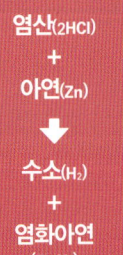

발생한 반응
염산($2HCl$)
+
철(Fe)
↓
수소(H_2)
+
염화철($FeCl_2$)

발생한 반응
염산(HCl)
+
구리(Cu)
↓
반응 없음

염화이온(Cl^-)은 수소보다도 알루미늄이나 아연, 철과 같은 금속들과 결합하기 쉽기 때문에 다른 물질이 생긴다. 시험관 안의 액체를 증발시키면 고체가 남는다.

산성이나 염기성을 띤 수용액에 금속 조각을 넣으면 작은 기포가 일어나면서 녹는 경우가 있습니다.
어떤 일이 일어나는지 관찰해 봅시다.

염기성 수용액과 금속의 반응

묽은 수산화나트륨(NaOH) 수용액이 들어 있는 시험관 4개를 준비하여, 각각에
알루미늄, 아연, 철, 구리 조각을 넣으면 어떤 일이 일어나는지 조사했습니다.

원래의 물질과 다른, 전혀 별개의 물질이 생기는 현상을 **화학변화**라고 한다

발생한 기체에 불이 붙을 수 있다

알루미늄 (Al) — 시험관이 뜨거워진다

아연* (Zn)

철 (Fe)

구리 (Cu)

발생한 반응

알루미늄:
수산화나트륨 수용액(2NaOH)
+
알루미늄(2Al)
+
물(6H$_2$O)
↓
수소(3H$_2$)
+
알루민산나트륨
(2Na[Al(OH)$_4$])

아연: 수산화나트륨 수용액(NaOH) + 아연(Zn) → 거의 반응이 없다

철: 수산화나트륨 수용액(NaOH) + 철(Fe) → 반응 없음

구리: 수산화나트륨 수용액(NaOH) + 구리(Cu) → 반응 없음

알루미늄은 산성인 수용액에서도, 염기성인 수용액에서도 녹는다. 시험관 안 액체를 증발시키면 고체가 남는다.

*염기에 반응하는 대표적인 금속. 이 실험에서는 '묽은 수산화나트륨 수용액'이었기 때문에 반응이 거의 일어나지 않았지만, 원래 아연은 강한 염기에는 반응한다.

물을 전기분해 하면 어떻게 될까?

물을 전기분해 해 봅시다.
어떤 현상이 일어날까요?

물의 전기분해 실험

순수한 물은 전기가 통하지 않기 때문에, 전해질인 수산화나트륨을 녹여서 묽은 수산화나트륨 수용액을 H형 유리관에 가득 채운 후 전류를 흘립니다.

음극에서는 수소가 발생

성냥불을 가까이 대면 기체(수소)가 작은 소리를 내며 불이 붙는다.

유리관 안에서 벌어지고 있는 일

물을 전기분해하면 음극에 수소, 양극에는 산소가 발생하며, 그 부피 비중은 2:1이 된다.

6 수소원자가 2개 결합하여 수소분자(H_2)가 된다.

5 음극에는 수소이온(H^+)과 나트륨이온(Na^+)이 모인다. 수소이온은 전자를 받아들여 수소원자가 된다. 나트륨이온은 그대로 남는다.

1 수용액 안에서 수산화나트륨은 나트륨이온(Na^+)과 수산화이온(OH^-)으로 이온화된다.

물은 아주 적은 양이지만 수소이온(H^+)과 수산화이온(OH^-)으로 이온화된다.

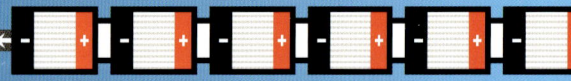

4 양극에 건네어진 전자는 음극(–극 쪽 전극)으로 향한다. 강한 전류가 흐를수록 전기분해가 활발하게 일어난다.

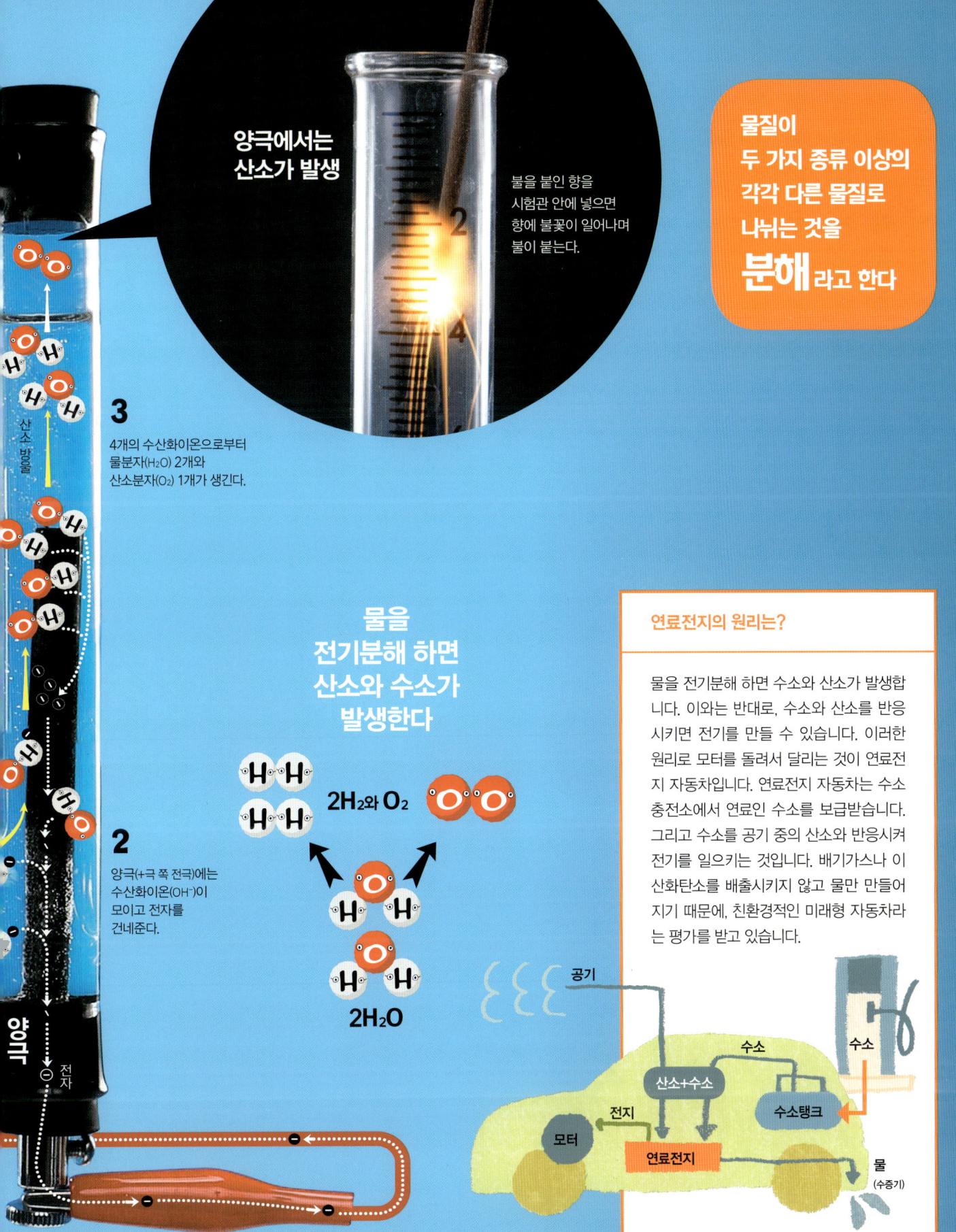

3 물질

물질이 타는 방식과 기체

하늘로 올라가는 무수한 불빛들.
촛불만으로 등이 하늘로 떠오르고 있습니다.
이것은 열기구와 같은 원리로.
불꽃을 일으키면서 물질이 타는 것은 신비하기까지 합니다.
물질이 탈 때 그 물질과 주변의 공기 사이에는
도대체 어떤 일이 일어나고 있는 것일까요?
'탄다'는 것의 수수께끼를 풀어 봅시다.

태국에서는 겨울이 되기 전 보름달 밤에 '러이끄라통'이라고 하는 축제가 전국적으로 열립니다. 이 사진은 태국 치앙마이에서 같은 시기에 열리는 '이뻥 페스티벌'이라고 하는 행사 광경입니다.

'탄다'는 것은 무엇일까?

물질이 탈 때 '산화'라고 부르는 현상이 일어납니다.
산화는 물질이 산소와 결합하여
전혀 다른 물질이 되는 현상입니다.

물질이 격렬하게 산소와 결합하고 있다

공기 중에 포함된 산소는 다른 물질과 결합하기 쉬운 활발한 기체입니다. 예를 들어, 산소(O)가 수소(H)와 결합하여 물(H_2O)이 됩니다. 또 산소(O)가 탄소(C)와 결합하면 이산화탄소(CO_2)가 만들어집니다.

이처럼 사물이 산소와 결합하여 전혀 다른 사물이 되는 것을 '산화'라고 합니다. 사물을 태울 때 불꽃이 일어나는 것도 산화의 영향입니다.

액체연료 로켓

액체인 수소와 액체인 산소를 섞어 급격하게 산화시켜 태움으로써 고온의 가스를 분출하여 앞으로 전진합니다.

불꽃

화약이 폭발하는 것도 격렬한 산화 반응입니다. 불꽃의 색깔은 화약을 공중에서 폭발시켜서 금속이 탈 때 나오는 것입니다(→p.280).

여러 가지 형태의 산화

산화 속도는 제각각으로, 금속 표면에 녹이 스는 것 같이 천천히 진행하는 경우도 있고, 연소와 같이 빛과 열을 내면서 빠르게 진행되는 경우도 있습니다. 우리 주변에서도 여러 형태의 산화 현상을 볼 수 있습니다.

산화를 이용한 물체

금속 등을 미리 산화시키거나 산화되는 속도를 조절함으로써 여러 가지 편리한 물체*를 만들 수 있습니다. 철이나 알루미늄을 산화시키면 안정된 물질이 됩니다.

*물체: 물질이 이루는 것으로, 구체적인 형태를 가진다.

휴대용 손난로

안에 쇳가루가 들어 있습니다. 밀봉한 껍데기에서 빼 내면 철가루가 공기 중의 산소에 닿아 산화가 일어납니다. 이때 일어나는 열을 이용하는 것입니다.

1 격렬한 산화 (연소, 폭발)

모닥불이나 불꽃, 로켓 엔진 등 빛과 열을 내면서 급격하게 진행되는 산화 현상을 '연소'라고 합니다. 때로는 폭발이 일어날 때도 있습니다.

모닥불
물질이 타는 것을 연소라고 합니다. 연소는 물질이 격렬하게 산화하여 빛과 열을 내는 현상입니다(→p.268).

2 천천히 일어나는 산화

금속이 공기 중에서 서서히 산소와 결합하여 녹슬 때 산화 현상은 천천히 일어납니다. 산화의 원리를 이용하여 인공적으로 만드는 물체도 있습니다.

갈색으로 변하는 사과
사과 껍질을 벗겨서 공기 중에 버려두면 표면이 갈색으로 변합니다. 이것은 사과 안에 포함된 '폴리페놀'이라는 물질이 산화했기 때문입니다.

동물의 호흡
척추동물은 혈액 속에 있는 '헤모글로빈'이라는 단백질을 폐나 (물고기의) 아가미에서 산화시켜 산소를 몸 안 전체로 운반합니다(→p.277).

녹
철과 같은 금속의 표면은 공기에 오래 노출되어 산화하면 녹이 생깁니다. 금속이 녹슬면 원래 금속과는 전혀 다른 물질이 됩니다(→p.274).

탈산소제
휴대용 손난로와 마찬가지로 철가루가 들어 있습니다. 과자 봉지 안에 있는 산소와 결합하여 과자가 산화되는 것을 늦춥니다.

알루미늄 주전자
주전자 표면은 옅은 산화알루미늄 막으로 코팅되어 있습니다. 표면을 미리 산화시켜 놓음으로써 안에 있는 금속이 녹스는 것을 막습니다.

지르코니아 (가짜 다이아몬드)
'지르코늄'이라는 금속을 산화시키면 다이아몬드와 비슷한 보석이 만들어집니다. 바로 '이산화 지르코늄'이라고 하는 물질입니다.

물질이 계속 타기 위해서는?

물질은 어떤 때 계속 타고, 어떤 때 불이 꺼질까요?
물질이 계속 타기 위해 필요한 조건을 생각해 봅시다.

물질이 계속 타기 위한 조건

물질이 계속 타기 위해서는 기본적으로 세 가지 조건이 필요합니다. 이 조건을 알고 있으면, 모닥불이나 바비큐 등을 할 때 불을 잘 피우고 장작/석탄 등이 계속 타도록 할 수 있습니다.

조건

탈 물질이 필요

장작이나 석탄, 양초, 석유나 알코올, 가스 등 산소와 화학 반응을 일으켜서 탈 수 있는 물질이 필요합니다(→p.266).

불을 끄려면?

불탈 물질이 없어지면 자연적으로 꺼진다

핀셋 끝으로 천천히 양초의 심을 잡는다.

양초 불꽃을 강한 바람으로 분다.

액체인 촛농이 양초의 심으로 올라가지 못해서 금방 불꽃이 꺼진다.

기체 상태인 초가 바람에 흩날려 양초 불꽃이 꺼진다.

※온도의 영향이 아닌 것을 확인하기 위해 사전에 핀셋 끝을 덥혀 놓을 것

공기(산소)가 닿지 않으면 꺼진다

모래 등

조건 2
공기가 통해야 함

물질이 타기 위해서는 산소가 필요합니다. 산소는 공기 중에 포함되어 있기 때문에 타는 동안에는 항상 새로운 공기가 타고 있는 물질에 전달되어야 합니다.

조건 3
발화점 이상의 온도가 필요

물질에는 각각 불붙기에 필요한 온도(발화점)가 있습니다. 한번 불이 붙고 그 열에 의해 발화점 이상의 온도가 유지되면 물질은 계속 탑니다.

양초에 뚜껑이 있는 통을 덮어씌운다.

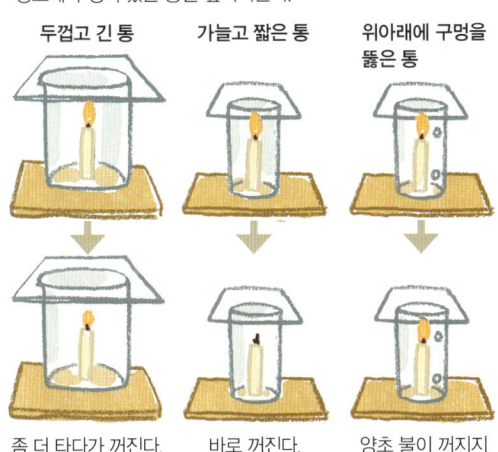

두껍고 긴 통 / 가늘고 짧은 통 / 위아래에 구멍을 뚫은 통

좀 더 타다가 꺼진다. / 바로 꺼진다. / 양초 불이 꺼지지 않는다.

열을 빼앗겨서 온도가 내려가면 꺼진다

물방울 분사기로 물을 끼얹는다.

구리로 만든 촛불 끄는 도구를 씌운다.

물이 증발하면서 열을 빼앗기고, 온도가 내려감으로써 불이 꺼진다.

구리가 열을 빼앗아 온도가 내려가고 불은 꺼진다.

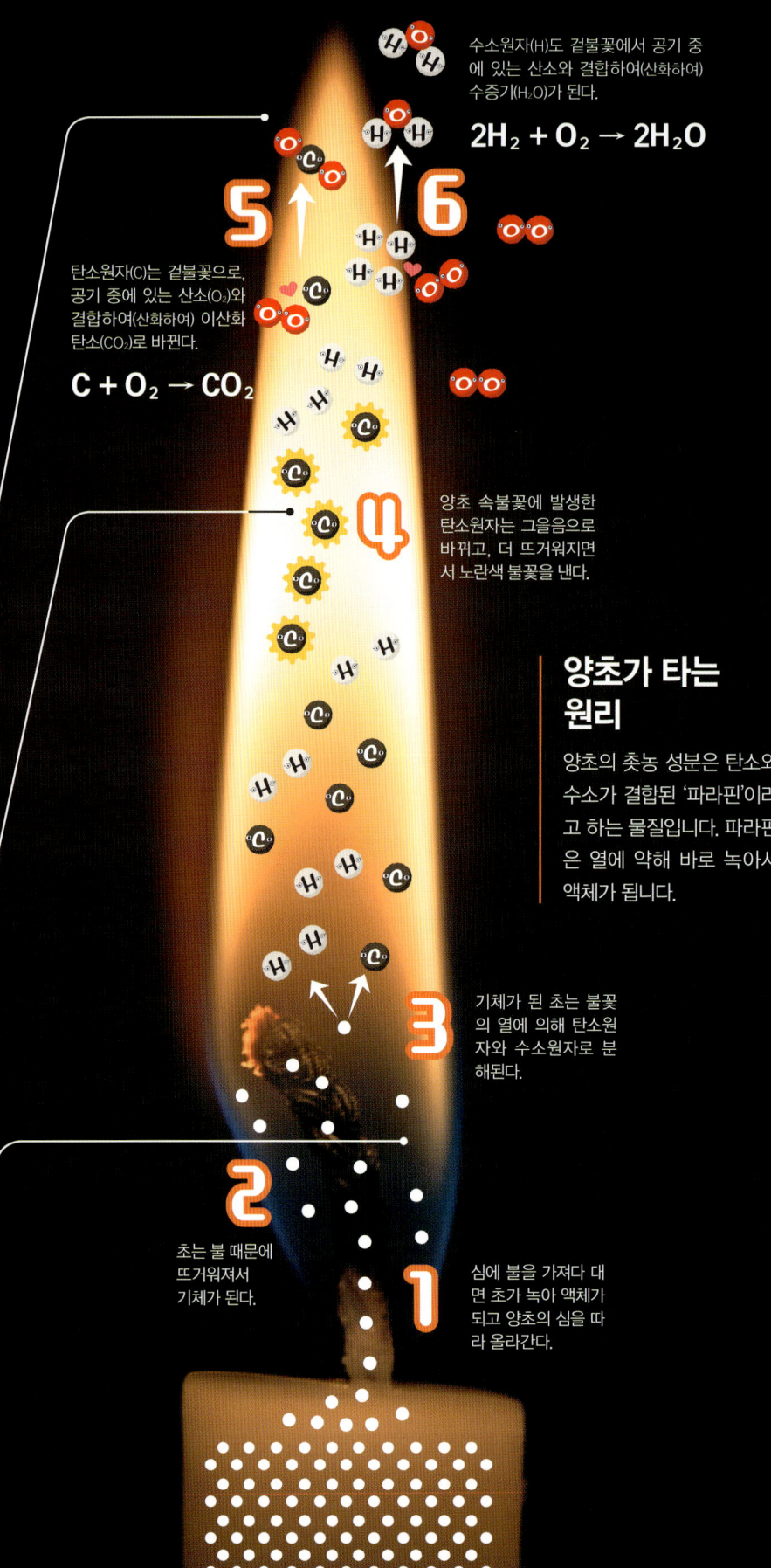

양초는 어떻게 탈까?

촛불은 왜 흔들리며 빛을 내면서 탈까요? 촛불을 관찰하여 사물이 타는 원리를 알아봅시다.

수소원자(H)도 겉불꽃에서 공기 중에 있는 산소와 결합하여(산화하여) 수증기(H_2O)가 된다.

$$2H_2 + O_2 \rightarrow 2H_2O$$

탄소원자(C)는 겉불꽃으로, 공기 중에 있는 산소(O_2)와 결합하여(산화하여) 이산화탄소(CO_2)로 바뀐다.

$$C + O_2 \rightarrow CO_2$$

양초 속불꽃에 발생한 탄소원자는 그을음으로 바뀌고, 더 뜨거워지면서 노란색 불꽃을 낸다.

양초가 타는 원리

양초의 촛농 성분은 탄소와 수소가 결합된 '파라핀'이라고 하는 물질입니다. 파라핀은 열에 약해 바로 녹아서 액체가 됩니다.

가장 바깥쪽 빛이 약한 부분

겉불꽃 약 1400°C

불꽃 주변에 산소가 충분하기 때문에 잘 타며 고온이 된다. 불꽃은 거의 투명하며 그다지 빛나지 않는다.

가장 밝은 부분

속불꽃 약 1200°C

기체가 된 초가 타기는 하지만, 산소가 부족하여 불타다 남은 찌꺼기 그을음(작은 탄소 알갱이)이 발생, 그것이 열을 내며 노랗게 밝은 빛을 낸다.

기체가 된 초는 불꽃의 열에 의해 탄소원자와 수소원자로 분해된다.

초는 불 때문에 뜨거워져서 기체가 된다.

심에 불을 가져다 대면 초가 녹아 액체가 되고 양초의 심을 따라 올라간다.

심에 가장 가깝고 어두운 부분

불꽃심 약 900°C

초가 불꽃의 열로 녹아 액체가 되고 증발하여 기체가 된 부분. 아직 타고 있지 않기 때문에 어둡게 보인다.

불꽃의 정체를 살펴보자

겉불꽃, 속불꽃, 불꽃심의 세 가지 부분은 어떻게 서로 다를까요?

온도를 비교하자

물에 적신 나무젓가락을 불꽃 안에 넣는다

금방 그을렸다.

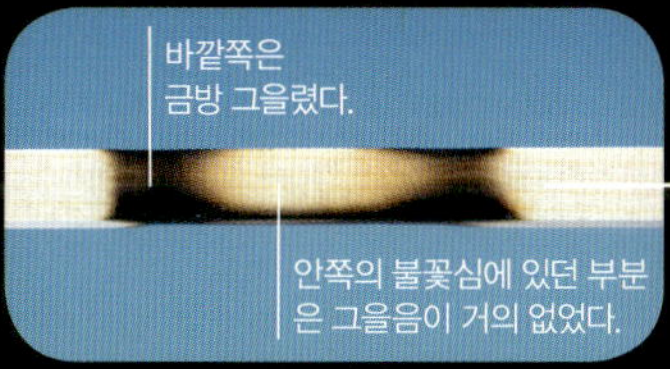

바깥쪽은 금방 그을렸다.

안쪽의 불꽃심에 있던 부분은 그을음이 거의 없었다.

불꽃심보다 겉불꽃이 온도가 높다.

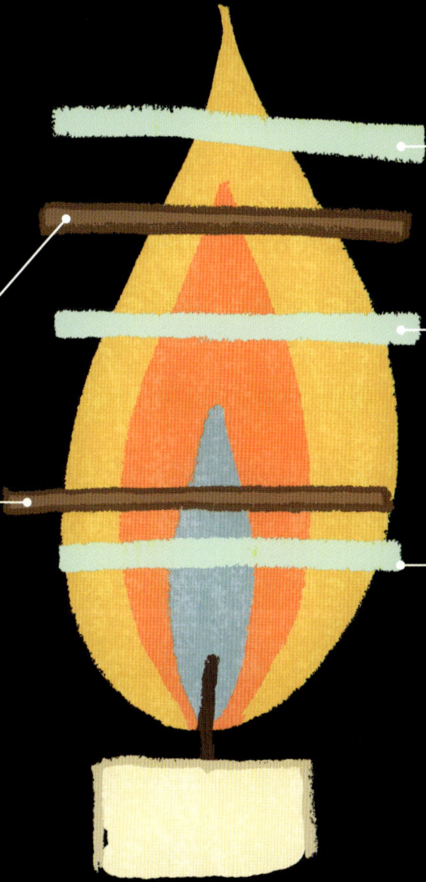

불꽃 내부를 비교하자

유리막대를 불꽃 안에 넣는다

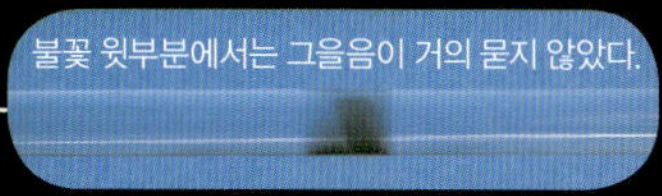

불꽃 윗부분에서는 그을음이 거의 묻지 않았다.

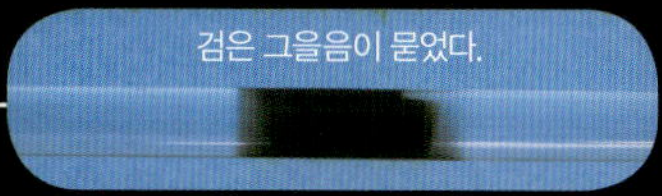

검은 그을음이 묻었다.

그을음은 속불꽃과 그 안쪽에서 발생하는 것을 알 수 있다.

불꽃심에서 그을음과 함께 액체가 묻었다.

기체인 촛농이 유리 때문에 식어 액체가 되었다.

관찰

양초의 무엇이 탈까?

오른쪽의 세 가지 관찰을 통해 양초에서 불타는 것은, 불꽃의 열로 촛농이 녹아 만들어진 기체임을 알 수 있습니다.

양초의 심을 빼면?

심을 뺀 양초에 불을 가져다 대어도 바깥쪽 초가 녹을 뿐 불이 붙지 않는다.

양초심의 밑부분을 살펴보면?

양초의 심 밑부분에 분필가루를 뿌리면 열 때문에 녹은 촛농이 심에 흡수되어 올라가는 것을 볼 수 있다.

불꽃심에 유리관을 가져다 대면?

관 끝으로 하얀 연기가 나오며 불을 가져다 대면 불이 붙는다.

알코올 불꽃과 가스 불꽃

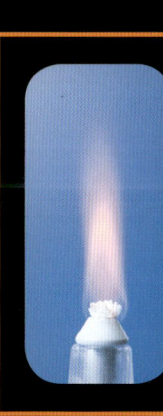

알코올 불꽃

알코올 불꽃은 양초보다도 온도가 높고, 어둡고 파란빛을 띠며, 세 가지 불꽃으로 확실히 나뉘지 않습니다. 밝지 않은 이유는 탄소를 포함한 비중이 양초보다 낮기 때문입니다. 그을음(탄소가루)을 뿌리면 밝게 타오릅니다.

가스 불꽃

가스 버너의 가스는 산소를 미리 섞어서 불태우는 구조입니다. 속불꽃은 밝은 파란색이며 겉불꽃은 어둡고 엷은 파란색을 띱니다. 공기가 부족하면 불꽃이 흔들리고 색깔도 오렌지색을 띠게 됩니다. 또한 그을음을 뿌리면 밝게 타오릅니다.

공기가 충분한 경우 / 공기가 충분하지 않은 경우

산소는 어떤 기체일까?

물질을 태우는 역할을 하는 산소는 어떤 성질을 가지고 있을까요? 산소의 성질에 대해 정리해 봅시다.

격렬한 변화가 일어나고 있다
열을 가한 강철솜을 집기병(기체를 모을 때 사용하는 유리병)에 모아 놓은 산소 안에 넣으면 불꽃을 내면서 잘 탑니다. 강철솜의 철이 주변의 산소분자와 결합하여 불꽃을 내며 산화하는 것입니다.

'탄다'는 것은 산소와 격렬히 결합하는 것이다

나무, 종이, 플라스틱 등 우리 주변에 있는 물질의 상당수는 탄소와 수소를 중심으로 여러 가지 원자가 결합한 커다란 분자로 구성되어 있습니다. 물질에 열을 가하면 탄소원자와 수소원자를 포함한 가스가 발생합니다. 이 가스가 공기 중의 산소와 격렬하게 결합하여 빛과 열을 내면서 '타는' 상황으로 바뀌는 것입니다. 탄 후에는 이전과는 다른 물질이 남습니다.

산소의 성질

1 물질을 태우는 역할을 한다

집기병에 산소를 모으고 그 안에 불을 붙인 향 등을 넣으면 그냥 공기 중에 있을 때보다 훨씬 격렬하게 탑니다. 산소 자체는 타지 않습니다.

2 색, 냄새, 맛은 없다

일반적으로 산소는 기체 상태로 공기 중에 있지만 색이나 냄새, 맛이 없으므로 구분할 수가 없습니다.

3 공기보다 다소 무겁다

공기보다 다소 무거운 기체이지만, 공기 중에 평균적으로 섞여 있습니다. 높은 산에서는 공기가 희박하기 때문에 산소도 희박해집니다.

4 물에 잘 녹지 않는다

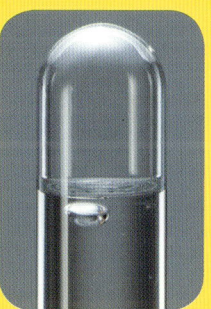

물에 잘 녹지 않습니다. 물고기는 물에 녹아 있는 적은 양의 산소를 아가미를 통해 몸으로 흡수합니다.

5 영하 180°C에서 액체가 된다

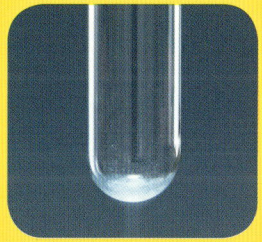

액체산소는 물건을 폭발적으로 태우는 성질이 있기 때문에 로켓 연료 등으로 이용되고 있습니다. 수술할 때 병원에서 사용되기도 합니다.

산소를 만드는 법 · 추출하는 법

산소는 이산화망간 약간에 묽은 과산화수소수를 더해서 추출할 수 있습니다. 산소는 물에 잘 녹지 않기 때문에 사진처럼 수상치환법(→p.271)으로 집기병의 물을 산소와 바꿀 수 있습니다.

* 처음에 발생하는 기체는 플라스크 안의 공기를 많이 포함하고 있으므로 병에 모으지 않는다.

여기에서 일어난 화학반응

$2H_2O_2 \rightarrow 2H_2O + O_2$
과산화수소   물   산소

* 이산화망간(MnO$_2$)은 과산화수소가 분해되는 반응을 돕는 역할만 한다.

공기의 성분

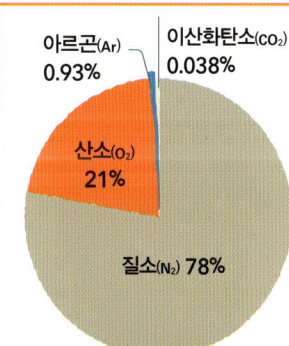

아르곤(Ar) 0.93%
이산화탄소(CO$_2$) 0.038%
산소(O$_2$) 21%
질소(N$_2$) 78%

보통 우리 주변의 공기성분은 질소 78%, 산소 21%, 아르곤 0.93%, 이산화탄소 0.038%입니다. 이산화탄소 농도가 점점 높아지고 있는데, 이것이 지구 온난화의 원인 중 하나입니다(→p.216).

이산화탄소는 어떤 기체일까?

나무, 풀, 종이, 양초, 플라스틱 등을 태울 때 그 물질들 속에 포함된 탄소가 공기 중의 산소와 결합하여 이산화탄소가 발생합니다.
이산화탄소의 성질을 정리해 봅시다.

석회수가 뿌옇게 된다

이산화탄소에는 석회수를 뿌옇게 만드는 성질이 있습니다. 양초를 태우기 전과 태우고 난 후의 집기병에 각각 석회수를 넣어서 잘 흔들어 봅시다.
태우고 난 후의 집기병에 넣은 석회수는 뿌옇게 됩니다. 이 현상으로부터 양초를 태우고 난 후의 공기에는 이산화탄소가 섞여 있는 것을 알 수가 있습니다.

태우기 전의 공기 성분
산소 21%
이산화탄소 0.038%

태우고 난 후의 공기 성분
산소 약 16%
이산화탄소 약 3.5%

석회수를 뿌옇게 만든 하얀색 물질은?

석회수를 뿌옇게 만든 하얀 물질은 탄산칼슘입니다. 석회수의 수산화칼슘과 이산화탄소가 반응하여 만들어진 것입니다.

$$Ca(OH)_2 + CO_2 \rightarrow CaCO_3 + H_2O$$

수산화칼슘   이산화탄소   탄산칼슘   물

이산화탄소의 성질

1 물질을 태우는 역할은 하지 못한다

이산화탄소에는 물질을 태우거나 불을 끄는 성질은 없습니다. 이산화탄소를 분사하는 소화기가 있지만 이것은 산소를 차단하여 불을 끄는 것입니다.

2 색깔, 냄새, 맛은 없다

일반적으로 이산화탄소는 기체 상태로, 공기 중에 아주 적은 양만 있습니다. 색이나 냄새, 맛을 느낄 수 없으므로 구분하기 어렵습니다.

3 공기보다 무겁다 (공기의 약 1.5배)

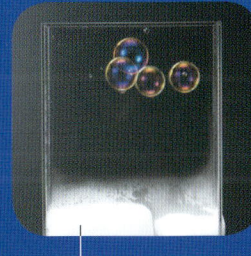

드라이아이스

일반적인 장소에서 공기는 균일하게 섞여 있지만, 공기의 흐름이 없는 곳에서는 아래에 모이는 경우가 있습니다. 이산화탄소로 가득 채운 용기에 비눗방울을 밀어 넣으면 비눗방울 안의 공기가 가볍기 때문에 뜹니다.

4 물에 약간 녹는다

물을 반 정도 넣은 페트병에 이산화탄소를 넣고 뚜껑을 닫아 병을 흔들면 페트병이 쭈글쭈글해집니다. 이산화탄소가 물에 녹는 만큼, 병 안의 압력이 낮아지면서 바깥의 공기가 압력을 가하기 때문입니다(→p.352).

5 석회수를 뿌옇게 만든다

석회수를 뿌옇게 만드는 성질이 있습니다. 이 성질을 이용하여 기체에 이산화탄소가 포함되어 있는지 조사할 수 있습니다.

6 약 영하 79도에서 기체가 아닌 고체로 바뀐다

이산화탄소는 약 영하 79°C를 기점으로 기체에서 직접 고체로 바뀝니다(→p.233). 고체인 이산화탄소를 '드라이아이스'라고 부릅니다.

이산화탄소를 만드는 방법

석회수와 묽은 염산을 이용하여 이산화탄소를 추출할 수 있습니다. 이산화탄소는 수상치환법*으로 추출할 수 있지만 일부가 물에 녹고, 공기보다 무겁기 때문에 오른쪽과 같이 하방치환법*으로 추출합니다.

묽은 염산 / 마개 / 삼각플라스크 / 석회수 / 집기병 / 이산화탄소가 발생한다

여기에서 일어나고 있는 화학반응

$$CaCO_3 + 2HCl \rightarrow CaCl_2 + CO_2 + H_2O$$

탄산칼슘(석회석) + 염산 → 염화칼슘 + 이산화탄소 + 물

* 석회석 대신에 대리석이나 조개를 사용해도 된다.
* 염산이 들어있는 유리관은 플라스크의 바닥까지 닿게 한다.
* 처음 발생하는 기체에는 플라스크 안의 공기가 많이 포함되어 있기 때문에 집기병에 모으지 않는다.

*수상치환법: 물에 잘 녹지 않는 기체들을 모으는 방법
*하방치환법: 일반적인 공기보다 무거운 기체들을 모을 때 이용하는 방법

불꽃 없이도 탈 수 있다

닭 꼬치를 숯불에 굽고 있는 것을 보고 있으면 숯은 빨갛게 달구어져 있는데, 불꽃은 거의 일지 않는 것을 알 수 있습니다. 왜 숯은 불꽃을 내지 않으면서 탈까요?

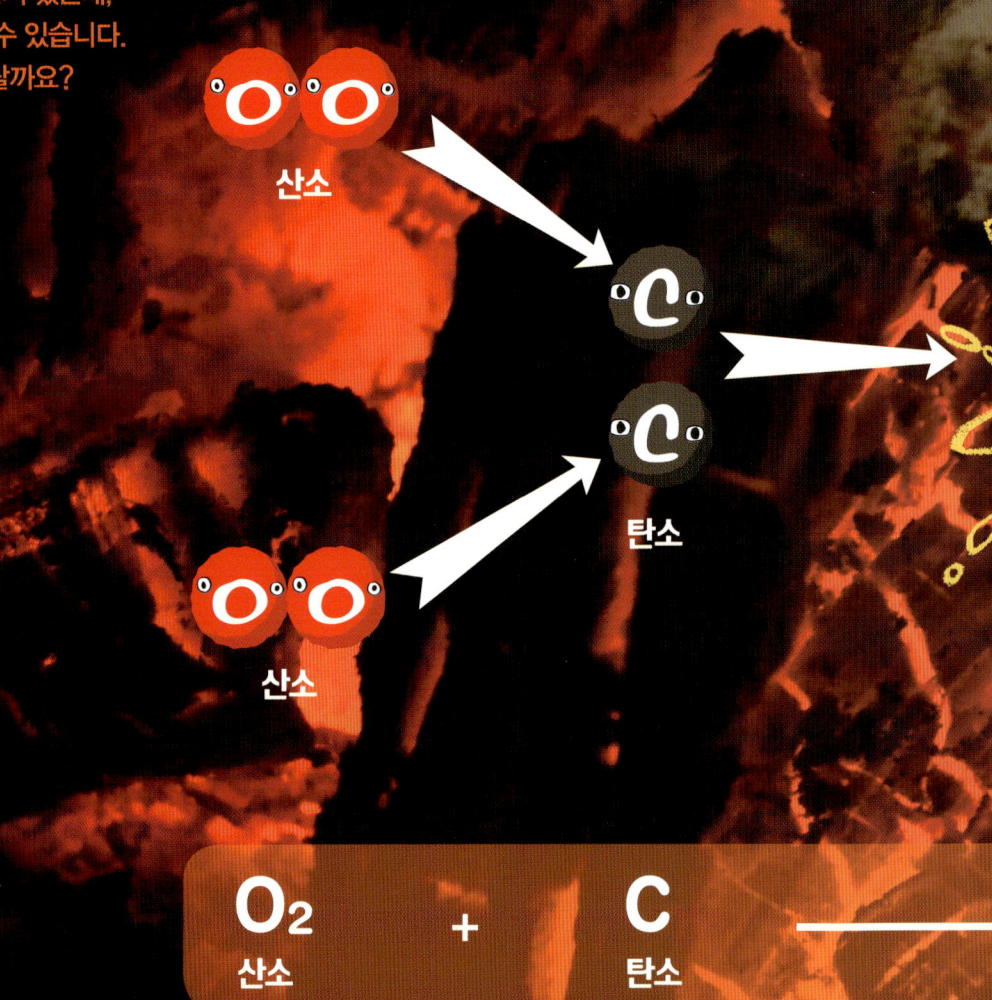

불꽃이 일지 않는 연소방식

숯은 차단된 가마 안에서 장작을 구워서 만듭니다. 장작을 구울 때 불꽃을 내는 가스 성분이 모두 없어지기 때문에 장작은 거의 탄소 덩어리가 됩니다. 이렇게 하면 태울 때 표면의 탄소만이 조금씩 산소와 반응하여 오랫동안 열과 붉은빛을 냅니다. 이렇게 타는 방법도 연소의 한 가지 방식입니다.

$$O_2 + C$$
산소 　 탄소

타고 있는 숯의 변화

숯을 태우면 마지막에는 하얀 재만 남습니다. 탄소가 산화하여 이산화탄소가 되어 공기 중으로 흩어지기 때문에 타고 남은 재는 무척 가볍습니다. 재의 성분은 숯에 아주 적게 포함되어 있던 칼륨과 마그네슘 등입니다.

연소하기 전의 숯
숯은 거의 탄소로 구성되어 있다.

연소 중인 숯
표면의 탄소가 산소와 차례차례 결합하여 열과 빛을 낸다.

연소한 후의 숯
탄소는 이산화탄소가 되어 공기 중으로 흩어진다. 타고 남은 것이 재가 되어 남는다.

빛과 열

이산화탄소

빛과 열 + CO_2 이산화탄소

숯을 만드는 방법

취재 협조: Ipponsugi Sumiyaki Club

숯은 모밀잣밤나무나 떡갈나무, 참나무를 원료로 만듭니다. 나무를 잘라서 말린 뒤 그 장작을 숯을 굽는 가마에 가지런히 넣고, 공기가 거의 들어가지 않게 하여 굽습니다. 이렇게 하면 원래 장작에 있던 불꽃을 일으키는 성분이 빠지고, 거의 탄소성분만 남는 숯이 됩니다.

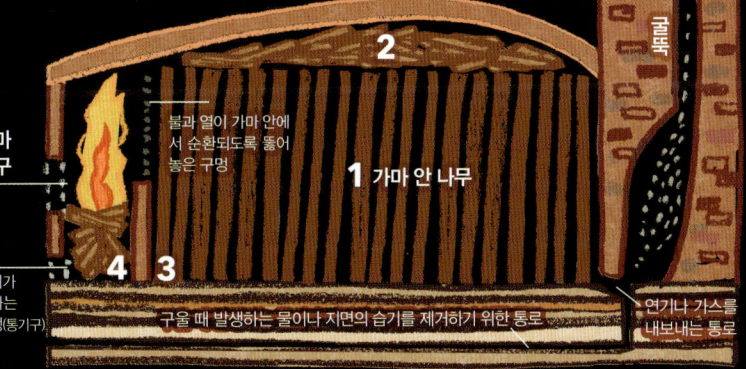

가마 입구 / 불과 열이 가마 안에서 순환되도록 뚫어 놓은 구멍 / 1 가마 안 나무 / 굴뚝 / 공기가 통하는 구멍(통기구) / 구울 때 발생하는 물이나 지면의 습기를 제거하기 위한 통로 / 연기나 가스를 내보내는 통로

1 숯으로 만들 떡갈나무나 참나무 등 활엽수의 장작을 가지런히 놓는다.

2 가마의 온도를 올리기 위해 잘 타는 작은 나뭇가지 등 불쏘시개를 채운다.

3 벽돌이나 돌을 쌓아 올려 점토 벽을 만든다.

4 가마 입구에 장작을 넣고 불을 피운다.

5 가마 안의 나무에 불이 붙으면 가마 입구를 닫고 굽는다.

6 통기구는 남겨두고 가마 입구를 밀봉, 2~3일 굽고 난 후 꺼낸다.

나무젓가락을 굽는 실험

시험관에 나무젓가락을 넣고 공기가 접하지 못하게 하여 구우면 숯이 되는 것을 확인할 수 있습니다.

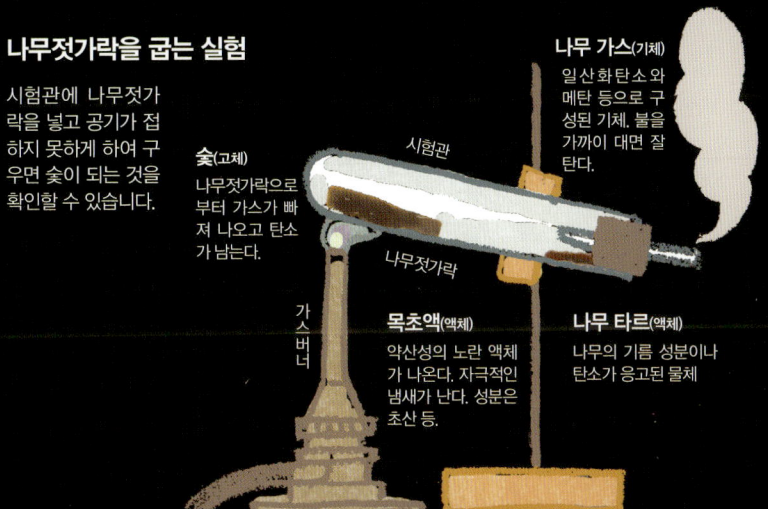

숯(고체) 나무젓가락으로부터 가스가 빠져 나오고 탄소가 남는다.

시험관

나무젓가락

가스버너

목초액(액체) 약산성의 노란 액체가 나온다. 자극적인 냄새가 난다. 성분은 초산 등.

나무 가스(기체) 일산화탄소와 메탄 등으로 구성된 기체. 불을 가까이 대면 잘 탄다.

나무 타르(액체) 나무의 기름 성분이나 탄소가 응고된 물체

금속도 탈까?

숯을 태우면 탄소가 산소와 결합하여 '이산화탄소'라고 하는 전혀 다른 물질이 됩니다(→p.272). 그러면 금속을 태우면 어떻게 될까요?

철 연소 전
- 은색의 광택이 있다.
- 2Fe+O₂

가스버너로 열을 가한다

연소 후
철을 태우면 철이 공기 중의 산소와 결합하여 산화철이 됩니다.
- 검고 둔탁한 색이 되었다.
- 2FeO*
- 반짝반짝 빛나는 은색에서 검고 둔탁한 색으로 바뀌며, 손으로 만지면 부스러집니다.

* 다른 화학식을 가진 철이나 구리 산화물이 생성되는 경우도 있다.

무게를 잰다

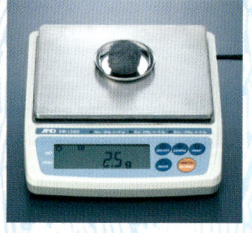
연소 전후의 무게를 비교한다.

연소 후 무거워졌다.

철보다 산화철이 더 무겁습니다. 연소하면서 결합한 산소만큼 무거워진 것입니다.

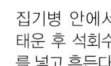
집기병 안에서 태운 후 석회수를 넣고 흔든다.

전기를 흘린다

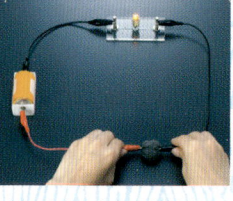
전기도선과 건전지를 연결하여 꼬마전구에 불이 들어오는지 확인한다.

전기가 통한다.

전기가 통하지 않는다.

철에는 전류가 흐를 수 있지만, 산화철은 전혀 다른 성질을 가진 물질로서 전기가 통하지 않습니다.

금속의 연소와 변화

강철 솜이나 못과 같은 철은 대부분 철 원자로 이루어져 있습니다. 10원짜리 동전이나 동판, 구리선 등은 대부분 구리 원자로 이루어져 있죠. 철이나 구리에 열을 가하면 어떻게 되는지 실험해 봅시다.

구리 연소 전

적갈색으로 빛난다.

$2Cu+O_2$

가스버너로 열을 가한다

연소 후

구리를 태우면 구리가 공기 중의 산소와 결합하여 산화구리가 됩니다.

검은 광택으로 바뀌었다.

적갈색에서 검고 둔탁한 색으로 바뀌고, 부드러워집니다.

$2CuO$*

* 다른 화학식을 가진 철이나 구리 산화물이 생성되는 경우도 있다.

금속을 태운 후의 공기

강철 솜을 태우고 난 후의 집기병에 석회수를 넣고 잘 흔들어도 석회수는 뿌옇게 되지 않습니다. 철(Fe)은 단체로서 탄소(C)를 포함하고 있지 않기 때문에, 장작이나 숯과는 달리 태워도 이산화탄소(CO_2)를 발생시키지 않습니다.

석회수가 뿌옇게 되지 않는다.

연소 후 무거워졌다.

철과 마찬가지로, 결합한 산소만큼 연소 후의 산화구리가 더 무겁습니다.

전기가 통한다.

전기가 통하지 않는다.

구리는 전기가 잘 통하는 물질이지만 연소 후에는 전기가 통하지 않습니다. 다른 물질(산화구리)로 바뀌었기 때문입니다.

녹슨 것이 원래대로 돌아올 수 있을까?

물질이 산소와 결합하는 반응이 '산화', 그 반대로 사물로부터 산소가 떨어져 나오는 반응을 '환원'이라고 합니다.
산화와 환원의 관계에 대해 알아봅시다.

제공: DAISENSANGYO, CO., LTD.

철광석

코크스

1 철광석(산화제이철 Fe_2O_3)과 코크스(탄소 C)를 용광로에서 열을 가한다.

2 일산화탄소가 생긴다. 이 일산화탄소는 세 개의 산화제이철로부터 산소를 한 개 빼앗는다.

Fe_2O_3

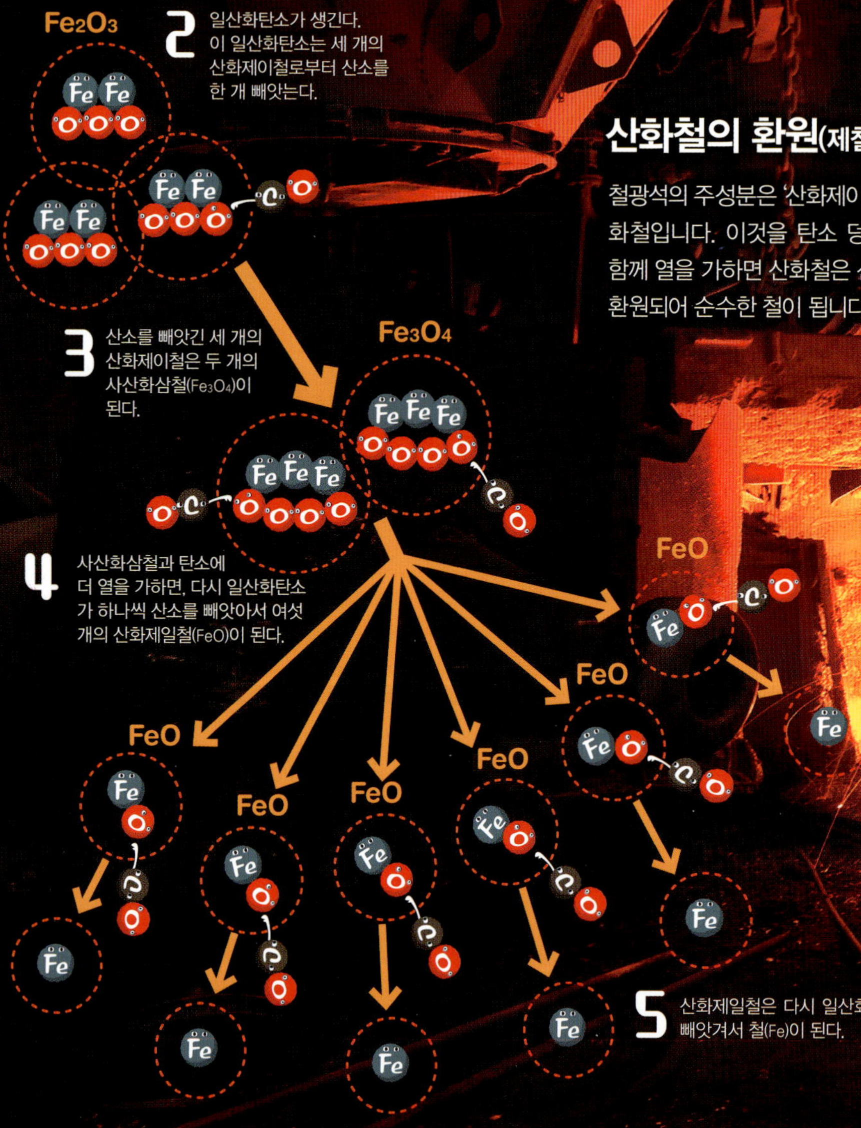

산화철의 환원 (제철의 방법)

철광석의 주성분은 '산화제이철'이라고 하는 산화철입니다. 이것을 탄소 덩어리인 코크스와 함께 열을 가하면 산화철은 산소를 빼앗기면서 환원되어 순수한 철이 됩니다.

3 산소를 빼앗긴 세 개의 산화제이철은 두 개의 사산화삼철(Fe_3O_4)이 된다.

Fe_3O_4

4 사산화삼철과 탄소에 더 열을 가하면, 다시 일산화탄소가 하나씩 산소를 빼앗아서 여섯 개의 산화제일철(FeO)이 된다.

FeO

5 산화제일철은 다시 일산화탄소에 산소를 빼앗겨서 철(Fe)이 된다.

산화철의 환원

산화구리에 열을 가하고 시험관에 넣은 수소와 반응시키면 산화구리로부터 산소가 떨어져 나와 적동색의 구리로 환원됩니다. 시험관에는 수소와 산소가 결합하여 만들어진 물방울이 남습니다.

산화와 환원은 동시에 일어난다

산화구리로부터 산소가 떨어져 나와 구리로 환원될 때, 수소는 산소와 결합하여 물이 됩니다. 수소 입장에서 보면 산화 반응이 일어난 것입니다. 이와 같이 화학반응에서는 한쪽이 환원되면 반드시 다른 쪽은 산화됩니다.

산소를 빼앗겨서 구리로 환원
환원

산소가 달라붙어 물로 산화
산화

동물의 호흡과 산화 · 환원

척추동물은 혈액 속에 있는 헤모글로빈이라는 단백질이 몸 전체에 산소를 운반하여 호흡합니다. 헤모글로빈은 폐에서 강력하게 산소와 결합하여 산소헤모글로빈이 되고, 몸 안에서 산소와 분리되어 환원하여 헤모글로빈이 되어 폐로 돌아옵니다.

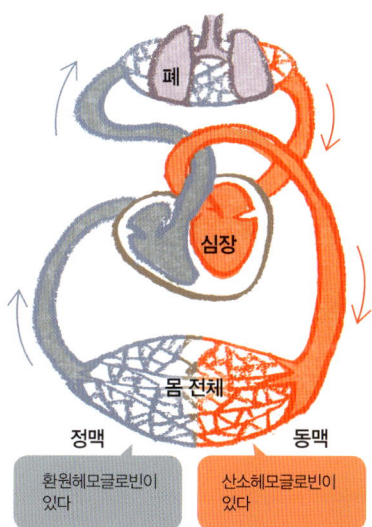

정맥 / 동맥
환원헤모글로빈이 있다 / 산소헤모글로빈이 있다

그 외의 산화 · 환원반응

이산화탄소 안에서도 타는 마그네슘

'마그네슘'이라는 금속은 이산화탄소 안에서도 계속 연소합니다. 이것은 마그네슘이 이산화탄소로부터 산소 원자를 빼앗아 산화하기 때문입니다. 이산화탄소는 환원되어 탄소가 되고, 집기병에 검은 그을음이 달라붙습니다.

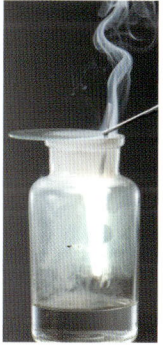

환원
$$2Mg + CO_2 \rightarrow 2MgO + C$$
마그네슘 / 이산화탄소 / 산화마그네슘 / 탄소
산화

우리 주변에는 어떤 기체가 있을까?

H₂S 황화수소
비중 1.19

- 황과 수소가 결합하여 이루어진 기체
- 공기보다 조금 무겁다 (비중 1.19).
- 무색으로 달걀이 썩은 듯한 냄새가 난다. 유독성.
- 물에 잘 녹고 약산성이다.
- 활화산이나 온천지 등의 지면에서 분출될 때가 있다.
- 산소와 반응하여 황산이 된다.

Ar 아르곤
비중 1.38

- 공기 중 세 번째로 많으며, 그 비중은 약 0.93% 이다.
- 공기보다 무겁다 (비중 1.38).
- 색깔이 없고, 냄새도 없다.
- 다른 물질에 거의 반응하지 않는다.
- 분자를 만들지 않고 원자만으로 있을 수 있다.
- 형광등이나 전구 등에 넣는 가스로 사용된다.

CO₂ 이산화탄소
비중 1.53

- 공기 중에 네 번째로 많고, 그 비중은 약 0.038%이다.
- 공기보다 무겁다 (비중 1.53).
- 색깔이 없으며, 냄새도 없다.
- 탄소가 산화(연소)하여 발생한다.
- 온실효과(→p.216)를 일으킨다.
- 영하 79도에서 기체에서 드라이아이스(고체)로 바뀐다.
- 수용액은 탄산수.
- 광합성에 의해 식물의 몸 안에 저장된다.

Cl₂ 염소
비중 2.49

- 공기보다 훨씬 무겁다(비중 2.49).
- 황록색이며 코를 찌르는 듯한 냄새가 난다. 유독성.
- 물에 잘 녹는다.
- 식염수를 전기분해하면 양극(+극 쪽 전극)에 발생한다.
- 수돗물 소독, 표백제, 산화제(다른 물질을 산화시킨다) 등에 사용된다.

공기
비중 1.00

- 비중 1.00
- 무색투명하고, 몇 종류의 기체가 섞여 있다.
- 질소 78%, 산소 21%, 아르곤 0.93% 등이 주된 성분이다.
- 높은 곳에서는 희박해지지만 성분의 비중은 어디나 같다.
- 지구 표면으로부터 약 80km까지를 덮고 있다.

N₂ 질소
비중 0.97

- 공기 중에 가장 많다. 약 78%를 차지한다.
- 공기보다 조금 가볍다 (비중 0.97).
- 색깔이 없으며, 냄새도 없다.
- 물에 잘 녹지 않는다.
- 영하 195.8도에서 액체가 되며, 냉각제로 사용된다.
- 질소원자는 아미노산이나 단백질 등의 형태로 많은 생물체의 몸을 구성한다.
- 식물의 비료로서 매우 중요.

공기보다 무거운 기체의 채집방법

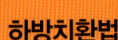

하방치환법
물에 잘 녹으며 공기보다 무거운 기체는 속이 빈 동근 관을 용기의 바닥까지 깊숙하게 집어넣어 하방치환법으로 모읍니다.

공기보다 가벼운 기체의 채집방법

상방치환법
물에 녹기 쉽고 공기보다 가벼운 기체는 속이 빈 둥근관을 용기의 위까지 깊숙이 넣어 상방치환법으로 모읍니다.

물에 녹지 않는 기체의 채집방법

수상치환법
물에 잘 녹지 않는 기체는 용기를 물로 가득 채운 후 수상치환법으로 모으면, 순수한 기체를 모을 수가 있습니다.

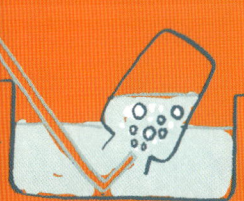

비중 비중은 공기를 1로 했을 때 기체의 무게

- 0.1 — 공기보다 가볍다
- 0.5
- 1.0 — 공기와 같은 무게
- 2.0 — 공기보다 무겁다
- 3.0

기체는 대부분이 눈으로 보이지 않으므로 어디에 어떤 기체가 있는지 확실히 알기가 어렵습니다. 여기에서는 우리 주변에 어떤 성질의 기체가 있는지를 정리해 봅시다.

O_2 산소
비중 1.11

- 공기 중 두 번째로 많다. 약 21%를 차지한다.
- 공기보다 조금 무겁다(비중 1.11).
- 색깔이 없으며, 냄새가 없다.
- 물에 잘 안 녹는다.
- 다른 물질과 화합하여 산화물을 만든다.
- 다른 물질이 타는 것을 돕는다.
- 묽은 과산화수소수에 이산화망간을 넣으면 발생한다.

H_2 수소
비중 0.07

- 가장 가벼운 기체. (비중 0.07).
- 산화(연소, 폭발)하기 쉽다.
- 물에 잘 녹지 않는다.
- 아연 등 금속에 산성의 수용액을 더하면 발생한다.
- 물을 전기분해할 때 음극(−극 쪽 전극)에 발생한다.
- 수소원자는 우주에 가장 많은 원소이다.
- 산화하면 물이 되므로 지구상의 수소원자는 대부분이 물이다.
- 생물의 몸이나 광물에도 많이 포함되어 있다.

He 헬륨
비중 0.14

- 수소 다음으로 가벼운 기체 (비중 0.14).
- 색깔이 없고, 냄새도 없다.
- 다른 대부분의 물질에 반응하지 않는다.
- 물에 잘 녹지 않는다.
- 분자를 만들지 않고, 원자 상태로 존재한다.
- 가볍고 잘 타지 않기 때문에 풍선이나 기구, 비행선 등에 사용된다.
- 우주에 두 번째로 많은 원소.
- 지구에서는 일부의 천연가스에 포함되어 있다.

CH_4 메탄
비중 0.56

- 탄소원자와 수소원자가 결합한 기체.
- 공기보다 가볍다 (비중 0.56).
- 색깔이 없고, 냄새도 없다.
- 천연가스로부터 추출할 수 있으며, 인공적으로 만들 수도 있다.
- 늪이나 습지, 소의 위 등 유기물이 발효할 때 발생한다.
- 연료용 도시가스에도 사용된다.
- 온실효과 (→p.216)를 일으킨다.

NH_3 암모니아
비중 0.60

- 질소원자와 수소원자가 결합한 기체.
- 공기보다 가볍다 (비중 0.60).
- 색은 없으나, 코를 찌르는 듯한 냄새가 난다. 유독성.
- 음식물 쓰레기 냄새의 원인인 기체.
- 암모니아수를 가열하면 발생한다.
- 질소비료의 원료가 된다.
- 물에 잘 녹는다.

불꽃 공 색깔의 비밀

여름 밤하늘을 아름답게 수놓는 불꽃. 밤하늘에 커다란 빛의 꽃봉오리가 피어나는 것은 화약을 가득 채운 둥근 불꽃 공을 높이 쏘아 올려 공중에서 폭발시키기 때문입니다. 이때 형형색색의 불빛을 만드는 것은 화약에 섞여 있는 금속가루입니다.

불꽃 공을 만드는 법
(국화형 불꽃)

금속을 태울 때 나오는 빛의 색은 금속에 따라 정해져 있습니다. 구리는 청록색, 나트륨은 노란색, 칼슘은 오렌지색, 칼륨은 분홍색의 빛을 냅니다.

불꽃을 만드는 사람은 이런 금속이 들어 있는 물질을 화약에 섞어서 '별'이라고 부르는 둥근 공을 만듭니다. 별의 성분과 크기, 내부의 화약 뭉치 배열에 따라 불꽃의 색깔과 형태가 결정됩니다.

별
화약이 층으로 쌓여 있어서 불꽃이 터졌을 때 나타나는 색깔이 다르다.

1번심 별
가장 처음 작고 밝게 터진다. 하얀색은 알루미늄 등.

2번심 별
그다음으로 조금 더 넓게 퍼진다. 빨간색은 탄산스트론튬 등.

어미별
가장 바깥쪽에서 크게 퍼진다. 파란색은 산화구리 등.

폭발시키는 화약
폭발하여 별을 흩뿌리는 역할을 한다.

도화선
중심부의 화약에 불을 붙인다.

바깥쪽 별은 커다랗다. 화약이 층으로 쌓여 있으면 색이 변화하면서 오랫동안 빛난다.

금속이 탈 때 나타나는 색

금속이 열에 의해 에너지를 얻으면 원자는 에너지가 높은 상태가 됩니다. 원자가 원래의 안정된 상태로 돌아오려고 할 때 빛의 형태로 에너지를 내게 됩니다. 원자 구성이 각각 다르기 때문에 금속마다 다른 색의 불꽃이 나타납니다. 이것을 '불꽃 반응'이라고 하며, 이것을 이용하여 물체에 어떤 금속이 포함되어 있는지 조사할 수 있습니다.

리튬 | 나트륨 | 칼륨 | 루비듐 | 세슘 | 칼슘 | 스트론튬 | 바륨 | 구리

제공: Toshiaki Thujo

4
에너지

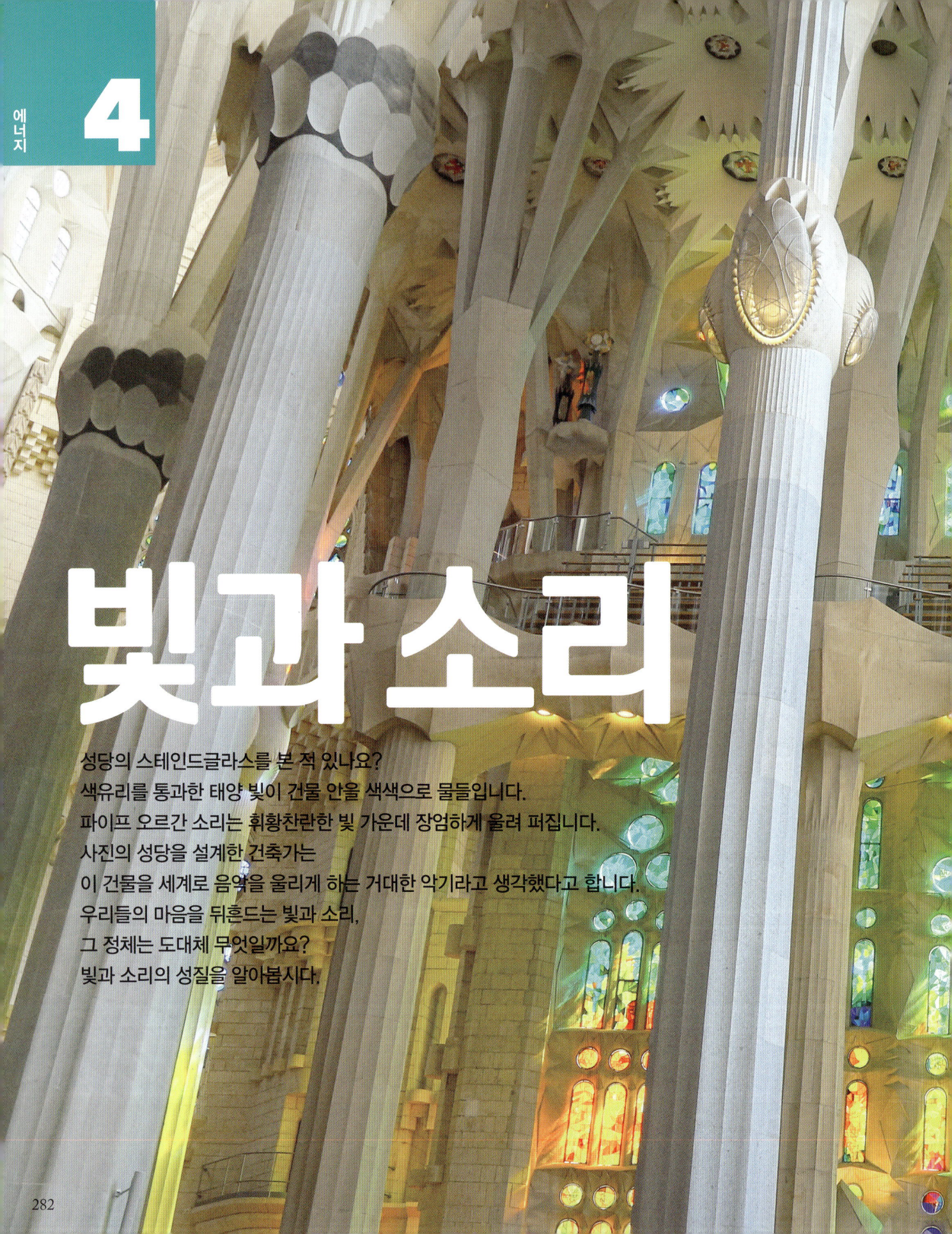

에너지

4

빛과 소리

성당의 스테인드글라스를 본 적 있나요?
색유리를 통과한 태양 빛이 건물 안을 색색으로 물들입니다.
파이프 오르간 소리는 휘황찬란한 빛 가운데 장엄하게 울려 퍼집니다.
사진의 성당을 설계한 건축가는
이 건물을 세계로 음악을 울리게 하는 거대한 악기라고 생각했다고 합니다.
우리들의 마음을 뒤흔드는 빛과 소리,
그 정체는 도대체 무엇일까요?
빛과 소리의 성질을 알아봅시다.

이곳은 스페인 바르셀로나에 있는 '사그라다 파밀리아' 성당입니다. 1882년에 건축하기 시작했으며, 설계자 가우디의 사후 100년인 2026년에 완공될 예정이라고 합니다.

4 에너지

빛과 소리
빛의 직진

빛은 어떻게 나아갈까?

구름 틈 사이, 또는 나뭇잎 사이로 비친 빛이 지면에 닿는 것을 본 적이 있나요? 빛줄기는 모두 직선입니다. 빛의 정체는 무엇인지, 또 어떻게 움직이는지 알아봅시다.

태양 빛은 평행

빛은 가로등과 같은 광원(빛을 발하는 물체)에서 나오면 주변으로 퍼집니다. 그러나 태양은 매우 멀리 있으며, 그 빛 중 극히 일부만 지구에 도달하기 때문에 평행으로 보입니다.

태양 빛은 평행이므로 그림자의 방향과 크기는 어느 위치에서나 똑같다.

전등 빛은 퍼지므로 멀어질수록 그림자가 커진다.

빛은 공기나 물속에서 직진한다

공기 중뿐 아니라 물속을 비추는 빛을 봐도, 빛은 직진한다는 것을 알 수 있습니다. 빛은 공기, 물, 유리 등 같은 성질의 물질 안에서는 똑바로 나아갑니다. 이것을 '빛의 직진'이라고 합니다.
빛이 직진하기 때문에 통과할 수 없는 물체에 빛이 닿으면 그림자가 생깁니다.

바위틈으로 비춘 빛줄기가 직진해서 지면에 닿았다. 빛줄기가 보이는 것은 공기 중의 먼지와 작은 물방울 등에 빛이 부딪혀서 반사하기 때문이다.

빛은 경계에서 굴절한다

빛이 공기에서 물로, 유리에서 공기로 가는 것처럼, 다른 물질을 통과하여 대각선으로 비칠 때는 그 경계에서 꺾입니다. 이것을 '빛의 굴절'이라고 부릅니다.

빛은 물속에서도 직진한다. 물속에서는 빛이 작은 물체에 부딪혀서 반사하기 때문에 빛줄기가 보인다. 여기저기에서 반사하면서 빛은 점점 약해진다.

물속에서 나아가던 빛이 공기와의 경계에서 굴절하기 때문에 컵 테두리에 가려져 있던 동전이 보인다.

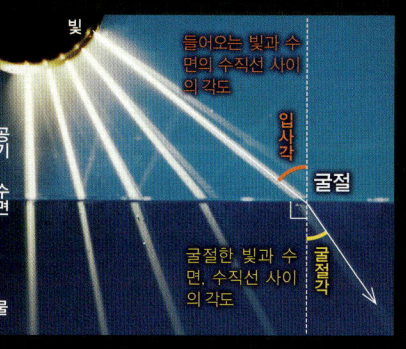

공기 중에서 수중으로
굴절각은 입사각보다 작아진다.

수중에서 공기 중으로
굴절각 쪽이 입사각보다 커진다.

수중에서 수중으로(전반사)
수중에서는 입사각이 49도보다 커지면 굴절각이 90도를 넘어서 빛은 모두 반사되고 공기 중으로 나가지 않는다. 그럴 때 수면이 거울처럼 반사되어 보인다.

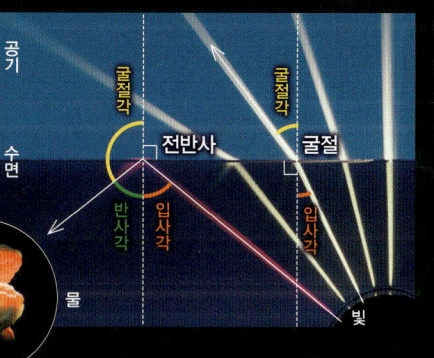

빛의 속도는 초속 30만km

태양에서 빛이 온다면
지구와 태양 사이 거리는 약 1억5천만km이다. 태양 빛이 지구에 도달하기까지 약 8분 19초가 걸린다.

달에서 불을 켠다면
지구와 달의 거리는 약 38.4만km이다. 달에서 불을 켜면 그 빛은 대략 1.3초만에 지구에 도달한다.

1초에 약 일곱 바퀴 반
빛보다 빠른 것은 없습니다. 빛은 1초에 약 30만km 나아갑니다. 이것은 지구를 약 일곱 바퀴 반 도는 거리에 해당합니다.

4 에너지 | 빛과 소리 | 빛의 색깔과 파장

유리창 가장자리에 무지개빛이 어리는 것을 본 적이 있나요? 하얀빛이 무지개 빛깔로 변화하는 구조를 알아봅시다.

빛은 과연

여러 색의 빛을 섞다

빨간색과 초록색, 파란색의 빛을 섞으면 하얀빛을 만들 수 있습니다. 텔레비전의 액정화면을 확대해서 보면 빨간색, 초록색, 파란색의 점이 배열되어 있습니다. 화면에서는 보통 이 세 가지 색을 조합하여 여러 가지 색을 표현합니다.

빛의 삼원색
빨강, 초록, 파랑색의 빛을 섞으면 하얀빛이 된다. 이 세 가지 색을 '빛의 삼원색'이라고 한다.

텔레비전의 화면
액정 디스플레이를 확대하면 빨강, 초록, 파랑으로 빛나는 점이 늘어서 있는 것을 볼 수 있다. 어떤 색을 강하게 표시하는가에 따라 다양한 색이 만들어진다.

하늘은 왜 푸를까? 노을은 왜 붉을까?

태양 빛이 지구에 도달할 때 대기 중에 있는 질소, 산소 등의 분자와 부딪히게 됩니다. 이때 파란빛은 파장이 짧으므로 반사되어 흩어지기 쉽습니다. 맑은 날 하늘이 푸른 것은 그 흩어진 파란빛이 보이기 때문입니다.

한편, 석양빛은 오랫동안 공기 속을 지나갑니다. 그때 파란색과 같이 파장이 짧은 빛은 거의 흩어져 도달하지 못하고, 빨간색과 노란색 등 파장이 긴 빛만이 남게 됩니다. 이러한 빛은 분자보다도 더 큰 먼지, 물방울 등과 부딪힐 때 반사되므로 하늘도 불그스름하게 보이는 것입니다.

파란빛이 질소와 산소 등의 작은 알갱이(분자)와 부딪히면 여기저기로 흩어진다.

점심의 태양 빛

파장이 긴 빨간 빛만 남아서 도달한다.

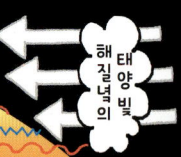

다양한 색이 섞여 있다

태양이나 전등의 빛은 하얗게 보이지만 실제로는 그 안에 여러 색의 빛이 섞여 있습니다. 빛은 색에 따라 굴절하는 각도가 달라지므로, 빛이 프리즘을 지날 때 하얀빛 안에 섞여 있던 여러 가지 색깔의 빛이 나뉘어서 나옵니다.

빛의 정체는 '전자기파'라는 것으로, 파동(공간이나 물질에서 생긴 진동이 주위로 멀리 퍼져나가는 현상)의 성질을 가지고 있습니다. 빨간빛이 파장이 길고, 노란색에서 녹색, 보라색으로 색이 변해갈수록 파장은 짧아집니다. 파장이 짧을수록 큰 각도로 굴절하므로 빨간빛보다도 보라색 빛이 굴절된 빛들의 안쪽에서 보입니다(무지개의 구조 →p.214).

물건의 색이 보이는 구조

사과를 들고 빛이 없는 캄캄한 방에 들어가면 사과가 잘 안 보입니다. 사과가 보이는 것은 사과가 주변 빛을 반사해서 그 빛이 눈에 도달하기 때문입니다.

그렇다면 빨간 사과는 왜 빨갛게 보이는 걸까요? 그것은 사과가 빨간색만을 반사하고 그 외의 색은 흡수하기 때문입니다. 마찬가지로, 녹색 사과는 녹색 이외의 빛은 흡수합니다.

물체가 검게 보이는 것은 대부분의 색의 빛을 흡수하기 때문이며, 하얗게 보이는 것은 대부분의 빛을 반사하기 때문입니다.

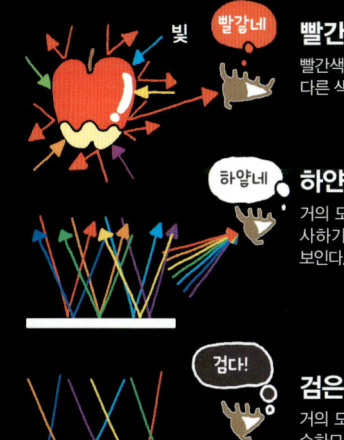

빨간색 빨간색 빛만을 반사하고 다른 색 빛은 흡수한다.

하얀색 거의 모든 색의 빛을 반사하기 때문에 하얗게 보인다.

검은색 거의 모든 색의 빛을 흡수하므로 검게 보인다.

어떤 색일까?

전자기파와 가시광선

전자기파 중 사람 눈에 보이는 것을 '가시광선'이라고 한다. 사람의 눈은 파장이 380~770nm(나노미터) 정도 범위에 있는 전자기파를 볼 수 있다. 눈에 안 보이는 전자기파로는 뢴트겐의 엑스선, 자외선, 적외선, 라디오와 텔레비전 방송에서 사용하는 전파 등이 있다.

* 1nm(나노미터)는 10억분의 1m

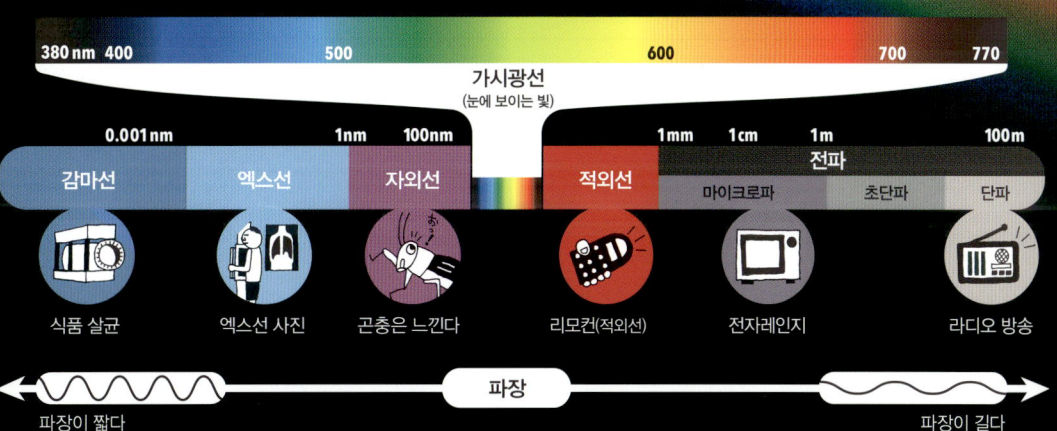

거울에 물체가 비치는 것은 어떤 원리일까?

자기 얼굴을 보고 싶을 때 우리는 거울을 봅니다.
어떻게 거울에는 물체가 반사되어서 보이는 것일까요?
빛이 나아가는 방식과 물체가 보이는 원리에 관해 알아봅시다.

거울과 종이의 차이
(반사와 난반사)

내 앞에 거울을 놓으면 내 얼굴과 뒤의 배경이 거울의 건너편에 있는 듯 보입니다. 거울 대신에 하얀 종이를 놓으면 하얗게 보일 뿐 아무것도 보이지 않습니다.

종이나 천 등 일반적인 물체의 표면은 조금 울퉁불퉁합니다. 물체에서 나온 빛이 종이에 부딪히면 뿔뿔이 흩어져 반사되는데 이것을 '난반사'라고 합니다. 반사된 빛은 모이지 않으므로 종이 뒤에 상이 맺히지 않습니다. 따라서 종이에 물체가 비치지 않는 것입니다.

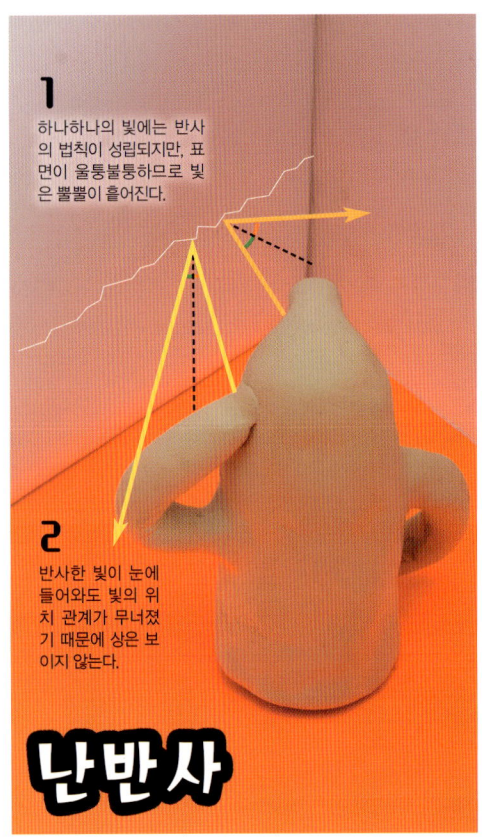

1. 하나하나의 빛에는 반사의 법칙이 성립되지만, 표면이 울퉁불퉁하므로 빛은 뿔뿔이 흩어진다.

2. 반사한 빛이 눈에 들어와도 빛의 위치 관계가 무너졌기 때문에 상은 보이지 않는다.

난반사

전신을 비치는 거울의 크기

입사각과 반사각이 같기 때문에 전신을 비추려면 신장의 2분의 1 크기의 거울이 있으면 된다는 것을 알 수 있습니다. 그림과 같이 사람이 어느 위치에 서도 마찬가지입니다.

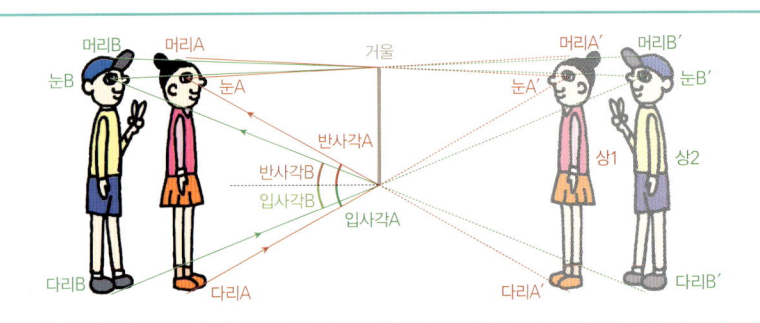

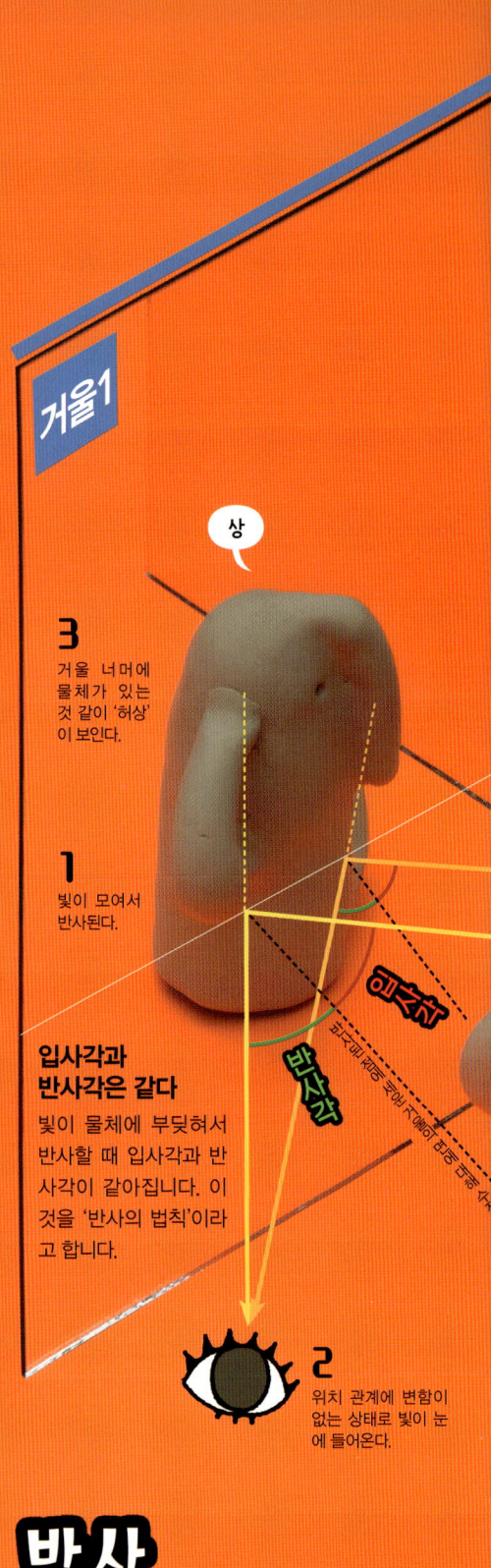

거울1

상

3. 거울 너머에 물체가 있는 것 같이 '허상'이 보인다.

1. 빛이 모여서 반사된다.

입사각과 반사각은 같다

빛이 물체에 부딪혀서 반사할 때 입사각과 반사각이 같아집니다. 이것을 '반사의 법칙'이라고 합니다.

2. 위치 관계에 변함이 없는 상태로 빛이 눈에 들어온다.

반사

물체에서 나간 빛은 거울에 부딪히면 같은 각도로 튕겨 나옵니다. 이것을 '반사'라고 합니다. 거울은 반들반들 매끈하므로 부딪힌 빛을 전부 그대로 반사합니다. 그러면 마치 거울 뒤에 물체가 있는 것 같이 보입니다. 거울 뒤의 허상으로부터 빛이 닿는 듯이 보이기 때문입니다.

거울의 각도 90도

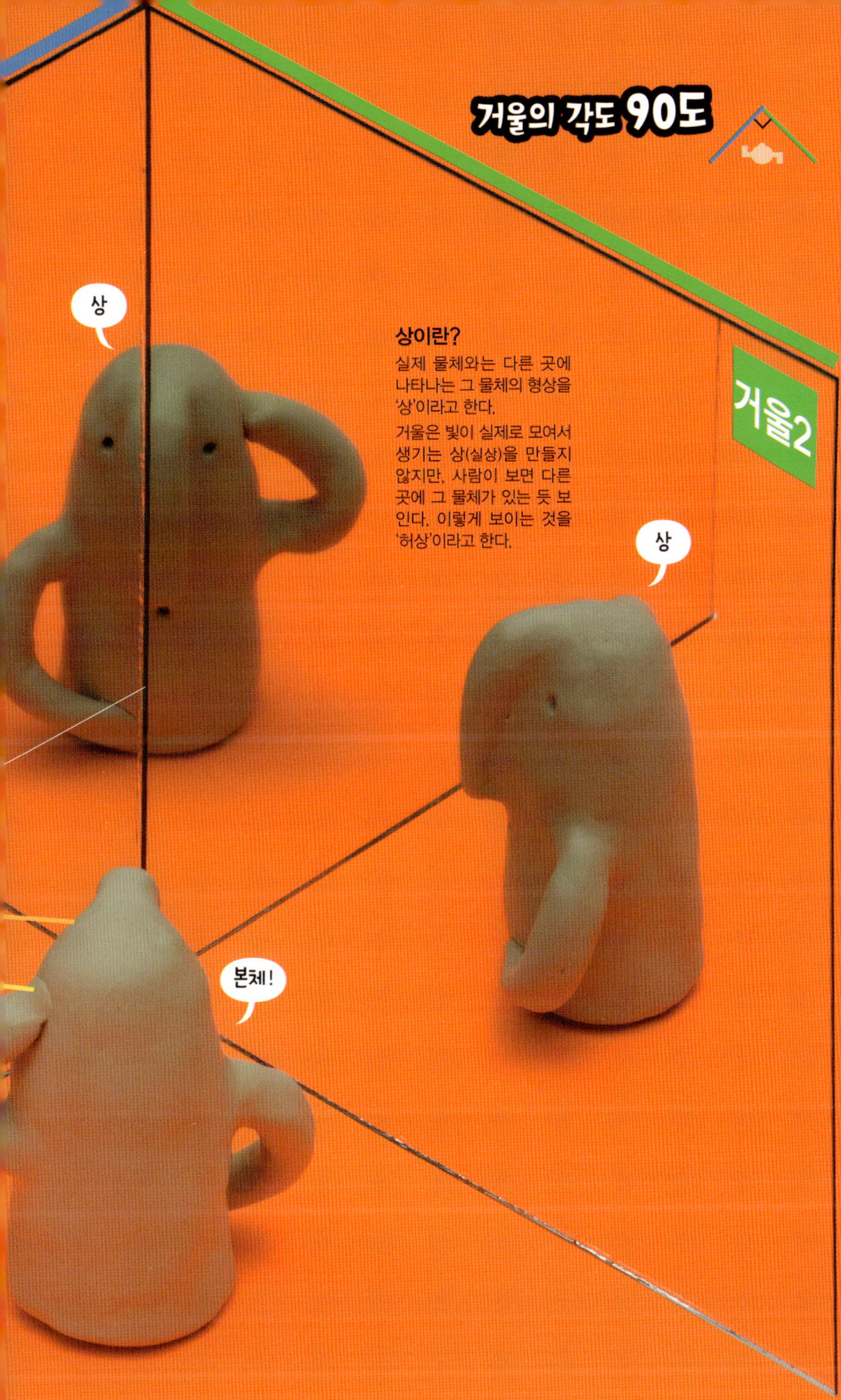

상이란?
실제 물체와는 다른 곳에 나타나는 그 물체의 형상을 '상'이라고 한다.
거울은 빛이 실제로 모여서 생기는 상(실상)을 만들지 않지만, 사람이 보면 다른 곳에 그 물체가 있는 듯 보인다. 이렇게 보이는 것을 '허상'이라고 한다.

상 상 본체! 거울2

거울의 각도 120도

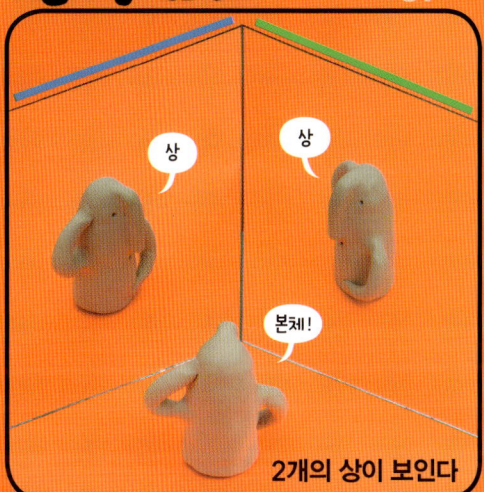

상 상 본체!

2개의 상이 보인다

거울의 각도 60도

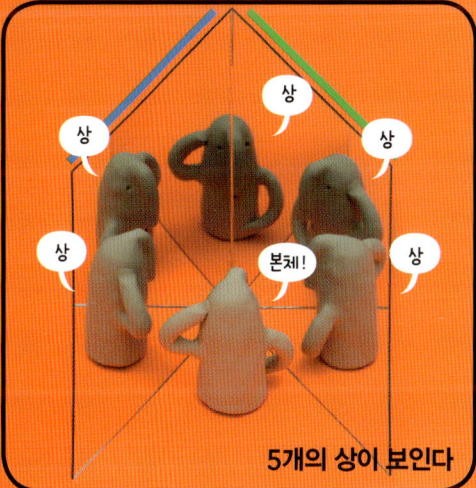

상 상 상 상 상 본체!

5개의 상이 보인다

거울의 각도 0도 (평행)

상 상 상 본체!

상은 무한개

몇 개로 보일까?

거울 두 장을 90도 각도로 세운 후 그 안에 있는 물체를 보면 거울 속에 3개의 상이 보입니다. 거울 간의 각도를 작게 할수록 거울에 맺히는 상이 늘어납니다. 거울 간의 각도가 0도(거울들을 평행으로 놓을 때)가 되면 두 거울에는 수없이 많은 상이 맺힙니다.

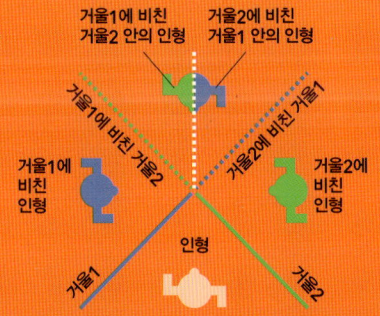

289

왜 돋보기로 보면 물체가 크게 보일까?

돋보기와 같이 물체를 크게 보게 하는 도구에는 주로 볼록렌즈가 사용됩니다. 볼록렌즈는 어떤 원리로 물체를 크게 보이도록 하는 걸까요?

볼록렌즈의 구조

볼록렌즈는 빛의 굴절을 이용해서 사물을 크게 볼 수 있습니다. 가까운 물체가 크게 보일 때의 상은 '허상'입니다. 그리고 멀리 있는 물체는 거꾸로 보입니다. 이쪽이 '실상'입니다.

빛은 렌즈에 들어갈 때와 렌즈를 나올 때 두 번 굴절한다(그림으로 그릴 때는 생략하고 렌즈 중심에서 꺾이는 것으로 표현한다).

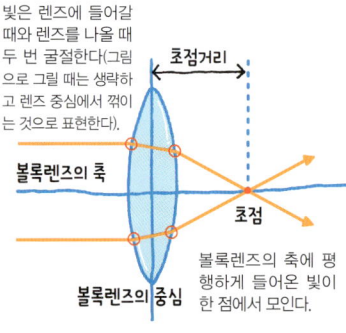

볼록렌즈의 축에 평행하게 들어온 빛이 한 점에서 모인다.

허상

- 실제로는 상이 없지만 사람 눈에는 거기에 있는 듯이 보이는 상*
- 스크린을 놓아도 상은 비치지 않는다
- 렌즈와 거울을 보고 있는 사람에게만 보인다

예) 돋보기, 쌍안경, 광학현미경, 화장대, 만화경 등

*상: 눈에 보이는 사물의 형체

실상

- 물체에서 나온 빛이 렌즈 반대편에 실제로 모여서 생기는 상
- 스크린을 놓으면 상이 생기고, 어디서든지 볼 수 있다
- 상 뒤에서 보면 스크린 없이도 상이 보인다

예) 스크린 영화, 카메라에 비치는 풍경, 반사식 천체망원경의 거울의 상 등

가까이 있는 것은 크게, 멀리 있는 것은 거꾸로 보인다

볼록렌즈로 물체를 볼 때 빛은 어떻게 움직여서 상을 만들까요? 물체와 렌즈와 초점의 위치 관계를 알아봅시다.

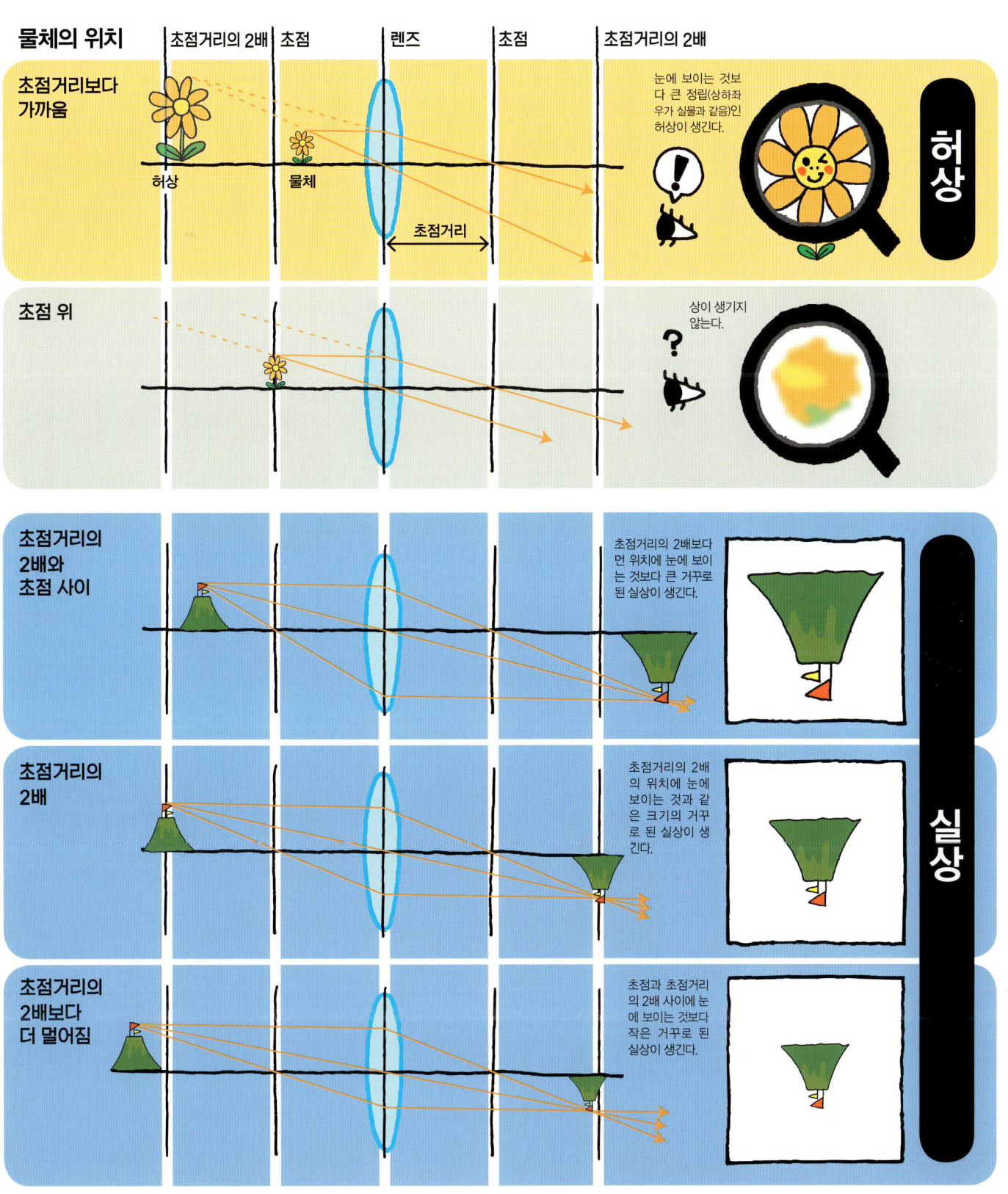

카메라와 망원경의 구조

카메라와 망원경처럼 물체를 관찰하고 기록할 수 있는 기계에는
렌즈와 거울이 쓰입니다.
어떤 방식으로 쓰이는지 그 구조를 살펴봅시다.

빛을 모으는 렌즈와 거울

빛은 전자기파이며 에너지를 가지고 있습니다. 그러므로 빛을 모으면 물건을 덥히거나 태울 수 있습니다.

볼록렌즈
볼록렌즈로 태양 빛을 한 점에 모을 수 있다. 볼록렌즈가 클수록 많은 빛이 모여 높은 열이 발생한다. 특히 검은색은 빛을 잘 흡수하므로 온도가 높아져서 불이 잘 붙는다.

오목 거울
오목 거울은 한가운데가 움푹 들어간 거울이며, 반사한 빛을 거울 앞 초점에 모은다. 그 구조를 이용한 태양열 조리기는 볼록렌즈와 같은 방식으로 빛을 모아서 그 열로 물을 끓여 계란을 삶을 수도 있다.

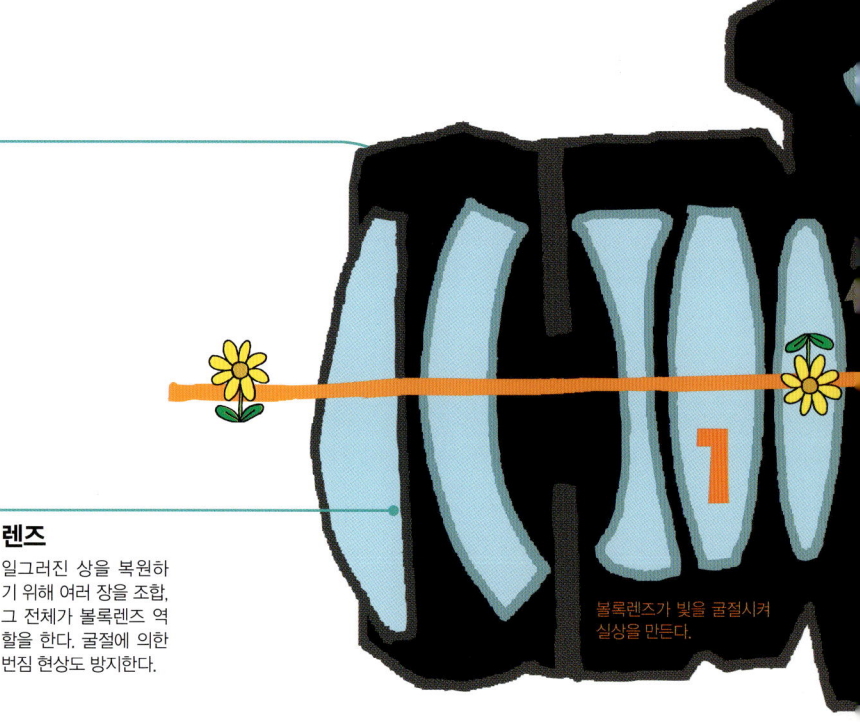

렌즈
일그러진 상을 복원하기 위해 여러 장을 조합, 그 전체가 볼록렌즈 역할을 한다. 굴절에 의한 번짐 현상도 방지한다.

볼록렌즈가 빛을 굴절시켜 실상을 만든다.

물체를 관찰하는 여러 도구

몇 장의 렌즈와 거울을 조합하면 물체를 크게 볼 수 있습니다. 망원경은 멀리 있는 것을 가까이 당겨서 크게 보는 도구이고, 현미경은 작은 물체를 확대해서 보는 도구입니다.

굴절식 망원경
(케플러식)

대물렌즈와 접안렌즈 양쪽에 다 볼록렌즈를 사용한다. 대물렌즈로 만든 실상을 접안렌즈로 확대해서 본다.

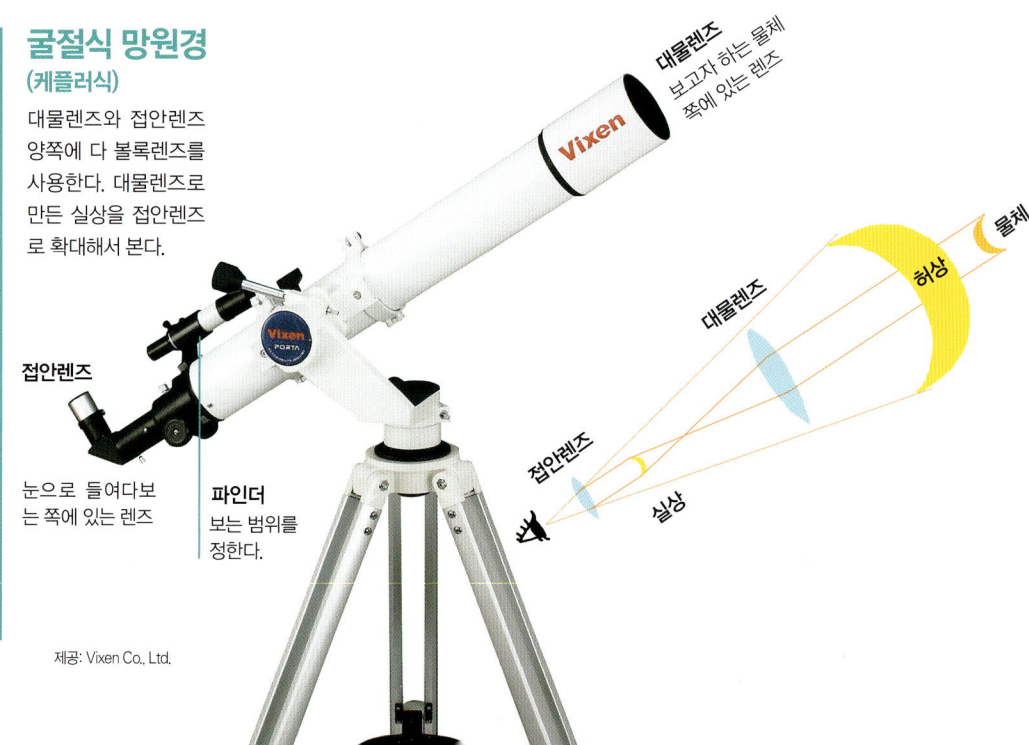

접안렌즈
눈으로 들여다보는 쪽에 있는 렌즈

파인더
보는 범위를 정한다.

대물렌즈
보고자 하는 물체 쪽에 있는 렌즈

제공: Vixen Co., Ltd.

카메라의 구조

일안반사식 카메라는 볼록렌즈에 들어온 빛으로 실상을 만들고 그 상을 사진으로 기록합니다.

펜타프리즘
단면이 오각형 모양인 프리즘. 두 군데에서 빛을 전반사*해서 눈에 똑바로 보이는 상을 전달한다.

파인더
이곳에 눈을 대고 찍으려는 대상을 확인한다.

2 셔터를 누를 때 외에는 거울과 프리즘이 빛을 반사해서 상이 보인다.

거울(올라간 상태)
셔터를 누르면 거울이 여기로 올라가서 빛이 촬상 소자 혹은 필름에 도달한다.

촬상 소자 또는 필름
여기에 실상이 비쳐 사진이 찍힌다.
- 촬상 소자는 빛을 전기신호로 바꿔서 기록한다.
- 필름은 빛으로 화학변화를 일으켜서 상을 기록한다.

3 셔터를 누르면 거울이 올라가서 빛이 촬상 소자나 필름에 도달해 사진이 기록된다.

거울
보통 때는 이 위치에 있고, 빛을 반사해서 파인더로 보낸다.

빛의 전반사를 이용한 도구

공기나 물(유리)처럼 두 가지 물질의 경계에서는 빛이 전반사를 하기도 합니다(→p.285). 빛의 이러한 성질도 물체를 관찰하는 도구에 이용됩니다.

광섬유
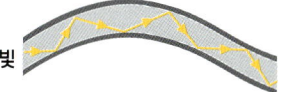

유리 등의 섬유 안을 반복적으로 전반사해서 멀리까지 빛을 전달한다. 인체의 몸속을 관찰하는 내시경, 전화, 인터넷 등의 통신회선 케이블로도 쓰인다.

프리즘
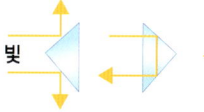

직각 프리즘은 빛을 직각으로 꺾거나 두 번 반사시켜서 반대 방향으로 나아가게 할 수 있다. 그리고 일안반사식 카메라에는 왼쪽 그림과 같이 펜타프리즘을 사용한다.

*전반사: 굴절률이 높은 물체에서 작은 물체로 빛이 진행할 때 어느 각도에서는 진행하지 않고 물체의 경계면에서 모두 반사하는 현상

반사식 망원경 (뉴턴식)

대물렌즈 대신에 오목 거울을 사용해서 통 안의 작은 거울에 빛을 반사해서 실상을 만들고, 접안렌즈로 확대해서 옆에서 본다.

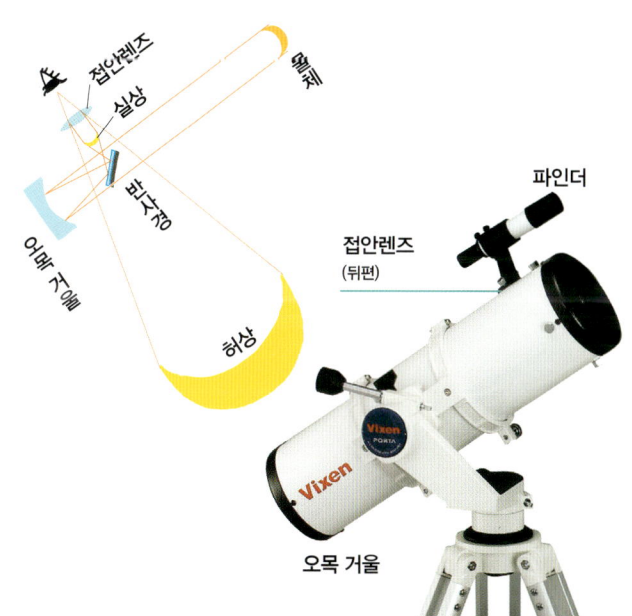

현미경

초점거리가 짧은 대물렌즈로 만든 물체의 실상을 초점거리가 긴 접안렌즈로 확대해서 본다.

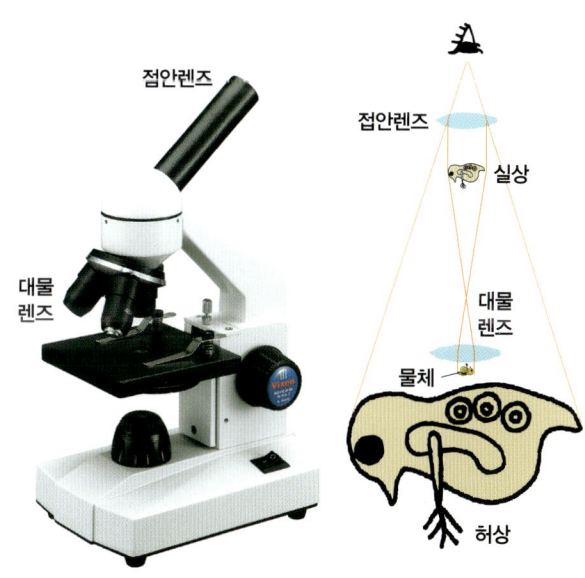

4 에너지

빛과 소리 — 소리와 진동

생물이 내는 소리와 악기의 소리를 비교해 보자

사람은 목소리만이 아니라 악기를 사용해서 소리를 낼 수 있지요. 생물 중에는 목소리 이외에도 여러 가지 소리를 내서 동료들과 커뮤니케이션을 하는 것들도 있습니다.

소리가 날 때 음원은 반드시 진동하고 있다

트라이앵글을 두드려 울리게 한 상태에서 물에 넣으면 물보라와 함께 물결이 일어납니다. 소리를 내는 것은 모두 진동하고 있습니다.

바이올린
바이올린은 활의 활털로 현을 마찰시켜서 소리를 낸다. 현이 잘게 진동하여 그 진동이 나무 몸통에 전달되어 소리가 크게 울린다.

마찰시키면 소리가 난다

"리리리리리", "귀뚤귀뚤". 방울벌레나 귀뚜라미 등의 수컷은 가을이 되면 암컷을 찾아서 멋진 울음소리를 냅니다. 그 아름다운 울음소리는 복잡한 무늬가 있는 날개 두 장을 비벼서 내는 소리입니다. 날개의 무늬와 비비는 방법의 차이가 각 곤충의 독특한 음색을 만듭니다.

소리는 어떤 때 나는 걸까?

가만히 귀를 기울여 봅시다. 지금 어떤 소리가 들리나요? 우리는 다양한 소리에 둘러싸여 있습니다. 소리는 어떻게 나는 것일까요?

소리는 음원을 중심으로 주변에 전해진다

큰 북 앞에 양초를 놓고 북을 치면 양초의 불이 흔들립니다. 이것으로 북 가죽의 진동이 공기 중에 전달되고 있음을 알 수 있습니다. 양초가 가까울수록 불꽃은 격하게 흔들립니다.

북

북은 사람이 고대로부터 사용하고 있는 악기이다. 큰 북은 둥둥둥, 작은 북은 통통통 소리가 난다. 북을 치면 팽팽한 가죽이 진동하는 것을 볼 수 있다.

소리를 내는 물체를 '음원'이라고 한다

두드리면 소리가 난다

다 자란 수컷뿐 아니라 암컷과 어린 고릴라도 자주 손바닥으로 가슴을 칩니다. 이것은 불만의 표현이라고 합니다. 기분이 안 좋을 때 가슴을 쳐서 둥둥둥 소리를 내는 것이죠.

제공: Miki Oishi
Higashiyama Zoo "Shabani"

고막에 진동이 전해져서 소리가 들린다

공기의 진동이 바깥귀에 들어가서 고막을 진동시킵니다. 그 진동이 가운데귀에 있는 귓속뼈를 통해 속귀의 달팽이관의 림프액에 전달되고, 소리 신호로 변환되어 뇌에 전달됩니다.

소리는 나중에 들릴까?

빛의 속도   300000000m/초

빛을 보고 소리가 들릴 때까지의 시간(초) x 소리의 속도(340m/초) = 음원까지의 거리

빛은 순식간에 도달하기 때문에, 불꽃이 보이고부터 소리가 들릴 때까지의 시간(초)에 340(m/초)을 곱하면 불꽃까지의 거리를 계산할 수 있다.

기체를 통해 전해지는 소리

불꽃이 보이고 "펑~" 하는 소리가 들릴 때까지 몇 초 걸리는지 재어 봅시다. 소리는 공기 중을 1초에 약 340m 이동합니다. 빛은 순식간에 닿으므로 만약 3초 후에 소리가 들렸다면 불꽃이 생긴 장소는 대략 1km 떨어져 있는 것입니다. 번개가 일어났을 때도 같은 방법으로 거리를 계산할 수 있습니다.

액체를 통해 전해지는 소리

소리는 물속에서도 전해집니다. 그 속도는 공기 중에서보다 빠른데, 약 초속 1500m입니다. 물속에 사는 동물 중에는 돌고래나 고래처럼 소리로 의사소통을 하는 동물들도 있습니다. 흰고래는 '바다의 카나리아'라고 불릴 정도로 소리를 잘 내며 소리를 듣는 신체 기관도 발달했습니다.

고체를 통해 전해지는 소리

철봉과 미끄럼틀, 다리의 난간 등에 귀를 대고 가볍게 두드리면 "탕~탕~" 소리가 크게 들립니다. 책상에 귀를 대고 똑똑 표면을 두드리면 귀를 떼고 있을 때보다 소리가 크게 들립니다. 소리는 철이나 나무 같은 고체에서 잘 전달될 뿐 아니라 액체나 기체에서보다도 빨리 전달됩니다.

철   5950m/초

우주에서는 소리가 전해지지 않는다

소리가 전해지려면 공기나 물 등 진동하는 물질이 필요합니다. 우주 공간은 진공이기 때문에 진동을 전해 줄 만한 것이 없으므로 소리가 사라집니다. 우주 공간에서 들리는 것은 직접 귀의 신경에 전해지는 자신의 목소리와 몸에서 나는 소리뿐입니다.

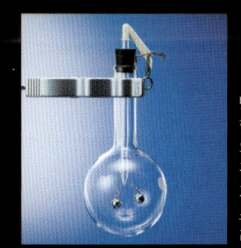

방울이 달린 실험용 유리병 속의 공기를 빼서 진공상태에 가깝게 만들면 방울 소리가 거의 들리지 않는다.

큰 소리와 작은 소리, 어떤 차이가 있을까?

소리는 파동이 되어 주위에 퍼져나갑니다.
소리를 실어서 전하는 파동이란
어떤 것일까요?

큰 소리

진폭이 크다

콰아아앙!

소리의 파동은 종파 (세로로 생기는 파동)

물체가 진동하면 그 진동이 주위 공기에도 전해져 밀도가 낮은 곳(소)과 밀도가 높은 곳(밀)이 발생합니다. 그 밀도의 차이가 파동이 되어 주위로 퍼져나가는 것이 '소리'입니다. 그림과 같이 파동의 진행 방향과 진동의 방향이 같은 파동을 '종파(혹은 소밀파)'라고 부릅니다. 지진의 P파와 비슷한 파동입니다.

큰 소리의 파동은 밀도가 낮은 곳과 높은 곳 사이의 차가 크다.

파장

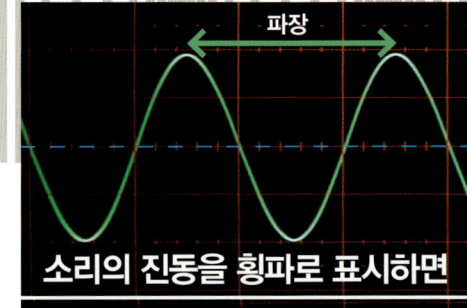

파장

소리의 진동을 횡파로 표시하면

컴퓨터를 사용하면 녹음한 소리의 종파를 횡파로 변환해서 나타낼 수 있습니다. 횡파로 바꾸면 큰 소리는 높은 파동, 작은 소리는 낮은 파동의 형태로 표시됩니다.

작은 소리

작은 소리의 파동은 밀도의 차가 작다.

진폭이 작다

뽕

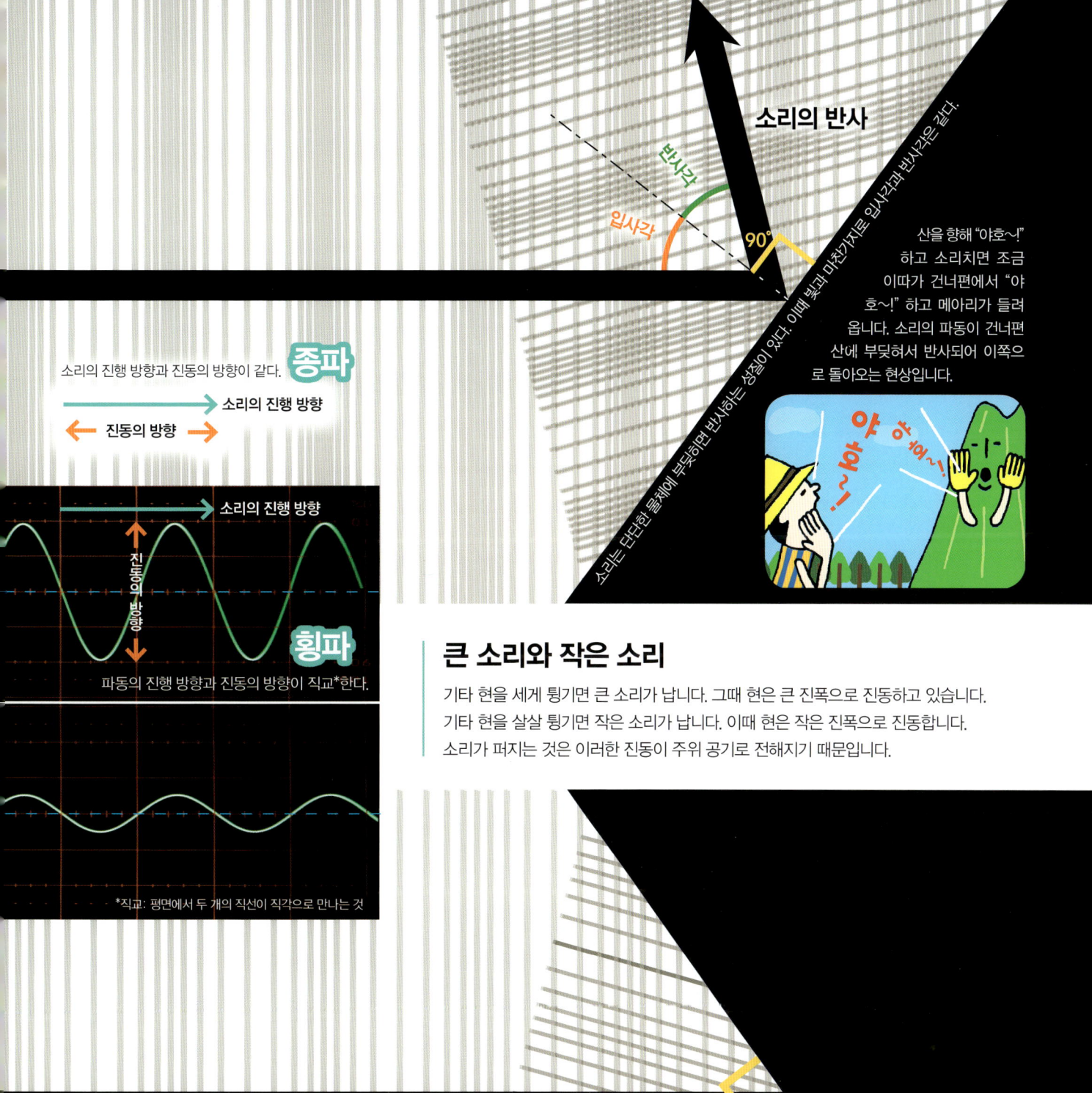

소리의 반사

산을 향해 "야호~!" 하고 소리치면 조금 이따가 건너편에서 "야호~!" 하고 메아리가 들려옵니다. 소리의 파동이 건너편 산에 부딪혀서 반사되어 이쪽으로 돌아오는 현상입니다.

소리는 단단한 물체에 부딪히면 반사하는 성질이 있다. 이때 빛과 마찬가지로 입사각과 반사각은 같다.

종파 — 소리의 진행 방향과 진동의 방향이 같다.

횡파 — 파동의 진행 방향과 진동의 방향이 직교*한다.

*직교: 평면에서 두 개의 직선이 직각으로 만나는 것

큰 소리와 작은 소리

기타 현을 세게 튕기면 큰 소리가 납니다. 그때 현은 큰 진폭으로 진동하고 있습니다.
기타 현을 살살 튕기면 작은 소리가 납니다. 이때 현은 작은 진폭으로 진동합니다.
소리가 퍼지는 것은 이러한 진동이 주위 공기로 전해지기 때문입니다.

소리의 흡수 부드러운 물체에 부딪히면 소리는 흡수되는 성질이 있다.

음고(음높이)와 진동수

높은음은 음원이 빨리 진동하고 낮은 음은 음원이 천천히 진동합니다. 1초 동안 음원이 진동하는 횟수를 '진동수' 라고 하며 '헤르츠(Hz)'라는 단위로 표시합니다.

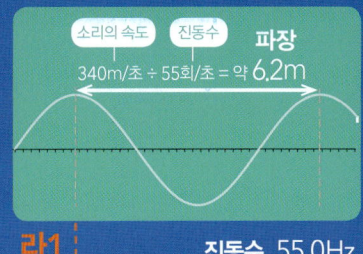

진동수 55.0Hz

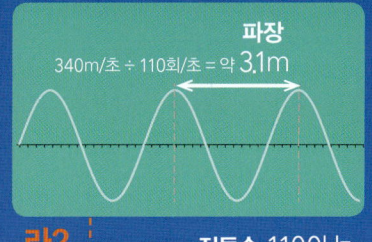

진동수 110.0Hz

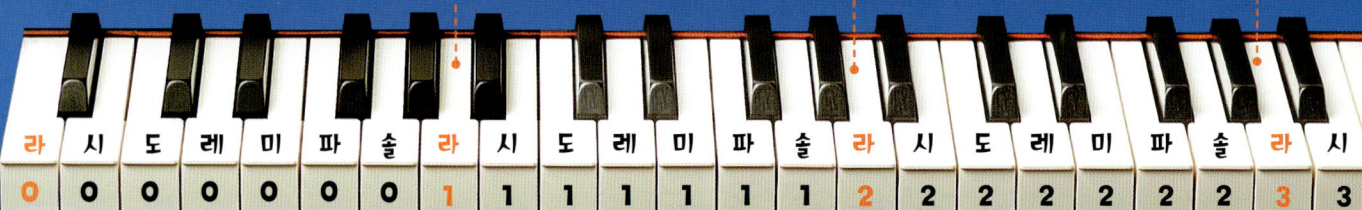

피아노 음의 범위

일반적인 피아노에는 88개의 건반이 있습니다. 건반을 누르면 뒤에 있는 현이 튕겨서 소리가 나지요. 왼쪽 끝 가장 낮은음은 '라'이며 27.5Hz, 건반 중앙에 있는 '도'는 261.6Hz, 오른쪽 끝 가장 높은 음은 '도'로 4186Hz입니다.

높은음과 낮은음은 어떻게 다를까?

피아노와 기타 소리에 맞춰서 목소리를 내 봅시다.
높은 목소리를 낼 때와 낮은 목소리를 낼 때
목과 가슴의 울림은 어떻게 다를까요?

기타 음의 범위

기타에는 보통 6개의 현이 있습니다. 기타 현의 구간을 나누는 프렛 사이를 누르며 줄을 튕기면 다양한 높이의 음을 낼 수 있습니다. 가장 굵은 현을 손대지 않고 치면 82.4Hz인 '미1' 음, 가장 가는 현을 손대지 않고 치면 2옥타브 높은 330Hz의 '미3' 음이 나옵니다. 현의 한가운데를 누르고 튕기면 원래 음보다 1옥타브 높은음이 납니다.

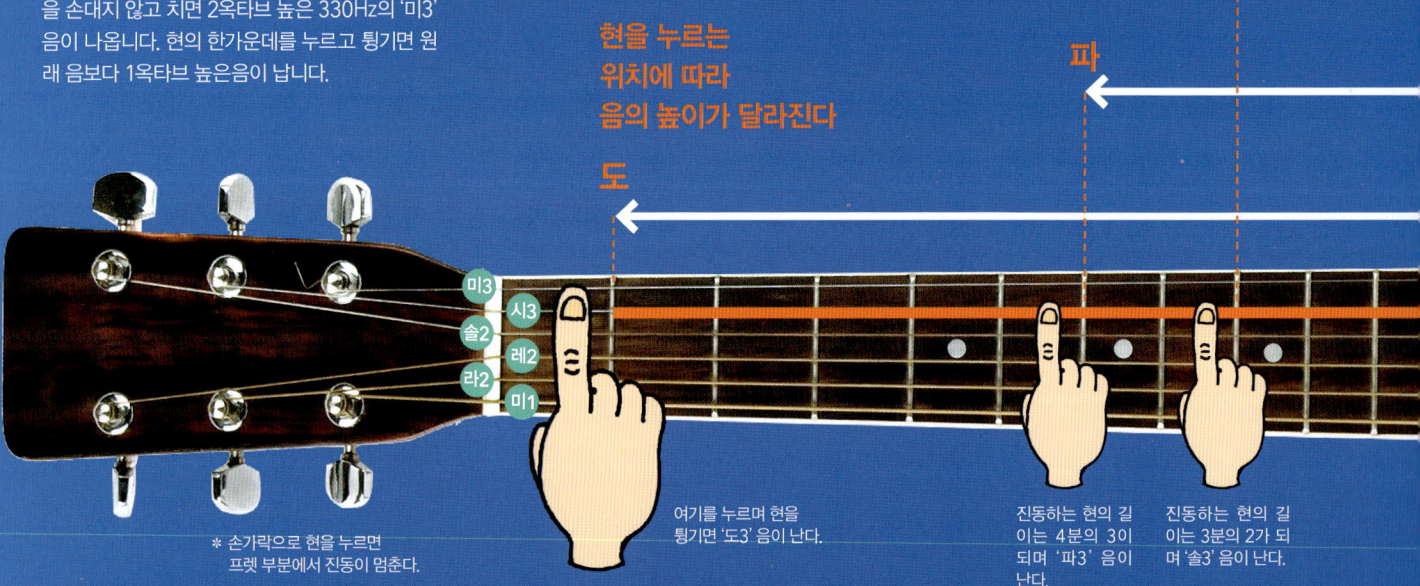

현을 누르는 위치에 따라 음의 높이가 달라진다

여기를 누르며 현을 튕기면 '도3' 음이 난다.

진동하는 현의 길이는 4분의 3이 되며 '파3' 음이 난다.

진동하는 현의 길이는 3분의 2가 되며 '솔3' 음이 난다.

* 손가락으로 현을 누르면 프렛 부분에서 진동이 멈춘다.

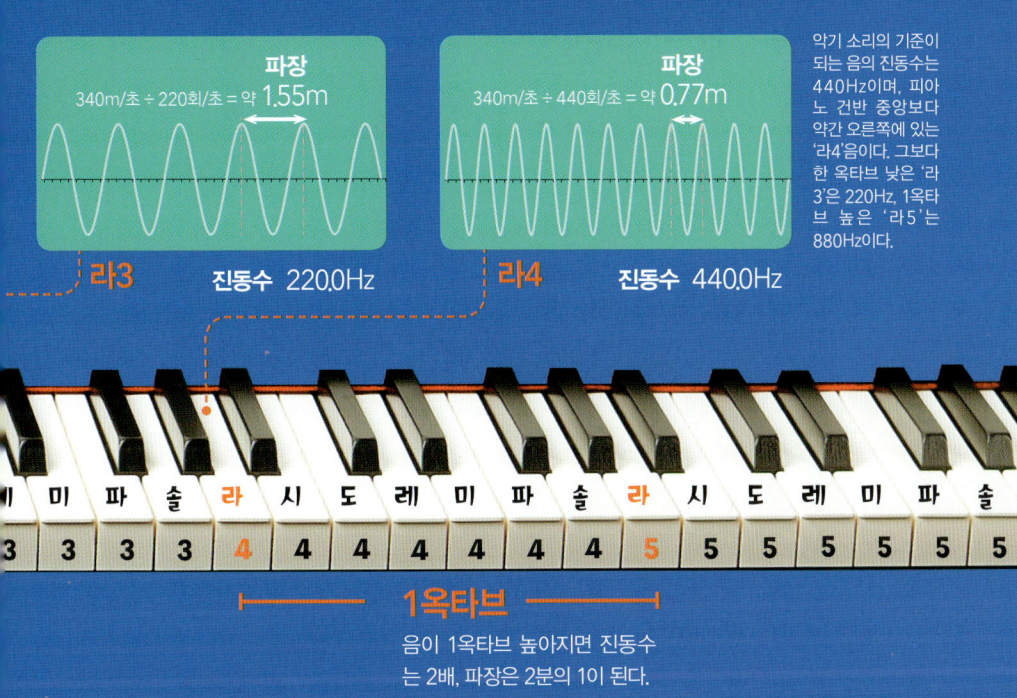

파장 340m/초 ÷ 220회/초 = 약 1.55m

라3 진동수 220.0Hz

파장 340m/초 ÷ 440회/초 = 약 0.77m

라4 진동수 440.0Hz

악기 소리의 기준이 되는 음의 진동수는 440Hz이며, 피아노 건반 중앙보다 약간 오른쪽에 있는 '라4'음이다. 그보다 한 옥타브 낮은 '라3'은 220Hz, 1옥타브 높은 '라5'는 880Hz이다.

1옥타브

음이 1옥타브 높아지면 진동수는 2배, 파장은 2분의 1이 된다.

음색과 파형

사람 목소리가 각자 다르거나 악기에 따라 음색이 다른 것은 음원의 여러 부분이 복잡하게 진동하고 있기 때문입니다. 예를 들면, 피아노와 기타의 실제 파형(음파의 모양)을 보면 같은 높이의 음이어도 여러 음이 섞여서 나오는 것임을 알 수 있습니다.

피아노의 파형 (440Hz)

기타의 파형 (440Hz)

음 높이와 현과의 관계

	낮은음 ⇔ 높은음
현의 길이	긺 ⇔ 짧음
현의 굵기	굵음 ⇔ 가늚
현의 팽팽함	약함 ⇔ 강함

길고 굵은 현을 약하게 묶은 현
가장 낮은음이 나온다.

짧고 가는 현을 팽팽하게 묶은 현
가장 높은음이 나온다.

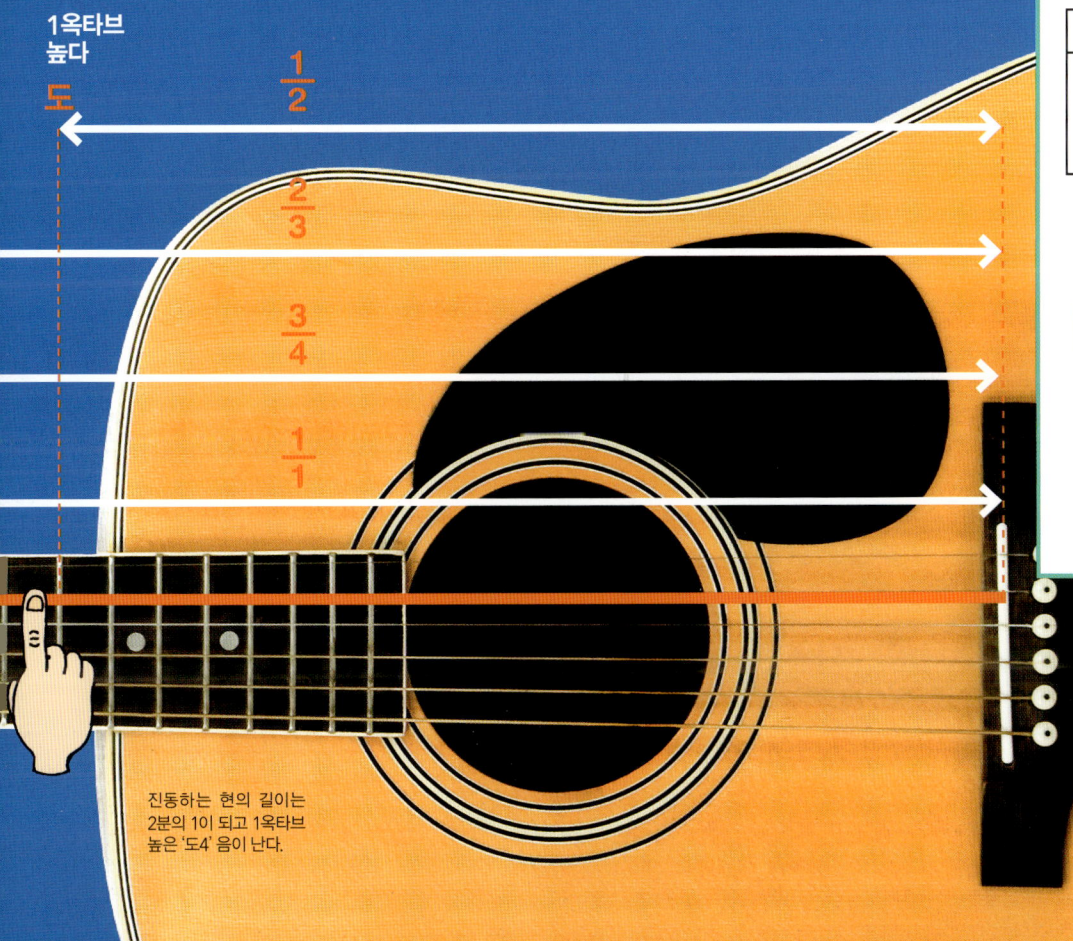

1옥타브 높다
도

1/2
2/3
3/4
1/1

진동하는 현의 길이는 2분의 1이 되고 1옥타브 높은 '도4' 음이 난다.

사람에게 들리지 않는 소리가 있다

사람 귀에는 들리지 않는 음을 듣고 이용하는 동물들도 있습니다. 사람에게 들리지 않는 소리란 어떤 소리일까요?

동물에게 들리는 소리

사람에게 들리는 소리는 진동수로 따지면 20Hz부터 2만 Hz 정도의 소리입니다. 피아노로 낼 수 있는 음보다도 훨씬 높은음까지 들을 수 있지만, 개는 사람보다 더 높은음을 들을 수 있습니다. 박쥐나 돌고래는 개가 들을 수 있는 것보다 더 높은음을 이용해서 보이지 않는 곳에 있는 사냥감을 잡거나 주변 상황을 파악합니다.

10Hz   100Hz   1000Hz   10000Hz

어군 탐지기

물고기 떼를 찾고자 어선이 사용하는 어군 탐지기도 돌고래처럼 초음파의 반사를 이용해서 물고기 떼를 발견합니다.

박쥐

대부분의 박쥐는 낮에 동굴 등 어두운 곳에 거꾸로 매달려 있다가 해가 지면 먹잇감을 찾아서 밖으로 날아간다. 이때 5만~10만Hz의 초음파를 짧은 간격으로 내서 튕겨 돌아오는 소리를 귀로 듣고 장애물을 피하거나 날고 있는 벌레를 잡을 수 있다. 즉, 야행성 박쥐는 빛 대신 소리를 사용해서 물체를 보고 있는 것이다.

초음파를 세게 내서 반사된 소리의 강도로 위치를 파악한다.

좁은 장소나 먹잇감을 찾을 때는 약한 초음파를 짧은 간격으로 발사해서 반사의 흐트러짐을 감지한다.

초음파를 내서 주위를 파악한다

인간은 들을 수 없는 높은 음파를 '초음파*'라고 합니다. 박쥐나 돌고래 등은 스스로 초음파를 내서 그 반사를 감지해 자신이 있는 장소와 주변 상황을 확인합니다.

돌고래

돌고래 종류는 머리 위에 있는 콧구멍 안쪽을 진동시키고 이마에 있는 '멜론'이라는 지방을 움직여서 초음파를 발사한다. 반사된 음파를 턱 안에 있는 속귀로 감지함으로써 먹잇감인 물고기를 찾거나 동료들과 의사소통을 한다. 수중에서는 빛보다 소리가 멀리까지 도달하므로 깊은 바다에서도 주변 상황을 파악할 수 있다.

*초음파: 진동수가 20000Hz 이상인, 사람 귀에 들리지 않는 높은 소리

도플러 효과

구급차의 사이렌은 차가 다가올 때는 높아지고, 지나가면 낮아지는 듯이 들립니다. 기차 안에서 밖에 지나가는 철길 건널목의 경보음을 들을 때도 마찬가지입니다. 이러한 현상을 '도플러 효과'라고 합니다. 소리를 퍼져나가는 파장이라고 생각하면 음의 높이가 변하는 이유를 알 수 있습니다.

멈춰 있을 때의 파장

멀어지는 사이렌의 파장
다음 파장의 물결이 도달할 때까지 걸리는 시간이 길어지므로, 귀에는 파장이 긴(진동수가 적은) 낮은음으로 들린다.

다가오는 사이렌의 파장
다음 파장의 물결이 도달하기까지의 시간이 짧아들기 때문에 귀에는 파장이 짧은(진동수가 많은) 높은음으로 들린다.

에너지

4

전기와 자석

ISS(국제우주정거장)가 덴마크 상공에서 밤에 촬영한 지구입니다. 중앙 오른쪽 아래에 있는 밝은 도시는 코펜하겐, 그 위는 스칸디나비아반도이며, 파란색은 대기에서 반사하는 태양 빛입니다.

밤의 지구를 찍은 이 사진에는 이번 장에서 배울 전기와 자석이 찍혀 있습니다.
전기는 그물코 같이 이어지는 오렌지색 도시의 빛으로 보입니다.
자석은 무엇일까요? 실은 이 지구 전체가 자석입니다.
북극(왼쪽 위)을 둘러싸듯이 상공에 있는 녹색 빛의 띠는 오로라입니다.
오로라는 태양에서 나오는 플라스마가 자기력선에 따라 지구의 극으로 들어올 때 보이는 것입니다.
이 사진은 지구 전체가 거대한 자석임을 드러내고 있습니다.

머리카락은 왜 뻗칠까?

건조한 겨울철에 스웨터를 벗거나
문손잡이를 잡으면 빠직빠직 소리가 나면서 따끔하지요.
또 책받침으로 머리카락을 비비면 머리카락이 삐죽 섭니다.
이런 것은 모두 정전기 때문입니다.

무슨 일이 일어난 거지?

머리카락이 곤두섰습니다. 왜일까요? 신체에 정전기가 많이 축적되면 이런 일이 발생합니다. 머리카락 한 올 한 올이 동일한 전기를 띠면서 서로 멀리하게 되는 것입니다.

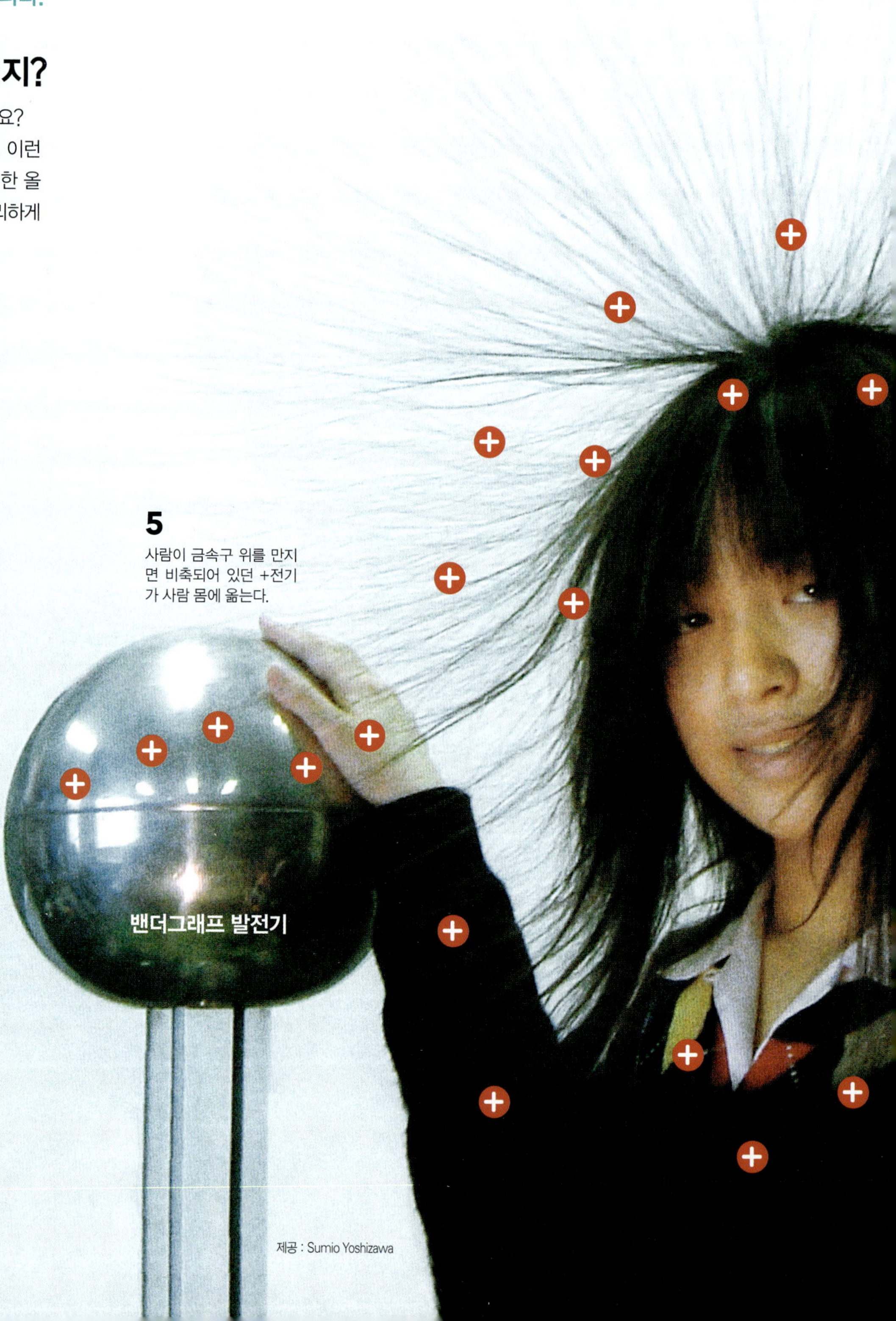

밴더그래프 발전기의 구조

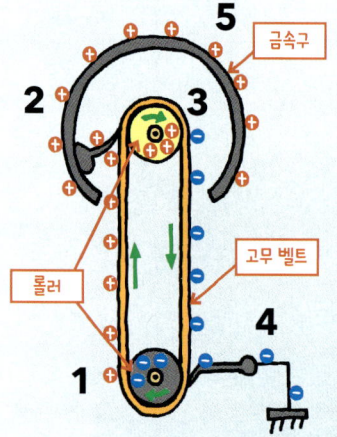

5 사람이 금속구 위를 만지면 비축되어 있던 +전기가 사람 몸에 옮는다.

밴더그래프 발전기

1 아래 롤러가 회전하여 벨트를 마찰해서 +전기가 발생한다.

2 벨트에 의해 운반된 +전기는 위의 금속구에 비축된다.

3 위 롤러는 재질이 다르므로 벨트와의 마찰에 의해 −전기를 띤다.

4 벨트가 내려오면 −전기는 아래 받침에 모인다.

주의)
- 실험을 위해 금속구를 만질 때는 반드시 전기가 통하지 않는 절연대 위에서 하고 다른 물체는 만지지 않아야 한다.
- 발생하는 전기는 벨트와 롤러의 재질에 따라 +와 −가 거꾸로 발생할 수도 있다.

제공 : Sumio Yoshizawa

6
머리카락에 모인 +전기끼리 서로 밀어내어 머리카락이 거꾸로 선다.

정전기가 발생하는 이유

정전기는 물체가 + 혹은 − 어느 쪽인가의 전기를 띠면서 발생합니다.
보통 우리 주위에 있는 것은 +전기와 −전기를 동일한 정도로 가지고 있으므로 특정 전기를 띠지 않습니다. 그러나 책받침과 천처럼 종류가 다른 두 가지 물체를 서로 비비면 한쪽에서 다른 쪽으로 전자(→p.308)가 이동합니다. 전자는 −전기를 지니므로 전자를 받은 쪽은 −전기를 띠며, 전자를 잃은 쪽은 +전기를 띠게 됩니다.

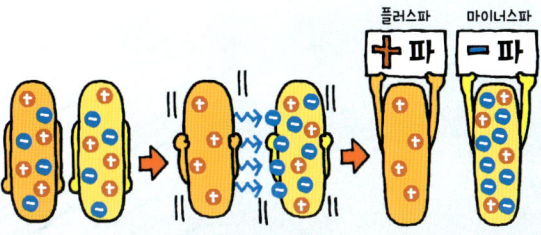

보통은 양쪽 다 +전기와 −전기를 동일한 정도로 지닌다.

두 물체를 마찰시키면 −전기(전자)가 이동한다.

전자를 받은 물체는 −전기를, 전자를 잃은 물체는 +전기를 띤다.

정전기의 작용

+와 + 또는 −와 −와 같이, 같은 종류의 전기를 띤 물체를 서로 가까이하면 서로 밀어내는 힘이 작용하고, 다른 종류의 전기(+와 −)를 띤 물체를 가까이하면 서로 끌어당기는 힘이 작용합니다.

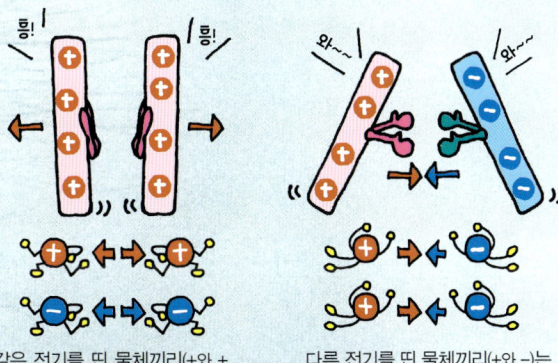

같은 전기를 띤 물체끼리(+와 + 또는 −와 −)는 반발한다.

다른 전기를 띤 물체끼리(+와 −)는 서로 끌어당긴다.

방전 현상

공기가 건조하면 금속 손잡이를 만지거나 손가락을 살짝 대는 것만으로도 찌릿하고 전류가 흐를 때가 있습니다. 이것은 물체에 쌓인 정전기가 공기 중에 이동하는 현상으로, '방전'이라고 합니다. 벼락의 번개(→p.213)와 형광등의 불빛도 정전기의 방전 현상에 의한 빛입니다.

벼락이 칠 때 번쩍이는 번개는 구름과 지상 또는 구름과 구름 사이에 일어나는 방전 현상(→p.213)이다.

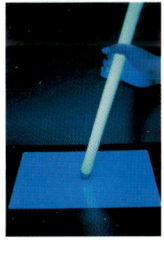

정전기를 띤 책받침에 형광등을 가까이 대면 전자가 형광등 안의 있는 수은가스의 원자에 부딪히며 자외선을 발생시켜 형광등 안쪽에 칠해진 형광물질을 빛나게 한다.

+와 −는 어떻게 정해질까?

마찰했을 때 +, − 어느 쪽의 전기를 띠는지는 마찰한 두 물체의 조합에 의해서 결정됩니다. 예를 들면, 아래 그림에서 두 물체를 마찰했을 때 위에 있는 물체가 +, 아래 있는 물체가 −전기를 띠게 됩니다.

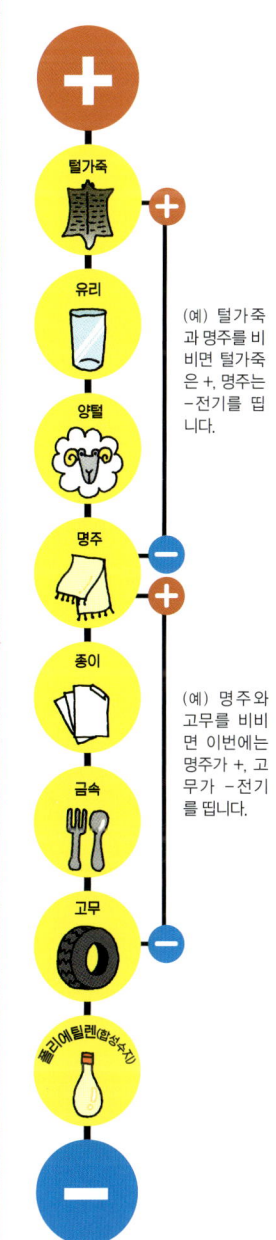

(예) 털가죽과 명주를 비비면 털가죽은 +, 명주는 −전기를 띱니다.

(예) 명주와 고무를 비비면 이번에는 명주가 +, 고무가 −전기를 띱니다.

4 전기는 어떻게 흐를까?

에너지 / 전기와 자석 / 전기의 성질과 전류

꼬마전구나 모터를 도선(전류를 잘 전달하는 물체로 만든 선)으로 전지에 연결하면 전기가 흘러서 꼬마전구에 불이 들어오거나 모터가 돕니다. 이때 연결한 선 안에서는 어떤 일이 일어나고 있을까요?

2 수문을 열면 물이 흐르듯이 스위치를 누르면 회로가 연결되어서 전류가 흐릅니다.

전선

전신주

전류와 물의 흐름

펌프로 퍼 올린 물은 높은 곳에서 낮은 곳으로 흘러갑니다. 전기도 물과 같이 높은 곳(+)에서 낮은 곳(−)으로 흘러갑니다.

전기저항 (R)

전류가 흐르기 어려운 정도

실제 회로에서는

저항 ~ (모터 M 와 꼬마전구 ⊗ 등)

수로에 빗댄다면

물레방아

3 전기의 흐름은 에너지를 가지고 있으므로, 물의 흐름이 물레방아를 돌리듯이 모터를 돌리거나 꼬마전구에 불을 켤 수 있습니다.

원자와 전자

원자는 원자핵과 그 주위를 도는 전자로 구성되어 있습니다. 원자핵은 +, 전자는 −전기를 띠고 있으며, 보통 때는 서로 전기를 상쇄시키고 있습니다. 원자핵의 크기와 내용물, 주위의 전자의 수는 원소(→p.234)에 따라 달라집니다.

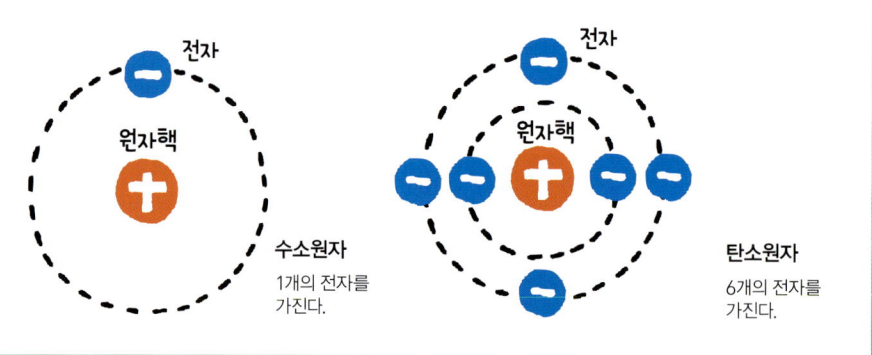

수소원자 1개의 전자를 가진다.

탄소원자 6개의 전자를 가진다.

스위치

펌프

1 건전지는 전기의 +와 -의 차를 만들어서 펌프 역할을 합니다.

4 수로의 물이 펌프로 돌아가듯이 전류는 +극으로부터 나와서 -극으로 돌아갑니다.

전압(V)

회로에 전류를 흐르게 하는 작용

실제 회로에서는
건전지 ─┤├─ 의 기능

수로에 빗댄다면
상류와 하류의 고도 차

전류(I)

1초 동안 흐르는 전기의 양

실제 회로에서는
전기의 흐름

수로에 빗댄다면
물의 흐름

금속과 전류

금속의 원자는 규칙적으로 늘어서 있으며, 일부 전자가 원자에서 떨어져 그 사이를 자유롭게 움직이고 있습니다. 이때 금속에 +와 -의 균형이 깨지면, -전자는 +쪽으로 일제히 이동합니다. 이것이 전류의 정체입니다. 전류는 +에서 -로 흐른다고 정해져 있지만, 실제로는 +쪽으로 이동하는 전자의 움직임에 의해 일어납니다.

+와 -가 균형을 잡을 때

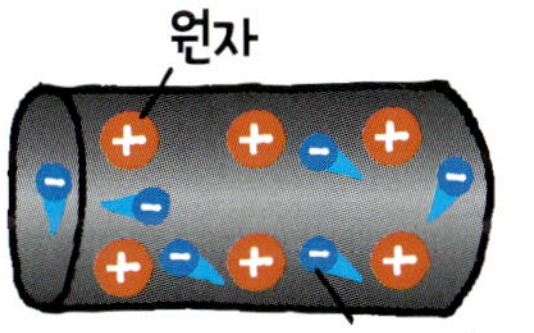

원자 / 자유전자

전자가 자유롭게 돌아다닌다.

+와 -의 균형이 깨졌을 때

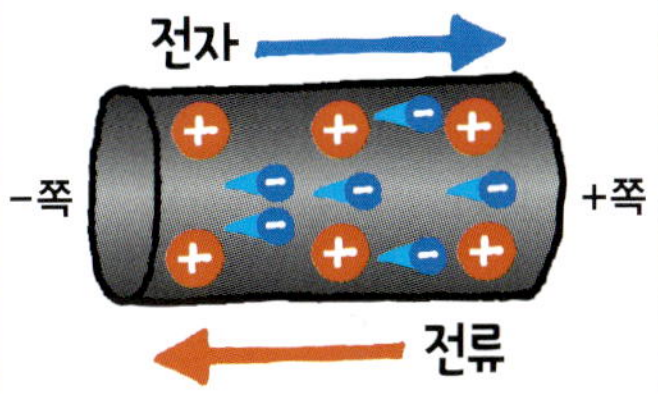

전자 → / -쪽 / +쪽 / ← 전류

전자가 +쪽으로 이동해서 전류는 +부터 -로 흐른다.

물체의 종류와 전기저항

꼬마전구와 모터같이 회로 도중에 있는 것에는 '전기저항'이 있습니다. 전기저항 이란 전류의 흐름을 방해하는 작용을 말합니다. 전기를 잘 통하게 해서 전기저항 이 적은 것을 '도체', 전기저항이 커서 전 기가 잘 통하지 않는 것을 '부도체(절연체)' 라고 합니다.

도체 전기저항이 작아서 전기를 잘 통하게 하는 것

은
동
알루미늄
철
니크롬

반도체 (→p.330) 전기저항이 도체와 부도체의 중간인 것

규소
게르마늄

부도체 (절연체) 전기저항이 커서 전기가 잘 통하지 않는 것

유리
고무
기름
플라스틱

* 순수한 물(H_2O)은 부도체여서 전기가 흐르지 않지만, 일반적인 물은 불순물이 들어있으므로 전기가 흐른다.
* 공기 등의 기체는 부도체지만, 벼락의 번개와 같이 거대한 전압이 가해지면 도체로 변화한다.

전기를 어떻게 측정할까?

전류는 전류계, 전압은 전압계로 측정할 수 있습니다.
전류와 전압은 각각 측정법이 다릅니다.

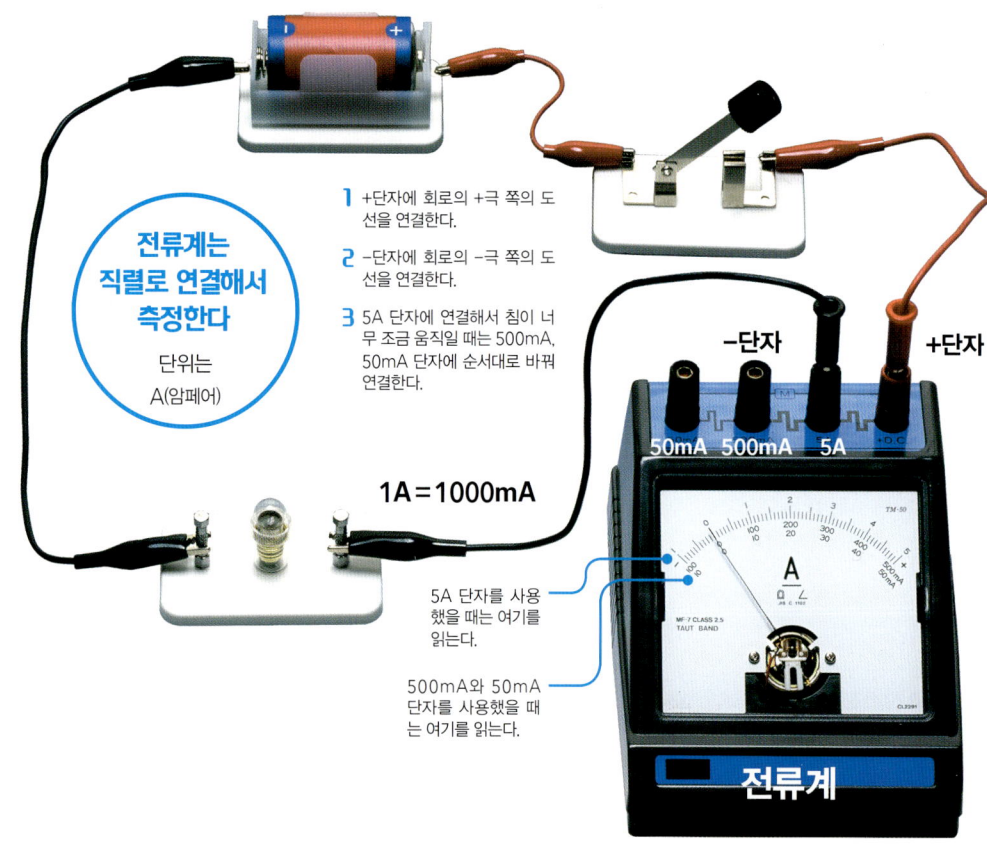

전류계는 직렬로 연결해서 측정한다

단위는 A(암페어)

1 +단자에 회로의 +극 쪽의 도선을 연결한다.
2 −단자에 회로의 −극 쪽의 도선을 연결한다.
3 5A 단자에 연결해서 침이 너무 조금 움직일 때는 500mA, 50mA 단자에 순서대로 바꿔 연결한다.

1A = 1000mA

5A 단자를 사용했을 때는 여기를 읽는다.
500mA와 50mA 단자를 사용했을 때는 여기를 읽는다.

전류 측정법

회로에 흐르는 전류의 양은 전류계를 회로에 직렬로 연결해서 측정합니다. 꼬마전구나 모터 앞뒤에서의 전류의 크기는 변하지 않습니다.

직렬회로의 전류

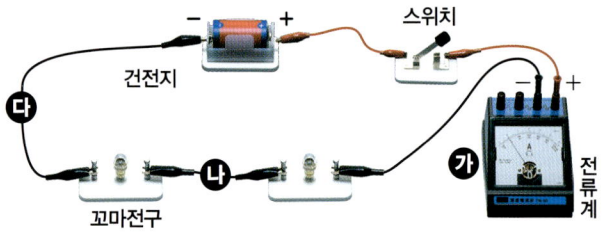

도선이 갈라지지 않고 하나의 고리 상태로 되어 있는 회로를 '직렬회로'라고 합니다. 이 회로에서는 어느 위치에서 전류를 측정해도 같은 크기의 전류가 흐릅니다.

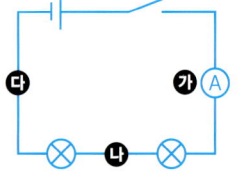

㉮, ㉯, ㉰ 어느 위치에서 측정해도 전류의 크기는 같다.
㉮=㉯=㉰

병렬회로의 전류

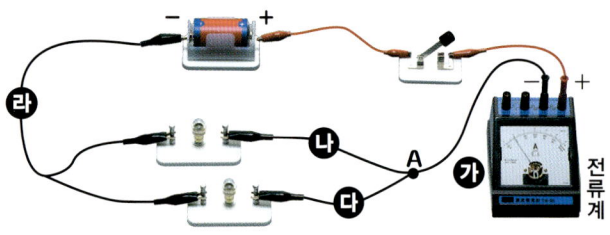

도선이 갈라져서 두 개 이상의 길이 있는 회로를 '병렬회로'라고 합니다. 이 회로에서는 나뉘기 전의 전류, 나뉜 전류의 합, 합류한 전류의 크기가 모두 같습니다.

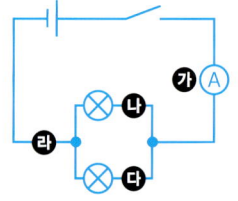

㉮와 ㉱의 전류는, ㉯와 ㉰의 합과 같다.
㉮=㉱=㉯+㉰

전압 측정법

전압계는 병렬로 연결해서 측정한다

단위는 V(볼트)

1. +단자에 회로의 +극 쪽의 도선을 연결한다.
2. -단자에 회로의 -극 쪽의 도선을 연결한다.
3. 300V 단자에 연결해서 침이 너무 조금 움직일 때는 스위치를 끄고 15V, 3V 단자에 순서대로 바꿔서 연결한다.

−단자 　 +단자

300V 　 15V 　 3V

- 300V 단자를 사용했을 때는 여기를 읽는다.
- 15V 단자를 사용했을 때는 여기를 읽는다.
- 3V 단자를 사용했을 때는 여기를 읽는다.

전압은 전류를 흐르게 하는 작용입니다. 전압이 크면 전류가 커지고 꼬마전구는 밝아집니다. 전압은 회로의 측정하고 싶은 장소에 병렬로 연결해서 측정합니다.

전류가 흐르는 방식과 회로도

전류는 건전지의 +극부터 흘러나와서 꼬마전구와 모터를 통과하고 -극으로 흘러 들어갑니다. 이러한 전기가 통하는 길을 '회로'라고 합니다. 꼬마전구와 모터에는 '전구에 불이 켜진다', '모터가 돌아간다' 등의 작용이 일어나는 반면에, '저항'이라는 전류를 잘 통하지 못하게 하는 성질이 있습니다.

회로는 아래와 같은 기호를 사용해서 간단한 그림으로 표현할 수 있습니다.

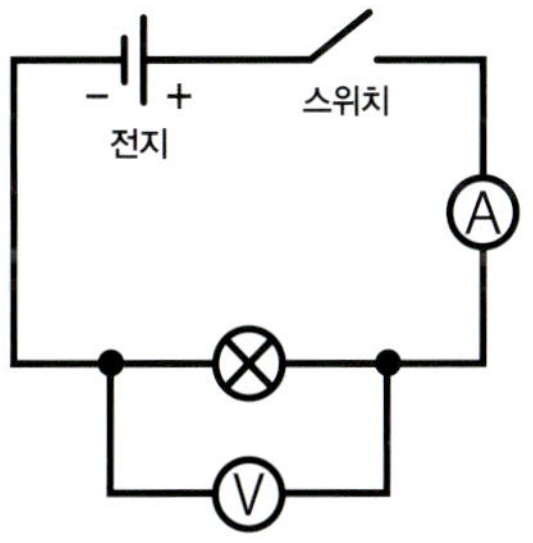

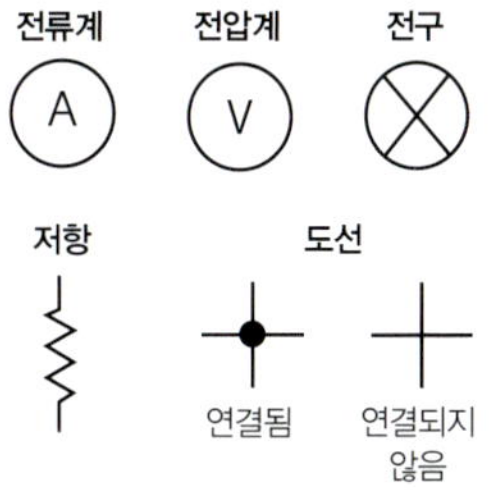

전지 　 스위치

전류계 (A) 　 전압계 (V) 　 전구 ⊗

저항 　 도선 연결됨 / 연결되지 않음

직렬회로의 전압

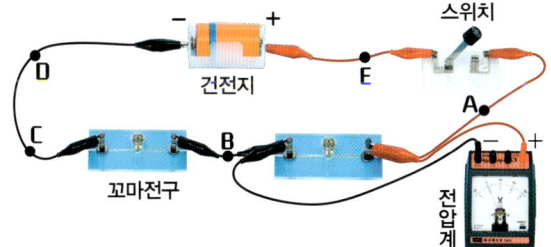

꼬마전구와 모터 등의 저항이 직렬로 연결된 회로에서는 측정하고 싶은 저항을 사이에 놓듯이 병렬로 전압계를 연결해 전압을 측정합니다.

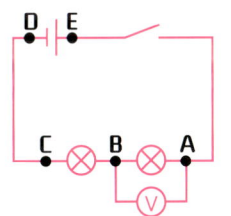

AC의 전압은, AB의 전압과 BC의 전압의 합계가 된다. 그리고 AC의 전압은 전지 DE의 전압과 같다.

병렬회로의 전압

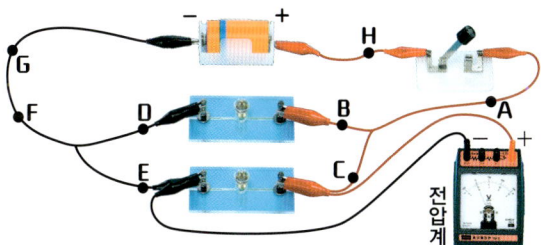

꼬마전구와 모터 등의 저항이 병렬로 연결된 회로에서도 측정하고 싶은 저항을 사이에 놓듯이 병렬로 전압계를 연결해 전압을 측정합니다.

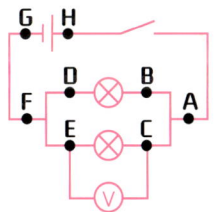

AF의 전압은, BD의 전압 또는 CE의 전압과 같다. 그리고 AF의 전압은 전지 GH의 전압과 같다.

건전지를 직렬과 병렬 중 어떻게 연결해야 불이 더 밝을까?

건전지를 직렬로 연결할 때와 병렬로 연결할 때, 전류가 흐르는 방식과 꼬마전구의 불빛에 어떠한 차이가 생길까요?

직렬

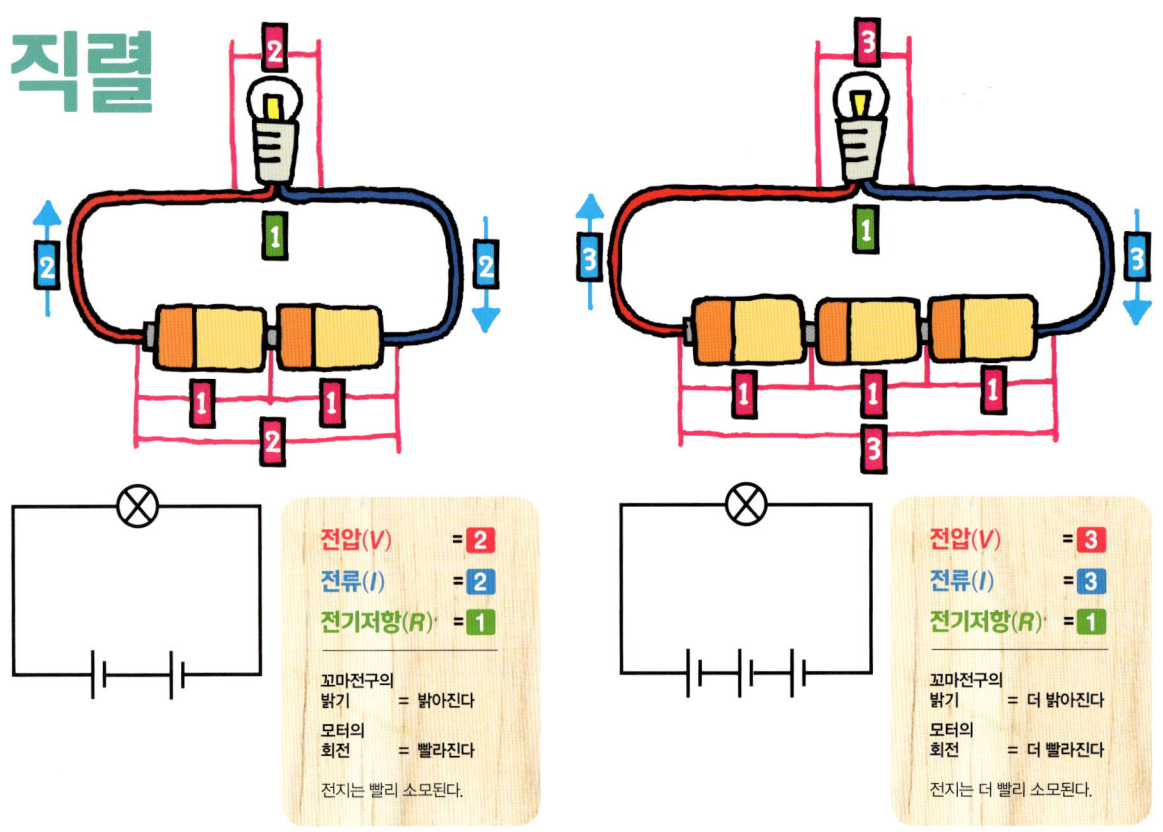

건전지의 직렬연결

건전지의 +극과 -극을 순서대로 연결해서 일렬로 세운 연결 방식입니다. 직렬로 두 개를 연결하면 전압은 두 배, 세 개를 연결하면 세 배가 됩니다. 전압이 높아진 만큼 전류도 커지므로, 꼬마전구는 밝게 빛나고 모터도 빨리 돌아갑니다. 하지만 전지는 빨리 닳습니다.

수로의 높이가 높아지고 물은 세차게 흘러가며 물레방아도 빨리 돌아간다.

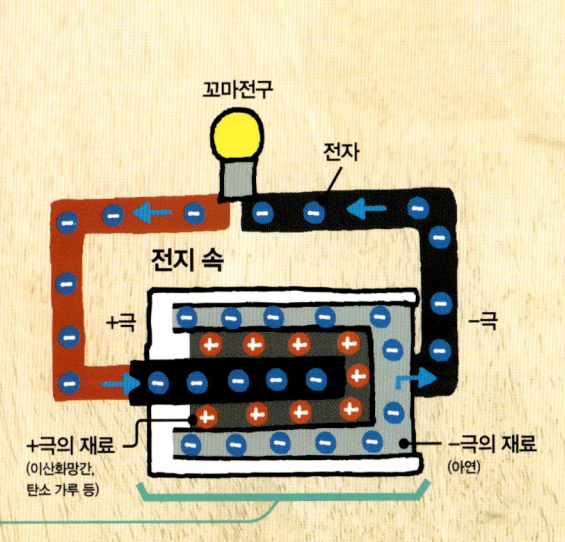

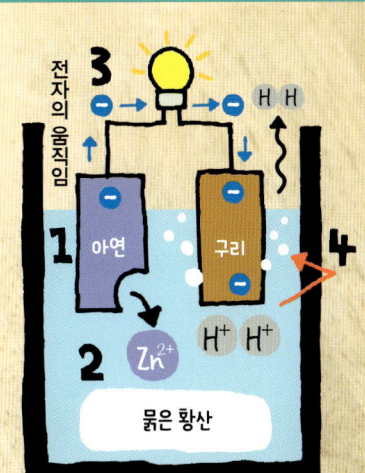

전지의 구조
(볼타 전지)

전지는 '이온화 경향'이 다른 두 종류의 금속과 황산 수용액 등과의 화학반응을 이용해서 전기의 흐름을 만들어냅니다. 재료와 형태는 다르지만, 우리가 흔히 쓰는 건전지 속에도 마찬가지 화학반응이 일어나고 있습니다.

1. 묽은 황산에 아연판과 구리판을 넣어서 도선으로 연결한다.
2. 아연(Zn) 원자가 전자와 나뉘어 아연 이온(Zn^{2+})이 되어 묽은 황산에 녹아든다.
3. 아연판에 남은 전자는 도선을 통해서 구리판으로 향하고, 전류가 흘러서 전구에 불이 들어오게 된다.
4. 구리판에 이동한 전자는 묽은 황산 속의 수소이온(H^+)에 붙어 수소기체(H_2)가 발생한다.

* 전류의 방향은 전자의 움직이는 방향과 반대이다.

병렬

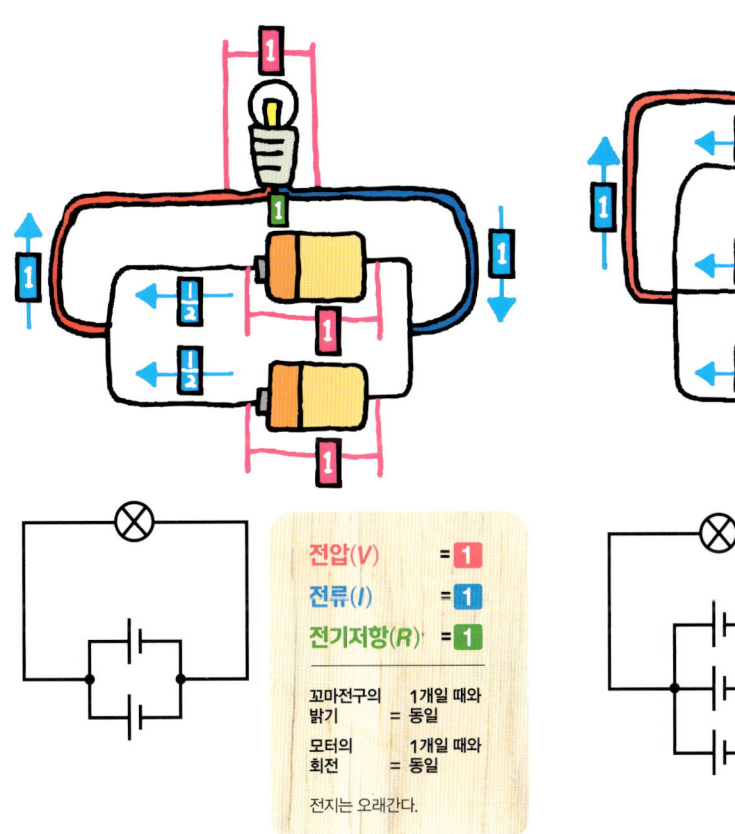

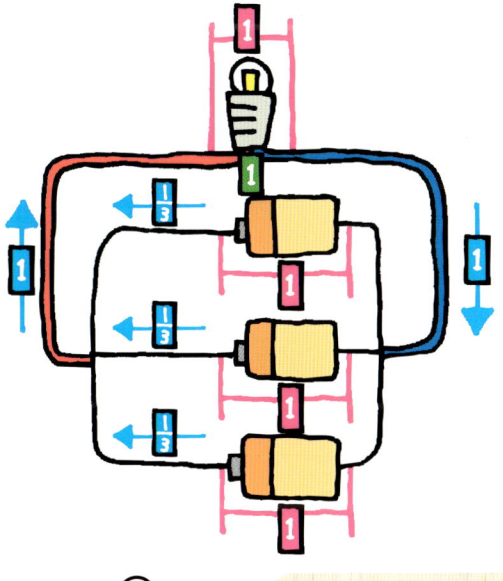

건전지의 병렬연결

건전지의 +극과 −극의 방향을 맞춰서 평행하게 배치한 연결 방식입니다. 몇 개를 연결해도 전압은 전지가 한 개일 때와 같습니다. 따라서 흐르는 전류의 크기도 같으며, 꼬마전구의 밝기나 모터의 속도도 전지 한 개일 때와 같습니다. 단, 각 전지의 부담이 줄어들기 때문에 전지는 오래갑니다.

비축되는 물은 많아지지만 수로의 높이는 변하지 않으므로 물살은 같다.

꼬마전구의 직렬과 병렬, 어느 쪽이 더 밝을까?

건전지의 연결방식은 그대로 두고, 꼬마전구의 연결방식을 직렬로 하는 것과 병렬로 하는 것에 따라 꼬마전구의 불빛은 어떻게 변화할까요?

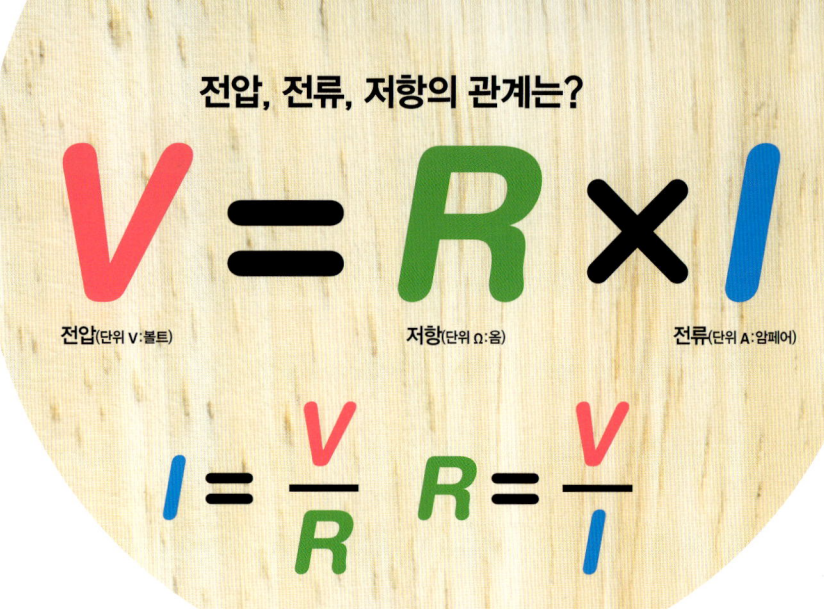

전압, 전류, 저항의 관계는?

$$V = R \times I$$

전압(단위 V:볼트)   저항(단위 Ω:옴)   전류(단위 A:암페어)

$$I = \frac{V}{R} \qquad R = \frac{V}{I}$$

직렬

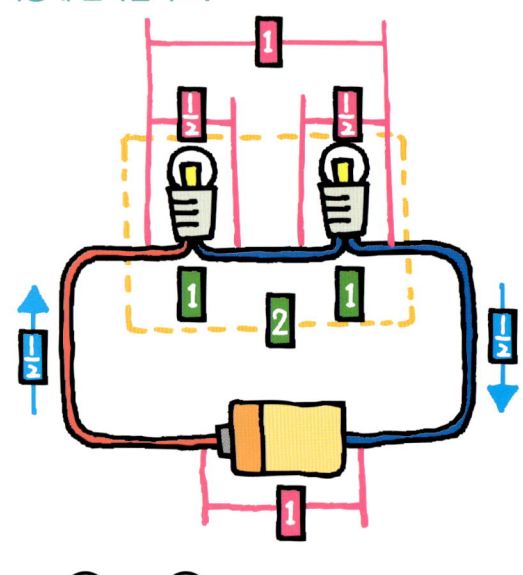

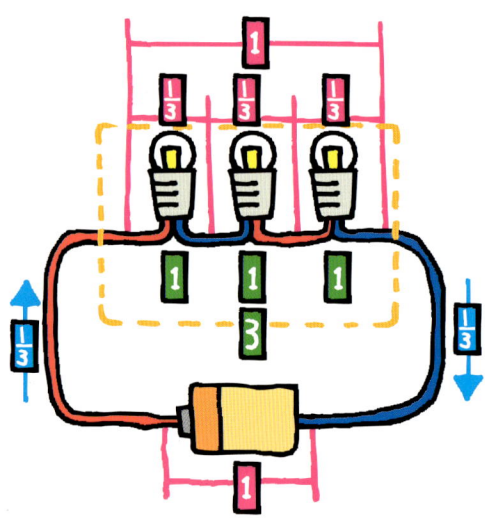

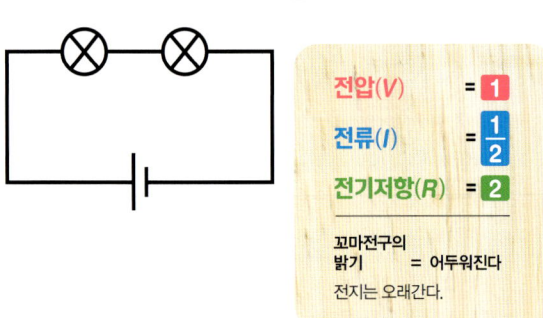

전압(V) = 1
전류(I) = 1/2
전기저항(R) = 2

꼬마전구의 밝기 = 어두워진다
전지는 오래간다.

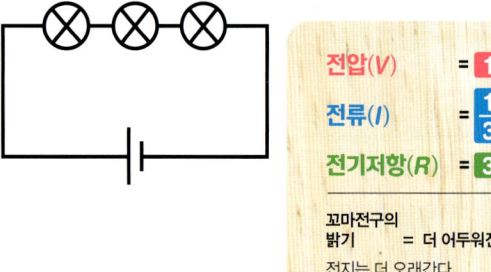

전압(V) = 1
전류(I) = 1/3
전기저항(R) = 3

꼬마전구의 밝기 = 더 어두워진다
전지는 더 오래간다.

꼬마전구의 직렬연결

동일한 꼬마전구를 두 개 직렬로 연결하면 회로 전체의 전기저항은 두 배가 되며 흐르는 전류는 2분의 1이 됩니다. 세 개를 직렬로 연결하면 전기저항은 세 배, 전류는 3분의 1입니다. 꼬마전구를 더 많이 연결할수록 불빛은 어두워지며, 반대로 전지는 더 오래갑니다. 또한 꼬마전구가 한 개라도 끊기거나 빠지면 다른 꼬마전구에도 불이 들어오지 않습니다.

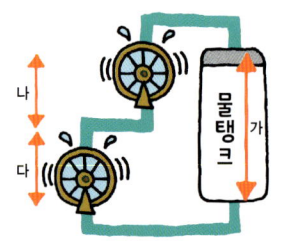

물이 흐르는 길이 하나이므로 흐르는 물의 양은 어디든지 마찬가지이다. 즉, 어디서나 마찬가지 크기로 전류가 흐른다. '나'와 '다'를 더한 전압이 전체의 전압인 '가'가 된다.

옴의 법칙 회로를 흐르는 전류(*I*)와 전압(*V*), 전기저항(*R*)의 관계는 항상 다음과 같이 된다. 이것을 '옴의 법칙'이라고 한다.

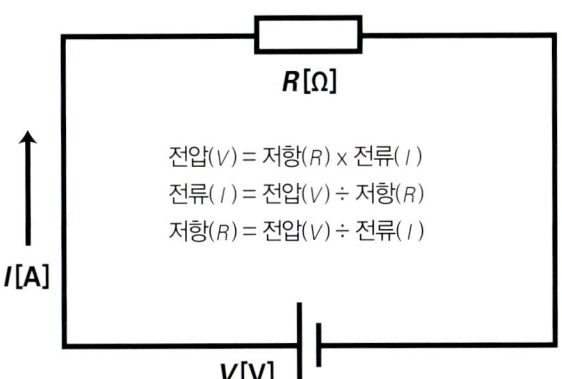

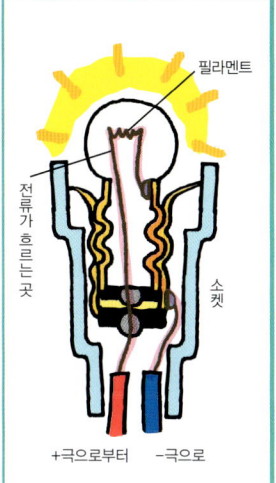

꼬마전구에 불이 들어오는 구조

꼬마전구 안에서도 회로가 연결되어 있습니다. 도중에 '필라멘트'라는 얇은 금속이 있어서 거기에 전류가 흐르면 강한 전기저항이 발생해서 온도가 높아집니다. 필라멘트는 텅스텐이라는 금속으로 만들어졌으며, 온도가 높아지면 밝은 빛을 방출합니다.

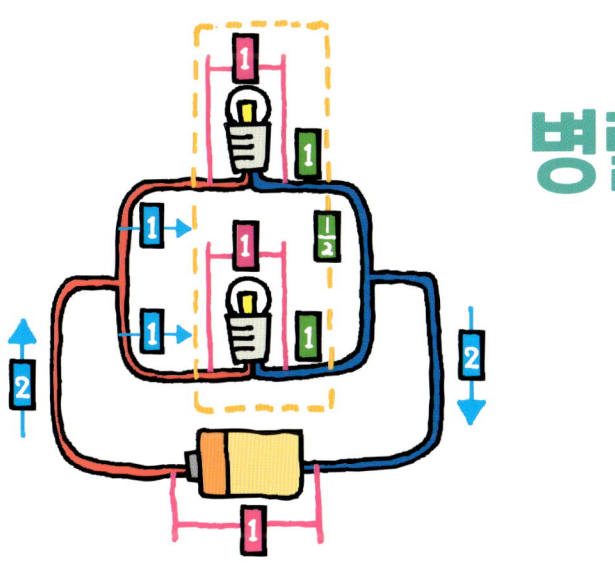

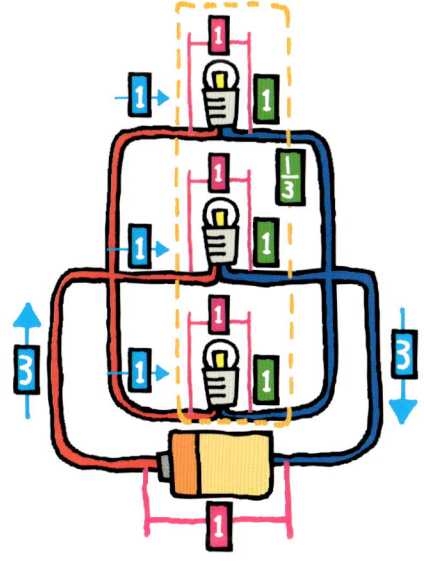

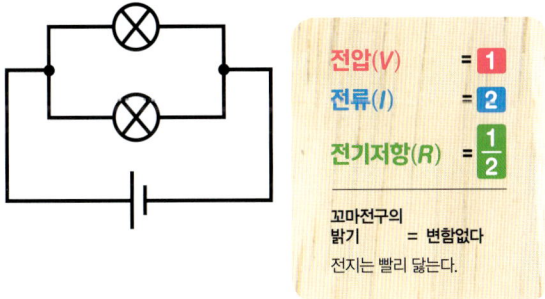

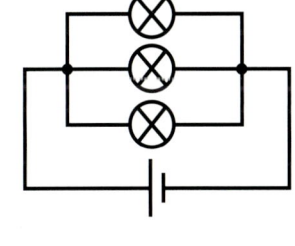

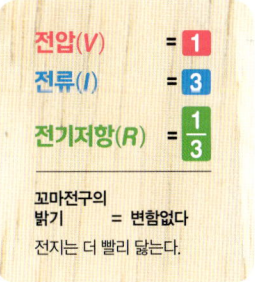

꼬마전구의 병렬연결

동일한 꼬마전구 여러 개를 병렬로 연결해도 한 개에 흐르는 전류는 꼬마전구 한 개일 때와 같으며 불의 밝기도 변함없습니다. 즉, 두 개의 병렬에서는 회로 전체의 전기저항은 2분의 1이며, 전류는 두 배가 됩니다. 세 개일 때는 전기저항이 3분의 1이며, 전류는 세 배가 됩니다. 병렬로 많이 연결할수록 전류가 많이 흐르므로 전지는 빨리 닳습니다.

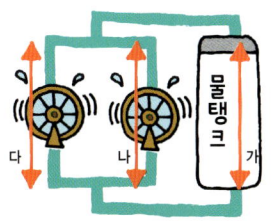

물이 흐르는 길이 갈라지므로 양 전류를 더한 것이 전지에서 흐르는 전체 전류가 된다. 전압은 '나'나 '다', 전체의 전압인 '가' 모두 같다.

315

달라붙지 않는 금속도 있다
금, 은, 동, 알루미늄 같은 금속은 자석에 붙지 않습니다.

우리 주변의 자석

우리는 여러 상황에서 자석의 힘을 빌려서 살고 있습니다. 어떠한 것에 자석의 성질이 이용되고 있을까요?

냉장고 문

냉장고 문을 닫을 때 "탁" 소리를 내며 닫히는 것은 문에 자석이 붙어 있기 때문이다. 냉장고는 문의 고무 부분 안쪽에 자석이 들어 있다.

쉽게 떨어지는 콘센트

자석을 사용해서 콘센트를 연결하는 전기 기구도 있다. 코드에 발이 걸려도 쉽게 콘센트가 떨어지기 때문에 전기 포트가 넘어지지 않는다.

마그네틱 카드

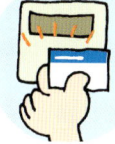

자석의 성질을 사용해서 정보를 기록하고 읽을 수 있다. 신용카드나 호텔의 도어락 카드 등으로 사용되고 있다.

MRI

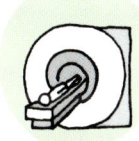

자석의 힘 가운데 인체를 놓으면 체내의 수소원자가 미세한 전파를 낸다. 그것을 입체적인 화상으로 바꿔 체내를 조사한다.

자기부상열차

전자석을 이용하여 공중에 뜨게 만든 차체를 강력한 자석으로 끌어당겨서 달리게 한다. 선로와의 마찰이 없어 빠르고 소음이 적다.

자석의 힘은 어떻게 작용할까?

자석의 양 끝을 '극'이라고 합니다.
자석의 극은 철을 끌어당기는 힘이 가장 강합니다.
극에는 N극과 S극이 있으며, 그 사이에는
재미있는 힘이 작용하고 있습니다.

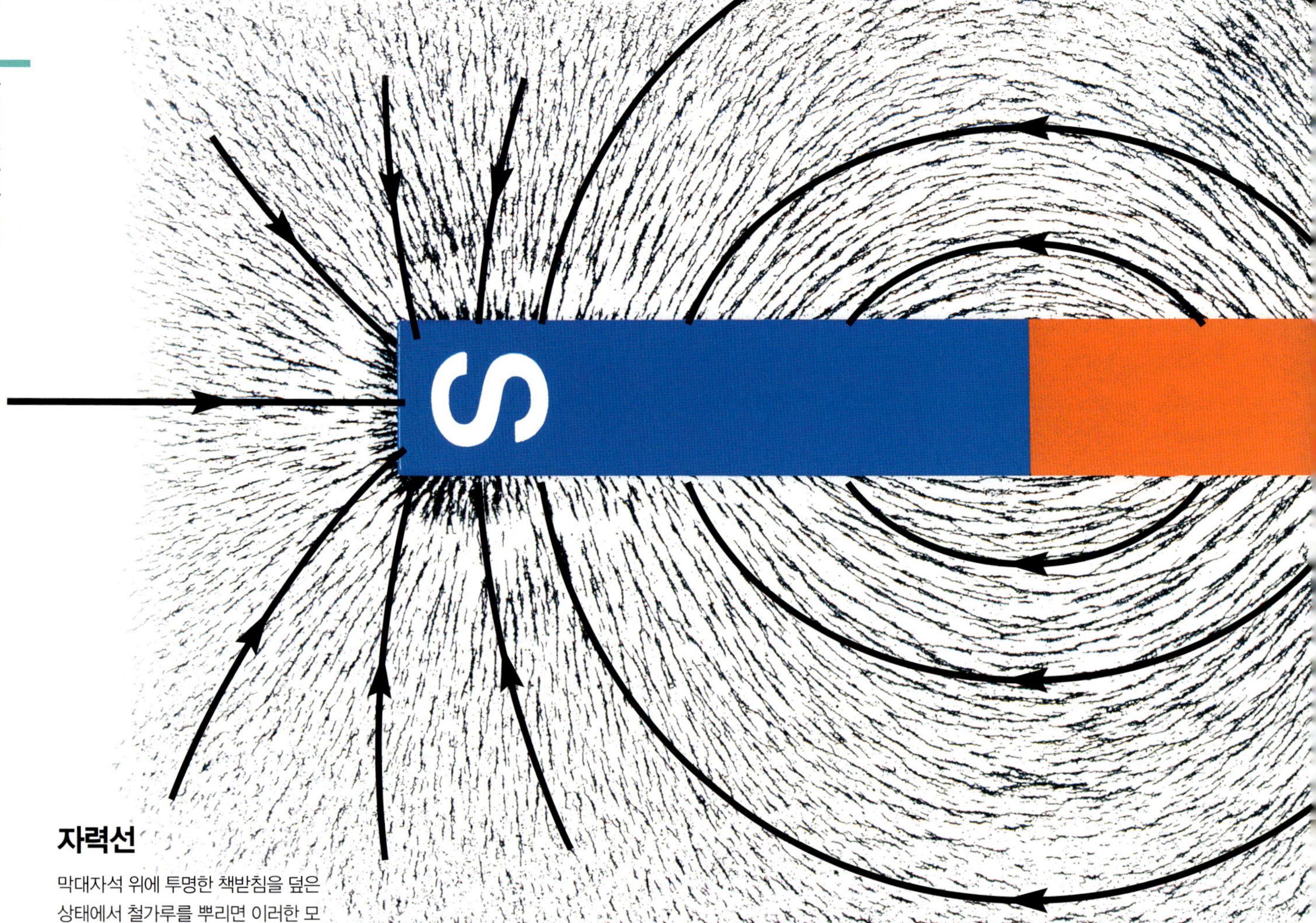

자기장

자력선
막대자석 위에 투명한 책받침을 덮은 상태에서 철가루를 뿌리면 이러한 모양이 생긴다. 끌어당기는 힘이 강한 양극에 많은 철가루가 달라붙는다.

4 에너지 / 전기와 자석 / 자석의 극과 자력선

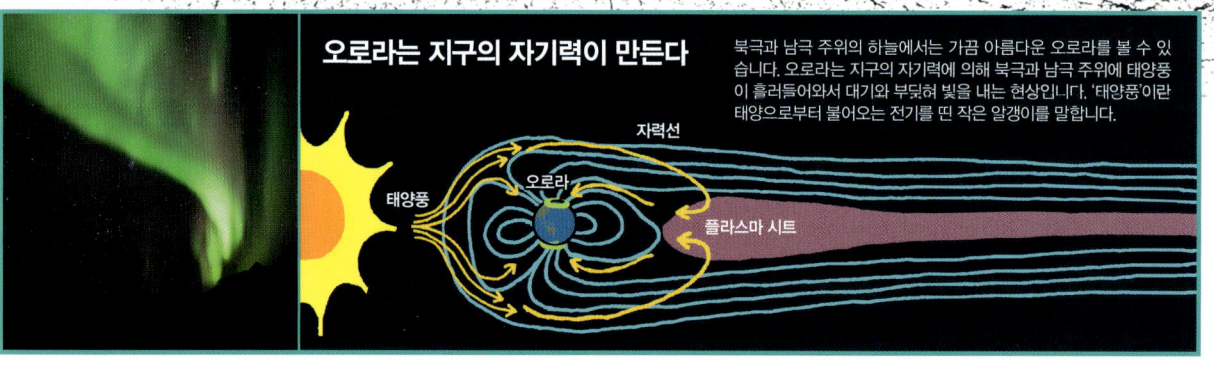

오로라는 지구의 자기력이 만든다

북극과 남극 주위의 하늘에서는 가끔 아름다운 오로라를 볼 수 있습니다. 오로라는 지구의 자기력에 의해 북극과 남극 주위에 태양풍이 흘러들어와서 대기와 부딪혀 빛을 내는 현상입니다. '태양풍'이란 태양으로부터 불어오는 전기를 띤 작은 알갱이를 말합니다.

태양풍 · 오로라 · 자력선 · 플라스마 시트

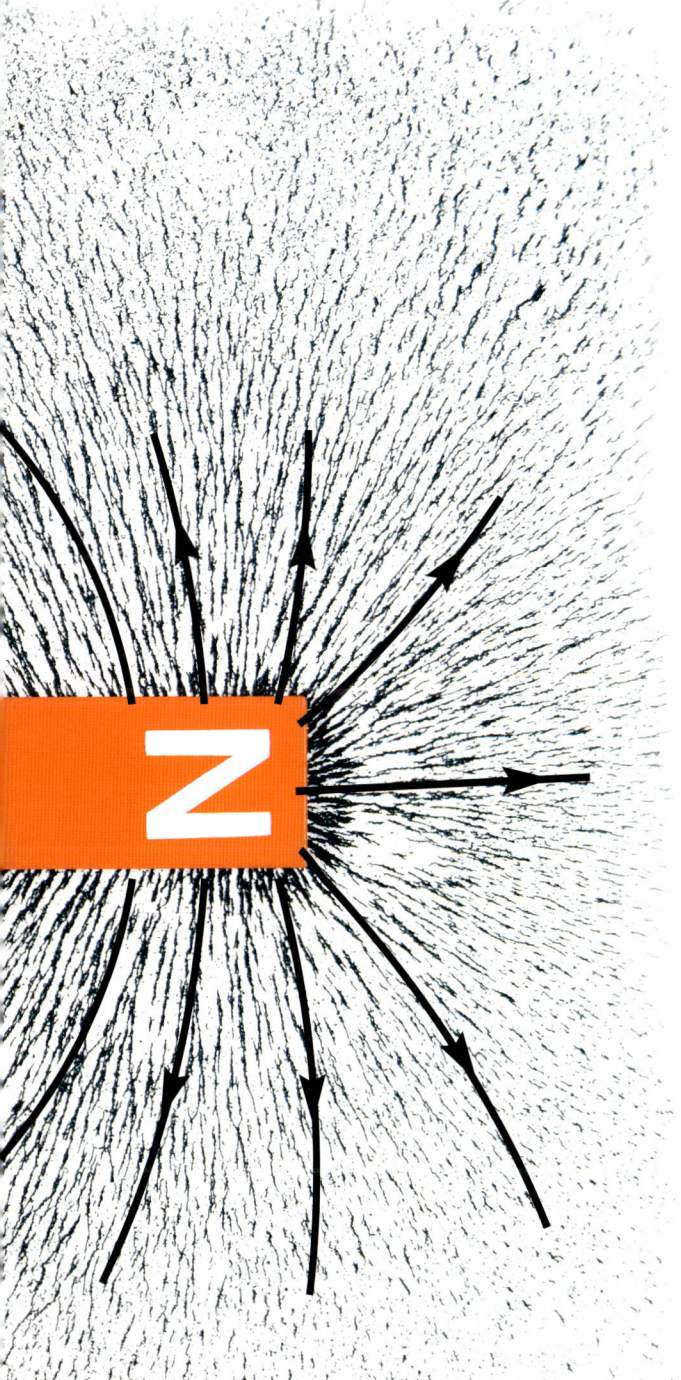

자석의 극

N극과 S극을 가까이하면 서로 끌어당기는 힘이 작용해서 달라붙습니다. N극과 N극, S극과 S극을 가까이하면 서로 밀어내는 힘이 작용해서 반발합니다. 이처럼 자석의 극과 극 사이에 작용하는 힘을 '자기력', 그 범위를 '자기장'이라고 합니다.

다른 극을 가까이하면 서로 끌어당긴다.

같은 극을 가까이하면 서로 밀어낸다.

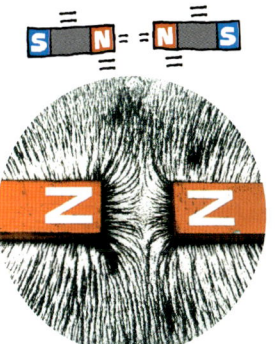

나침반을 만들어보자

나침반은 자석이 가지는 N극과 S극의 작용에 의해서 방향을 가리키는 도구입니다. 자석의 극이 어떠한 성질을 가지는지 나침반을 만들어서 확인해 봅시다.

1 자석의 한쪽 극 방향으로 철사를 몇 차례 문지른다.

2 발포 스티롤 가운데에 철사를 꽂아 한쪽에 색을 칠한다.

3 세면기에 물을 받아서 그 가운데에 띄우면

바늘은 언제나 북쪽과 남쪽을 가리킨다.

자석의 극을 가까이하면 자석으로부터 멀어진다.

다른 극을 가까이하면 다가와서 붙는다.

자석의 S극을 가까이하니 붙었으므로 나침반의 빨간색의 극은 N극임을 알 수 있다.

나침반은 왜 남북을 가리킬까?

나침반의 N극은 항상 북쪽을 가리키며 S극은 늘 남쪽을 가리킵니다. 이는 지구 전체가 하나의 거대한 자석이 되기 때문입니다. 지구 안에는 걸쭉하게 녹아 있는 철이 대류를 하고 있습니다. 그 움직임에 의해 지구는 자석의 성질이 생기는 것입니다. 북극 근처에서는 S극, 남극 근처에서는 N극이 생겨서 나침반의 반대 극이 당겨지므로 바늘은 항상 같은 방향을 가리킵니다.

왜 나침반은 텔레비전 옆에 두면 이상해질까?

전기제품 옆에서는 나침반이 올바른 방향을 가리키지 못할 때가 있습니다.
전류와 자기장 사이에 있는 신비로운 관계에 관해 알아봅시다.

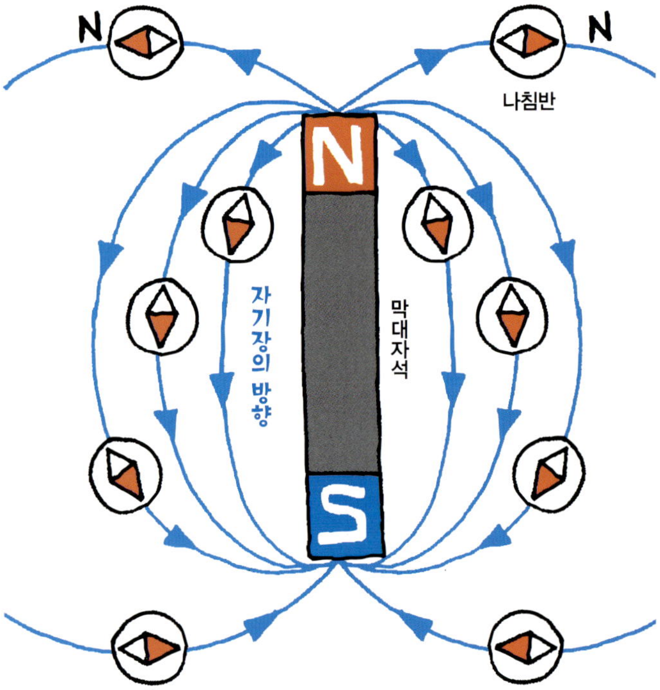

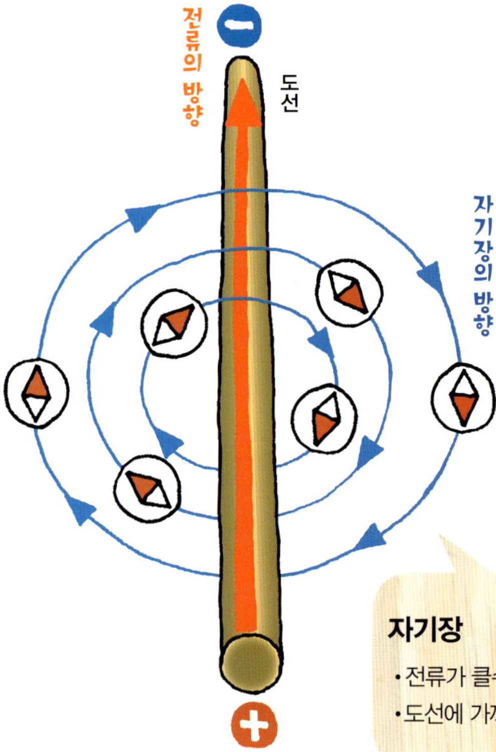

에너지 4 / 전기와 자석 / 전류와 자력선

자기장
- 전류가 클수록 강하다
- 도선에 가까울수록 강하다

나침반의 바늘은 자력선에 평행함

자력을 선으로 나타낸 것이 '자력선'입니다. 자력선은 N극에서부터 S극으로 향하며, 나침반의 바늘 방향은 항상 자력선과 평행합니다.

1 전류가 흐르면 자기장이 생긴다

전류가 흐르고 있는 도선의 주위에는 자기장이 생깁니다. 전류가 클수록 자기장은 강하며 도선에 가까울수록 자기장은 강해집니다.

나사의 진행 방향
=
전류의 방향

나사를 돌리는 방향
=
자기장의 방향

전류와 자기장의 방향은 오른나사의 관계

도선에 흐르는 전류와 자기장의 방향 관계는 나사의 진행 방향과 나사를 돌리는 방향(우회전)과 같아진다(오른나사의 법칙).

전류와 자력선

도선(전기의 양극을 이어 전류를 통하게 하는 금속으로 된 줄)에 전기가 흐르면 자력이 발생하면서 자기장이 생깁니다. 텔레비전 같은 전기제품의 스위치를 켜면 그 안에 있는 많은 도선과 코일을 흐르는 전류에 의해 자력이 발생, 그 자기장의 영향을 받아서 나침반이 맞지 않게 되는 것입니다.

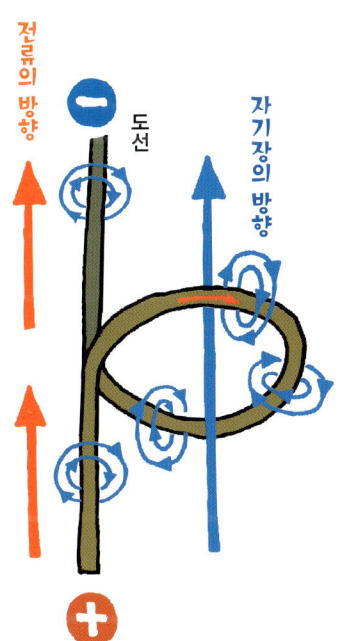

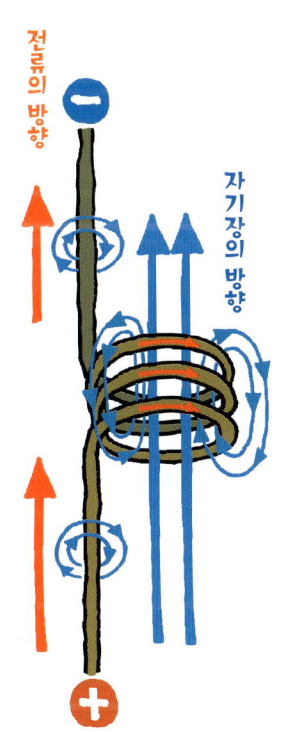

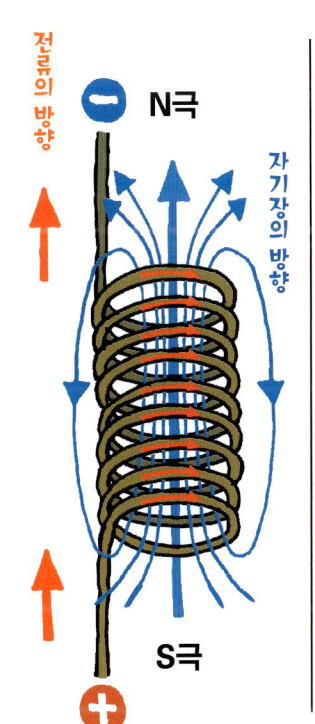

2 원형 도선의 자기장

둥글게 만든 도선 주위에는 자기장이 그림과 같이 나타나서 원 안쪽에서는 자기장의 방향이 같아집니다.

3 코일 주위의 자기장

원형인 도선을 여러 개 포갠 코일의 경우, 안쪽으로 방향이 갖추어진 자기장이 여러 개 겹쳐져서 자기장이 점점 강해집니다.

4 코일의 감은 수·전류와 자기장

자기장은 코일에 흐르는 전류가 클수록 강하며, 코일의 감은 수가 많을수록 더 강해집니다.

5 코일의 전류 방향과 형성되는 극

코일의 끝을 봤을 때 전류가 오른쪽으로 돌면 S극, 왼쪽으로 돌면 N극이 됩니다.

6 코일의 전류와 자기장의 방향

엄지손가락을 세워서 오른손을 쥐면 엄지손가락의 방향이 자기장의 방향, 나머지 손가락 네 개의 방향이 전류의 방향이 됩니다(오른손[오른나사의] 법칙 →p.323).

전자석이 뭐지?

전류로 철을 자석으로 바꾸는 전자석은 우리 주변에서 많이 사용되고 있습니다. 전자석을 만들어서 그 힘을 확인해 봅시다.

전자석의 성질

코일에 전류가 흐르면 자기장이 생깁니다(→p.320). 그 코일 안에 철심을 넣으면 자력선 다발이 많아져서 강한 자력을 가지게 됩니다. 이것이 전자석입니다. 전류의 스위치를 끄면 전자석의 자석 성질이 사라집니다. 자력은 큰 전류가 흐를수록 강하고 코일의 감은 수가 많을수록 강해집니다.

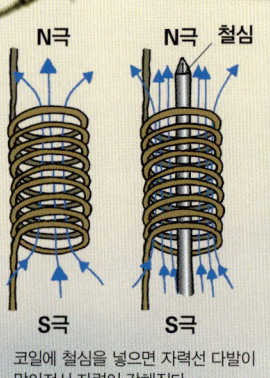

코일에 철심을 넣으면 자력선 다발이 많아져서 자력이 강해진다.

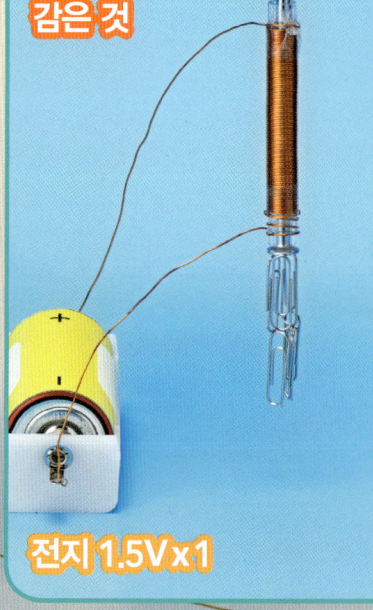

코일 100번 감은 것
전지 1.5V x 1

철을 들어 올리기 위해서 강력한 전자석(리프팅 마그넷)을 탑재한 크레인

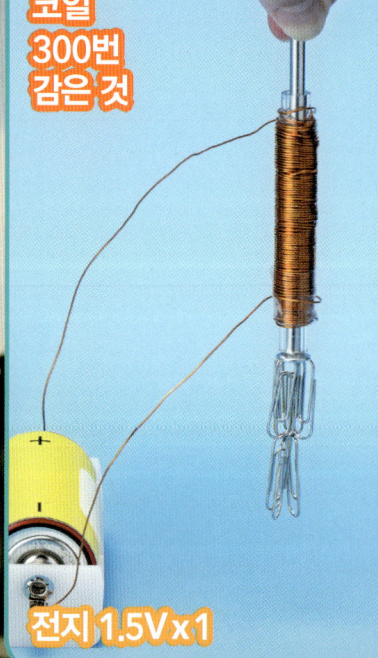

코일 300번 감은 것
전지 1.5V x 1

전자석의 이용

전류의 스위치에 따라 자석도 되고 아니게도 되므로, 전자석은 모터와 신호기, 고철을 들어 올리는 크레인 등 여러 도구에 이용되고 있습니다.

전자석의 특징

- 전류가 흐를 때만 자석이 된다
- 자력과 극의 성질은 영구 자석과 같다
- 전류가 크면 자력도 커진다
- 코일의 감은 수가 많으면 자력은 강해진다
- 전류의 방향이 바뀌면 극이 뒤바뀐다

전자석의 극과 전류의 방향

전류가 흐르면 전자석의 양 끝에는 N극과 S극이 생기며, 전자석은 영구 자석과 같은 성질을 가지게 됩니다. 전지의 방향을 거꾸로 하면 전류의 방향도 거꾸로 되기 때문에, '오른손 법칙' (→p.321)에 따라 자기장의 방향이 바뀌어서 N극과 S극이 뒤바뀌게 됩니다.

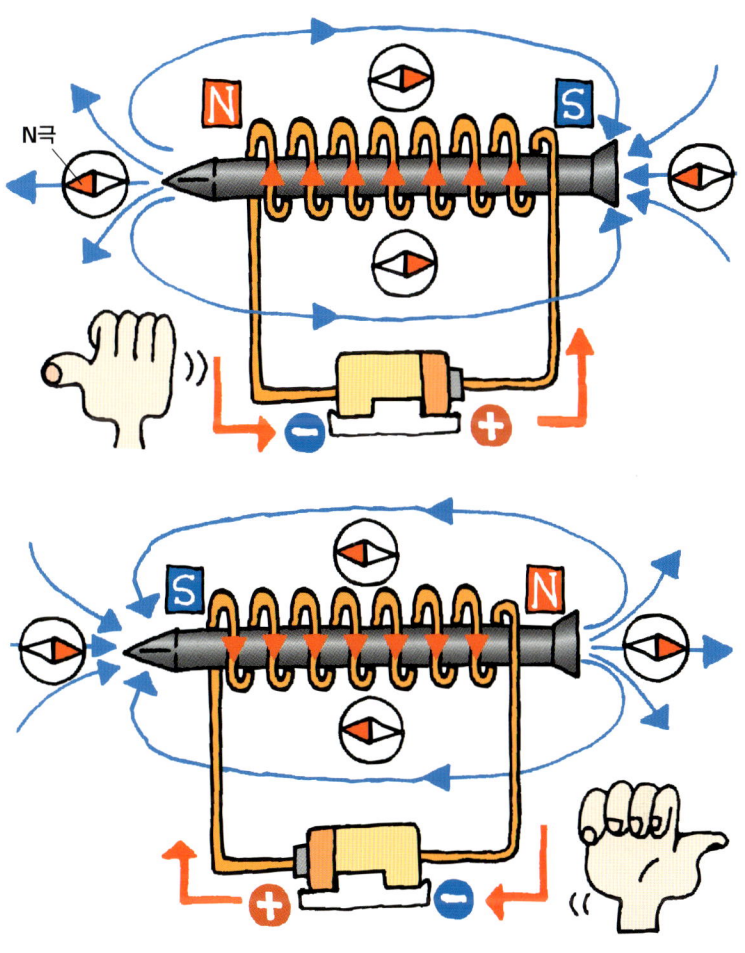

벨의 구조

불이 났을 때 비상벨과 경고음은 전자석의 성질을 이용해 연속적으로 소리가 나도록 만들어졌습니다.

1. 전류가 흐르면 철로 된 부품이 전자석으로 당겨져서 해머가 종을 친다.
2. 해머가 당겨지면 회로의 접점이 열려서 자력이 사라진다.
3. 해머가 용수철로 떨어지고 접점이 다시 붙어서 전류가 흘러 1로 돌아간다.

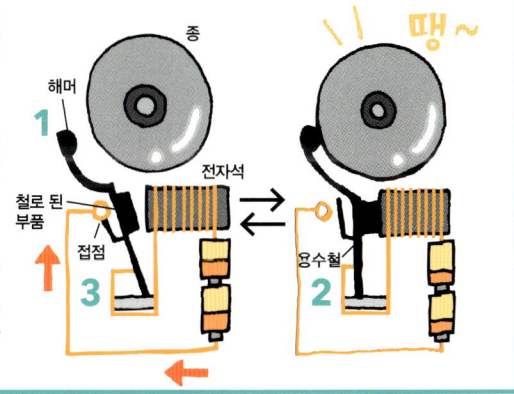

323

4 모터는 어떻게 돌까?

에너지

전기와 자석

모터의 원리

모터는 전류와 자력으로 회전합니다. 코일 모터를 만들어서 전류와 자력이 어떻게 작용하여 회전하는 움직임을 만들어내는지 살펴봅시다.

모터가 프로펠러를 돌리고 있다.
모터 안에는 도선을 감은 코일이 들어 있다.

전자석과 모터

모터는 자석과 전류에 의해 생기는 힘을 이용해서 코일을 감은 축을 회전시키는 부품입니다. 전동자전거, 냉장고, 자동문, 전동공구, 하이브리드 차량 등 전기로 움직이는 많은 물건에 이용되고 있습니다.

코일을 만드는 법

   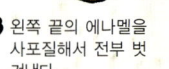 

1. 통에 에나멜 선을 10번 정도 감는다.
2. 양 끝을 각각 코일에 감아서 당긴다.
3. 왼쪽 끝의 에나멜을 사포질해서 전부 벗겨낸다.
4. 오른쪽 끝의 에나멜은 아래 절반을 벗겨낸다.

자기장 안에서 전류가 흐르면 힘이 발생한다

자석 주위에 생기는 자기장 안에서 전류가 흐르면 전류에 힘이 작용합니다. 자기장 방향과 전류의 방향 사이에서 어느 방향으로 힘이 작용하는지는 '플레밍의 왼손 법칙'으로 알 수 있습니다.

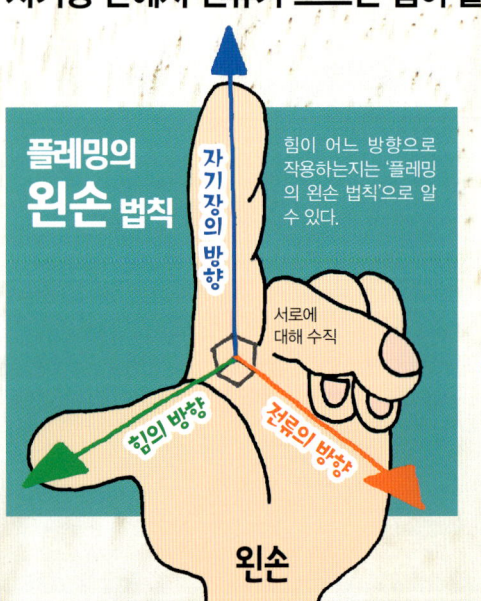

플레밍의 왼손 법칙

힘이 어느 방향으로 작용하는지는 '플레밍의 왼손 법칙'으로 알 수 있다.

서로에 대해 수직

자기장의 방향
힘의 방향
전류의 방향

왼손

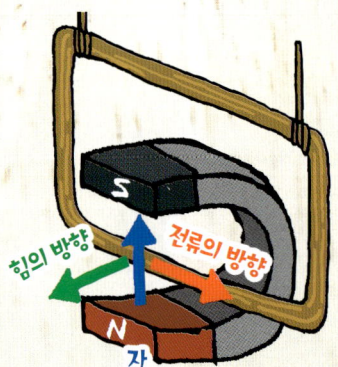

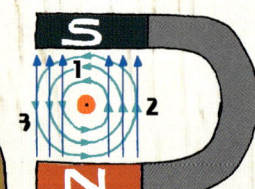
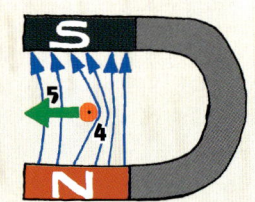

힘이 발생하는 원리

1. 전류는 안쪽에서부터 바깥으로 흐르고 있으므로 반시계방향으로 자기장이 생긴다 (→p.320).
2. 자석과 전류가 만드는 자기장의 방향이 같아지면 **자기장이 강해진다**.
3. 자석과 전류가 만드는 자기장의 방향이 반대가 되면 서로 상쇄해서 **자기장이 약해진다**.
4. 자기장이 강해지면 **자력선이 많아진다**.
5. 많아진 자력선이 고무처럼 작용해서 자기장이 약한 쪽으로 **도선을 움직이는 힘이 생겨난다**.

모터로 전기를 만들 수 있을까?

전기로 돌아가는 모터와 전기를 만드는 발전기는 구조가 같습니다.
모터를 이용해서 어떻게 전기가 만들어지는지 알아봅시다.

모터 축에 실을 감아서 세게 당기면 모터의 자기장 안에서 코일이 돌아간다. 그러면 전류가 발생해서 꼬마전구에 불이 들어온다.

발전기와 전자 유도

발전기는 자기장 안에서 코일을 돌리고 전자 유도를 일으켜서 전기를 만드는 기계입니다. 모터를 전기 이외의 힘으로 돌리면 발전기처럼 모터에서 전기를 발생시킬 수 있습니다. 우리가 사용하는 대부분의 전기는 이러한 원리를 이용해서 만들어집니다.

자기장 안에서 도선을 움직이면 전류가 흐른다

자기장 안에서 도선을 움직이면 도선 안에 전압이 발생해서 전류가 흐릅니다. 이러한 현상을 '전자 유도'라고 합니다. 발전기는 자기장 안에서 코일을 돌리고 전자 유도를 일으켜서 전기를 만드는 기계입니다.

플레밍의 오른손 법칙
전류가 어느 방향으로 흐르는지는 '플레밍의 오른손 법칙'으로 알 수 있다.

전류가 흐르는 원리

1. 자기장 안에서 도선을 움직인다.
2. 움직이는 방향과 역방향으로 도선을 밀어넣으려는 힘이 발생한다.
3. 이 힘은 도선 주위에 반시계 방향으로 자기장이 발생하고 있어서, 도선이 진행하는 방향(그림에서는 도선의 오른쪽)의 자기장은 강해지고 반대쪽은 약해지기 때문에 발생한다.
4. 즉 도선은 안에서 밖으로 전류가 흐르고 있다(→p.320).

수동 발전기의 구조

수동 발전기 안에는 모터가 들어 있습니다. 모터의 케이스 내부에는 영구 자석이 붙어 있고 안에 코일이 있습니다. 발전기의 핸들을 돌리면 자기장 안에서 코일이 회전하여 도선에 전류가 흐르는 구조입니다.

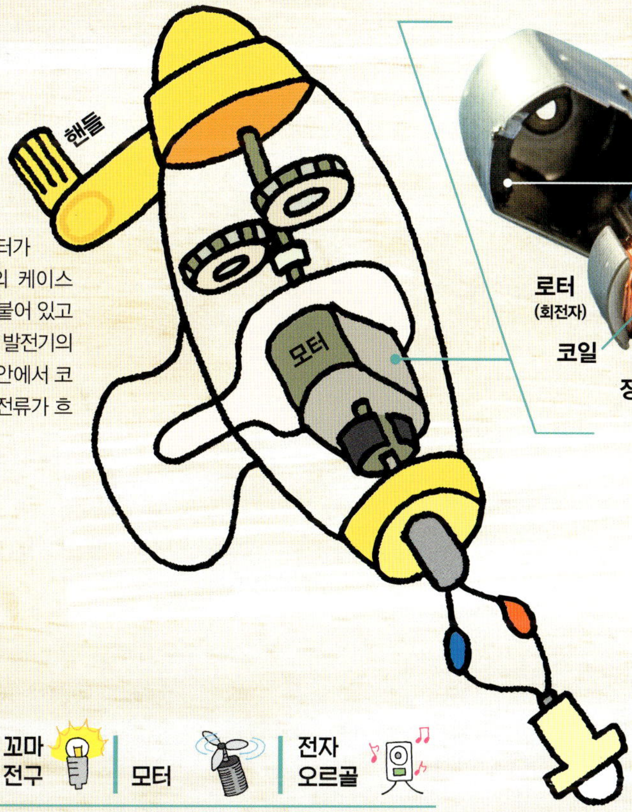

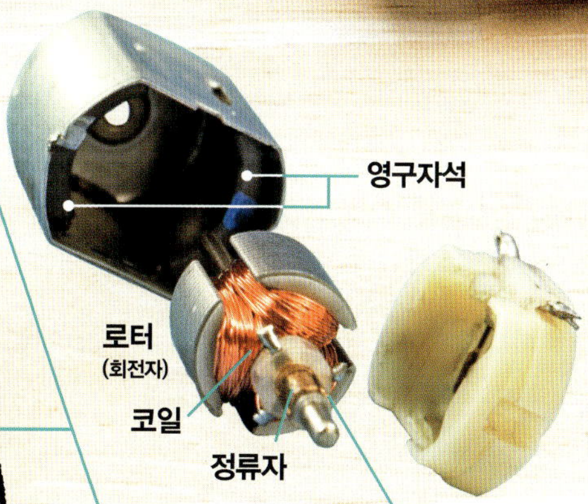

- 핸들
- 모터
- 영구자석
- 로터 (회전자)
- 코일
- 정류자

모형에 이용되는 실제 모터는 회전이 확실하게 일어나도록 코일이 세 군데로 나뉘어 있다.

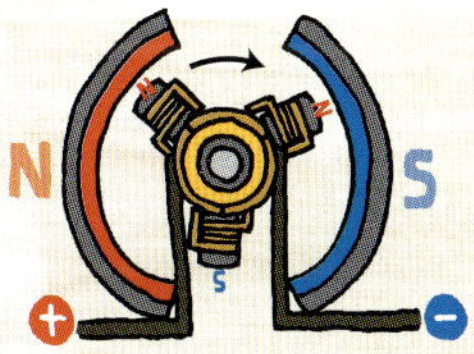

항상 위에 있는 코일이 N극이 되며, 왼쪽 자석의 N극에 반발해 오른쪽으로 회전이 발생한다.

수동 발전기의 핸들 조작과 발전

		꼬마전구	모터	전자오르골
필요한 전류		큼	중간 정도	작음
핸들 조작	천천히	어두운 불빛	천천히 회전	작게 소리 남
	빨리	밝은 불빛	빠른 회전	크게 소리 남
	거꾸로 천천히	어두운 불빛	천천히 역회전	소리 안 남
빨리 돌릴 때 손의 느낌		큼 ────→ 작음		

* 손에 반응을 느끼는 것은 큰 전류가 흐를수록 거꾸로 돌리려는 힘이 더 크게 발전기 모터에 작용하기 때문이다.

알 수 있는 것 핸들을 빨리 돌리면 흐르는 전류가 커진다. 흐르는 전류가 많아질수록 손에 반응이 있다.

자석을 움직여도 전류가 흐른다

왼쪽 실험에서는 도선을 움직였지만, 자석을 움직여도 마찬가지입니다. 막대자석을 코일 중심에 넣고 빼고 하는 것만으로도 검류계 바늘이 흔들리므로 전류가 흐르고 있는 것을 알 수 있습니다.

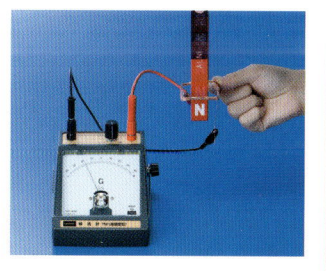

집에서 쓰는 전기는 어디에서 올까?

4 에너지 | 전기와 자석 | 발전소

우리가 매일 사용하는 전기의 대부분은 코일에 감은 발전기에 터빈(날개바퀴)의 회전을 전달해 전자 유도를 일으켜서 만들어집니다. 어떤 발전 방식들이 있는지 알아봅시다.

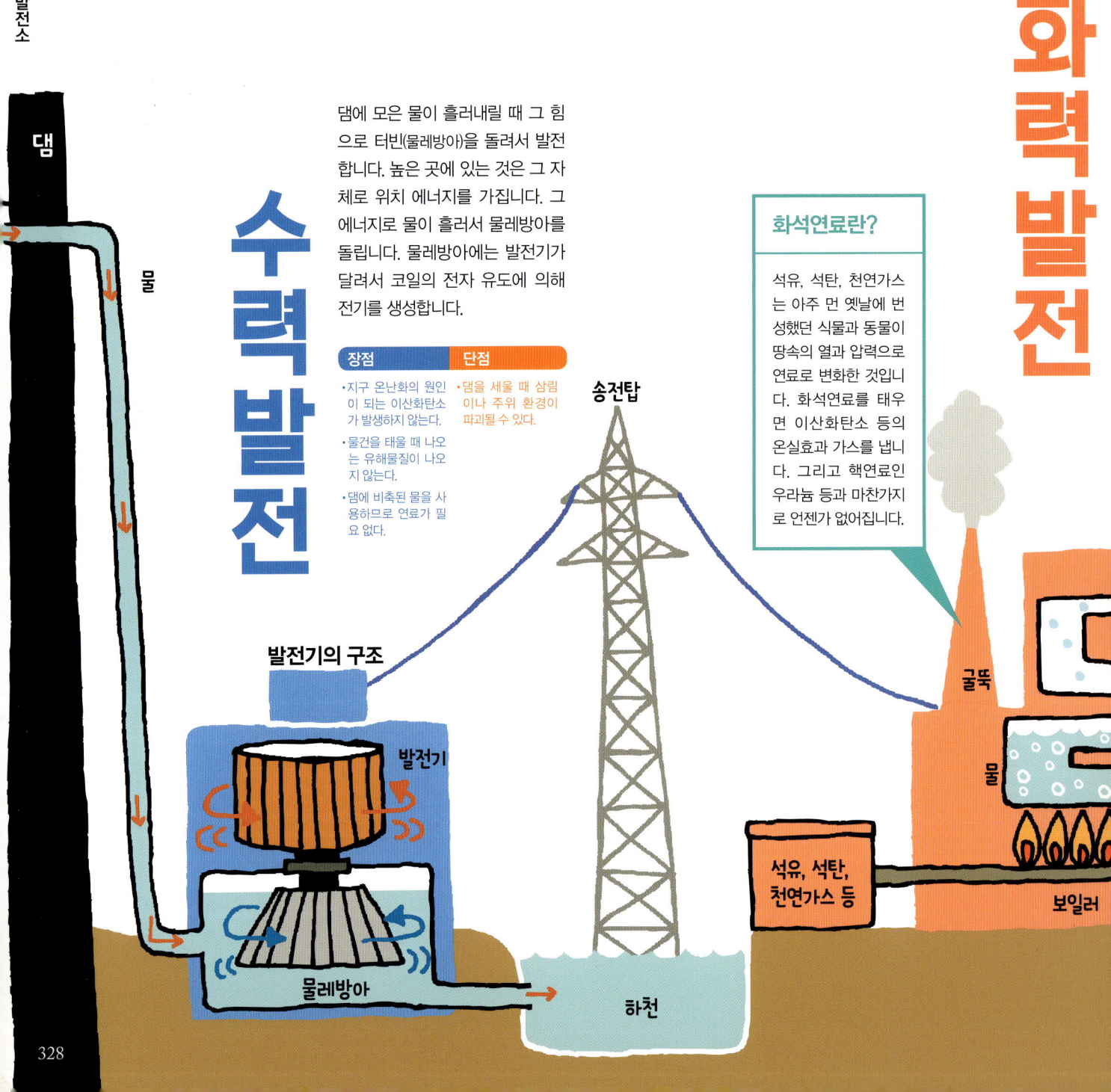

수력 발전

댐에 모은 물이 흘러내릴 때 그 힘으로 터빈(물레방아)을 돌려서 발전합니다. 높은 곳에 있는 것은 그 자체로 위치 에너지를 가집니다. 그 에너지로 물이 흘러서 물레방아를 돌립니다. 물레방아에는 발전기가 달려서 코일의 전자 유도에 의해 전기를 생성합니다.

장점	단점
• 지구 온난화의 원인이 되는 이산화탄소가 발생하지 않는다.	• 댐을 세울 때 삼림이나 주위 환경이 파괴될 수 있다.
• 물건을 태울 때 나오는 유해물질이 나오지 않는다.	
• 댐에 비축된 물을 사용하므로 연료가 필요 없다.	

화력 발전

화석연료란?

석유, 석탄, 천연가스는 아주 먼 옛날에 번성했던 식물과 동물이 땅속의 열과 압력으로 연료로 변화한 것입니다. 화석연료를 태우면 이산화탄소 등의 온실효과 가스를 냅니다. 그리고 핵연료인 우라늄 등과 마찬가지로 언젠가 없어집니다.

원자력발전

원자력발전은 화력발전과 마찬가지로 수증기로 터빈을 돌려서 전기를 만듭니다. 단, 수증기를 만들기 위한 열을 핵분열이라는 전혀 다른 원리로 만듭니다. 그 에너지원이 되는 것은 우라늄과 플루토늄 등의 핵연료입니다.

장점	단점
• 적은 연료에서 거대한 전기 에너지를 얻을 수 있다. • 지구온난화의 원인이 되는 이산화탄소가 발생하지 않는다.	• 방사선이 누출되면 생명과 환경에 큰 위험을 끼친다. • 사용이 끝난 핵연료를 안전하게 보관하는 것이 어렵다. • 쉽게 장소를 옮기거나 발전기를 멈추게 할 수 없다.

대형 보일러로 석유, 석탄, 천연가스 등을 고온으로 불태워 그 열로 수증기를 발생시키고, 그 수증기로 증기 터빈을 돌려서 발전합니다. 천연가스를 태우고, 그 가스로 직접 터빈을 돌리는 가스 터빈도 동시에 이용되기도 합니다. 한국을 포함해 많은 나라에서 화력발전이 차지하는 비율이 제일 높습니다.

장점	단점
• 많은 양의 전력을 효율 높게 만들어낼 수 있다. • 발전량을 계절과 시간에 따라 조절하기 쉽다.	• 지구 온난화의 원인이 되는 이산화탄소 등이 발생한다. • 대기오염의 원인이 되는 황산화물 및 질소산화물이 발생한다.

핵분열이란?

원자핵 주위를 전자가 돌고 있습니다. 원자핵은 양자와 중성자로 이루어져 있습니다. 우라늄235라는 원자는 중성자를 흡수하면 불안정해져서 두 개로 분열합니다. 이때 매우 큰 열 에너지를 냅니다.

원자의 구조 (헬륨)

중성자 (전기를 지니지 않음)
양자 (+전기를 가짐)
전자 (-전기를 가짐)

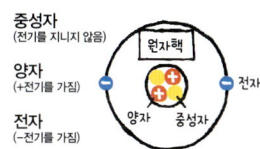

핵분열

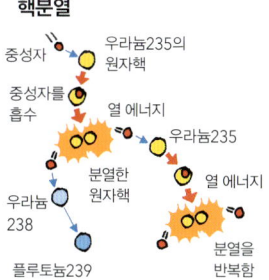

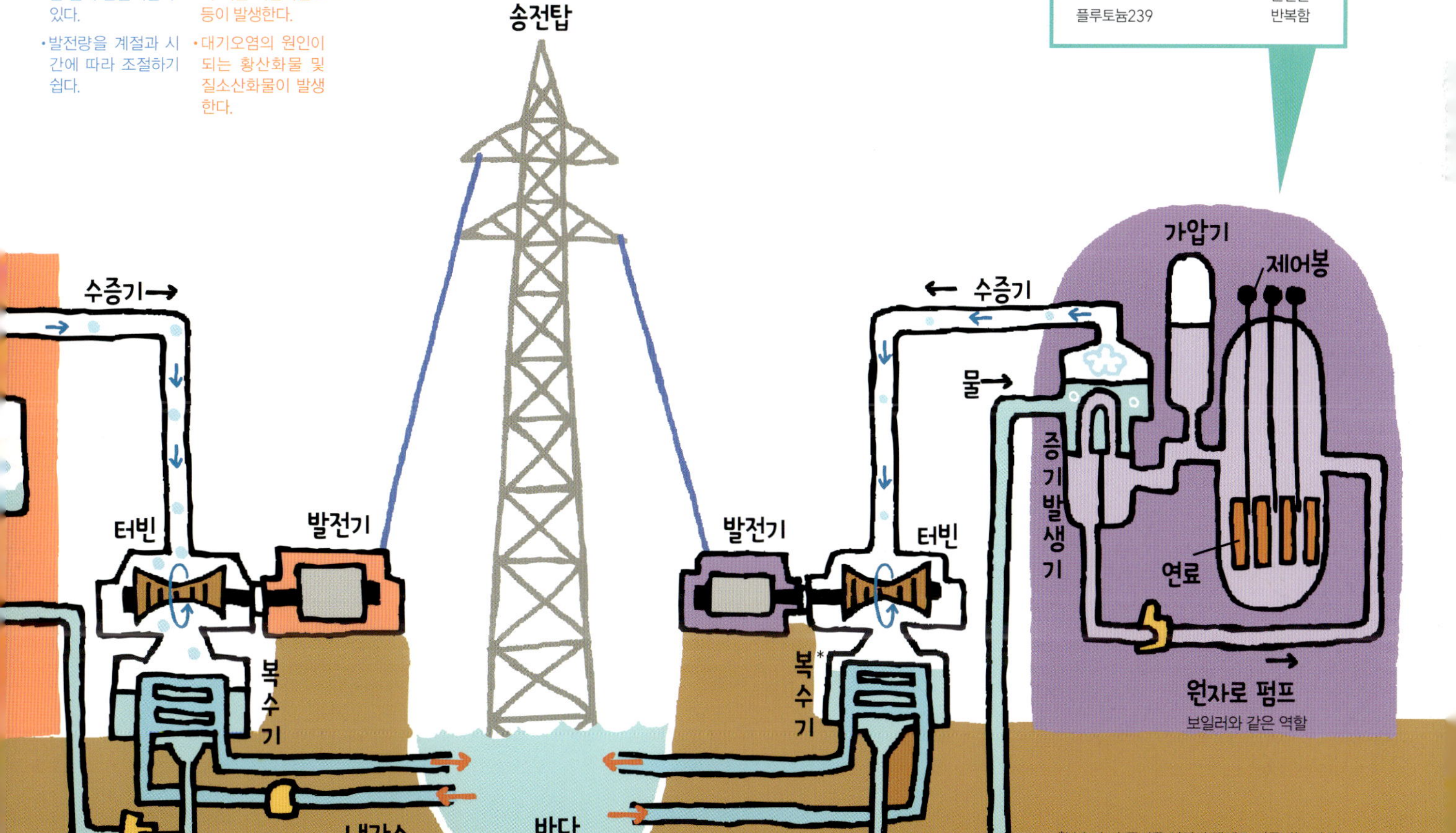

*복수기: 수증기를 식혀서 액체로 되돌리는 장치

빛과 전기는 어떤 관계일까?

지붕 위에 설치된 솔라 패널(태양 전지판)은 빛으로 전기를 만들어냅니다.
해 질 녘 거리에 비추는 많은 LED 전구는 전기 에너지에서 직접 빛을 만듭니다.
서로 상태를 바꾸는 빛과 전기, 그 비밀은 반도체에 있습니다.

반도체의 원리

반도체는 전기가 잘 통하는 '도체'와 전기가 잘 통하지 않는 '부도체'(절연체)의 중간 성질을 가지는 물체입니다(→p.309). +성질을 가지는 물체를 'p형 반도체', -성질을 가지는 물체를 'n형 반도체'라고 합니다. 다이오드는 이 두 개를 조합하여 전류를 한 방향으로 흐르게 하는 부품입니다.

1

p형 반도체는 +성질, n형 반도체는 -성질을 지닌다.

2

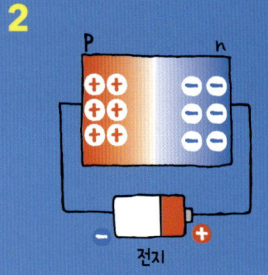

p형에 전지의 -극, n형에 +극을 연결하면 +와 -가 서로 끌어당겨 전류는 흐르지 않는다.

3

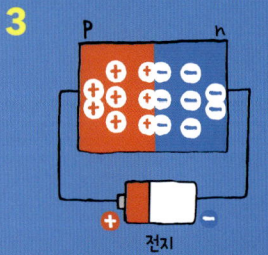

p형에 전지의 +극, n형에 -극을 연결하면 각자 반발해서 +와 -가 가운데에서 만나고 사라지므로, 회로에 전류가 계속 흐르게 된다.

광전지의 원리

광전지는 '태양전지'라고도 불리며, 반도체인 패널에 빛을 쬐는 것만으로 전류가 흐릅니다. 빛 에너지를 열과 운동 에너지로 변환하지 않고, 직접 전기 에너지로 바꿀 수 있는 것입니다. 광전지는 계산기, 손목시계, 가로등 및 전기가 통하지 않는 산과 바다에 설치한 관측 장치, 인공위성과 우주정거장, 에너지 절약 주택 등 다양한 분야에서 이용되고 있습니다.

1 광전지에 빛이 들어오면 p형 반도체와 n형 반도체의 경계에서 +와 -가 나뉜다.

2 두 반도체를 도선으로 연결하면 -전기를 띤 전자는 n형 반도체에서 p형 반도체로 이동한다. 이때 전류가 흐른다.

3 전자가 p형 반도체에 들어가서 나뉜 +성질과 합쳐져 전기의 성질이 상쇄된다. 빛을 쬐고 있는 한 이 반응은 계속된다.

4 태양 빛을 쬐는 양과 패널의 면적이 클수록 큰 전류가 흐른다.

LED의 원리

LED는 '발광 다이오드'라고도 하며, 광전지와는 반대로 한쪽에서 전류를 흘리면 빛을 만드는 반도체입니다. 다이오드 안에서 +와 −가 부딪혀서 전류가 흐를 때 특별한 재료를 사용해서 빛이 나게 되어 있습니다. 필라멘트를 뜨겁게 해서 빛을 내는 것이 아니라 전류가 흐르는 반도체가 그대로 빛을 내므로 적은 전기로 불을 밝힐 수 있으며, 너무 뜨거워지지 않으므로 수명이 깁니다.
거리의 조명, 신호기, 전광 게시판 등 많은 조명과 스크린에 LED가 이용되고 있습니다.

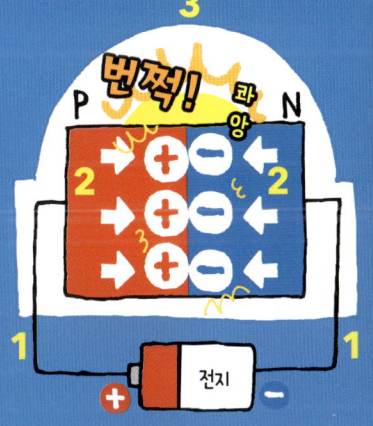

1 p형 반도체에 건전지의 +극, n형 반도체에 −극을 연결한다.

2 +끼리, −끼리 서로 반발해서 반도체의 경계에 +성질과 −성질(전자)이 이동한다.

3 반도체 경계에서 +와 −가 서로 상쇄된다. 이때 빛이 난다.

파란색 LED에 노벨 물리학상

2014년의 노벨 물리학상은 파란색 LED의 발명에 공헌한 세 명의 연구자들에게 돌아갔습니다. 이전까지는 빨간색, 녹색 빛을 내는 LED만 있었는데, 파란색 LED가 발명되면서 드디어 하얀색 빛을 만들 수 있게 된 것입니다. 그 결과, 전 세계의 조명과 스크린이 LED로 바뀌고 있습니다. LED는 지금까지 인류가 썼던 그 어떤 전구나 형광등보다도 훨씬 수명이 길고, 적은 전기로 밝은 빛을 낼 수 있기 때문입니다.

빨강, 초록, 파랑 3색의 빛을 겹치면 하얀색 빛을 만들 수 있다 (빛의 삼원색 →p.286).

하얀색 LED의 구조

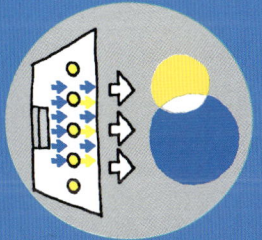

푸른빛은 에너지가 높으므로 실제로는 파란색 LED의 빛을 노랗게 빛나는 형광체에 맞춰서 하얀빛을 만들고 있다.

에너지란 무엇일까?

어떤 일을 하기 위해서는 힘이 필요합니다.
그 힘의 근원이 되는 것이 에너지입니다.
에너지는 전기, 빛, 열 등
다양한 모습으로 변화합니다.

운동 에너지

엔진
석유 폭발에 따른 열로 기체를 급속히 팽창시켜 피스톤 운동을 일으킨다.

마찰열
물체와 물체를 비비면 운동 에너지의 일부가 열 에너지로 변화한다.

발전기
자기장 안에서 코일을 회전운동 시켜서 전자 유도로 전기를 추출한다.(→p.326).

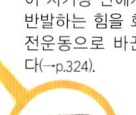

모터
코일에 전류를 흐르게 하면 전자석이 자기장 안에서 반발하는 힘을 회전운동으로 바꾼다.(→p.324).

핵 에너지

원자로
우라늄 등의 원자를 핵분열 시키면 막대한 열이 발생한다. 그 열로 만든 수증기로 터빈을 돌려서 전기를 만든다.(→p.329).

열 에너지

화력발전
화석연료를 불태운 열로 수증기를 발생시켜 발전기의 터빈을 돌린다.(→p.328).

조리기구
전열기는 니크롬선에 전류를 흐르게 하여 그 저항에 의해 나오는 열을 이용한다.

다이너마이트
한순간의 격렬한 화학반응에 의해 기체가 팽창(폭발)하여 주위를 파괴한다.

휴대용 손난로
철 가루가 천천히 산화할 때 나오는 열을 이용해서 몸을 따뜻하게 한다(→p.262).

전기분해
수산화나트륨 수용액에 전류를 흐르게 하면 물이 수소와 산소로 분해된다(→p.258).

전지
물질이 화학반응을 일으킬 때 발생하는 전기를 추출한다(→p.313).

화학 에너지

양초의 불꽃
양초가 탈 때 탄소 등이 격렬하게 산소와 반응하면서 열과 빛을 낸다(→p.266).

모습을 바꾸는 에너지

양초가 탈 때 빛과 열을 내는 것은 양초의 성분인 탄소가 가지는 화학 에너지가 산화(연소)되면서 빛 에너지와 열 에너지로 바뀌기 때문입니다.
풍력발전은 바람의 운동 에너지를 발전기에서 전기 에너지로 바꾸는 원리를 이용한 것입니다.
전기 에너지는 전구에 불이 들어오게 하고(빛 에너지), 난로로 방을 덥힌다든지(열 에너지), 청소기로 먼지를 빨아당기는(운동 에너지) 등, 여러 일을 하기 위해 필요한 에너지입니다.

제트코스터
코스터를 끌어올려서 높인 위치 에너지는 레일을 내려오면서 운동 에너지로 변한다. 위로 올라갈 때는 운동 에너지가 위치 에너지로 변한다 (→p.350).

위치 에너지

역학적 에너지
위치 에너지와 운동 에너지의 합을 '역학적 에너지'라고 한다.

수력발전
높은 위치에서 흐르는 물 에너지로 터빈(물레방아)을 돌려서 전기를 만든다(→p.328).

스피커
전류가 코일에 흘러 자석에 의해 진동하여 공기의 파장(소리)을 만든다.

전기 에너지

소리 에너지

마이크로폰
공기의 파장(소리)에 의해 진동판이 진동하여 전자 유도가 일어나서 전기 신호가 도선을 통해 전달된다.

LED 조명
반도체(LED)에 전류를 흐르게 하면 안에서 +와 -전기가 만나서 발광한다 (→p.331).

광전지
반도체에 태양 등의 빛을 쪼이면 전기를 만든다(→p.330).

빛 에너지

광합성
식물의 엽록체는 빛 에너지를 이용하여 물과 이산화탄소부터 전분을 만들어낸다(→p.66).

재생 가능한 에너지를 사용한 발전

태양 빛, 열, 풍력, 수력 등은 몇 번이고 같은 형태로 사용할 수 있고 양에 제한이 없으므로 '재생가능 에너지'라고 불립니다. 최근에는 이런 에너지를 사용한 발전이 주목받고 있습니다.

풍력발전
바람의 힘으로 풍차를 돌려서 발전한다.

태양광발전
광전지(태양전지)를 사용하여 태양 빛을 직접 전기로 바꾼다(→p.330).

태양열발전
많은 거울로 태양 빛을 모아서 수증기를 만들어 터빈을 돌린다.

지열발전
지하에 흐르는 마그마의 열로 발생한 열수*와 증기를 지상으로 퍼 올려서 발전기의 터빈을 돌린다.

바이오매스 발전
나무 조각과 낙엽 등을 알코올이나 메탄 등으로 변화시켜 불로 태워서 발전한다. 공기 중의 이산화탄소가 원료이기 때문에 불태워도 지구 전체의 이산화탄소량은 증가하지 않는다.

파력발전
파도의 에너지를 이용해서 발전한다. 위아래로 움직이는 움직임에서 공기를 압축해서 터빈을 회전시키는 등 몇 가지 방식이 있다.

*열수: 마그마가 식은 다음 남는, 뜨거운 액체 상태의 물질

4

에너지

힘과 운동

세계에서 가장 높은 다리인 프랑스의 미요 대교(2015년 기준). 도로를 지탱하는 탑은 343m 로, 63빌딩(안테나까지 274m)보다 높습니다. '사장교'라고 불리는 조교(매단 다리 형식)의 일종으로, 로프가 직접 다리를 지탱하고 있습니다.

우리 주위에 있는 모든 것은 지구의 중력의 영향을 받고 있어서
손을 놓으면 지구의 중심을 향해 떨어집니다.
이 다리는 높은 탑과 로프를 사용하여 떨어져 내리려는 도로를
중력과는 반대의 힘으로 끌어당겨서 지탱하고 있습니다.
물체의 무게란 '중력'이라는 힘과 같습니다.
인간은 그 힘을 잘 이용하기 위해서 지레와 도르래 등
다양한 도구를 고안했습니다.
관찰과 실험을 통해 보이지 않는 힘의 작용을 알아봅시다.

힘이란 뭘까?

힘은 형태와 색이 없어서 눈에 보이지 않습니다.
힘이란 도대체 무엇일까요?

힘의 표기법
힘이 작용하는 장소와 크기, 방향 등은 화살표로 나타냅니다.

힘의 방향
더 길 수록 힘이 크다
힘의 크기
힘이 작용하는 곳

1 움직임의 방향과 속도를 바꾼다

물체를 관찰하면 힘이 보인다

방망이로 볼을 쳐내거나 막대기로 내리쳐서 수박을 쪼갤 때 힘 자체는 보이지 않습니다. 그러나 우리는 공이 날아가는 것과 수박이 깨지는 것을 보고 그곳에 힘이 작용하고 있음을 알 수 있습니다.

2 물건의 형태를 바꾼다

힘의 작용

자전거 밟기, 찰흙 빚기, 팔씨름하기 등을 할 때 팔과 다리에 '힘'을 줍니다. 그러면 그 힘이 전달되어 자전거를 움직이거나 찰흙의 형태를 바꾸거나 팔 힘으로 상대를 제압하는 일 등을 할 수 있습니다. 힘은 사진 1, 2, 3처럼 작용합니다.

3 물건을 떠받친다

무게와 힘

물체가 멈춰 있을 때도 물체는 중력과는 반대 방향의 힘으로 지탱됩니다.

예를 들면, 300g의 사과를 들고 있을 때는 사과를 300g의 힘으로 당겨 올리고 있는 것이고, 사과를 의자 위에 놓고 있을 때는 의자의 표면이 300g의 힘으로 사과를 받치고 있는 것입니다. 이처럼 힘의 크기는 무게 단위로 나타낼 수 있습니다. 물체는 무게라는 힘을 가지고 있다고도 할 수 있습니다.*

* '300g의 힘'은 정확하게 표현하면 '약 3N(뉴턴)의 힘'(→p.338)이다.

추의 무게와 용수철의 늘어남은 비례한다

용수철에 달린 추의 무게를 2배, 3배, 4배로 늘리면 용수철의 길이도 2배, 3배, 4배가 된다.

무게와 용수철

용수철에 추를 매달면 무게만큼 용수철이 늘어납니다. 이때 용수철은 무게와 같은 힘으로 추를 당겨서 원래 길이로 돌아가려고 합니다. 용수철에 다는 추의 무게가 두 배가 되면 용수철이 늘어나는 길이도 두 배가 됩니다. 이처럼 추의 무게와 용수철의 늘어남은 비례합니다.

달에서는

중력과 무게

손에 들고 있던 사과를 놓으면 사과는 알아서 땅에 떨어집니다. 이는 지구의 '중력'이라는 힘이 사과에 가해지고 있기 때문입니다. 중력은 지구가 그 중심으로 향해서 물체를 끌어당

만유인력

정확히 말하면, 사과도 지구를 당기고 있습니다. 그런데 지구와 비교하면 사과는 너무 작기 때문에 사과가 지구를 당기고 있음을 느낄 수 없습니다. 이처럼 모든 물체는 상대를 끌어당기고 있습니다. 이것을 '만유인력'이라고 하며, 17세기 유명한 물리학자인 아이작 뉴턴이 태양계에 있는 행성의 움직임을 연구하면서 발견했습니다.

지구에서 용수철 저울로 재면 무게는 3 N

지구의 양팔 저울에서는 질량 300g

300g

지구

4 에너지

힘과 운동

무게와 질량

기는 힘으로, 지구상에 있는 모든 존재에 작용하고 있습니다. 물체의 '무게'란 그 물체에 작용하는 지구의 중력의 크기를 의미합니다. 그러므로 무게는 힘의 일종인 것입니다.

힘의 크기는 '뉴턴(기호 N)'이라는 단위로 나타냅니다. 1N은 약 100g의 물체에 작용하는 중력의 크기입니다.

무게란?

사과 '무게'의 정체는 지구가 사과를 당기는 힘의 크기, 즉 사과에 가해지는 지구의 중력입니다. 용수철 저울은 매단 물체를 지구가 어느 정도의 힘으로 끌어당기고 있는지를 측정하는 도구이며, 용수철 저울이 지시하는 눈금이 지구상에서의 '무게'가 됩니다.

달은 지구보다 훨씬 작은 별로, 지구의 6분의 1 정도의 중력을 가집니다. 그러므로 달에서 용수철 저울로 재면 물체의 무게는 지구의 6분의 1이 됩니다. 무게의 단위는 N입니다.

달 표면에서 용수철 저울로 재면 무게는 0.5 N

질량이란?

물체는 모두 원자라는 알갱이로 이루어져 있습니다(→p.220).

수소는 1, 탄소는 12, 산소는 16… 이런 식으로, 원자의 알갱이는 그 원소(종류)에 따라서 양이 정해져 있습니다. 이 양을 '질량'이라고 합니다. 모든 물체는 원자 알갱이들의 집합체이므로 어디서 질량을 측정해도 마찬가지입니다.

양팔 저울에서는 추의 질량과 비교함으로써 물체의 질량을 측정할 수 있습니다. 질량은 지구에서든 달에서든 어디에서 측정해도 같은 값입니다. 단위는 g입니다.

달 표면의 양팔 저울에서도 질량 300g

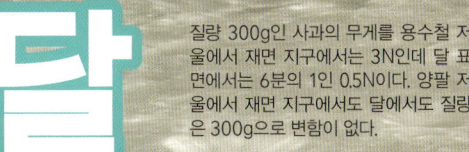

질량 300g인 사과의 무게를 용수철 저울에서 재면 지구에서는 3N인데 달 표면에서는 6분의 1인 0.5N이다. 양팔 저울에서 재면 지구에서도 달에서도 질량은 300g으로 변함이 없다.

달

4 저울은 어떤 상황에서 균형이 잡힐까?

힘과 운동 | 저울

모든 물체에는 무게가 있어서 저울의 양 끝에 물체를 달면 어느 지점에서는 균형을 잡을 수 있습니다. 어떤 상황에서 균형이 맞는 걸까요?

멜대*에 채소를 넣어서 운반하는 베트남인. 짊어지는 사람의 어깨가 받침점이 된다.
*멜대: 양 끝에 물건을 달고 어깨에 메는 데 사용하는 긴 막대

저울의 균형이 맞을 때

저울은 막대를 한 점에서 받치고 그 양쪽에 물건이나 추를 넣어 균형을 맞춰서 무게를 측정하는 도구입니다. 저울에 아무것도 넣지 않고 막대를 중앙에서 받치면 수평으로 균형을 이룹니다.

균형이 맞음

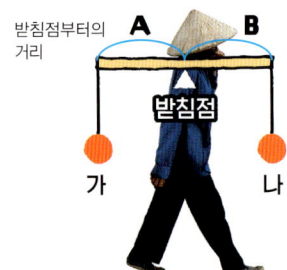

길이 A = B
무게 가 = 나

받침점부터 같은 거리에 같은 무게의 물체를 달면 균형이 잡힌다.

균형이 안 맞음

길이 A = B
무게 가 < 나

받침점부터 같은 장소에 무게가 다른 물체를 달면 무거운 쪽으로 기운다.

균형이 안 맞음

길이 A < B
무게 가 = 나

받침점부터의 거리가 다른 곳에 같은 무게의 물체를 달면 거리가 먼 쪽으로 기운다.

균형 맞는 지점이 있음

길이 A > B
무게 가 < 나

물체의 무게가 달라도 받침점을 무거운 물체 쪽으로 움직이면 균형이 맞는 곳이 있다.

양팔 저울

양팔 저울은 양팔에 놓은 접시를 밑에서 받치고 접시 위에 실은 물체와 추의 균형을 맞추는 것으로, 물체의 무게(질량)를 측정하는 도구입니다. 운반할 때는 반드시 밑에서 양손으로 받쳐 들어야 합니다.

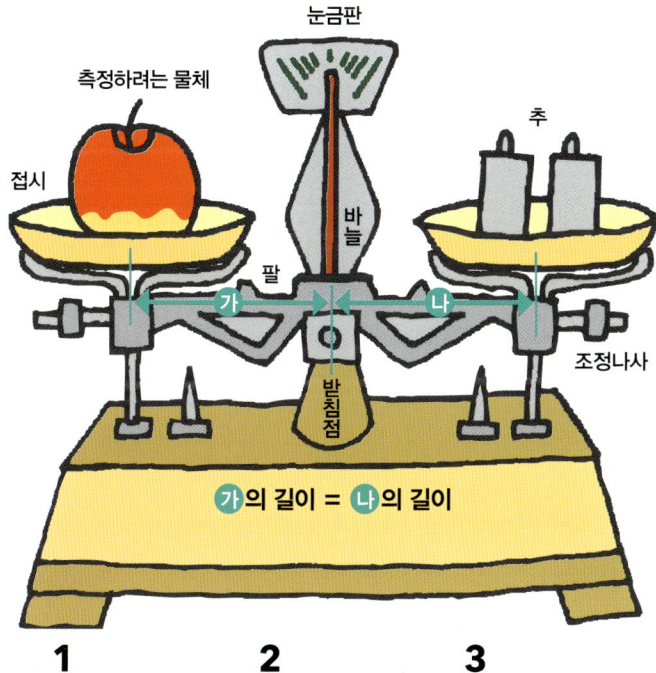

1. 접시와 팔의 번호를 맞추어 접시를 팔에 올리고, 저울을 평평한 곳에 놓는다.
2. 눈금판의 바늘이 한가운데에 오도록 조정나사로 조절한다.
3. 한쪽 접시에 추나 측정하려는 물건을 올린다.

물체의 무게(질량)를 비교한다

1. 왼쪽 접시에 측정하려는 물체를 올린다.

2. 균형이 맞을 때까지 오른쪽 접시에 추를 더한다. 약간 무거울 정도로 추를 올려 보고 추를 올린 접시 쪽으로 기울면 추 하나를 가벼운 것으로 바꾼다. 계속해서 같은 방식으로 추를 바꾼다.

정해진 무게(질량)만큼 물체를 잰다

1. 왼쪽 접시에 측정하고 싶은 무게만큼의 추를 올린다.

2. 균형이 맞을 때까지 오른쪽 접시에 물체를 올린다. 물체를 실은 접시 쪽으로 기울면 조금씩 뺀다.

중심을 찾는 법

물체 무게의 중심이 되는 점을 '중심'이라고 합니다. 하나의 물체에는 반드시 중심이 하나 있으며, 물체의 형태가 바뀌면 중심의 위치도 바뀝니다. 중심에 실을 붙여서 실을 들어 올리면 물체는 공중에서 수평으로 균형을 맞춥니다.

두께가 같은 막대
막대의 길이를 재면 그 한가운데에 중심이 있다.

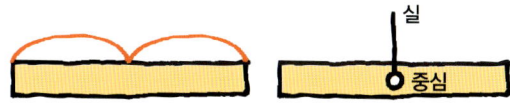

공중에서 수평이 된다.

두께가 일정하지 않은 막대
양쪽 끝을 두 손가락으로 받치고 서서히 손가락을 안쪽으로 움직인다. 막대가 균형을 이루는 지점이 중심이다.

조금씩 두 손가락을 좁혀간다.

불규칙한 형태의 판
가장자리에 실을 붙여서 공중에 매단 후 실을 따라서 선을 긋는다. 다시 한번 다른 가장자리에 실을 붙여서 매단 후 선을 긋는다. 두 선이 교차하는 점이 중심이다.

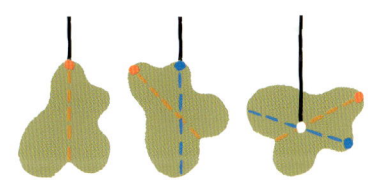

교차점에 실을 붙이고 공중에 매달아 보면 판의 면이 수평을 이룬다.

매끄럽게 굴러가는 공
공을 굴려서 공이 매끄럽게 굴러가면 중심은 공의 중심에 있다. 매끄럽게 굴러가지 않을 때는 중심이 공의 중심에서 빗겨나 있다.

모형비행기
모형비행기 밑을 손가락 하나로 받쳤을 때 수평이 되는 곳을 찾으면 중심을 어림잡을 수 있다.

작은 힘으로

작용점 — 힘이 작용하는 곳

받침점 — 막대를 받치는 곳

지레의 종류

받침점, 힘점, 작용점의 위치에 따라서 지레의 작용 방식이 달라집니다. 우리 주위에 있는 도구들을 예로 들어 봅시다.
* 막대의 무게는 막대의 무게 중심에 가해진다고 가정한다. 여기서는 힘을 g 단위로 나타낸다.

펜치 식 작용점 – 받침점 – 힘점

100g×2 = 25g×8

받침점부터의 거리를 바꿔서 작용점에 작용하는 힘을 크게 하거나 작게 할 수 있다.

병마개 따개 식 받침점 – 작용점 – 힘점

용수철 저울 100g

100g×2 = 20g×10

작용점이 힘점보다 안쪽에 있으므로 작용점에 큰 힘이 필요한 물건에 이용된다.

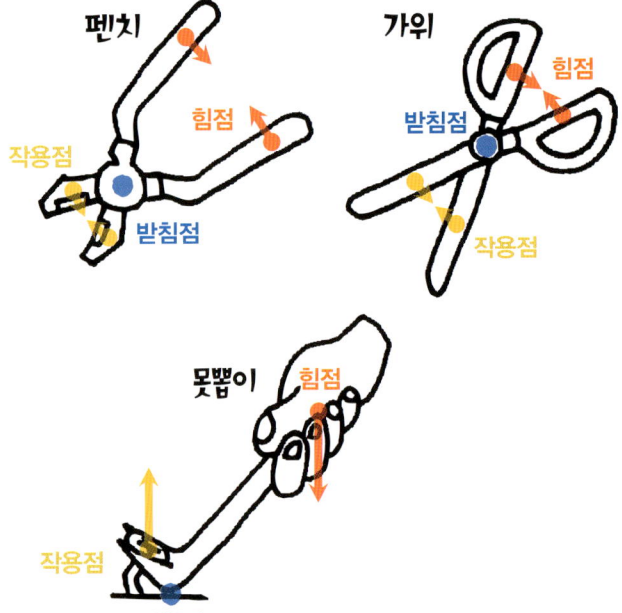

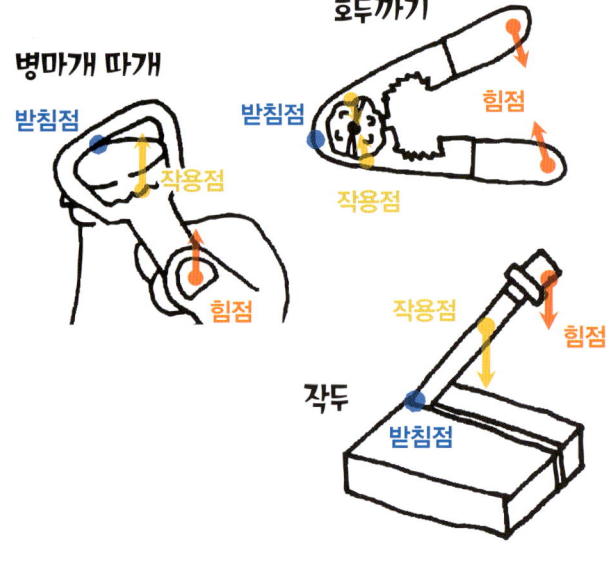

무거운 물건을 들어 올리려면?

지레를 이용하면 작은 힘을 큰 힘으로 바꿀 수 있습니다.
여기저기에서 이용되는 지레에 관해 알아봅시다.

힘점 — 힘을 가하는 곳

지레의 구조

지레는 막대를 받침점에서 받치고 막대의 일부에 힘을 가해서 물체를 움직이는 구조입니다. 지레를 이용하면 크고 무거운 것도 간단하게 움직이게 하거나 들어 올릴 수 있습니다. 시소와 같이 받침점이 막대 아래에 있는 것이든 천칭과 같이 받침점에 막대를 매다는 것이든 어느 쪽이든지 같은 효과를 낼 수 있습니다.

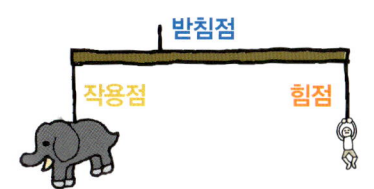

지레에서는 힘점에 가한 힘이 작용점으로 전달된다. 힘점과 작용점이 받침점으로부터 어떤 거리 관계에 있는가에 따라서 작용점에 전달되는 힘의 크기가 변한다.

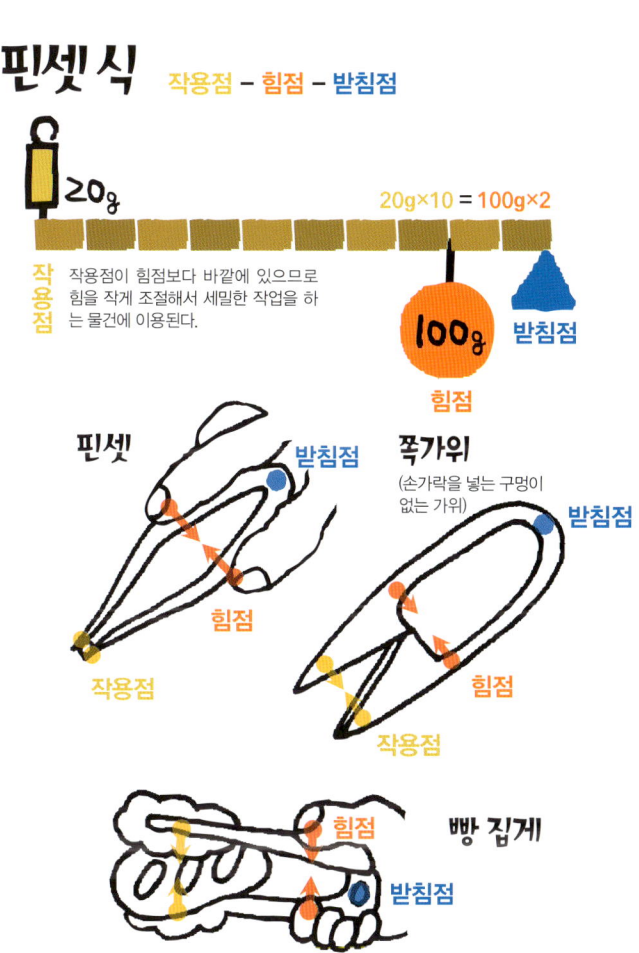

핀셋 식
작용점 – 힘점 – 받침점

작용점이 힘점보다 바깥에 있으므로 힘을 작게 조절해서 세밀한 작업을 하는 물건에 이용된다.

20g×10 = 100g×2

핀셋, **쪽가위** (손가락을 넣는 구멍이 없는 가위), **빵 집게**

실험용 지레

실험용 지레의 구조는 천칭과 같으나 지레의 팔에는 눈금이 있습니다. 추의 위치를 바꿔 걸 수 있으므로 팔길이(받침점부터 힘점, 작용점까지의 거리)와 균형을 맞추는 무게(작용하는 힘)의 관계를 확인할 수 있습니다.

기우는 작용의 계산

힘의 크기 (추 무게) × 받침점부터의 거리 (추의 위치)

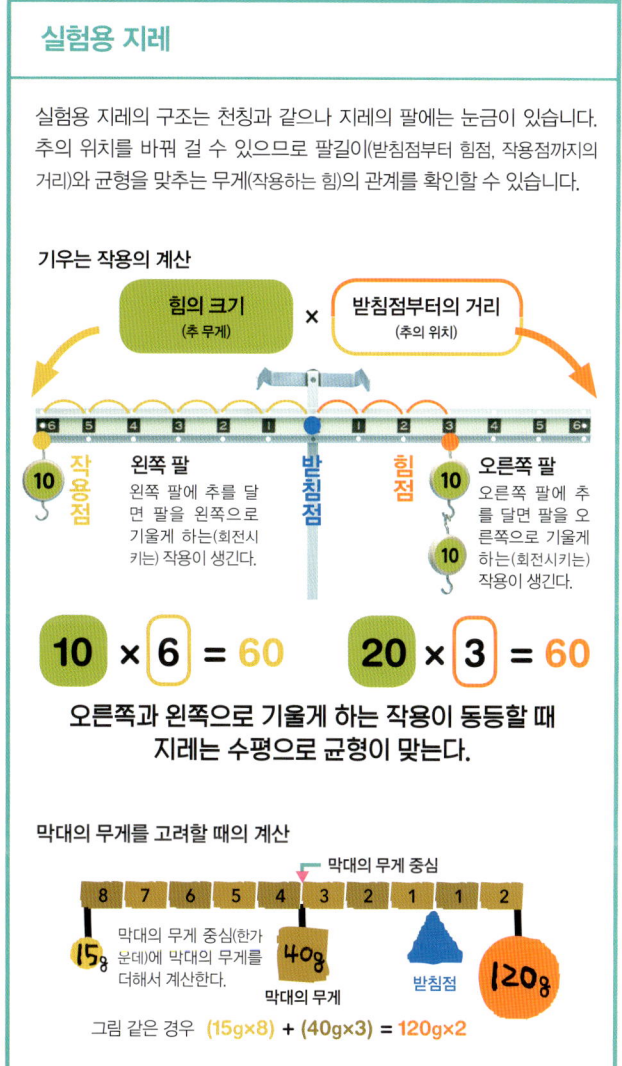

왼쪽 팔 — 왼쪽 팔에 추를 달면 팔을 왼쪽으로 기울게 하는(회전시키는) 작용이 생긴다.

오른쪽 팔 — 오른쪽 팔에 추를 달면 팔을 오른쪽으로 기울게 하는(회전시키는) 작용이 생긴다.

$10 \times 6 = 60$ $20 \times 3 = 60$

오른쪽과 왼쪽으로 기울게 하는 작용이 동등할 때 지레는 수평으로 균형이 맞는다.

막대의 무게를 고려할 때의 계산

막대의 무게 중심(한가운데)에 막대의 무게를 더해서 계산한다.

그림 같은 경우 $(15g \times 8) + (40g \times 3) = 120g \times 2$

페달은 왜 돌릴까?

뒷바퀴 **15kg**

뒷바퀴의 톱니바퀴 **180kg**

282.6cm
$\frac{3}{4}$ 회전

$\frac{3}{4}$ 회전 23.55cm

30kg의 힘으로 페달을 $\frac{1}{4}$ 회전 밟았을 때 각 부분의 움직임

	반지름	전해지는 힘	회전 수	진행 거리
❶ 페달	30cm	30kg	$\frac{1}{4}$ 회전	47.1cm
❷ 앞 톱니바퀴	15cm	60kg	$\frac{1}{4}$ 회전	23.55cm
❸ 뒷바퀴의 톱니바퀴	5cm	180kg	$\frac{3}{4}$ 회전	23.55cm
❹ 뒷바퀴	60cm	15kg	$\frac{3}{4}$ 회전	282.6cm

자전거 페달, 연필깎이, 드라이버처럼 돌려서 작동하는 기계와 도구가 있습니다. 돌릴 때 사용한 힘은 어떤 방식으로 전달되는 것일까요?

바퀴 축의 작용   반지름이 큰 원반과 작은 원반을 중심을 맞춰서 고정하고, 양쪽이 같이 돌도록 한 것을 '바퀴 축'이라고 합니다. 큰 원반에 회전하는 힘을 가하여 돌리면 작은 원반으로 힘이 강하게 전달됩니다.

* 여기서는 힘을 g 단위로 나타낸다.

바퀴 축의 구조

큰 원반을 '바퀴', 작은 원반을 '축'이라고 부릅니다. 바퀴 축을 사용하면 바퀴에 가한 힘을 더 크게 하여 축으로부터 빼낼 수 있습니다. 바퀴 축은 회전을 이용한 지레라고 말할 수 있습니다.

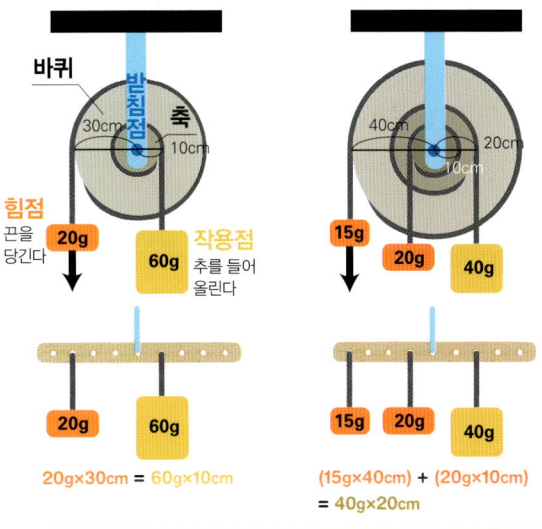

바퀴 축과 지레

바퀴 축의 바퀴와 축 사이의 힘의 균형은 지레의 그것과 같다. 바퀴 축을 회전시키는 작용의 크기는 추의 무게와 원반의 반지름으로 나타난다.

20g×30cm = 60g×10cm

(15g×40cm) + (20g×10cm) = 40g×20cm

바퀴 축이 균형을 잡을 때

바퀴에 가해지는 힘 × 바퀴의 반지름 = 축에 가해지는 힘 × 축의 반지름
(추의 무게) (추의 무게)

자전거의 페달

자전거는 바퀴 축의 조합으로 구성되어 있다. 이 자전거는 네 개의 원반을 조합한 것으로, 페달을 밟는 힘을 뒷바퀴로 전달한다.

페달 30kg
앞 톱니바퀴 60kg
1/4 회전
47.1cm
23.55cm

바퀴 축의 끈이 움직이는 거리

바퀴 축에서는 바퀴와 축은 언제나 같은 각도만큼 회전합니다. 그렇기 때문에 끈과 추가 움직이는 거리의 비율은 각각의 반지름의 비율과 같습니다.

20cm : 8cm = 10cm : ?
? = 8 × 10 ÷ 20 = 4 (cm)

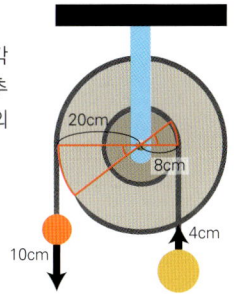

바퀴의 반지름 : 축의 반지름 = 바퀴가 움직이는 거리 : 축이 움직이는 거리

여러 가지 바퀴 축

드라이버(나사돌리개)	갈고리(걸이)	연필깎이	수도꼭지의 핸들	문의 둥근 손잡이

두꺼운 부분을 쥐고 돌리면 작용하는 힘이 세져서 축으로부터 나사에 전달되고, 나사가 돌아간다.	? 모양의 부위를 돌리면 그 힘이 세져서 나사에 전달되고, 나무 등에 파고든다.	핸들을 돌리는 힘을 축의 톱니바퀴에 전달해 날을 회전시킨다.	핸들을 돌려서 마개를 내림으로써 물이 통하는 길을 막는다.	문손잡이를 돌리는 힘을 축에 전달, 래치 볼트(자물쇠의 볼트 부분)를 빼내는 힘으로 변환한다.

몇 g의 힘으로 당겨야 균형이 맞을까?

공장이나 무대의 천장에 달린 도르래를 본 적 있나요? 도르래는 무거운 물건을 달아서 쉽게 들어 올릴 수 있는 편리한 도구입니다.

오른쪽 장치의 끈을 몇 g의 힘으로 당기면 균형이 맞을까요? 1~7까지, 각각의 균형을 알아봅시다.
(여기서는 도르래와 막대의 무게는 고려하지 않음. 여기서는 힘을 g 단위로 나타냄.)

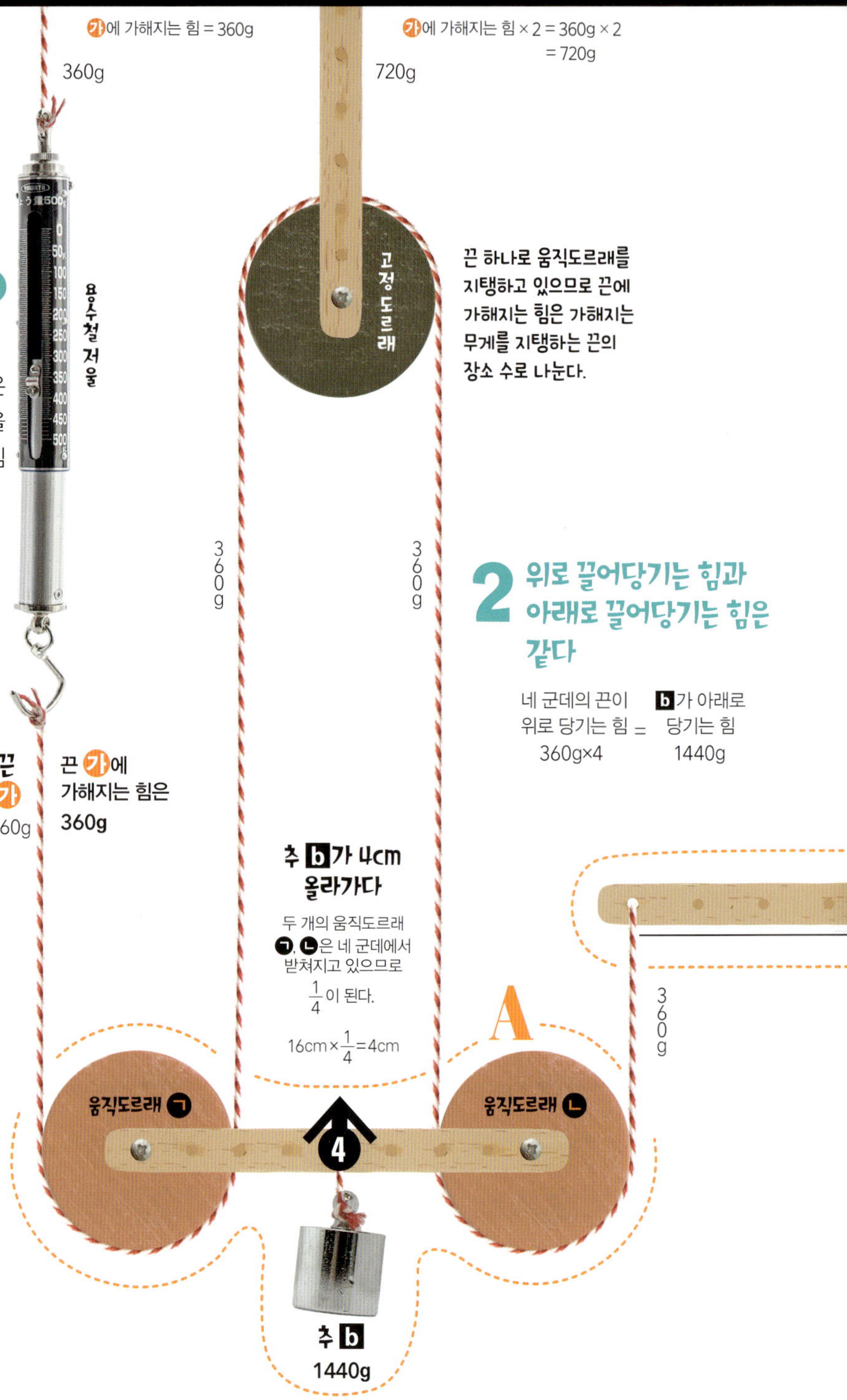

1 하나의 끈에 가해지는 힘은 어디서나 같다

추 **b**는 네 군데에서 받쳐지고 있으므로

가에 가해지는 힘 = **b**의 무게 ÷ 4
= 1440g ÷ 4
= 360g

2 위로 끌어당기는 힘과 아래로 끌어당기는 힘은 같다

네 군데의 끈이 위로 당기는 힘 = **b**가 아래로 당기는 힘
360g × 4 = 1440g

눈금은 360g을 가리킴

끈 가에 가해지는 힘 = 360g

가에 가해지는 힘 = 360g

가에 가해지는 힘 × 2 = 360g × 2 = 720g

끈 하나로 움직도르래를 지탱하고 있으므로 끈에 가해지는 힘은 가해지는 무게를 지탱하는 끈의 장소 수로 나눈다.

추 **b**가 4cm 올라가다
두 개의 움직도르래 ㄱ, ㄴ은 네 군데에서 받쳐지고 있으므로 $\frac{1}{4}$이 된다.
$16cm × \frac{1}{4} = 4cm$

움직도르래 ㄱ   움직도르래 ㄴ

A

추 **b** 1440g

도르래의 종류와 작용

도르래는 끈과 같은 것을 걸 수 있게 한 원반으로, 천장 등에 고정해서 사용하는 고정 도르래와 추와 함께 매단 상태로 움직이는 움직도르래가 있습니다. 각각은 기능이 다르므로 조합해서 사용하고 있습니다.

고정 도르래 — 천장에 가해지는 힘 100 + 100 = 200g

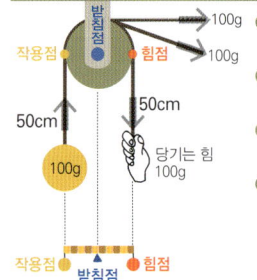

❶ 중심에 있는 축이 천장 등에 고정되어 있어서 움직이지 않는다.
❷ 어느 방향으로 당겨도 힘의 크기는 같다.
❸ 당기는 힘은 도르래의 무게에 영향을 받지 않는다.
❹ 당긴 만큼의 끈 길이와 올라가는 추의 거리는 같다.

움직도르래 — 천장에 가해지는 힘 50g

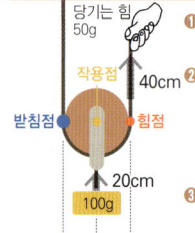

❶ 도르래에 추를 매달고 끈의 한쪽 끝을 천장에 고정한다.
❷ 천장과 손, 두 군데에서 지탱하므로 추 무게의 2분의 1의 힘으로 끌어올릴 수 있다.
(여기에서 도르래의 무게는 고려하지 않는다.)
❸ 끈을 당기는 길이는 끌어 올리는 높이의 두 배가 된다.

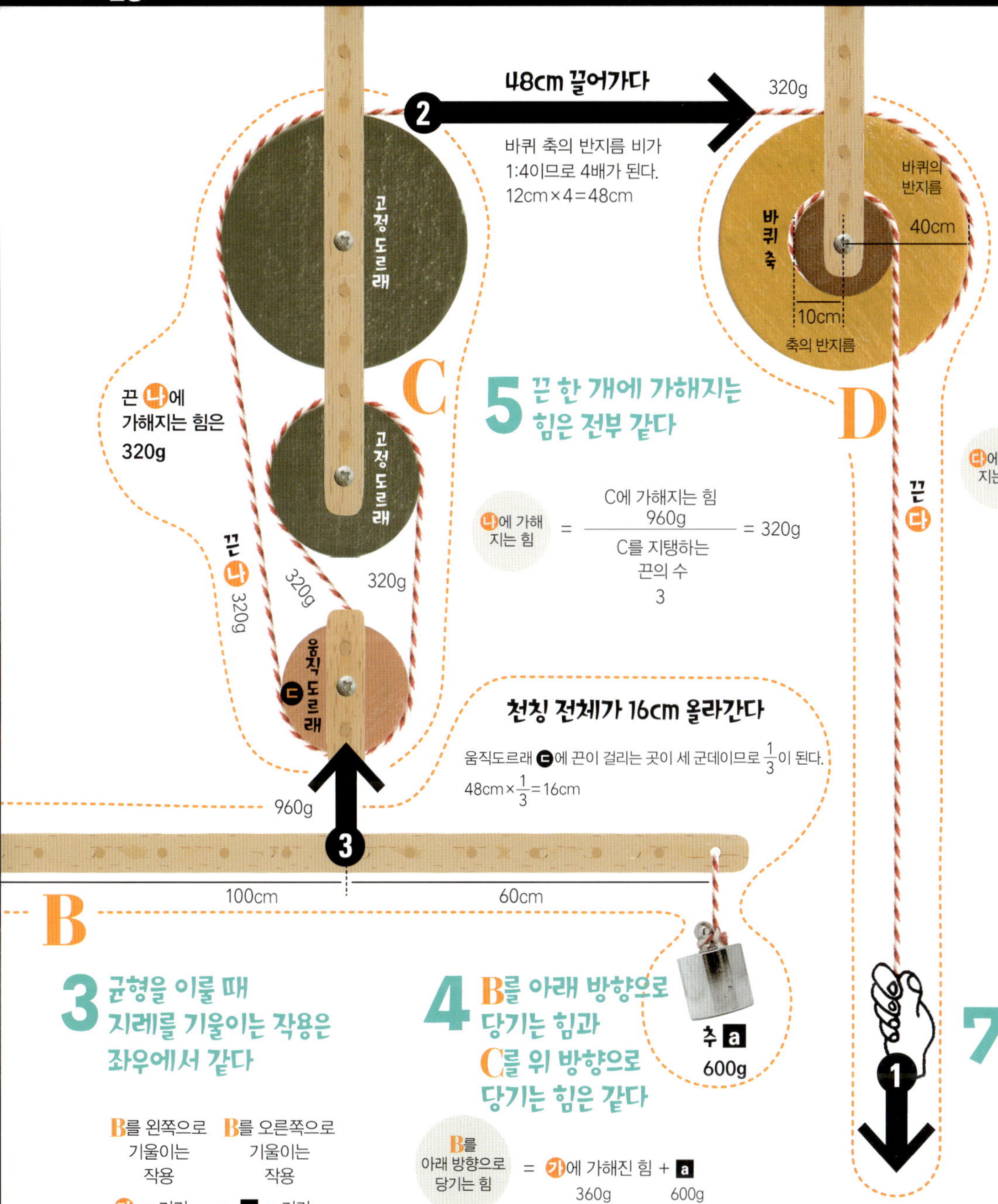

천장

2 48cm 끌어가다 → 320g

바퀴 축의 반지름 비가 1:4이므로 4배가 된다.
12cm × 4 = 48cm

바퀴의 반지름 40cm
바퀴 축
축의 반지름 10cm

6 바퀴를 기울이는 작용과 축을 기울이는 작용은 같다

고정도르래

끈 **나**에 가해지는 힘은 320g

고정도르래

C

끈 **나** 320g 320g

움직도르래 **다**

D

5 끈 한 개에 가해지는 힘은 전부 같다

나에 가해지는 힘 = C에 가해지는 힘 960g / C를 지탱하는 끈의 수 3 = 320g

끈 **다**

나에 가해지는 힘 = (나에 가해지는 힘 320g × 바퀴의 반지름 40cm) / 축의 반지름 10cm

바퀴를 기울이는 작용 = 축을 기울이는 작용
나 × 반지름   **다** × 반지름
320g 40cm   1280g 10cm

960g

3 ↑

천칭 전체가 16cm 올라간다
움직도르래 **다**에 끈이 걸리는 곳이 세 군데이므로 $\frac{1}{3}$이 된다.
48cm × $\frac{1}{3}$ = 16cm

100cm — 60cm

B

3 균형을 이룰 때 지레를 기울이는 작용은 좌우에서 같다

B를 왼쪽으로 기울이는 작용
가 × 거리
360g 100cm

B를 오른쪽으로 기울이는 작용
a × 거리
600g 60cm

4 B를 아래 방향으로 당기는 힘과 C를 위 방향으로 당기는 힘은 같다

추 **a** 600g

B를 아래 방향으로 당기는 힘 = **가**에 가해진 힘 + **a**
                          360g   600g

1 ↓

7 손으로 당기는 힘 1280g

12cm 아래로 당기면 **②**~**④**와 같이 끈이 움직인다

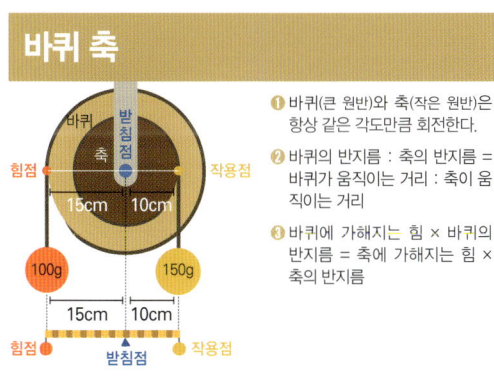

바퀴 축
① 바퀴(큰 원반)와 축(작은 원반)은 항상 같은 각도만큼 회전한다.
② 바퀴의 반지름 : 축의 반지름 = 바퀴가 움직이는 거리 : 축이 움직이는 거리
③ 바퀴에 가해지는 힘 × 바퀴의 반지름 = 축에 가해지는 힘 × 축의 반지름

복합 도르래

끈을 당기는 힘	끈을 당기는 거리	끈 하나가 움직도르래를 지탱하는 부분	끈을 당기는 힘
$\frac{1}{2}$	두 배	두 군데	$\frac{1}{2}$
		세 군데	$\frac{1}{3}$
$\frac{1}{3}$	세 배	네 군데	$\frac{1}{4}$

① 끈을 두 개 이상 사용할 경우에도 하나로 연결된 끈에 작용하는 힘은 어디서나 마찬가지이다.

무거운 물건과 가벼운 물건 중 어느 것이 먼저 떨어질까?

4 에너지 | 힘과 운동 | 운동과 낙하

떨어지거나 구르거나 미끄러지거나, 시간과 함께 물체의 장소가 바뀌는 것을 '운동'이라고 합니다. 다양하게 일어나는 운동의 비밀을 알아봅시다.

관성의 법칙

다른 것으로부터 힘이 가해지지 않는 한 멈춰 있는 물체는 그대로 멈춰 있고, 움직이고 있는 것은 계속 움직이려고 합니다. 이것을 '관성의 법칙'이라고 합니다.

공이 구르는 것이나 컬링(빙판 운동)의 스톤을 보면 운동을 멈추게 하는 마찰력이 작으므로 다른 힘이 가해지지 않는 한 시작 속도로 계속 움직이려고 한다.

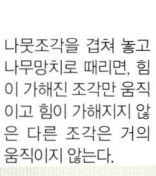

정지해 있는 물건

나뭇조각을 겹쳐 놓고 나무망치로 때리면, 힘이 가해진 조각만 움직이고 힘이 가해지지 않은 다른 조각은 거의 움직이지 않는다.

그대로 멈추어 있다

위의 사진처럼 나뭇조각들을 겹쳐 놓은 것 중 하나를 빠르게 치면 힘이 가해진 조각만 밖으로 튕겨나가고, 치지 않은 다른 조각들은 그 자리에서 움직이지 않습니다(위에 있는 조각은 바로 아래로 낙하합니다). 외부로부터 힘이 가해지지 않는 한, 정지상태의 물체는 계속 그 자리에 있습니다.

경사를 내려가는 물체

낙하와 마찬가지로, 점점 빨라진다

제트코스터나 스키와 같이, 경사면을 내려갈 때 중력은 경사면에 따른 힘과 경사면에 수직인 힘으로 나뉘어 작용합니다. 물체가 미끄러져 내려가고 있을 때도 경사면에 따른 힘이 계속 작용하기 때문에 마찰을 고려하지 않는다면 경사면을 내려가는 물체의 속도는 점점 더 빨라집니다.

운동하고 있는 것

: 원래 속도로 계속 움직인다

공기의 마찰과 중력이 없는 우주 공간에서 공을 던지면 공은 처음의 속도를 유지한 채 끝없이 날아갑니다. 다른 힘이 가해지지 않으면 움직이는 물체는 그대로 계속해서 움직이려고 합니다. 지하철이 급정차할 때 몸이 쏠리는 것은 몸이 계속 움직이려고 하기 때문입니다.

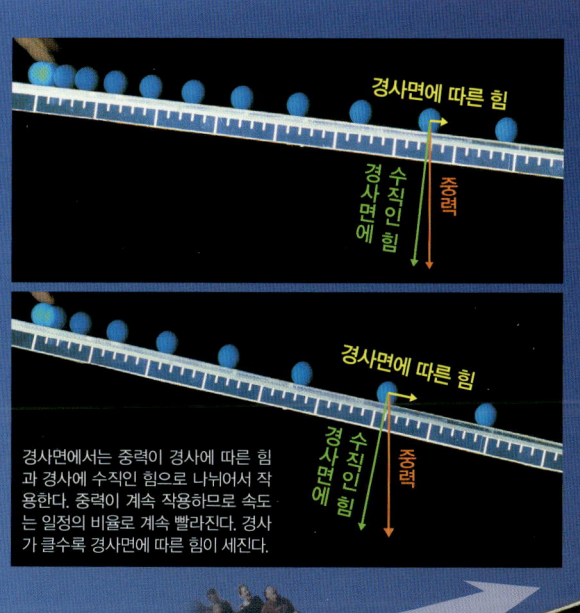

경사면에서는 중력이 경사에 따른 힘과 경사에 수직인 힘으로 나뉘어서 작용한다. 중력이 계속 작용하므로 속도는 일정한 비율로 계속 빨라진다. 경사가 클수록 경사면에 따른 힘이 세진다.

낙하하는 물체

중력은 계속 같은 방향으로 작용하며, 떨어지는 속도는 시간과 함께 빨라지므로 공의 간격이 넓어진다.

무게에 관계없이 점점 더 빨라진다

지구상에 있는 물체에는 끊임없이 중력이 작용합니다. 중력을 가로막는 물체가 없어지면, 물체는 중력을 계속 받아서 지구의 중심을 향해서 점점 더 빠르게 떨어집니다.
떨어지는 속도는 무게와는 상관이 없습니다.

4 에너지

힘과 운동
낙하와 진자

손을 놓으면 위치 에너지가 운동 에너지로 바뀐다.

낙하 운동

높은 곳에 있는 물건은 떨어지든지 구르든지 해서 다른 물체에 힘을 가할 수 있습니다. 높은 곳에 있는 물건은 낮은 곳에 있는 물건보다 높은 에너지를 가지고 있는 것입니다.

위치 에너지

높이 차이에 의해 생기는 에너지를 '위치 에너지'라고 합니다. 위치 에너지는 높이와 무게(질량)에 비례하므로 높은 곳에 있는 무거운 물체일수록 큰 에너지를 가지고 있습니다. 댐에 모아둔 물로 발전을 할 수 있는 이유는 댐의 물이 가지는 위치 에너지를 이용하고 있기 때문입니다(→p.328).

운동 에너지

공이 떨어질 때 위치 에너지는 운동 에너지로 변화합니다. 공이 경사면을 굴러 내려갈 때도 위치 에너지는 운동 에너지로 바뀝니다. 운동 에너지는 무게(질량)에 비례해 커집니다. 또한 속도가 빨라지면 운동 에너지가 매우 커집니다.

물체가 떨어질 때 어떤 일이 일어나고 있는 걸까?

떨어지는 공은 속도가 증가하고, 위로 던진 공은 어느 순간 멈춰서 떨어집니다. 이때, 도대체 어떤 일이 일어나고 있는 것일까요?

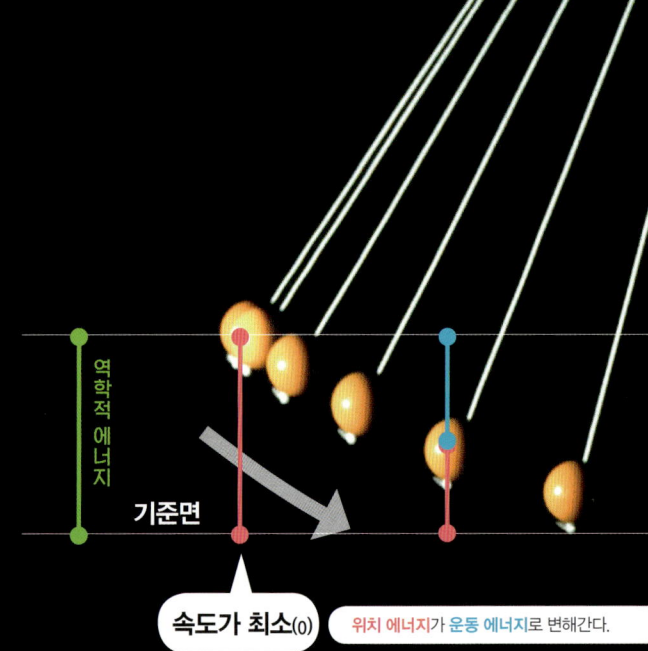

역학적 에너지

기준면

속도가 최소(0)   위치 에너지가 운동 에너지로 변해간다.

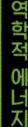

역학적 에너지

역학적 에너지 보존의 법칙

공과 진자의 운동에서는 높이가 높으면 속도가 작아지고 높이가 낮아지면 속도는 빨라집니다. 이처럼 위치 에너지와 운동 에너지는 한쪽이 줄어들면 다른 쪽이 늘어나는 관계입니다. 게다가 두 에너지의 합은 항상 일정합니다. 이것을 '역학적 에너지 보존의 법칙'이라고 합니다.

위치 에너지 + 운동 에너지 = 역학적 에너지(일정)

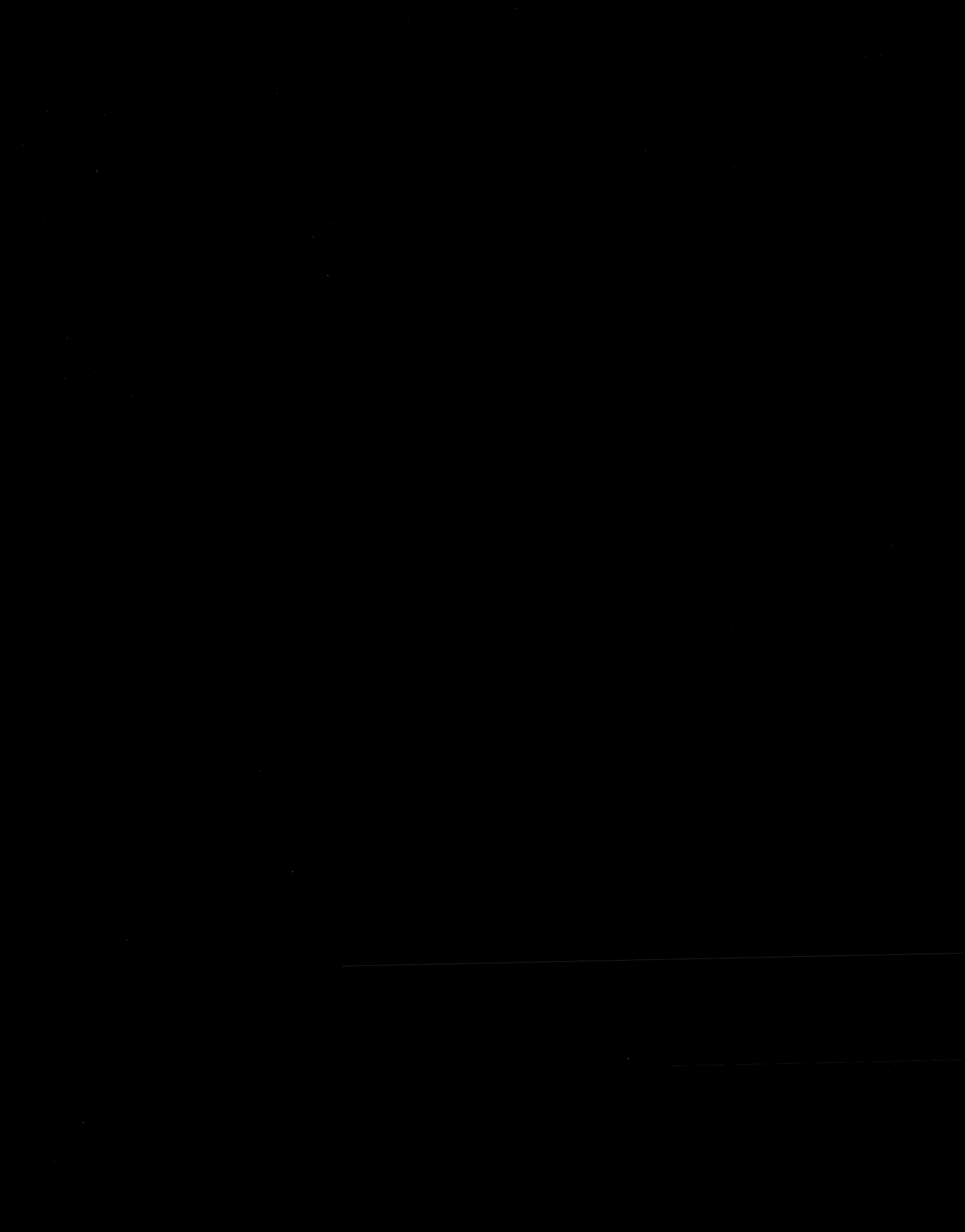